Die didaktische Dimension
der Grundsätze ordnungsmäßiger Bilanzierung

Europäische Hochschulschriften
Publications Universitaires Européennes
European University Studies

**Reihe V**
**Volks- und Betriebswirtschaft**

Série V Series V
Sciences économiques, gestion d'entreprise
Economics and Management

**Bd./Vol. 2670**

PETER LANG
Frankfurt am Main · Berlin · Bern · Bruxelles · New York · Oxford · Wien

Gerald Merkl

# Die didaktische Dimension der Grundsätze ordnungsmäßiger Bilanzierung

PETER LANG
Europäischer Verlag der Wissenschaften

Die Deutsche Bibliothek - CIP-Einheitsaufnahme

Merkl, Gerald:

Die didaktische Dimension der Grundsätze ordnungsmäßiger Bilanzierung / Gerald Merkl. - Frankfurt am Main ; Berlin ; Bern ; Bruxelles ; New York ; Oxford ; Wien : Lang, 2000
(Europäische Hochschulschriften : Reihe 5, Volks- und Betriebswirtschaft ; Bd. 2670)
Zugl: Frankfurt (Main), Univ., Diss., 2000
ISBN 3-631-36398-2

D 30
ISSN 0531-7339
ISBN 3-631-36398-2

## Incipit

„Ich wüßte nicht, wessen Geist ausgebreiteter wäre, ausgebreiteter sein müßte als der Geist eines echten Handelsmannes. Welchen Überblick verschafft uns nicht die Ordnung, in der wir unsere Bücher führen! Sie läßt uns jederzeit das Ganze überschauen, ohne daß wir nötig hätten, uns durch das Einzelne verwirren zu lassen.

Welche Vorteile gewährt die doppelte Buchführung dem Kaufmanne! Es ist eine der schönsten Erfindungen des menschlichen Geistes und ein jeder Haushalter sollte sie in seiner Wirtschaft einführen."

Johann Wolfgang von Goethe
Wilhelm Meisters Lehrjahre
1. Buch, 10. Kapitel

# Geleitwort

Die Thematik der vorliegenden Arbeit greift mit der Frage der „Ordnungsmäßigkeit“ eines Prozesses - hier der Bilanzierung – zentral jene Fragestellung auf, die über segmentelle historische Phasen hinaus das abendländische Erziehungs- und Bildungsdenken geprägt hat. Dieses Denken kulminiert zum einen in der Reflexion über die von der Gemeinschaft zu schaffenden Bedingungen, die den Bildungsprozeß des Individuums ermöglichen und zum anderen in der Funktion eines Leitbildes, welches die sittliche Verfassung des Individuums durch den Prozeß der Aneignung dieser Voraussetzungen (Kulturgüter) erreichen soll. Didaktik in diesem Sinne ist demnach die Lehre von den historisch gewordenen Bildungsgütern und ihrer Aufgabe für die konkrete Gestaltung des individuellen Bildungsprozesses in einem humanistischen Grundverständnis von Mensch und Welt.

Der Verfasser verdeutlicht dieses Grundanliegen in dem er das modernistische Weltverständnis der Gegenwart, das Phänomen der gesellschaftlichen „Wertepluralität“, der „Wertunsicherheit“ und der „Tendenz zu situativ pragmatischen Lösungen“ charakterisiert und die antinomische Struktur des Verhältnisses von Wirtschaft und Erziehung/Bildung feststellt. Als Problematik der didaktischen Dimension wird von ihm zu Recht der Handlungsbegriff mit seiner Ziel- und Zweckgerichtetheit in den Mittelpunkt „sinnvoller“ Wirklichkeitsgestaltung unter dem Primat des Findens verbindlicher („normativer“) Leitvorstellungen gestellt. Wie aktuell und realitätsbezogen diese vom Verfasser herausgearbeitete Konzentration auf den Handlungsbegriff und seine inhaltliche Bestimmung ist, ließe sich anhand einer Reihe von Ereignissen besonders der Gegenwart aus wichtigen Lebensbereichen der Gesellschft, wie der von Wirtschaft und Politik aufzeigen. Insgesamt gesehen strukturiert und analysiert der Verfasser mit exzellenter Sachkenntnis und bestechender Klarheit die Thematik wirtschaftlichen Handelns als einer der wesentlichen Grundlagen materieller Existenzsicherung unter Anwendung von wissenschaftsimmanenten Aspekten, unter Beachtung historisch-differenter Phasen wirtschaftlichen Handlens, als auch der differenter wissenschaftsmethodisch begründeter Konzeptionen der Wirtschaftserziehung und –bildung. Die Frage nach der didaktischen Dimension des Faches Bilanzierung und damit die nach den Besonderen Bildungskategorien eines wirtschafts- und rechtswissenschaftlichen Faches aufzuzeigen, nimmt der Verfasser exakt in der klassischen Dreistufigkeit einer bildungstheoretisch begründeten Didaktik wahr. Damit begründet der Verfasser auch zu Recht die einzelnen Aufgabenbereiche für die Didaktik als Vermittlungstheorie und -praxis im Sinne der vorhergenannten stufenförmigen Anordnung der Kategorien. Die Suche nach den Allgemeinen Kategorien obliegt primär einer bildungsphilosohisch orientierten Pädagogik, die nach dem Allgemeinen des Besonderen der Wirtschaftspädagogik und die nach dem Besonderen des Besonderen, den spezifisch-fachlichen Kategorien einer entsprechenden Fachwissenschaft und Praxis.

Mit der Typologisierung der Grundsätze ordnungsmäßiger Bilanzierung nach Begriffs- und Rechtsnatur, problemgeschichtlicher sowie wissenschaftsmethodischer Dimension, nach deren Systemcharakter, der Hermeneutik als Ermittlungsmethode, nach dem inneren Systemgefüge mit den leitenden Rahmen- sowie den Folgeprinzipien, deren Struktur und Hierarchie leitet der Verfasser erstmalig in der wissenschaftlich-didaktischen Diskussion seinen Versuch ein, die vorher genannte Stufung der Didaktik als Begründung einer der Kriterien wissenschaftlicher und praktischer Bewährung entsprechenden Fach-Didaktik aufzuzeigen.

Diesen Ansatz des Verfassers bewerte ich nicht nur als originär in seiner inhaltlichen Ausgestaltung, sondern auch hinsichtlich der von ihm aufgezeigten Dimensionen didaktischen und bildungstheoretischen Denkens bahnbrechend für die Gestaltung bildungsphilosophisch und anthropologisch humanistisch orientierter Bildungsgänge. Und: Für mich gilt der Merkl´sche „Versuch" nicht nur als glanzvolle Widerlegung des Anspruches alleiniger Fruchtbarkeit der „realistischen" Wendung in den Sozialwissenschaften, sondern bedeutet sowohl Hoffnung zur Wiederentdeckung hermeneutischer Verfahren in Wissenschaft und Praxis und ist darüber hinaus, trotz der Beibehaltung rational begründeter Verfahren ein Nachweis der Notwendigkeit der Wiederbelebung der Sinnfrage.

Frankfurt a. M., Pfingsten 2000 *Ernst Wurdack*

## Vorwort

Die vorliegende Arbeit wurde vom Fachbereich Wirtschaftswissenschaften der Johann-Wolfgang-Goethe-Universität Frankfurt am Main im Februar 2000 unter gleichem Titel als Dissertation angenommen.

Mein besonderer Dank gilt zunächst meinem verehrten Lehrer und Doktorvater, Herrn Professor Dr. Ernst Wurdack. Er hat diese Arbeit angeregt, mit Rat und Kritik begleietet, mir auch in schwierigen Phasen seine Unterstützung in jeder Beziehung zukommen lassen und somit maßgeblich zum Gelingen beigetragen. Mein weiterer Dank gilt Herrn Professor Dr. Manfred Horlebein für die Mühe sowie die zügige Erstellung des Zweitgutachtens. Ebenso zu Dank verpflichtet bin ich Herrn Professor Dr. Roland Eisen, meinem volkswirtschaftlichem Prüfer und Herrn Professor Dr. Hartmut Kreikebaum als Vorsitzendem der Prüfungskommission.

Viele Freunde, Verwandte, Bekannte und Kollegen haben mich und diese Arbeit über Jahre mit Interesse und Aufmunterung (statt vieler C.D.: „Gerri, was macht die Diss.?“) begleitet, leider kann ich an dieser Stelle nicht alle nennen, trotzdem: Danke Euch allen! - auch für das Ertragen schwankender Gemütsverfassungen. Um entsprechende Nachsicht muß ich auch bei meinen Studierenden in der Fachschule für Wirtschaft sowie den Schülerinnen und Schülern meiner Klassen und dem Kollegium der Wilhelm-Merton-Schule ersuchen.
Für die vielen „(geistigen) Höhen auch in den Tiefen“ über den Dächern Frankfurts bedanke ich mich bei meinem Doktorandenbruder Andreas Huber. Maßgeblich für den Erfolg war auch die (tag und nächtliche) technische Hilfestellung meines Freundes Stefan („Abd El Daus“). Für mein körperliches Wohlergehen in der Endphase sorgten sich Elke und Familie aufopferungsvoll.
Besonderer Dank gilt meinen Eltern, für Alles, was diese Arbeit ermöglicht und Heike, die immer an mich geglaubt hat.

Offenbach am Main, Ostern 2000 Gerald Merkl

# Inhaltsverzeichnis

## Abbildungsverzeichnis



## Tabellenverzeichnis

## Abkürzungsverzeichnis

Das folgende Abkürzungsverzeichnis enthält im wesentlichen Abkürzungen für Periodika und fachspezifische Begriffe; auf die Wiedergabe gängiger Abkürzungen (a.a.O., a. A., f., S., vgl. etc.) wurde verzichtet. Bei Zitaten aus dem älteren Schriftum wurde die ursprüngliche Orthographie beibehalten.

| | |
|---|---|
| AktG | Aktiengesetz |
| AO | Abgabenordnung |
| ARSP | Archiv für Rechts- und Sozialphilosophie (Zeitschrift) |
| | |
| BB | Betriebs-Berater (Zeitschrift) |
| BFH | Bundesfinanzhof |
| BFHE | Sammlung der Entscheidungen des Bundesfinanzhofes |
| BFH/NV | Sammlung amtlich nicht veröffentlichter Entscheidungen des Bundesfinanzhofes |
| BGHZ | Sammlung der Entscheidungen des Bundesgerichtshofes in Zivilsachen |
| BFuP | Betriebswirtschaftliche Forschung und Praxis (Zeitschrift) |
| BverfG | Bundesverfassungsgericht |
| BVerfGE | Sammlung der Entscheidungen des Bundesverfassungsgerichts |
| | |
| DB | Der Betrieb (Zeitschrift) |
| Diss. | Dissertation |
| | |
| EStG | Einkommensteuergesetz |
| | |
| FA | Finanzarchiv (Zeitschrift) |
| FR | Finanzrundschau (Zeitschrift) |

| | |
|---|---|
| GG | Grundgesetz |
| GoB | Grundsätze ordnungsmäßiger Buchführung/Bilanzierung |
| HDWW | Handwörterbuch der Wirtschaftswissenschaft |
| HGB | Handelsgesetzbuch |
| JbFfSt | Jahrbuch der Fachanwälte für Steuerrecht |
| NF | Neue Folge |
| RFH | Reichsfinanzhof |
| RFHE | Sammlung der Entscheidungen des Reichsfinanzhofes |
| RG | Reichsgericht |
| RGZ | Sammlung der Entscheidungen des Reichsgerichts in Zivilsachen |
| Sp. | Spalte |
| StGB | Strafgesetzbuch |
| StuW | Steuer und Wirtschaft (Zeitschrift) |
| US-GAAP | Generally accepted accounting principles der USA |
| WPg | Die Wirtschaftsprüfung (Zeitschrift) |
| WT | Der Wirtschaftstreuhänder (Zeitschrift) |
| ZfB | Zeitschrift für Betriebswirtschaft |
| ZfbF | Zeitschrift für betriebswirtschaftliche Forschung |
| ZfhF | Zeitschrift für handelswissenschaftliche Forschung |
| ZGR | Zeitschrift für Unternehmens- und Gesellschaftsrecht |

# 1 Problemstellung und Gang der Untersuchung

## 1.1 Problemgefüge wirtschaftlicher Bildung

In einer Zeit gesellschaftlicher Wertepluralität, der Wertunsicherheit und der Tendenz zu situativ-pragmatischen Lösungen wird der Ruf nach Orientierungshilfen für menschliches Handeln zunehmend lauter. Die Wirtschaftspädagogik ist die wissenschaftlich institutionalisierte Disziplin, die sich mit der Analyse der menschlichen Entscheidungs- und Handlungsfähigkeit im ökonomischen Bereich beschäftigt, das (antinomische[1]) Grundverhältnis von Wirtschaft und Erziehung untersucht.[2] „Wirtschaftserziehung, d. h. Erziehung zum Handeln im ökonomischen Lebensbereich ist in jeder Form und auf jeder Entwicklungsstufe menschlichen Zusammenlebens notwendig."[3]

Der Begriff Wirtschaft bzw. wirtschaftliches Handeln gewinnt seine Bedeutung für das Individuum heute wie gestern ganz allgemein als Feld der praktischen Bewährung im Sinne materieller Existenzsicherung.[4] Die wirtschaftliche Le-

---

1 Zur antinomischen Grundstruktur des Verhältnisses von Mensch und Welt im allgemeinen vgl. LITT, Theodor: Das Bildungsideal der deutschen Klassik und die moderne Arbeitswelt, 6., verb. u. erw. Aufl., Bonn 1959 sowie von Wirtschaft und Pädagogik im besonderen vgl. WURDACK, Ernst: Reflexionen zur Beziehung von Berufs-/Wirtschaftspädagogik und Fachwissenschaften, in: Die Deutsche Berufs- und Fachschule, 68. Jg. (1972), S. 495-512; vgl. ebenso WENGER, Ludwig: Arbeitsmarkt und Qualifikation. Qualifizierung im Spannungsfeld wirtschaftlicher Rationalität und pädagogischer Verantwortung, Baltmannsweiler 1993, insbes. S. 2-6.

2 Vgl. ASCHENBRÜCKER, Karin: Wirtschaftliche Bildung und Persönlichkeitsentwicklung. Überlegungen zu einer Forschungskonzeption, in: Menschenführung und Menschenbildung. Perspektiven für Betrieb und Schule, Festschrift für Ernst Wurdack zum 65. Geburtstag, hrsg. von Karin Aschenbrücker und Ulrich Pleiß, Hohengehren 1991, S. 135-149, hier S. 135.

3 WURDACK, Ernst: Wirtschaftspädagogik, in: Handwörterbuch der Wirtschaftswissenschaft, Bd. 9, hrsg. von Willi Albers u.a., Stuttgart 1982, S. 155-178, hier S. 156.

4 Vgl. HERBST, Gabriele: Zum Arbeitsauftrag einer zeitgemäßen Wirtschaftspädagogik in Theorie und Praxis, in: Menschenführung und Menschenbildung. Perspektiven für Betrieb und Schule, Festschrift für Ernst Wurdack zum 65. Geburtstag, hrsg. von Karin Aschenbrücker und Ulrich Pleiß, Hohengehren 1991, S. 151-163, hier S. 151. Zum Aspekt der Existenzsicherung als Ausgangspunkt einer Didaktik der Wirtschaftswissenschaften vgl. WURDACK, Ernst: Problemgefüge einer Didaktik der Wirtschaftswissenschaft, in: Wirtschaft und Erziehung, 26. Jg. (1974), S. 1-9 und S. 31-38, insbes. S. 1-2.

benswirklichkeit unterliegt jedoch wandelbaren Leit- und Sinnprinzipien[5], die theoretisch wie praktisch prinzipiell andersartige Ansatzpunkte einer Wirtschaftserziehung markieren.[6]

Das Problemgefüge Wirtschaft und Pädagogik – konstitutiv für die sich zu Beginn dieses Jahrhunderts etablierende, eigenständige wissenschaftliche Disziplin der Wirtschaftspädagogik[7] - beginnt sich im Laufe der Industrialisierung und unter dem Einfluß aufklärerischen Denkens von gemeinsam getragenen Grundvorstellungen, bezüglich eines als sittlich verstandenen Handelns – wobei wirtschaftliches Handeln eingebunden war in den Gesamtzusammenhang menschlichen Handelns – und der darin zum Ausdruck kommenden engen Aufeinanderbezogenheit zu lösen.[8] Wirtschaftliches Handeln im Kontext einer sich autonom verstehenden Wissenschaft von der Wirtschaft löst sich durch die Anlehnung an naturwissenschaftliche Denkmodelle zunehmend von den traditionellen, bis dahin tragenden Grundlagen sittlicher Normen.[9] Dieser Prozeß der Verwissenschaftlichung des Wirtschaftlichen mit der Ausklammerung moralischer Kategorien zeigt sich exemplarisch an den Grundsätzen ordnungsmäßiger Bilanzierung. Bei deren Ermittlung und Ausgestaltung wird die soziale und pädagogische Dimension der GoB zunehmend ausgeklammert, und die sittliche Verpflichtung

---

5 Vgl. zu den historisch bedingten, d. h. wandelbaren Leit- und Sinnprinzipien des Wirtschaftens WURDACK, Ernst/AßHAUER, Rolf/BALL, Helmut/SCHNEIDER, Gabriele/ WAGNER, Gerd Rainer: Zum Selbstverständnis der Wirtschaftswissenschaften. Prinzipien einer Studienstruktur der Wirtschaftswissenschaften, Frankfurt am Main 1980, insbes. S. 54, z. T. auch veröffentlicht in: Wirtschaft und Erziehung, 33. Jg. (1981), S. 39-46, S. 71-75, S. 105-111; vgl. ders.: Die ökonomische Dimension des Handelns als Grundlage einer Wirtschaftsdidaktik, in: Berufliche Schulen – äußere Differenzierung – didaktische Strukturen, hrsg. von Hans J. Ruhland u.a., Krefeld 1984, S. 168-176.

6 Vgl. HERBST: Zum Arbeitsauftrag...(1991), a.a.O., S. 151.

7 Vgl. zur Entwicklungsgeschichte der Wirtschaftspädagogik PLEIß, Ulrich: Wirtschaftslehrerbildung und Wirtschaftspädagogik. Die wirtschaftspädagogische Disziplinbildung an deutschsprachigen wissenschaftlichen Hochschulen, Göttingen 1973; vgl. ders.: Friedrich Feld und die Begründung der Wirtschaftspädagogik, in: Die Deutsche Berufs- und Fachschule, 67 Jg. (1971), S. 1-13.

8 Vgl. WURDACK et al: Zum Selbstverständnis...(1980), a.a.O., S. 41.

9 Vgl. KIEHN, Ludwig: Wirtschaft und Schule - Dargestellt im Hinblick auf die grundlegende Bildungsarbeit der Volksschule, in: Jahrbuch für Wirtschafts- und Sozialpädagogik, hrsg. von der Dr.–Kurt-Herberts-Stiftung, Heidelberg 1984, S. 151-182, hier S. 162.

und Bindung des Menschen, bzw. des Kaufmanns im speziellen, die damit einhergeht, bleibt mehr und mehr unthematisiert.

Das Hauptcharakteristikum des Handelns bzw. eines Handlungsbegriffes ist die Ziel- und Zweckgerichtetheit, wobei die Frage der Bestimmung „sinnvoller" Ziele als eigentlichem Kernpunkt dieser Ziel- und Zweckgerichtetheit virulent wird.[10] Mit dieser Fragestellung beginnt innerhalb der hier behandelten Thematik die Grundproblematik in der Beziehung von Wirtschaft und Pädagogik, da die Verbindung von Handeln[11] mit der Frage der Zielgerichtetheit insbesondere dann unabweisbar ist, wenn Didaktik intendiert ist.[12] Dabei „geht es um die Tatsache der Notwendigkeit von Entscheidungen über Normativität im Vermittlungsprozeß schlechthin"[13], zumal „die Vermittlung von moralischer Orientierung immer schon fester Bestandteil von Erziehung war"[14].
Die zentrale Fragestellung der „Normativität", der Ziel- und Zweckgerichtetheit des Handelns stellt sich in allen historischen Situationen, wird aber insbesondere in jenen historischen Situationen virulent, die durch eine „Pluralität" von „Normativitäten" gekennzeichnet sind. Dies entspricht der gegenwärtigen Situation im allgemeinen, wie der des ökonomischen Lebensbereiches im besonderen. Somit ist die Frage der „Normativität" sowohl für die theoretische Konzeption einer Wirtschaftsdidaktik als auch für die praktische Situation der Vermittlung

---

10 Vgl. WURDACK, Ernst: Zur ethischen Dimension von Handlungskonzeptionen als Grundlage einer Wirtschafts- und Berufsbildung, in: Unternehmensführung, Ethik und Umwelt, Hartmut Kreikebaum zum 65. Geburtstag, hrsg. von Gerd Rainer Wagner, Wiesbaden 1999, S. 29-44, hier S. 30-31.

11 WURDACK spricht in diesem Zusammenhang umfassender von Handlungskonzeptionen. Zur idealtypischen Unterscheidung von Handlungskonzeptionen unter erkenntnistheoretischen Gesichtspunkten vgl. WURDACK: Die ökonomische Dimension...(1984), a.a.O., insbes. S. 169-172; vgl. ders.: Zur ethischen Dimension...(1999), a.a.O., S. 30-35.

12 WURDACK: Die ökonomische Dimension...(1984), a.a.O., S. 172.

13 WURDACK: Zur ethischen Dimension...(1999), a.a.O., S. 35.

14 HORLEBEIN, Manfred: Didaktik der Moralerziehung – eine Fundierung durch Pädagogische Anthropologie und praktische Philosophie, Markt Schwaben 1998, S. 2. Zur Bedeutung der Moralerziehung als wirtschaftspädagogischer Fragestellung sowohl in einem historischen Problemaufriß, als auch innerhalb neuerer wirtschaftspädagogischer `Grundlagenliteratur´ vgl. die Analyse bei REEMTSMA-THEIS, Monika: Moralisches

ökonomischer Inhalte, z. B. an Schulen wie Hochschulen, wegen der besonderen Bedeutung des „Ökonomischen" in der Gegenwart von großer Bedeutung.[15]
Hier tritt nun die (wirtschafts-)pädagogische Dimension des Vermittlungsproblems zutage, die sich darin äußert, daß neben der Vermittlung eines Standards von Sachinformationen die pädagogische Verpflichtung besteht, dem einzelnen Hilfen an die Hand zu geben, die es ihm ermöglichen, „in all seinen persönlichen Entwicklungsstufen, \`zu sich selbst zu kommen´, d. h. zu den Möglichkeiten, die ihm als Gattungs- und Einzelwesen \`Mensch´ zukommen."[16] Die Einlösung dieses pädagogischen Anspruches innerhalb von Erziehungs- und Vermittlungsanstrengungen scheint sich in einer immer komplexer werdenden Welt mit dem einhergehenden Verlust von (normativen) Leitvorstellungen immer schwieriger zu gestalten. Vermittlungsstrategien müssen demnach neben der Sicherung der „physischen Existenz" auch dahingehend befragt werden, welchen Beitrag sie zur „psychisch-geistigen Existenzsicherung"[17] leisten. Aus wirtschaftspädagogischer Sicht erscheint insbesondere der zweite Aspekt als unaufgebbare Forderung und erzwingt eine Reflexion in dieser Hinsicht. Der wirtschaftspädagogische Auftrag innerhalb der wirtschaftlichen Bildung besteht zum einen in der Vermittlung von Inhalten, die die Partizipation am wirtschaftlichen Entwicklungsprozeß ermöglichen und zum anderen darin, einen Beitrag zur „Selbstfindung" des Menschen im Rahmen dieses Bildungsprozesses zu leisten.[18]
„Im Prozeß der Orientierung des Individuums in einer veränderten Umwelt kommt nicht nur der „Erziehung" allgemein, sondern insbesondere den „Inhal-

---

Urteilen und Handeln. Eine wirtschaftspädagogische Studie. Markt Schwaben 1998, S. 7-47.

15 Vgl. WURDACK: Zur ethischen Dimension...(1999), a.a.O., S. 31; vgl. HERBST: Zum Arbeitsauftrag...(1991), a.a.O., S. 155.

16 WURDACK: Problemgefüge...(1974), a.a.O., S. 2, Hervorhebungen im Original.

17 WURDACK: Problemgefüge...(1974), a.a.O., S. 2. Nach WURDACK lassen sich der *physische und psychisch-geistige Aspekt der Existenzsicherung* aufweisen, die zwar „engstens untereinander verknüpft sind ... aber durchaus nicht versöhnlich und sich gleichwertig betrachtend existieren". Ebenda.

18 Vgl. WENGER: Arbeitsmarkt...(1993), a.a.O., S. 5.

ten" dieser Erziehung steigende Bedeutung zu"[19]. Im Mittelpunkt steht hierbei die Frage, in welcher Weise „Inhalte" – auf der wissenschaftstheoretischen und forschungspraktischen Ebene – aus wirtschaftswissenschaftlicher und wirtschaftspädagogischer Sicht erfaßt werden, welche Bedeutung ihnen innerhalb der (didaktischen) Theorie- und Modellbildung beigemessen wird und welche Anhaltspunkte sich hieraus zur Ausgestaltung von Vermittlungsmaßnahmen ergeben.[20] „Die Verwirklichung der beiden ... Aspekte der existentiellen Sicherung ... (muß) ... immer an konkreten „Inhalten" der Lebenswirklichkeit erfolgen", wobei „die Problematik von Individual- und Objektbezug infolge des umfangreichen existentiell fundamentalen Bedeutungszusammenhanges des Ökonomischen im menschlichen Dasein a priori eine permanente Konfliktsituation dar-(stellt)"[21]. Kernfrage einer Didaktik ist somit „die nach der Auswahl, Bezeichnung und Anordnung von Inhalten" als „Bildungsinhalte, die die erkenntnistheoretisch-philosophische Problematik der Pädagogik und aller auf sie bezogenen Wissenschaften in nuce"[22] enthält. Daher läßt sich nach DERBOLAV Didaktik als „Herzstück" [23] der Pädagogik bezeichnen, die „Theorie und Praxis mehr als jeder andere pädagogische Wissenschaftsbereich vereinigt"[24] und insoweit dem Bereich der anwendungsorientierten Wissenschaften zuzurechnen ist.[25]

Eine anwendungsorientierte Wissenschaft wie die Wirtschaftspädagogik, ebenso wie die Betriebswirtschaftslehre, sieht sich unvermeidlich der Frage nach Empfehlungen ausgesetzt. Deshalb setzt sich eine Reihe betriebswirtschaftlicher Bereiche, wie z. B. die Rechnungslegung und die Steuerlehre, wertend und nicht nur deskriptiv mit Normen wie den Grundsätzen ordnungsmäßiger Bilanzierung

---

19 WURDACK: Reflexionen..(1972), a.a.O., S. 495.
20 Vgl. WENGER: Arbeitsmarkt...(1993), a.a.O., S. 2-5.
21 WURDACK: Problemgefüge...(1974), a.a.O., S. 2-3 Hervorhebungen im Original.
22 Ebenda, S. 3.
23 DERBOLAV, Josef: Versuch einer wissenschaftstheoretischen Grundlegung der Didaktik, in: ders: Systematische Perspektiven der Pädagogik, Heidelberg 1971, S. 66-93, hier S. 67.
24 WURDACK: Problemgefüge...(1974), a.a.O., S. 3.
25 Vgl. ebenda.

auseinander.[26] Hierbei werden Normen diskutiert, die im allgemeinen auf einzelne Problembereiche, hier der Rechnungslegung, bezogen sind.[27] Diese besitzen insoweit einen engeren Geltungsbereich als diejenigen, die in Philosophie und Ethik üblicherweise betrachtet werden. Jedoch können sie auf allgemeine Normen zurückführbar sein, die in einer Gesellschaft als moralisch anerkannt sind.[28] Des weiteren kann die Befolgung Wirkungen auslösen, die als wünschenswert eingeschätzt werden. Dann besteht ein unmittelbarer Bezug zu positiv beurteilten Handlungen. So gelten z. B. in der Rechnungslegung Normen, die einer wahrheitsgemäßen Berichterstattung dienen. Dies kann Ausfluß einer entsprechenden allgemeinen Norm, der Gerechtigkeit und des Vertrauens, sein.[29]
Normen[30] stellen Forderungen für das Verhalten von Menschen dar, in denen Werturteile zum Ausdruck kommen. Sie sind als generelle Imperative, Sollaus-

---

26 Vgl. KÜPPER, Hans-Ulrich: Normenanalyse – eine betriebswirtschaftliche Aufgabe, in: Unternehmensführung, Ethik und Umwelt, Hartmut Kreikebaum zum 65. Geburtstag, hrsg. von Gerd Rainer Wagner, Wiesbaden 1999, S. 55-73, hier S. 56.

27 Vgl. GÜMBEL, Rudolf: Ethik und Ökonomik, in: Menschenführung und Menschenbildung: Perspektiven für Betrieb und Schule; Festschrift für Ernst Wurdack zum 65. Geburtstag, hrsg. von Karin Aschenbrücker und Ulrich Pleiß, Baltmansweiler 1991, S. 95-111, hier S. 100.

28 Vgl. GÜMBEL, Rudolf: Bilanz und Doppik als mikroökonomische Formalstruktur, in: Bilanzrecht und Kapitalmarkt, Festschrift für Adolf Moxter, hrsg. von Wolfgang Ballwieser, Hans-Joachim Böcking, Jochen Drukarczyk und Reinhard H. Schmidt, Düsseldorf 1994, S. 1129-1147 „Der Kaufmann soll andere, aber auch die Mitglieder der Gesellschaft, in der er agiert, nicht übervorteilen. Ansonsten verletzt er den Grundsatz der *egalite.*“ Ebenda, S. 1132 Hervorhebungen im Original. Zum Zusammenhang von Grundsätzen ordnungsmäßiger Bilanzierung und Ethik vgl. BEISSE, Heinrich: Gläubigerschutz – Grundprinzip des deutschen Bilanzrechts, in: Festschrift für Karl Beusch zum 68. Geburtstag am 31. Oktober 1993, hrsg. von Heinrich Beisse, Marcus Lutter und Heribald Närger, Berlin, New York 1993, S. 77-97, hier S. 87-88; zum Zusammenhang von Grundsätzen ordnungsmäßiger Buchführung und sittlichen (ethischen) Normen vgl. bereits TRUMPLER, Hans: Die Bilanz der Aktiengesellschaft nach neuem Aktien- und Steuerrecht, Berlin und Leipzig 1937, insbes. S. 13.

29 Vgl. KÜPPER: Normenanalyse...(1999), a.a.O., S. 68-69.

30 Zu den Begriffen Wert, Norm, Moral bzw. Sitte vgl. HORLEBEIN: Didaktik...(1998), a.a.O., S.6. „Unter einem *Wert* bzw. einer *Tugend* soll ein ethisch positiv ausgezeichneter Gehalt verstanden werden, wobei unter den in der Philosophie unterschiedenen Wertklassen der sittlichen Sphäre, der ästhetischen Sphäre und der Nüzlichkeitswerte primär auf die erste Klasse und damit auf Werte wie beispielsweise Gerechtigkeit und Wahrhaftigkeit abgestellt wird, ohne daß die dritte Klasse aus den Augen verloren würde, da die ihr zugewiesenen Werte, wie z. B. ... Eigentum häufig Voraussetzung oder Mittel zur Realisierung sittlicher Werte sind. ... Werte lassen sich demnach sowohl menschlichen Handlun-

sagen oder Wertungen formuliert und beinhalten somit den Anspruch, daß sich Menschen in ihrem Handeln an ihnen orientieren sollen. Sie sind an Personen gebunden und bilden wichtige Bestimmungsgrößen menschlichen Verhaltens. Des weiteren können sie als Werthaltungen von Individuen und sozialen Gruppen, als formelle Regelungen, die z. B. in Gesetzen niedergelegt sind oder auch in nicht formalisierter Weise als Sitte(n) bzw. Moral einer Gesellschaft auftreten.[31]

Der Anspruch nach wertfreien Aussagen läßt sich, bezogen auf Kennzeichnung, Analyse und Auseinandersetzung mit Normen und Werturteilen, die für ein derartiges Fach gefordert erscheinen, nur schwer durchhalten. Vielmehr erfordert die Prüfung und Begründung dieser Normen andere Formen methodischer Auseinandersetzung, und zwar nicht deskriptiver, sondern präskriptiver (normativer) Provenienz[32], somit einen Methodenwechsel hin zu (wieder) erweiternden, sinnerschließenden Methoden[33], wie der Hermeneutik, die ebenso in der Rechtswissenschaft, insbesondere bei der Auslegung von Bilanzrechtsnormen wie den Grundsätzen ordnungsmäßiger Bilanzierung, zum Tragen kommt.[34]

---

gen als auch Dingen zuschreiben; diese werden zu Trägern dieser Werte, ohne mit diesen identisch zu sein. Sie haben Wert, sind jedoch keine Werte. ... *Normen* werden verstanden als sittliche Imperative, die auf Realisierung sittlicher Werte abzielen und den Anspruch auf Handlungsorientierung für einzelne oder Gruppen von Menschen erheben. Die Begriffe *Moral* und *Sitte* ... bezeichnen in einem „weiteren Sinn einen der Willkür des einzelnen entzogenen Komplex von Handlungsregeln, Wertmaßstäben und Sinnvorstellungen"." Ebenda, Hervorhebungen im Original. Eine ausführliche Analyse von Normen findet sich bei KORFF, Wilhelm: Norm und Sittlichkeit. Untersuchungen zur Logik der normativen Vernunft, 2. Aufl., Freiburg i. Br. et al. 1985.

31 Vgl. KÜPPER: Normenanalyse...(1999), a.a.O., S. 57.

32 Vgl. Ebenda, S. 68-69.

33 Vgl. WURDACK: Die ökonomische Dimension...(1984), a.a.O., S. 174-175; vgl. ders.: Zur ethischen Dimension...(1999), a.a.O., S. 38-40; vgl. WURDACK et al: Zum Selbstverständnis...(1980), a.a.O., S. 54.

34 Vgl. BEISSE, Heinrich: Zum Verhältnis von Bilanzrecht und Betriebswirtschaftslehre, in: StuW, 14. (61.) Jg. (1984), S. 1-14, vgl. ders.: Rechtsfragen der Gewinnung von GoB, in: BFuP, 42. Jg. (1990), S. 499-512; vgl. ders.: Zum neuen Bild des Bilanzrechtssystems, in: Bilanzrecht und Kapitalmarkt, Festschrift für Adolf Moxter, hrsg. von Wolfgang Ballwieser, Hans-Joachim Böcking, Jochen Drukarczyk und Reinhard H. Schmidt, Düsseldorf 1994, S. 3-31; vgl. MOXTER, Adolf: Entwicklung der Theorie der handels- und steuerrechtlichen Gewinnermittlung, in: Ökonomische Analyse des Bilanzrechts – Entwicklungslinien und Perspektiven - , ZfbF, Sonderheft 32, 45. Jg. (1993), S. 61-84, hier insbes.

Zur Entwicklung systematischer Problemlösungsversuche für wirtschaftliche Bildung[35] benötigt man eine Theorie, die der komplexen Problemstellung menschlicher Handlung im ökonomischen Bereich in möglichst allen Dimensionen angemessen Rechnung tragen kann.[36] Für die Lösung des Normativitätsproblems innerhalb der wissenschaftlichen Disziplin der Wirtschaftspädagogik gilt das gleiche wie für die Wirtschaftswissenschaft; sogenannte „wertfreie", empirisch-analytische Methoden, die insbesondere in „Handlungskonzeptionen im engeren Sinne" und diesen entsprechenden Vermittlungsstrategien zum Tragen kommen, vermögen das Normativitätsproblem grundsätzlich nicht zu lösen, zumal ihnen dieses Defizit immanent ist.[37] Denn „"Objektivationen" ohne Handlungsbezug, ohne Hinweis oder Anleitung zur richtigen Handlung ... in der konkreten Lebenssituation ist für Handlungskonzeptionen und Vermittlungsstrategien im Bereich des Ökonomischen, ..., nicht ausreichend. Die Anhäufung von empirisch gewonnenen Daten ohne Interpretationsbezug zur Gesamtheit einer konkreten Lebenssituation und Handlungskonzeption löst die Kernfrage einer Wirtschafts- und Berufsbildung nicht"[38]. Insoweit erscheint es unerläßlich, der abendländischen, kulturphilosophisch-humanistischen Denktradition folgend, „im Bereich der Wirtschaft, der Wissenschaft und der Bildung mit einem im wieder erweiternden Sinne agierenden Methodenverständnis" zu arbeiten und „eine Vermittlungsstrategie im Sinne einer humanistisch begründeten Wirtschaftsbildung zu versuchen"[39].

---

S. 79-84; vgl. EULER, Roland: Das System der Grundsätze ordnungsmäßiger Bilanzierung, Stuttgart 1996, S. 11 f.

35 Der Begriff „wirtschaftliche Bildung" soll an dieser Stelle als Oberbegriff für wirtschaftliche, respektive wirtschaftsberufliche Bildungsmaßnahmen in Schule, Betrieb und Gesellschaft auf allen Bildungs- und Entwicklungsstufen stehen. Er wird an dieser Stelle verwendet, da er das traditionelle Spannungsverhältnis Wirtschaft und Pädagogik in elementarer Form zum Ausdruck bringt. Zu diesem Spannungsverhältnis vgl. WENGER: Arbeitsmarkt...(1993), a.a.O., S. 2-6.

36 Vgl. ASCHENBRÜCKER: Wirtschaftliche Bildung...(1991), a.a.O., S. 137.

37 Vgl. WURDACK: Zur ethischen Dimension...(1999), a.a.O., S. 38-39.

38 Ebenda, S. 39.

39 Ebenda, S. 40. WURDACK plädiert diesbezüglich für eine „Didaktik beruflich-ökonomischer Bildung". WURDACK: Problemgefüge...(1974), a.a.O., S. 4-7. Zur Anwendung geisteswissenschaftlicher Methoden innerhalb dieser Problematik vgl. auch ZABECK, Jürgen: Die „Theorie didaktischen Handelns" als Inbegriff eines „besonnenen Bewußt-

## 1.2 Gang der Untersuchung

Die dieser Arbeit zugrundeliegende Themenstellung erfordert eine systematische Analyse der beiden Forschungsfelder Didaktik wirtschaftlicher Bildung und Theorie der Grundsätze ordnungsmäßiger Bilanzierung. Für das Verständnis des Gesamtzusammenhanges bildet eine problemgeschichtliche Analyse die Ausgangsbasis der Untersuchung. Dementsprechend erfolgt zunächst eine grundlegende Untersuchung „wirtschaftlichen Handelns" unter historischem, methodischem und inhaltlichem Aspekt als übergeordneten (wissenschaftsimmanenten) Kriterien.[40] Die Ergebnisse dieser Analyse, der Wandel bzw. die Wandelbarkeit der Sinn- und Leitprinzipien wirtschaftlichen Handelns sowie die korrelative Interdependenz von Erkenntnisobjekt und –methode, bilden das Fundament für das weitere Vorgehen.

Im nächsten Schritt erfolgt zunächst eine problemgeschichtliche Darstellung wirtschaftspädagogischer Theoriebildung und Didaktik. Aufbauend auf der WURDACK'schen Klassifikation von Handlungskonzeptionen und diesen entsprechenden Didaktiken, wird das Forschungsfeld Didaktik unter erkenntnistheoretischen Gesichtspunkten analysiert und gleichzeitig für die weitere Untersuchung eingegrenzt. Das Problemgefüge und die Aufgaben einer Didaktik wirtschaftlicher Bildung werden vor geisteswissenschaftlichem Hintergrund dargestellt, da dieser für die zugrundeliegende Problematik normativer Orientierung wirtschaftlicher Bildung inhaltlich wie methodisch geeignete Lösungshilfen anbieten kann. Für die hier zugrundeliegende Problematik der Vermittlung von Sach- und Wertwissen, bezogen auf den Bereich Wirtschaft bzw. wirtschaftlichen Handelns, werden zwei Konzeptionen „Besonderer Didaktik", welche sich als Modellkonzeptionen einer „Wirtschaftdidaktik im erweiternden" („Didaktik beruflich-ökonomischer Bildung" WURDACKS) und „im engeren Sinne" („an-

---

seins in der Praxis. – Zur Bedeutung des geisteswissenschaftlichen Paradigmas für die Lehrerbildung, insbesondere für die Ausbildung von Lehrern an beruflichen Schulen, in: Berufliches Handeln, gesellschaftlicher Wandel, pädagogische Prinzipien, Festschrift für Martin Schmiel zur Vollendung des 80. Geburtstages, hrsg. von Karl-Heinz Sommer und Martin Twardy, Esslingen 1993, S. 451-468, insbesondere S. 460-464.

tizipierende Didaktik“ ZABECKS) beschreiben lassen, dargestellt. Diese Konzeptionen werden daraufhin untersucht, welchen Leistungsbeitrag sie für die Lösung der Problematik wirtschaftlicher Bildung, insbesondere im Hinblick auf das wirtschaftspädagogische Primärziel „ganzheitlicher Persönlichkeitsentwicklung“ innerhalb des Spannungsgefüges von Individual- und Objektbezug, vor dem Hintergrund der Vermittlungsproblematik verantwortungsvollen Handelns im ökonomischen wie auch im gesamten Lebensbereich, zu erbringen vermögen.

Im nächsten Abschnitt erfolgt die Untersuchung des zweiten Forschungsfeldes, der Grundsätze ordnungsmäßiger Bilanzierung, zunächst wiederum vor problemgeschichlichem Hintergrund. Daran schließt sich eine Analyse über die (wissenschafts-)methodischen Dimensionen der GoB an und gipfelt in der Darstellung des „Systems der Grundsätze ordnungsmäßiger Bilanzierung“[41] (GoB-System) auf hermeneutisch-deduktiver Fundierung. Hierbei wird insbesondere das zugrundeliegende „offene System“ sowohl in Aufbau und Struktur, insbesondere aber die systemtragenden Rahmen- und Strukturprinzipien des GoB-Systems detailliert analysiert und expliziert.

Im daraufolgenden Abschnitt erfolgt eine strukturierende Einordnung des GoB-Systems entsprechend der übergeordneten wissenschaftssystematischen Kriterien „Erkenntnisobjekt“ und „Erkenntnismethode“ sowie die Erarbeitung der diesen sowie dem GoB-System als Ganzem zugrundeliegenden Sinn- und Leitvorstellung, der anthropologischen Grundlegung. In einer weiteren strukturierenden Perspektive wird die „Theorie des GoB-Systems“ in die idealtypische WURDACK´sche Klassifikation von Handlungskonzeptionen und der entsprechenden (erkenntnistheoretischen) Stufung von Theorien eingeordnet, um gemäß der gegenseitigen Korrelation von Handeln und Didaktik eine der Theorie der GoB kongruente Didaktik entwerfen zu können, die geeignet ist, dem vorab

[40] Vgl. dazu WURDACK et al: Zum Selbstverständnis...(1980), a.a.O., S. 1-4.

skizzierten Problemgefüge der Vermittlung beider Aspekte der Existenzsicherung nicht nur zu genügen, sondern darüber hinaus dem Individualbezug, d. h. der (wirtschafts-)pädagogischen Komponente besondere Geltung zu verschaffen. Für eine adäquate Umsetzung innerhalb einer didaktischen Konzeption, stellt insbesondere die (zugrundeliegende) anthropologische Grundlegung das entscheidende Element dar. Die enge Bindung der Untersuchung an die wissenschaftkonstituierenden Elemente soll helfen, die didaktische, d. h. die kategoriale Dimension der GoB aufschließen zu können.
Im folgenden wird daher auf Basis der Modellkonzeption beruflich-ökonomischer Bildung (WURDACK) ein hermeneutisch-deduktives „System beruflich-ökonomischer Bildung" entworfen, in dessen Mittelpunkt spezifische Leit- und Wertungsprinzipien, die Rahmen- und Strukturprinzipien, stehen, auf denen dieses System beruht.

Die Darstellung dieser Prinzipien sowie deren Aussage- und Anforderungsgehalt bildet den nächsten Schritt der Untersuchung. Eine Schlüsselstellung erhält hierbei der Bildungsbegriff, der danach zu befragen ist, inwieweit er geeignet ist, die Komplexität der wirtschaftlichen Lebenswirklichkeit (OBJEKTBEZUG) zu erschließen und sich als ausreichend zur Formulierung einer Didaktikkonzeption, die zu einer „ganzheitlichen Persönlichkeitsentwicklung" beiträgt, erweist. Kurz: Ist der Bildungsbegriff geeignet, den Spannungsbogen von den wirtschaftlichen Anforderungen (Objektbezug) zur personalen Entfaltung (Individual-/ Subjektbezug) aufzunehmen?[42]

Zur Klärung dieser Fragen wird versucht, die dem hier zu entwerfenden Modell einer Didaktik beruflich–ökonomischen Bildung zugrundeliegenden Ziel- und Wertvorstellungen offenzulegen. Diesen Grundsatzfragen dient das Kapitel über die Rahmen- und Strukturprinzipien eines geisteswissenschaftlich (humanistisch) und bildungstheoretisch orientierten Didaktikkonzeptes, in dem wirt-

---

41 Vgl. EULER; Roland: Das System der Grundsätze ordnungsmäßiger Bilanzierung, Stuttgart 1996.

schaftliches Handeln, seine Voraussetzungen und pädagogische Zielbestimmung, gemäß der hier vertretenen Auffassung über WIRTSCHAFT und PÄDAGOGIK, dargestellt werden.

Die Konkretisierung des Systems beruflich-ökonomischer Bildung schließt mit einer Analyse der exemplarischen Inhalte des GoB-Systems sowie dem Versuch, daraus die „Bildungs-" respektive die „Sinngehalte", d. h. die kategoriale Dimension der GoB zu erschließen.

---

[42] Vgl. WENGER: Arbeitsmarkt...(1993), a.a.O., S. 164.

# 2 Strukturierung und Analyse wirtschaftlichen Handelns unter wissenschaftsimmanenten Aspekten

## 2.1 Problemgeschichtlicher Aspekt

### 2.1.1 Sinngeleitete Phase wirtschaftlichen Handelns

Das Verständnis für Wissenschaft im allgemeinen und somit auch für die Wirtschaftswissenschaft führt unter dem Primat objektivierter Darstellung über drei komplementäre Konstituierungsprinzipien:

1. Entstehung und Entwicklung (historischer Aspekt)

2. Denkformen, Vorgehens- und Erklärungsweisen (wissenschaftsmethodischer Aspekt) sowie

3. Konkretisierung ihrer Problemstellungen und Ergebnisse in Theorien, Modellen und Lehrsätzen (inhaltlicher Aspekt).[43]

Die Erklärung der Erscheinungsformen des Objektes Wirtschaftswissenschaft, das Verständnis in der gegenwärtigen sowie die Bedeutung für die zukünftige Situation, setzt die Einführung des historischen Aspektes voraus.[44] Innerhalb dieses Aspektes findet sich bei der Wirtschaftswissenschaft die Interpretation der „Lebenswirklichkeit“ als ein zentrales Thema. Jedoch geschieht die Leitvorstellung „Interpretation der Lebenswirklichkeit“ in den einzelnen Entwicklungs-

---

[43] Vgl. WURDACK et al: Zum Selbstverständnis...(1980), a.a.O., S. 1 und S. 4 (mit weiteren Nachweisen). Zu den wissenschaftskonstituierenden Elementen bzw. Momenten innerhalb der wirtschaftspädagogischen Theoriebildung vgl. SCHNEIDER, Gabriele: Selbstverständnis und Strukturen der Wirtschaftspädagogik, Frankfurt am Main, Bern, New York, Nancy 1984, insbes. S. 17-19 und S. 237 f.

[44] Vgl. dazu ebenso ZABECK: Ethische Dimensionen...(1991), a.a.O., S. 535-544.

phasen nicht in einem einheitlichen Sinne, sondern in differenzierter Weise, so daß diese unterschiedlichen Phasen einer Klassifizierung bedürfen.[45]

Das übereinstimmende Kennzeichen der Epochen von Antike bis Mittelalter hinsichtlich des Verständnisses von Wirtschaft bzw. Wirtschaften ist, daß wirtschaftliches Handeln und Wirtschaftsverständnis von übergeordneten Sinnprinzipien aus bestimmt und geregelt werden. Dabei kann als elementare Erkenntnis festgehalten werden, daß die aus den jeweiligen Staatslehren der Antike[46] sowie den Lebens- und Gesellschaftsphilosophien des Mittelalters[47] entnommenen Lebensprinzipien (Normen) auch für die Gestaltung der Wirtschaft, insbesondere für wirtschaftliches Handeln gelten.[48] Als Hinweis für die Regelung des ökonomischen Bereichs innerhalb der Staatsgemeinschaften der Antike soll der aristotelische „Oikos"[49] mit der Einbindung wirtschaftlicher Fragestellungen in die

---

45 Vgl. WURDACK et al: Zum Selbstverständnis...(1980), a.a.O., S. 4-5.

46 Exemplarisch sei hier auf die aristotelische „Politik" verwiesen. Diese stellt ein umfassendes philosophisches System mit einheitlichen Normen für menschliches Handeln im ungeteilten Lebensraum der „Polis" dar. Als die dem Individualinteresse übergeordnete Einheit umfaßt und bestimmt die „Polis" alle Lebensbereiche. Auch die Lehre von der Wirtschaft ist polisgebunden und verkörpert somit nur einen untergeordneten Teilkomplex innerhalb der Lehre vom Staat. Vgl. ARISTOTELES: Aufzeichnungen zur Staatstheorie (Politik), übersetzt von Walter Siegfried, Köln 1967. „Und seinem Wesen nach ist der Staat höheren Ranges als die Hausgemeinschaft und jeder einzelne von uns; denn das Ganze ist notwendigerweise höheren Ranges als der Teil". Ebenda, S. 16. Vgl. auch SCHEFOLD, Bertram: Platon und Aristoteles, in: Starbatty, Joachim (Hrsg.): Klassiker des ökonomischen Denkens, Bd. I, München 1989, S. 19-55; vgl. ders.: Was die Antike der Wissenschaft und was sie für das Leben bedeutet, in: Menschenführung und Menschenbildung. Perspektiven für Betrieb und Schule, Festschrift für Ernst Wurdack zum 65. Geburtstag, hrsg. von Karin Aschenbrücker und Ulrich Pleiß, Hohengehren 1991, S. 123-132.

47 Das ökonomische Denken im Mittelalter ist geprägt von der Scholastik. Wirtschaftliche Phänomene werden nur im Hinblick auf ihre Vereinbarkeit mit den Forderungen der christlichen Ethik untersucht. Vgl. SALIN, Edgar: Politische Ökonomie. Geschichte der wirtschaftspolitischen Ideen von Platon bis zur Gegenwart, 5., erw. Aufl., Tübingen 1967, S. 24-41.

48 Der historische Aspekt folgt im wesentlichen den für den abendländischen Kulturkreis geltenden und seine Entwicklung beherrschenden Linien.

49 In der aristotelischen Lehre besitzt die Lehre vom „Oikos" keine Eigenständigkeit, sondern bildet dort einen untergeordneten Teilkomplex innerhalb der „Politeia". Die Verhaltensregeln im wirtschaftlichen Bereich sind unmittelbar aus den übergeordneten Sinnkriterien für allgemeines menschliches Handeln innerhalb der staatlichen Gemeinschaft abgeleitet. „Die Griechen verknüpften ihre wirtschaftlichen Überlegungen mit ihrer allgemeinen Staats- und Gesellschaftsphilosophie; nur selten befaßten sie sich mit einem

Gesellschaftsphilosophie und der Ausrichtung wirtschaftlichen Handelns, d. h. des Anwendungsbereichs der Erkenntnisse von Wirtschaft und Wirtschaften, auf sittlich-normative Zielvorstellungen gelten.[50]

Prinzipiell folgen auch die herausragenden mittelalterlichen „Theorien von Wirtschaft“ diesem sinnleitenden Interesse, welches an religiöse Wertvorstellungen geknüpft ist. Daraus leiten sich z. B. bei ALBERTUS MAGNUS und THOMAS VON AQUIN die dominierenden Prinzipien ökonomischen Handelns wie „Gerechtigkeit“, „Nächstenliebe“, „Bedarfsdeckung statt Reichtum“ ab.[51] Charakteristisch für diese Handlungsmaximen des Wissens von Wirtschaft sind neben ihrer Herleitung aus „nichtrationalen“ d. h. aus transzendenten oder transzendentalen Erkenntnisbereichen[52], insbesondere aber die durch sie postulierte Verbindung von Wissen und praktischem Handeln in einem ungeteilten, komplexen Lebensbereich. Insoweit kann als bleibende Erkenntnis dieser Epoche die Einheitlichkeit der Interpretation der Lebenswirklichkeit, die auch Ökonomie und ökonomisches Handeln beinhaltet und eindeutige Leitprinzipien für die Theorie und Praxis abgibt, formuliert werden. Wobei die Ableitung dieser Sinnprinzipi-

---

ökonomischen Problem um seiner selbst willen.“ SCHUMPETER, Joseph A.: Geschichte der ökonomischen Analyse, Band 1, Göttingen 1965, S. 92.

50 Vgl. WURDACK et al: Zum Selbstverständnis...(1980), a.a.O., S. 6.

51 Vgl. hierzu SCHUMPETER: Geschichte...(1965), a.a.O., insb. Scholastische Soziologie und Wirtschaftslehre, S.126-155; vgl. auch SALIN: Politische Ökonomie...(1967), a.a.O., insb. Das katholische Europa (Mittelalter), S. 24-41.

52 WURDACK unterscheidet aufbauend auf Kant drei erkenntnistheoretische Stufen bzw. Erkenntnisbereiche: „Im *Immanenzbereich* verbleibt Erkenntnis in den Schranken möglicher Erfahrung. Die Verwendung empirischer Methoden sowie die induktive Vorgehensweise sind wesentliche Merkmale auf dieser Stufe. Im *Transzendenzbereich* läßt sich Erkenntnis nicht mehr a posteriori allein aus der Erfahrung ableiten. Sie wird vielmehr erst durch die apriorischen Formen des Geistes bestimmt. Im Sinne Kants heißt das: „Ich nenne alle Erkenntnis transzendental, die sich nicht sowohl mit Gegenständen, sondern mit unserer Erkenntnisart von Gegenständen, insofern diese a priori möglich sein soll, überhaupt beschäftigt. ... Im *Transzendentalbereich* überschreitet Erkenntnis schließlich die Grenzen der Erfahrung und den Bereich des menschlichen Bewußtseins. Dies ist der Bereich des Unerfahrbaren, des Übersinnlichen und damit die Stufe der Religion und der Metaphysik. WURDACK et al: Zum Selbstverständnis...(1980), S. 6-7, FN 3 Hervorhebungen im Original. Die Umlegung dieser erkenntnistheoretischen Stufen auf die Problemgeschichte der Wirtschaftspädagogik führt hier zu einer Unterscheidung von praxisgeleitetem (Immanenzbereich), theoriegeleitetem (Transzendenzbereich) und sinngeleite-

en aus dem Bereich des „Logos“[53] respektive dem religiösen Bereich stammt. Dementsprechend ergibt sich mit Akzeptanz oder Ablehnung dieser Sinnprinzipien die zentrale Frage dafür, inwieweit diese sich als Grundlage ökonomischen Verhaltens und Handelns eignen.[54]

### 2.1.2 Praxisgeleitete Phase wirtschaftlichen Handelns

Die radikale Ablehnung metaphysischer Sinnprinzipien für die Lebenswirklichkeit im allgemeinen und die der wirtschaftlichen im besonderen sowie eine ebensolche Hinwendung zur Rationalität für die Erklärung beider Bereiche, ist der entscheidende Umbruch im Verständnis von Wissen als Wissenschaft über die einzelnen Lebensbereiche. In idealtypischer Kennzeichnung läßt sich das Prinzip der eigenen Vernünftigkeit letztendlich als allgemein anerkanntes Handlungsprinzip zur Regelung der (wirtschaftlichen) Lebenswirklichkeit darstellen. Auf dieser Grundlage entsteht entsprechend die systematische wissenschaftliche (d. h. rationale) Durchdringung einer Lebenswirklichkeit, die sich im historischen Kontext definiert und insgesamt vielfältiger als die der vorangegangenen Epochen darstellt.[55]

Am Beginn dieser Epoche steht, in Umkehrung des bis dahin gültigen Prinzips, die Basierung der Erkenntnis und des Handelns auf dem Primat menschlicher „Vernunft“.[56] Jedoch zeigt sich in dieser Epoche selbst, daß die Einheitlichkeit

---

tem (Transzendentalbereich) Denken in der Wirtschaftserziehung. Vgl. WURDACK: Wirtschaftspädagogik (1982), a.a.O., S. 156-159.

53 Der Begriff „Logos“ hat im Laufe der Geschichte eine Vielzahl von Bedeutungswandlungen erfahren. Abgesehen von diesen Differenzierungen wie sie besonders HIRSCHBERGER zum Ausdruck bringt, ist jedoch ein Grundkonsens erkennbar, „Logos“ als allgemein verbindende Grundideen allen Lebens zu verstehen. Vgl. hierzu HIRSCHBERGER, Johannes: Geschichte der Philosophie, Band 1, Altertum und Mittelalter, 14. Aufl., Freiburg 1991, S. 299 f.

54 Vgl. WURDACK et al: Zum Selbstverständnis...(1980), a.a.O., S. 7.

55 Vgl. WURDACK et al: Zum Selbstverständnis...(1980), a.a.O., S. 8.

56 Den verschiedenen Ausprägungen des Prinzips der Vernünftigkeit entsprechen unterschiedliche Grundrichtungen der Aufklärung. Im wesentlichen sind dabei drei Denkansätze mit deren jeweils wichtigsten Vertretern zu nennen: RATIONALISMUS (Rene DESCARTES, 1596-1650; Baruch de SPINOZA, 1632-1677; Gottfried Wilhelm LEIBNIZ, 1646-1716), EMPIRISMUS (Thomas HOBBES, 1588-1679; John LOCKE,

dieses Prinzips "Rationalität" nicht beibehalten werden kann, sondern vielmehr durch eine Vielzahl unterschiedlicher, zum Teil gegensätzlicher respektive sogar einander ausschließender Interpretationen dieses Prinzips abgelöst wird. Demnach stellen sich je nach Ansatz unterschiedliche Maximen, gegenüber einem zuvor einheitlichem Prinzip, wie z. B. dem der Gerechtigkeit, in einer aus der umfassenden Lebenswirklichkeit stammenden Definition für wirtschaftliches Handeln ein. Die voranschreitende Entwicklung der rationalen Durchdringung von Lebens- und Wirtschaftszusammenhängen führt zu sehr differierenden Auffassungen über Prinzipien wirtschaftlichen Verhaltens und Handelns, so daß sich die Ursprünglichkeit bzw. Überschaubarkeit größerer Ordnungszusammenhänge auflöst, zumal sich die wirtschaftlichen Einheiten zunehmend vergrößern und auch in quantitativer Dimension sich neue Organisationsformen aufschließen.[57] Diese Säkularisierung tritt verstärkt auf und stellt ebenso in der Problematik der heutigen Situation eine hervorragende Bedeutung dar.[58]

### 2.1.3 Theoriegeleitete Phase wirtschaftlichen Handelns

Innerhalb des Prozesses der Spezialisierung in allen Wissenschaften erfolgte im Gleichlauf eine Zuwendung zu erfahrungswissenschaftlicher Erfassung. Als noch größere Problematik erscheint neben der Frage, ob in Verfolgung dieses Prinzips der Aufspaltung in kleine Erkenntnisbereiche nach der Problematik des Nachweises der jeweiligen Wichtigkeit oder Richtigkeit dieser Zuwendung, in-

---

1623-1704, David HUME, 1711-1776), NATURALISMUS (Jean Jacques ROUSSEAU, 1712-1778; Anthony Aschley-Cooper SHAFTESBURY, 1671-1713). Vgl. hierzu auch CASSIRER, Ernst: Die Philosophie der Aufklärung, Tübingen 1932.

57 Zur Dialektik steigender Produktivität der Arbeit durch Arbeitsteilung und Erweiterung der Aktionsparameter durch Entstehen größerer Unternehmenseinheiten sowie der daraus folgenden Komplizierung der Handlungssituationen vgl. insb. SMITH, Adam: Der Wohlstand der Nationen. Eine Untersuchung seiner Natur und seiner Ursachen. Aus dem Englischen übertragen und mit einer Würdigung von Horst Claus Recktenwald, München 1974, Erstes Kapitel, Die Arbeitsteilung, insbes. S. 9 f.; vgl. auch RIEGER, Wilhelm: Einführung in die Privatwirtschaftslehre, 3., unveränderte Auflage, Erlangen 1964, S. 1-6.

58 Vgl. WURDACK et al: Zum Selbstverständnis...(1980), a.a.O., S. 10-11; vgl. ders.: Reflexionen...(1972), a.a.O., S. 505-507.

wieweit diese Spezialisierung „den totalen Verlust der Möglichkeit der Abgabe von Handlungsmaximen in zusammenhängenden Bereichen markiert“[59].

Im Lebensbereich Wirtschaft entsteht innerhalb der sich in dieser Epoche etablierenden Wirtschaftswissenschaft eine Fülle von Einzelwissenschaften, mit entsprechenden sowohl wissenschaftsmethodischen als auch wissenschaftsorganisatorischen Auswirkungen auf das Gesamtverständnis von Wirtschaft. Im Rahmen dieses Differenzierungsprozesses etabliert sich insbesondere auch die Betriebswirtschaftslehre[60] als eigenständige Disziplin. Doch sind im weiteren Verlauf auch diese Einzeldisziplinen von zusätzlichen Differenzierungstendenzen geprägt.[61]

## 2.2 Wissenschaftsmethodischer Aspekt

### 2.2.1 Deduktiv – normative Methode

Die Wirtschaftswissenschaft bedient sich zur Erfassung ihres Erkenntnisobjektes unterschiedlicher Erkenntnisquellen und -methoden. Die Auswahl dieser determinieren mögliche Eingrenzungen des Erkenntnisobjektes, die mögliche Art und Weise der Systematisierung sowie daraus folgend, die Möglichkeiten der Erklä-

---

59 WURDACK et al: Zum Selbstverständnis ...(1980), a.a.O., S. 12.

60 Als selbständige wissenschaftliche Disziplin tritt die Betriebswirtschaftslehre zunächst unter der Bezeichnung „Privatwirtschaftslehre“ auf. „Die Privatwirtschaftslehre hat sich die Aufgabe gestellt, die Erwerbswirtschaft als Glied und Bestandteil der Volkswirtschaft zu erforschen und zu beschreiben, insbesondere die Unternehmung als vornehmsten und wichtigsten Typ“. RIEGER: Einführung...(1964), a.a.O., S. 72. Der weitere Entwicklungsweg in der Betriebswirtschaftslehre ist durch immer neue Meinungsverschiedenheiten über ihre methodologischen Grundlagen gekennzeichnet. Vgl. dazu grundlegend MOXTER, Adolf: Methodologische Grundfragen der Betriebswirtschaftslehre, Opladen 1957. Auch bis zum heutigen Tage besteht kein Konsens in dieser Frage. Vgl. zum Methodenpluralismus und zur Entwicklung der Betriebswirtschaftslehre statt vieler SCHNEIDER, Dieter: Betriebswirtschaftslehre. Band 1: Grundlagen, München; Wien 1993, insbes. S. 109 f.; vgl. ders.: Geschichte...(1981), insbes. S. 81-194; vgl. auch WÖHE, Günter: Einführung in die allgemeine Betriebswirtschaftslehre, 16., überarb. Aufl. 1986, insbes. S. 1-82.

61 Vgl. WURDACK et al: Zum Selbstverständnis ...(1980), a.a.O., S. 12-13.

rung und des Aufzeigens relevanter Handlungsanweisungen.[62] Eine Definition der Wirtschaftswissenschaft bzw. deren Teilgebiete[63] wird daher im wesentlichen auch davon bestimmt, mit welchen Erkenntnismethoden man sich dem Erkenntnisobjekt jeweils annähert.[64]

Die bereits in der Analyse zur wissenschaftshistorischen Dimension aufgezeigte Erklärung wirtschaftlicher Lebenswirklichkeit im umfassenden Sinne ist zwar grundsätzlich ein Prinzip antiker und mittelalterlicher Erkenntnisform; jedoch bleibt prinzipiell die Möglichkeit der Wiederbelebung in der Gegenwart sowie die der Transferierung in zukünftiges wirtschaftliches Handeln erhalten.[65]
Bei Anwendung der deduktiv-normativen Methode ist charakteristisch, daß das Wissenschaftsobjekt „Wirtschaft" in einem Zusammenhang gesehen wird, der in einem übergreifenden Sinnzusammenhang die gesamte Lebenswirklichkeit zu deuten versucht. Die Erklärung der Lebenswirklichkeit wird neben der „natürlichen" Vernünftigkeit des Erkennenden auch mit außerhalb des zu erklärenden Subjekts liegenden Möglichkeiten versucht, so daß die Identifizierung des Erkenntnisobjektes Wirtschaft ohne strikte Eingrenzungen auf die wirtschaftlichen Gegebenheiten allein vorgenommen wird. Die deduktiv-normative Methode bedient sich daher zur Erkärung wirtschaftlicher Zusammenhänge primär übergeordneter „Lehren" (Heilslehren), die die Sinnprinzipien wirtschaftlichen Verhaltens einschließen.[66] Das Prinzip der dieser Methode zugeordneten Charakterisierung der Wissensformen, d. h. der Anordnung von Heilswissen zum konkreten Handlungs- und Erfahrungswissen, ist ursächlich für deren historische Be-

---

62 Zur Zweckbezogenheit der Methodenwahl vgl. DILTHEY, Wilhelm: Die Wissenschaft vom Menschen, der Gesellschaft und der Geschichte, Gesammelte Schriften, XVIII. Band, hrsg. von Helmut Jonach und Frithjof Rodi, Göttingen 1977.

63 In dieser Arbeit steht als besonderes Teilgebiet der Betriebswirtschaftslehre die Bilanz(rechts-)theorie, insbesondere die Theorie der Bilanz im Rechtssinne im Zentrum der Analyse und entsprechend die hierbei angewendeten Methoden. Zur Bilanztheorie vgl. statt vieler MOXTER, Adolf: Bilanzlehre, Bd. 1, Einführung in die Bilanztheorie, 3., vollst. umgearb. Aufl., Wiesbaden 1984, insbes. S. 149-165.

64 Vgl. WURDACK et al: Zum Selbstverständnis...(1980), a.a.O., S. 18.

65 Vgl. ebenda, S. 19.

66 Vgl. ebenda, S. 18-19.

dingtheit sowie auch für ihre auf konkretes wirtschaftliches Handeln ausgerichtete Zielrichtung:[67] „Die Einordnung „wirtschaftlicher Erkenntnis“ und des daraus folgenden Handlungsbezuges in die Sittlichkeit der Wertordnung und Verhaltensform in der konkreten geschichtlichen Situation“[68].
Mit dieser Methode „verbindet sich in besonderem Maße die Charakteristik der Normativität der Interpretation der Lebenswirklichkeit mit der Stringenz des Handlungsbezuges in allen Lebenssituationen (auch im wirtschaftlichen Bereich)“. Das Provozierende in der Erkenntnisproblematik dieses methodischen Ansatzes, „besteht in der Tatsache der Notwendigkeit der vollen Akzeptanz ihrer Prämissen“[69].

### 2.2.2 Deduktiv – hermeneutische Methode

Bei diesem wissenschaftsmethodischen Ansatz erfolgt ebenfalls keine strikte Eingrenzung auf rein wirtschaftliche Gegebenheiten. Das Wissenschaftobjekt „Wirtschaft“ wird auch hier in einem Zusammenhang gesehen, welcher in einem übergreifenden Sinnzusammenhang die gesamte Lebenswirklichkeit zu deuten versucht. Gegenüber dem deduktiv-normativen Ansatz besteht jedoch insoweit ein grundsätzlich unversöhnlicher Gegensatz, als hier „die menschliche Vernunft als Erkenntnisquelle auch für die sinnleitenden Prinzipien der Lebenswirklichkeit und damit auch für die der wirtschaftlichen Lebenswirklichkeit“[70] vertreten wird. Die Postulierung der Prämissen auf der Grundlage menschlicher Vernünftigkeit läßt aufbauend auf der Erkenntnisquelle eine Ausdifferenzierung zu, die entweder als deduktiv-hermeneutisch oder als deduktiv-dialektisch dargestellt werden kann.[71]

---

67 Zur Charakterisierung der Wissensformen siehe SCHELER, Max: Die Wissensformen und die Gesellschaft, Gesammelte Werke, Band 8, Bern 1960, insb. S. 60-69 und S. 200-211.

68 WURDACK et al: Zum Selbstverständnis...(1980), a.a.O., S. 19, Hervorhebungen im Original. Zum Verhältnis von Wissen und sittlichem Handeln vgl. REINER, Hans: Die philosophische Ethik, Heidelberg 1964, insb. S. 158-161.

69 WURDACK et al: Zum Selbstverständnis...(1980), a.a.O., S. 19, beide Zitate.

70 Ebenda, S. 20.

71 Vgl. ebenda.

Bei der deduktiv-hermeneutischen Methode wird zum einen das methodische Prinzip der Vernünftigkeit aus der Vernünftigkeit des Subjekts als dem Erkenntnisträger hergeleitet, und mit der Prämisse vollkommener Harmonie von individuellen und überindividuellen Interessen in Erklärungsformen und Handlungsanweisungen für allgemein-sittliches und spezielles wirtschaftliches Handeln überführt,[72] zum anderen aus der überindividuellen (menschheitsgeschichtlichen, kulturgeschichtlichen) Erfahrung gewonnen und als Grundlage der Erkenntnis wirtschaftlicher Zusammenhänge und Grundtatbestände sowie zur Herleitung von Normen für wirtschaftliches Handeln herangezogen.[73]
Während die deduktiv-hermeneutische Methode die „Harmonie" (innere Geschlossenheit) des einem Erkenntnisobjektes immanenten Sinnprinzips erschließt und betont,[74] setzt die deduktiv-dialektische Methode an der prinzipiel-

---

[72] Das Prinzip vollkommener Harmonie kommt besonders im System der klassischen Nationalökonomie zum Ausdruck. Nach Adam SMITH ist es die „unsichtbare Hand der Vorsehung", die dafür Sorge trägt, daß das Selbstinteresse stets auch dem Gesamtinteresse dient. „Gibt man daher alle Systeme der Begünstigung und Beschränkung auf, so stellt sich ganz von selbst das einsichtige und einfache System der natürlichen Freiheit her." SMITH, Adam: Der Wohlstand der Nationen. Eine Untersuchung seiner Natur und seiner Ursachen, aus dem Englischen übertragen und mit einer Würdigung von Horst Claus Recktenwald, München 1974, S. 582. Die psychisch-ethische Grundlage dieser harmonischen Ordnung hat SMITH in seiner Moralphilosophie aufzuzeigen versucht. „Das Interesse an unserer eigenen Glückseligkeit empfiehlt uns die Tugend der Klugheit; Interesse an jener anderer Leute empfiehlt uns die Tugenden der Gerechtigkeit und der Wohltätigkeit, von denen die eine uns davon zurückhält, jene Glückseligkeit zu verletzen, die andere uns antreibt, sie zu fördern." SMITH, Adam: Theorie der ethischen Gefühle (1759), nach der Auflage letzter Hand übersetzt und herausgegeben von Walter Eckstein, 2. Aufl., Hamburg 1977, S. 333.

[73] „Die historische Schule hat ihre Anschauungen teilweise im Gegensatz zu der individualistischen Auffassung der klassischen Lehre von Staat, Gesellschaft und Wirtschaft, im Gegensatz zu ihrer abstrakt-isolierenden Methode und vor allem unter Ablehnung der Annahme von absolut und zeitlos geltenden Wirtschaftsgesetzen entwickelt. Sie wollte die Erkenntnis der wirtschaftlichen Erscheinungen auf die Erforschung ihres geschichtlichen Werdens gründen und lehnte jede vorschnelle Generalisation von Erkenntnissen ab, da alle empirischen Tatsachen in ihrem gesellschaftlichen Zusammenhang erforscht und erkannt werden sollten." STAVENHAGEN, Gerhard: Geschichte der Wirtschaftstheorie, 4. durchgesehene und erweiterte Auflage, Göttingen 1969, S. 191. Zur historischen Schule vgl. auch SCHUMPETER, Joseph A.: Geschichte der ökonomischen Analyse, Band 2, Göttingen 1965, Sozialpolitik und historische Methode, S. 977-1006.

[74] Vgl. dazu die Abhandlungen DILTHEYS über die Entstehung der Hermeneutik, in: DILTHEY, Wilhelm: Die geistige Welt. Einleitung in die Philosophie des Lebens, Erste

len Gegensätzlichkeit verschiedener in ihrer Polarität zusammenwirkender Sinnprinzipien an und erklärt aus dieser Polarität die ökonomische Wirklichkeit mit ihren Entwicklungslinien.[75]
Bei beiden methodischen Ansätzen bestimmt sich die „Normativität" der Lebenswirklichkeit mit relativer (historischer oder individueller, subjektbezogener) Konstanz und unterschiedlicher Strenge und ordnet die Handlungsbezüge nach eben diesen Kriterien unter dem Anspruch absoluter Gültigkeit auf dem jeweiligen historischen Stand von Erfahrung und Erkenntnis.[76]

### 2.2.3 Induktive Methode

Die Beobachtung eingrenzbarer Realerscheinungen und oder deren Symptome stehen im Vordergrund dieser Methode zur Identifizierung des Erkenntnisobjektes „Wirtschaft". Erforderlich ist dafür neben einer relativ strengen („sachgerechten") Beschreibung der jeweils zu untersuchenden Objekte insbesondere eine „künstliche" Einschränkung des Erkenntnisobjektes Wirtschaft auf eng definierbare Teilbereiche. Die Vermeidung von Werturteilen ist das besonders betonte Anliegen, um damit „objektiv wahre", d. h. intersubjektiv nachprüfbare, ausschließlich an der Sache und ihren Gesetzmäßigkeiten orientierte Aussagen zu gewinnen.[77] Als Kriterien für die „Richtigkeit der Erkenntnis" gelten zum einen Verifikation und Falsifikation respektive das Prinzip der Hypothesenbildung verbunden mit dem Prinzip der Bewährung bzw. der Falsifikation.[78] Der Erkenntniswert der induktiven (empirischen) Methoden ist für die Bewältigung

---

Hälfte: Abhandlungen zur Grundlegung der Geisteswissenschaften, in: ders.: Gesammelte Schriften, Bd. 5, 2. Aufl., Stuttgart 1957, S. 317-331.

75 In der im ökonomischen Bereich vorherrschenden materialistischen Interpretation dieses methodischen Ansatzes („dialektischer Materialismus") manifestiert sich das Postulat der zwangsläufigen historischen Entwicklung der Wirtschaftsgesellschaft als Klassengesellschaft mit dem Ergebnis ihrer synthetischen Aufhebung in einer „klassenlosen" Ordnung. Vgl. SALIN: Politische Ökonomie...(1967), a.a.O., S. 112.

76 Vgl. WURDACK et al: Zum Selbstverständnis...(1980), a.a.O., S. 21-22.

77 Vgl. ebenda, S. 22-23.

78 Zum Prinzip der „Bewährung/Falsifikation" vgl. POPPER, Karl R.: Logik der Forschung, 4., verbesserte Aufl., Tübingen 1971, insbes. S. 47-59 und S. 198-225; vgl. ders.: Objektive Erkenntnis, 2. Auflage, Hamburg 1974, insb. S. 25-29.

konkreter Lebenssituationen unersetzbar. Gleichzeitig ist anzumerken, daß sich mit dieser Induktivität der Erkenntnis die Komplexität der Erkenntnisvorgänge methodisch auflöste und zur sektoriellen bzw. spezifischen Erkenntnisart degenerierte.[79] Durch die bewußte Abspaltung der Realerfahrung von der an die jeweiligen Teilfelder gebundenen Sinninterpretationen „besteht die Möglichkeit, diese Realerfahrungen mit beliebigen Wertvorstellungen zu besetzen und konkrete Handlungen im wirtschaftlichen und gesellschaftlichen Bereich andersartig zu gestalten“[80]. Diese damit eröffnete Möglichkeit der Ideologisierung „wertfreier“ Erkenntnis tritt in diesem Zusammenhang neben die Problematik, daß die Frage der Subjektivität der Erkenntnis und ihre Vorausbestimmtheit durch die an das Individuum sowie an die Geschichte gebundene Erfahrung vernachlässigt wird.[81]

### 2.2.4 Synthetisch induktiv-deduktive Methode

Zur Darstellung dieses Ansatzes ist es erforderlich, den Aspekt der Verknüpfung induktiver und deduktiver Ansätze zu beschreiben. Die Gegensätze jeweils einseitig verfolgter induktiver oder deduktiver Methode in allen Erkenntnisberei-

---

79 Vgl. WURDACK et al: Zum Selbstverständnis...(1980), a.a.O., S. 23. Bezogen auf die Wirtschaftswissenschaften ist anzumerken, daß die induktive Methode ihren besonderen Aufschwung bei der Aufspaltung des Topos Wirtschaftswissenschaften in zwei weitgehend voneinander getrennte Einzelbereiche (Betriebs- und Volkswirtschaftslehre) sowie deren weitere Aufspaltung in Teilgebiete findet und diesen Prozeß der Aufspaltung ihrerseits stützt und sogar noch verstärkt. Vgl. ebenda.

80 Ebenda. Zum Problem der Werturteilsfreiheit der Wissenschaften vgl. insb. WEBER, Max: Die „Objektivität“ sozialwissenschaftlicher und sozialpolitischer Erkenntnis, in: Ders.: Gesammelte Aufsätze zur Wissenschaftslehre, 4. erneut durchgesehene Aufl. Tübingen 1973, S. 146-214 sowie ders.: Der Sinn der „Wertfreiheit“ der soziologischen und ökonomischen Wissenschaften, ebenda, S. 489-540; vgl. dazu auch SOMBART, Werner: Die drei Nationalökonomien, München und Leipzig 1930, vgl. auch STAVENHAGEN: Geschichte...(1969), a.a.O., S. 207-215; vgl. ebenso MOXTER: Methodologische Grundlagen...(1957), a.a.O., S. 74 f.

81 Vgl. WURDACK et al: Zum Selbstverständnis...(1980), a.a.O., S. 23-24; vgl. ders.: Die ökonomische Dimension...(1984), S. 172.

chen förderte die Einsicht in die Notwendigkeit, integrative methodische Verfahren anzustreben.[82]
Darüber hinaus gewährleistet die mit der induktiven Methode verbundene Aufspaltung des Erkenntnisbereiches die Beschreibung komplexer Zusammenhänge nicht in einem ausreichenden Maße und ermöglicht insbesondere keine hinreichende Aufbereitung für praktisches Handeln. Im Bereich der Wirtschaftswissenschaften gewinnt dieser Aspekt insbesondere deshalb zunehmend an Gewicht, da die ökonomischen Bedingungen wachsende Bedeutung für die existentielle Sicherung sowohl von Gesellschaften als auch von Individuen erlangen.[83]

Die Suche nach verknüpfenden Forschungsansätzen ist motiviert durch zwei grundlegende Ursachen: „Einerseits durch den historisch bedingten Wandel des erkenntnismethodischen Aspekts, andererseits durch den realgeschichtlichen Aspekt der Erkenntnis der Lebenswirklichkeit in ihrer Komplexität".[84] Dabei bleibt aber die Problematik, wie Aussagen, die durch unterschiedliche Erkenntnismethoden gewonnen werden, miteinander verbunden werden bzw. welche Methoden in der jeweiligen Situation besondere Priorität genießen sollen, ungelöst.[85]

---

82 Vgl. WURDACK et al: Zum Selbstverständnis...(1980), a.a.O., S. 24. Exemplarisch sei hier der Versuch KLAFKIS angeführt, drei wissenschaftsmethodische Ansätze aus dem Bereich der Sozialwissenschaften zur Integration zu führen. Vgl. KLAFKI, Wolfgang: Erziehungswissenschaft als kritisch-konstruktive Theorie: Hermeneutik – Empirie – Ideologiekritik, in: Zeitschrift für Pädagogik, 17. Jg. (1971), S. 351-385; vgl. auch ders.: Zur Entwicklung einer kritisch-konstruktiven Didaktik, in: Die Deutsche Schule, 69. Jg. (1977), S. 703-715, hier insb. S. 707: „Das Gegeneinander oder Nebeneinander von Hermeneutik und Empirie muß vielmehr durch eine strukturierte Kooperation abgelöst werden, weil jeder der beiden Ansätze den jeweils anderen voraussetzt oder in den Konsequenzen der Ergänzung und Kontrolle durch den jeweils anderen notwendig bedarf."

83 Vgl. WURDACK et al: Zum Selbstverständnis...(1980), a.a.O., S. 24.

84 Ebenda, S. 25.

85 Vgl. ebenda. Sowohl mit den Ergebnissen der Erkenntnis als auch mit den Methoden sind bestimmte Funktionsabsichten verbunden, deshalb wird zum einen das Erkenntnisinteresse, d. h. das Problem der Verbindung von Erkenntnis und Interesse, respektive von Herrschaft, Macht und Interesse virulent, zum anderen wird das methodische Konzept einer Einzelwissenschaft durch eventuell artfremde methodische Verfahren anderer Wissenschaften überzogen. Damit entsteht nicht nur eine Diskussion über die Funktion sogenannter Hilfswissenschaften, sondern vielmehr die Frage, inwieweit andere Methoden für ein spezifisches (wirtschaftliches) Wissenschaftsobjekt zulässig sind. Vgl. ebenda.

## 2.3 Inhaltlicher Aspekt

### 2.3.1 Umfassend–allgemeingültige Theorien

Dieser weitere Aspekt zur Beschreibung unterschiedlicher Theorietypen soll, aufbauend auf in einem Stufengang entwickelten Verständnis der Wirtschaftswissenschaften von der hermeneutischen Kategorie ihrer Geschichte sowie über die Kategorie methodischer Ansätze, unter Kennzeichnung ihrer jeweils repräsentativen Strukturen in elementarer Form, Entscheidungskriterien für die Strukturierung liefern. Dabei erfolgt die Elementarisierung der einzelnen Theorietypen unter den Merkmalen der Bestimmung des Forschungsfeldes, der Bestimmung der Untersuchungsverfahren, der Einordnung in die Wissenschaftssystematik (Wissenschaftsorganisation) sowie der anthropologischen Grundlegung und des jeweiligen Praxisverhältnisses. Das Moment der anthropologischen Grundlegung und die aus diesem folgenden Handlungsempfehlungen besitzt dabei das Primat für die Strukturierung.[86]

Das Forschungsfeld der Ökonomie bestimmt sich mit den „Wirtschaftslehren" der Antike und des Mittelalters sowie der beginnenden Neuzeit in spezifischer Form. Dieses Forschungsfeld erhält den Charakter von „Lehren" des Handelns mit dem Ziel der Bedarfsdeckung in Haus- und Staatswirtschaft (Oikos und Polis), eingebunden in die Polis als das bestimmende Grundelement staatsphilosophischen Denkens der Griechen und tradiert in das römische ökonomische Denken. Das Ziel Bedarfsdeckung ist ausschließlich auf die Befriedigung lebensnotwendiger ökonomischer Bedürfnisse bezogen, d. h. die notwendigen Güter werden prinzipiell im Rahmen der (autarken) Hauswirtschaft produziert und der Handel wird nur als Ergänzung der hauswirtschaftlichen Produktion, nicht aber zum bloßen – sogar verpönten - Gelderwerb[87] legitimiert.[88]

---

[86] Vgl. ebenda, S. 26. „Eine derartige Grundlegung bewirkt bspw. die Konkretisierung der ansonsten nicht operational definierten „Rationalität" in jeweils spezifischer, die Struktur der einzelnen Theorie bestimmenden Weise." Ebenda.

[87] Vgl. dazu BRUNNER, Otto: Neue Wege der Sozialgeschichte, Göttingen 1956, Das „ganze Haus" und die alteuropäische „Ökonomik", S. 33-61, insb. S. 35-36; vgl. zur (negativen) Beurteilung des „Gelderwerbsstrebens" im Mittelalter und der frühen Neuzeit LE

Die derart ausgeprägte Wirtschaftslehre und deren Methodik wird durch ihre Einordnung in den übergreifenden Bezug von Wirtschaft in eine umfassende Lebens- und Staatsphilosophie erklär- und verstehbar. Aus dieser lassen sich auch gleichzeitig die Prinzipien wirtschaftlichen Handelns deduktiv ableiten, so daß kein Anlaß besteht, eine eigenständige ökonomische Konzeption zu entwikkeln.[89]

Die klassisch-philosophische Denkform des ARISTOTELES[90] wird für die methodische Konzeption einer „Wirtschaftswissenschaft“ ebenso verbindlich wie die mittelalterlich philosophisch-religiösen Methoden des THOMAS VON AQUIN. Dieser (normativ-)deduktiven Methodik entsprechend, ergibt sich auch für die Frage der Wissenschaftssystematik eine bindende Antwort, denn die Lehren, bzw. Wirtschaftstheorien sind eingebunden in die Wissenschaftssystematik der Philosophie oder der Theologie.[91]

Die anthropologische Grundannahme, nach welcher die Entwicklung der Persönlichkeit in einer humanen Gemeinschaft als obersters Sinnprinzip sowie die Negation übermäßigen Gütergenusses als Grundlage menschlicher Lebensverwirklichung postuliert wird,[92] verdeutlicht die logische Stringenz der Ableitung von konkreten Verhaltensformen, die diese Wirtschaftslehren beinhalten. Grundsätzlich gelten diese Normen auch für die Anthropologie der mittelalterlichen Wirtschaftslehre, nach der das oberste Ziel menschlicher Verwirklichung

GOFF, Jacques: Wucherzins und Höllenqualen. Ökonomie und Religion im Mittelalter, Stuttgart 1988.

88 Vgl. WURDACK et al: Zum Selbstverständnis...(1980), a.a.O., S. 27.

89 Vgl. ebenda.

90 Vgl. WEINBERGER, Otto: Grundriß der allgemeinen Wirtschaftsphilosophie, Berlin 1958, S. 28-32, insb. S. 30.

91 Vgl. WURDACK et al: Zum Selbstverständnis...(1980), a.a.O., S. 27-28.

92 „Wir glauben, daß das Glück von solcher Art ist und daß es ferner das Erstrebenswerteste von allem ist, aber nicht in der Weise der Summe von Gütern“. RUTT, Theodor (Hrsg.): ARISTOTELES und die Paideia. Besorgt und übersetzt von Edmund Braun, Paderborn 1974, S. 32.

in der Gottebenbildlichkeit sowie im Streben nach jenseitigem Glück unter Einbindung in die soziale Verantwortlichkeit der Gegenwart geschieht.[93]
Die Auswirkungen dieser Theoriekonzeption für die Praxis zeigen sich in deren Wirtschaftsethik, nach der wirtschaftliches Handeln der reinen Bedarfsdeckung als Befriedigung lebensnotwendiger ökonomischer Bedürfnisse dient, wohingegen Wirtschaftswachstum und auf zunehmenden Reichtum abzielende Erwerbskunst (Chrematistik) dem Verdikt der Ablehnung verfallen.[94]
Selbst wenn es um bloße technische Handlungsanweisungen[95] wie z. B. der Gestaltung der Produktion im (autarken) Haushalt (Oikos) zu gehen scheint, enthalten die Aussagen zum Praxisverhalten ethische Handlungsprinzipien.[96] Das praktische Handeln wird demnach durch vorgängige Theorie determiniert.[97]
Neben dem Verbot der Chrematistik als Gelderwerbskunst entspringt dem ethischen Prinzip der Wirtschaftslehre das Postulat des „gerechten Preises"[98], der

---

[93] Vgl. HIRSCHBERGER: Geschichte der Philosophie (1991), a.a.O., S. 424-430: „Ein wahrer Christenmensch"; vgl. dazu auch BRUCHHÄUSER: Kaufmannsbildung...(1989), a.a.O., passim; vgl. ebendso REEMTSMA-THEIS: Moralisches...(1998), a.a.O., S. 7-12.

[94] Vgl. ARISTOTELES: Aufzeichnungen...(1967), a.a.O., S. 32-43. „ Da es nun also eine doppelte Geschäftskunst gibt, wie wir sagten, und die eine davon die typische Händlerkunst ausmacht, und die andere zur Haushaltskunst gehört, und diese letztere notwendig ist und in hohen Ehren steht, die Kunst des bloßen Warenumsatzes hingegen mit Recht getadelt wird – denn sie entspricht nicht der Natur, sondern macht ihren Gewinn auf Grund dessen, was andere erzeugt haben, so trifft der allgemeine Haß mit der größten Berechtigung die Kunst des Geldausleihers, weil hier der Gewinn vom Geld selbst herkommt und nicht von dem, wofür das Geld erfunden wurde." Ebenda, S. 39.

[95] Vgl. zu den „technischen Anweisungen" SALIN: Politische Ökonomie...(1967), a.a.O., S. 15-16.

[96] Vgl. dazu für den Bereich der Buchhaltung PENNDORF, Balduin: Geschichte der Buchhaltung in Deutschland, unveränderter Nachdruck der ersten Auflage, Leipzig 1913, Reprint: Frankfurt 1966, insbes. S. 158-159. „Der theoretische Teil beginnt mit einer Vorrede, die religiösen Charakter hat". Ebenda, S. 158; vgl. REINISCH, Holger: 500 Jahre Traktat über die doppelte Buchführung von Luca PACIOLI, in: Wirtschaft und Erziehung, 46. Jg. (1994), S. 287-292, hier S. 287 passim; vgl. auch den entsprechenden Hinweis bei TRUMPLER, Hans: Die Bilanz der Aktiengesellschaft nach neuem Aktien- und Steuerrecht, Berlin und Leipzig 1937, S. 12-13.

[97] WURDACK et al: Zum Selbstverständnis...(1980), a.a.O., S. 28-29.

[98] „... sondern der gerechte Preis ist jener, bei dem das gerechte Verhältnis zwischen den Menschen, zwischen den Herstellern, verwirklicht ist." SALIN: Politische Ökonomie...(1967), a.a.O., S. 12.

auf der Grundlage einer Gesellschaftstheorie, die die „rechte Ordnung“ herstellt, ebenso wie das Verbot, Zinsen zu nehmen, bestimmt wird.[99]
Die Prinzipientreue dieser Wirtschaftslehre setzt sich auch in zeitlicher Dimension bei der mittelalterlichen Theorie THOMAS VON AQUINS[100] fort, in der gleiche Prinzipien wirtschaftlichen Handelns aus einer, nunmehr christlichen Philosophie abgeleitet werden.[101] Die ökonomische Theorie der Kirchenväter entspricht mit ihrer Forderung nach gerechtem Güteraustausch dem aristotelischen Prinzip des gerechten Preises bei gleichzeitigem Zinsverbot sowie dem Verbot chrematistischen Handelns.[102]

### 2.3.2 Übergreifende Theorien

Während die umfassend allgemeingültigen Theorien der Antike und des Mittelalters Wirtschaft im Rahmen umfassender Lehren menschlichen Handelns beschreiben, verselbständigt aufklärerisches Denken Ökonomie zu einer autonomen Lehre vom Wirtschaften. Dieses eigenständige Forschungsfeld entsteht in einem weiten Umfeld evolutionärer Entwicklung, welches einen Bogen von der Einbettung von Ökonomie in den Dienst einer höheren allgemeinen (weltlichen) Macht, dem Staat[103], bis hin zur Förderung der individuellen Wohlfahrt spannt.[104]

---

99 „...der Darlehenszins aber vermehrt nur gerade das Geld. Von da her hat er auch seinen Namen bekommen; denn das, was geboren wird, ist dem Erzeugenden ähnlich, und das Zinsgeschäft besteht darin, daß Geld aus Geld wird. Infolgedessen ist von allen geschäftlichen Manipulationen diese am meisten wider die Natur“ ARISTOTELES: Aufzeichnungen...(1967), a.a.O., S. 39; vgl. auch SALIN: Politische Ökonomie...(1967), a.a.O., S. 10: „Weil aber in Wirklichkeit Geld kein Geld gebären kann, so ist eine chrematistische Erwerbsweise „gänzlich wider die Natur“.“ Ebenda, Hervorhebungen im Original.

100 Vgl. zur Wirtschaftslehre der Scholastik SCHACHTSCHNABEL, Hans G.: Geschichte der volkswirtschaftlichen Lehrmeinungen, Stuttgart 1971, S. 18-20.

101 Zur „ökonomischen Theorie“ der Kirchenväter vgl. ebenda, S. 17-18.

102 WURDACK et al: Zum Selbstverständnis...(1980), a.a.O., S. 29. Vgl zum Einfluß dieser Wirtschaftsgesinnung auf die kaufmännische Ausbildung BRUCHHÄUSER: Kaufmannsbildung...(1989), a.a.O., passim.

103 „Im Gegensatz dazu steht die bis dahin dominierende „staatliche Macht“, die aus den Erkenntnisbereichen des Transzendentalen und Transzendenten hergeleitet und gerechtfertigt wird.“ WURDACK et al: Zum Selbstverständnis...(1980), a.a.O., S. 30.

104 Vgl. ZABECK: Ethische Dimensionen...(1991), a.a.O., S. 539-544.

Mit der Neubestimmung des Forschungsfeldes Ökonomie geht der Wechsel der Untersuchungsverfahren zu rationalen bzw. rational-hermeneutischen und dialektischen Verfahren einher. Darüber hinaus hat es den Anschein, „als habe diese Entwicklung des Forschungsfeldes Ökonomie ... konsequent zur Parzellierung ... und damit zur Basis separate Teilgebiete herausbildender Wirtschaftslehre geführt“[105]. Dennoch entsteht Ökonomie zunächst nicht als selbständige Disziplin, sondern bleibt in Staatslehren mit aufklärerischem Staatsgedanken, wie z. B. dem Merkantilismus und eine allgemeine Philosophie der Natürlichkeit[106] integriert.[107]

Der Neubestimmung des Forschungsfeldes, dem Wandel der Wissenschaftsmethode sowie der Neubestimmung der Wissenschaftssystematik entsprechend, offenbaren sich die damit verbundenen grundlegenden Wandlungen in den anthropologischen Grundlegungen dieser Theorieansätze. Während im merkantilistischen Weltbild der einzelne Mensch noch seinen Wert aus seinem Beitrag zum Wohl des Staates gewinnt, so verlagert die zunehmende Wirksamkeit aufklärerischen Denkens mit der Betonung naturgegebener, individueller Vernünftigkeit auch im ökonomischen Handeln die anthropologische Dimension auf die Eigenwertigkeit der Person und ihre individuelle Freiheit und definiert deshalb das Gemeinwohl vom Wohl des Individuums her. Gleichzeitig vollzieht sich damit der materialistische Umschlag der idealistischen Konzeption auch in der anthropologischen Grundannahme ökonomischer Theorien.[108] Während der

---

[105] WURDACK et al: Zum Selbstverständnis...(1980), a.a.O., S. 30.

[106] Insbesondere in einer Philosophie der Ethik und des moralischen (vernünftigen) Verhaltens, z. B. bei SMITH, BENTHAM, RICARDO, MILL. Vgl. dazu FUSFELD, Daniel R.: Geschichte und Aktualität ökonomischer Theorien. Vom Merkantilismus bis zur Gegenwart, Frankfurt und New York 1975, S. 37-77.

[107] Vgl. WURDACK et al: Zum Selbstverständnis...(1980), a.a.O., S. 31.

[108] Vgl. ebenda, S. 32-33. Mit der materialistisch begründeten Abkehr von der dominierenden individualistischen anthropologischen zu einer überwiegend kollektivistischen Grundposition sowie mit der Hinführung zu einer tragenden politischen Idee unter dem Primat der Gleichheit aller, beginnt die revolutionäre theoretische Konzeption der Auflösung der Klassengesellschaft mit der Zielsetzung einer Gesellschaft Gleicher, verstanden auch im Sinne einer Gleichheit aller Wirtschaftsbürger. Vgl. ebenda. „Fraglos ist in der Idee der Bildung notwendig die eines Zustands der Menschheit ohne Status und Übervorteilung postuliert, und sobald sie davon etwas sich abmarkten läßt und sich in die Praxis der als gesellschaftlich nützliche Arbeit honorierten partikularen Zwecke verstrickt, frevelt sie an

Marxismus den Menschen als Wesen sieht, welches sich im Kollektiv verwirklicht, so vollzieht sich in der Neoklassik eine Rückbesinnung auf die Vorstellung der Individualität und deren Eigenwertigkeit aus dem Kontext klassischer Theorieansätze heraus. Der Mensch wird jedoch im Gegensatz zur Klassik, die ihn noch in seiner Gesamtheit sieht, auf seine ökonomische Dimension zurückgenommen („homo oeconomicus"). Dabei wird der Nutzen des Einzelnen als generell quantifizierbar postuliert, ökonomische Rationalität vorwiegend auf die Rechenbarkeit und auf den Vergleich von Nutzenquantitäten abgestellt.[109]

Das Zusammenwirken von Bestimmung des Forschungsfeldes, Verwendung einer spezifischen Wissenschaftsmethode, Einordnung in eine spezifische Wissenschaftssystematik sowie die Konkretisierung der Verhaltensnormen über die anthropologische Grundlegung dieser Theoriegruppe ergibt für das Theorie-Praxis-Verhältnis signifikant nachweisbare Momente.[110] Der Umkehrung der anthropologischen Grundlegung hin zur natürlichen Vernünftigkeit und Freiheit des Individuums entspricht im Physiokratismus[111] die Forderung nach freier Entfaltung der Persönlichkeit auch im ökonomischen Bereich („Laissez

---

sich selbst." ADORNO, Theodor W.: Theorie der Halbbildung, in: Tiedemann, Rolf (Hrsg.), Theodor W. Adorno. Eine Auswahl, Frankfurt am Main 1971, S. 292-321, hier S. 296-297.

109 Vgl. WURDACK et al: Zum Selbstverständnis...(1980), a.a.O., S. 33; vgl. dazu auch ZABECK: Ethische Dimensionen...(1991), a.a.O., S. 535 und S. 543-544. Klassische und insbesondere neoklassische Wirtschaftstheorie sehen den Menschen als Wesen mit einer aus seiner Natürlichkeit vorgegebenen Bedürfnisstruktur. Dies erklärt ihre Orientierung an Produktion und Effizienz in der Befriedigung dieser Bedürfnisse. Demgegenüber ist der Mensch mit seinen Bedürfnissen für die Vertreter der historischen Schule eingeordnet in eine sich geschichtlich entwickelnde Gemeinschaft, woher er die Maximen seiner Selbstverwirklichung gewinnt. Vgl. dazu SCHUMPETER: Geschichte...(1965), Bd. 2, a.a.O., S. 977-1006.

110 Im einzelnen leitet sich z. B. im Merkantilismus aus der Dienstbarmachung der Ökonomie für die Machtentfaltung des Staates der Versuch her, spezifische Handlungsempfehlungen zur Stärkung der Volkswirtschaft als Grundlage staatlicher Macht zu erarbeiten. Hierzu gehört neben dem bekannten Prinzip der Aktivierung der Außenhandelsbilanz (in der volkswirtschaftlichen Gesamtrechnung) zur Anhäufung inländischen Reichtums z. B. die Forderung nach staatlicher Entwicklungsplanung insgesamt und nach Detailplanung, etwa der Bevölkerungsentwicklung. Vgl. WURDACK et al: Zum Selbstverständnis...(1980), a.a.O., S. 33-34 mit weiteren Nachweisen

111 „Indem Quesnay die Verfolgung des Eigennutzes als naturrechtliches Postulat der Wirtschaftslehre durchführt, wird zum erstenmal ein System des ökonomischen Individualis-

faire"[112]) als Grundlage einer rationalen Steuerung der Gesamtwirtschaft und damit einhergehend, die Ablehnung merkantilistischer Planungsprinzipien.[113] Die Angabe konkreter Handlungsmaximen wird zwar durch das zur Sicherung des individualistischen Prinzips notwendige Einfließen nutzentheoretischer Maximen und die aus methodischen Gründen notwendige weitgehende Abspaltung von den Kategorien Raum, Zeit und Institutionen erschwert, doch liefert diese Theorie – auch auf Grund ihrer wohlfahrtsökonomischen Implikationen – zumindest ein neues Fundament für die Forderung nach freier, ungehemmter Entfaltung des Einzelnen in einer Lebenswelt, die nun vorwiegend unter rein ökonomischer Perspektive betrachtet und analysiert wird. Aus dieser Überzeugungskraft, die diese insbesondere auch aus der besonderen Flexibilität seines methodischen Instrumentariums heraus gewinnt, resultiert die Möglichkeit nachfolgender Grob- und Detaildifferenzierungen des Topos Wirtschaftswissenschaften. Durch diese zunehmenden Differenzierungen und Spezialisierungen wird diese Theorie mit ihren Verästelungen in die Lage versetzt, sich der Realökonomie anzunähern und technologische Lösungen für mannigfaltige Detailprobleme anzubieten. Hierdurch erscheint diese Theorie als Ganzes von besonderer Operationalität, bei gleichzeitig reduzierter Fähigkeit zu Zielvorgaben.[114] Sowohl die Logik der Entwicklung geltender Prinzipien wie auch die

---

mus aufgestellt. Ganz ungehindert soll das Individuum aus seinem wirtschaftlichen Eigennutz heraus handeln; persönliche Freiheit: Berufsfreiheit, Gewerbefreiheit und Verbrauchsfreiheit, Freizügigkeit und freies Privateigentum sind die ersten Bedingungen hierfür." SPANN, Othmar: Die Haupttheorien der Volkswirtschaftslehre, 4. Aufl. Leipzig 1918, S. 37-38.

112 „Der Grundsatz des ganzen Systems: „laissez faire et laissez passer le monde va de lui meme"." SPANN: Die Haupttheorien...(1918), .a.a.O., S. 38.

113 Vgl. WURDACK et al: Zum Selbstverständnis...(1980), a.a.O., S. 34, mit weiteren Nachweisen.

114 Vgl. ebenda, S. 36-37. Im Gegensatz zu der mit der Neoklassik lange Zeit unmittelbar konkurrierenden Historischen Schule zeichnet sich jene durch die besondere Stringenz ihres theoretischen Überbaus aus. Demgegenüber findet die Historische Schule (historisch-empirische Gesellschaftslehre) ihre Schwerpunkte in der am Detail orientierten Durchdringung und Aufarbeitung ökonomischer Zusammenhänge sowie in der Entwicklung und extensiven Nutzung analytischer Methoden. Die dabei gewonnenen Erkenntnisse über reales menschliches Verhalten im ökonomischen Feld explizieren Handlungsalternativen von Individuen und Gruppen mit potentiellen Handlungsfolgen, die Einordnung „wirtschaftlicher Erkenntnisse" und des daraus folgenden Handlungsbezuges in die Sittlichkeit

Logik konkreter Handlungen in der wirtschaftlichen Lebenswirklichkeit ist entsprechend dieser Charakterisierung postuliert.[115]

### 2.3.3 Segmenthafte (segmentierende) Theorien

Die Einheitlichkeit der Sicht, wie übergreifende Theorien spezifische Segmente des Forschungsfeldes Ökonomie im Rahmen einer Gesamtinterpretation der ökonomischen Lebenswirklichkeit analysieren, läßt sich in der weiteren Entwicklung nicht mehr konstatieren. Vielmehr zeigt sich stattdessen eine fortschreitende Differenzierung des Topos, verbunden mit ausgeprägten Emanzipationstendenzen der einzelnen Teilbereiche.[116] Im Ablauf dieses Differenzierungsprozesses, in dem sich gleichzeitig die Abspaltung der Betriebswirtschaftslehre von der Nationalökonomie vollzieht, entwickeln sich relativ eigenständige Theorieteilgebiete, so im betriebswirtschaftlichen Bereich – allerdings auf anderer Theorieebene - spezielle Funktions- und Institutionenlehren.[117]

Diese Aufspaltung des Forschungsfeldes erlaubt und begünstigt eine dezisionistische Methodenwahl mit der Folge, daß dieser Dezisionismus einerseits die Detaildurchdringung des Forschungsgegenstandes mit einer eminenten Ausweitung von Einzelwissen fördert, andererseits jedoch auch die Problematik der In-

---

der Weltordnung sowie Verhaltensnormen für konkrete geschichtliche Situationen. Vgl. ebenda, S. 37; vgl. dazu auch ZABECK: Ethische Dimensionen...(1991), a.a.O., S. 540-544 und S. 547.

115 Vgl. WURDACK et al: Zum Selbstverständnis...(1980), a.a.O., S. 37. „...das heißt, wir fordern, daß die Komplexe von Regeln der Sitte und des Rechts, welche Gruppen zusammenarbeitender und zusammmenlebender Menschen nach bestimmten Seite hin beherrschen, in ihren Resultaten mit denjenigen Idealvorstellungen der Gerechtigkeiten in Einklang bleiben, welche auf Grund unserer sittlichen und religiösen Vorstellungen die heute herrschenden oder zur Herrschaft gelangenden sind." SCHMOLLER, Gustav: Die Gerechtigkeit in der Volkswirtschaft, in: Ders., Über einige Grundfragen der Sozialpolitik und der Volkswirtschaftslehre, Leipzig 1904, S. 254.

116 Vgl. WURDACK et al: Zum Selbstverständnis...(1980), a.a.O., S. 37-38.

117 Vgl. dazu SCHNEIDER: Betriebswirtschaftlehre...(1993), a.a.O., S. 1-52; vgl. ders.: Geschichte...(1981), a.a.O., S. 195 f.; vgl. auch WITTMANN, Waldemar: Betriebswirtschaftslehre, in: Albers, Willi/Born, Karl Erich u. a. (Hrsg.) Handwörterbuch der Wirtschaftwissenschaft (HdWW), Band 1, Stuttgart/Tübingen/Göttingen 1977, S. 585-609; GUTENBERG, Erich: Einführung in die Betriebswirtschaftslehre, Wiesbaden 1958, HEINEN, Edmund: Einführung in die Betriebswirtschaftslehre, Wiesbaden 1968.

terpretation dieses jeweiligen Einzelwissens in Form noch relativ eindeutiger Aussagen mit sich bringt.[118] Dies führt zu einem Zerfall des ursprünglich homogen-komplexen Forschungsgegenstandes der Ökonomie in einen heterogen-komplexer Art mit Teildisziplinen, die aufgrund der zwischen ihnen auftretenden Divergenzen einer einheitlichen Sinnerschließung kaum mehr zugänglich sind.[119]

Aus dieser Zerklüftung folgt die Schwierigkeit, noch einen einheitlichen Topos zu identifizieren. Bleibt bei den umfassend-allgemeingültigen Theorien die Systematik des Topos in eine umfassende Staats- und Gesellschaftsphilosophie eingebunden, und versuchen die übergreifenden Theorien das gesamte Feld des Ökonomischen zumindest noch unter einem einheitlichen Theorieanspruch zu fassen, so bildet sich hier der Topos additiv ohne Orientierung an integrativen Strukturprinzipien in vielfältiger Weise aus.[120]

Adäquat zur vorwiegend dezisionistisch bestimmten Methodenwahl mit einer Dominanz des empirisch-analytischen Forschens in Teilbereichen wird die vorher notwendige Offenlegung der anthropologischen Leitvorstellungen zurückgedrängt und nur noch implizit innerhalb der einzelnen Teiltheorien angedacht. Evident wird diese schwerwiegende Auswirkung dieser anthropologischen Implikationen in den verschiedenen Theorien sowohl für deren Selbstverständnis[121]

---

[118] Über die Existenz der Liberalität bezüglich der wissenschaftlichen Basisentscheidungen, ist für die Wahl der jeweiligen Methode nicht nur deren Adäquanz gegenüber dem einzelnen Forschungsgegenstand, sondern auch die Subjektivität der Entscheidung der jeweiligen Forscherpersönlichkeit ausschlaggebend. Vgl. WURDACK et al: Zum Selbstverständnis...(1980), a.a.O., S. 38.

[119] Vgl. zu diesem Problemgefüge CHMIELEWICZ, Klaus: Forschungskonzeptionen der Wirtschaftswissenschaft, 2. überarbeitete und erweiterte Auflage, Stuttgart 1979; RAFFEE, Hans und ABEL, Bodo (Hrsg.): Wissenschaftstheoretische Grundfragen der Wirtschaftswissenschaften, München 1979; FISCHER-WINKELMANN, Wolf F.: Methodologie der Betriebswirtschaftslehre, München 1971; SCHMIDT, Reinhard H.: Einige Überlegungen über die Schwierigkeiten, heute eine „Methodologie der Betriebswirtschaftslehre“ zu schreiben, in: ZfbF, 24. Jg. (1972), S. 393-410, sowie JOCHIMSEN, Reimut und KNOBEL, Helmut (Hrsg.): Gegenstand und Methoden der Nationalökonomie, Köln 1971, insb. Teil 3, S. 161-282.

[120] Vgl. WURDACK et al: Zum Selbstverständnis...(1980), a.a.O., S. 38-39.

[121] Zur Bedeutung der anthropologischen Grundlegung für eine Wissenschaft vgl. SCHNEIDER: Selbstvertständnis...(1984), a.a.O., S. 5-8 und S. 237-243; vgl. dazu grundlegend WURDACK, Ernst: Die Bedeutung der anthropologischen Fragestellung für

wie auch für deren Möglichkeiten, praktisches Handeln abzuleiten und zu reglementieren.[122]

Die unter dem Signum verstärkter Rationalität eingeführte Beschränkung in Form anthropologischer Abstinenz zeigt vielfältige Auswirkungen auf die Handlungsanweisungen.[123] Denn vor die Aufgabe gestellt, die aus diesen Theorieansätzen folgenden praktischen Anweisungen zu konkretisieren, bildet die Fülle der entstandenen Anweisungen mit ihren vielfältigen Widersprüchlichhkeiten ein kaum zu überwindendes Hindernis.[124]
Daraus folgend kann nur an exemplarischen Fällen die potentielle Mehrdeutigkeit dieser Handlungsanweisungen aufgezeigt werden. Dabei ist zu beachten, daß die Wechselwirkung von Praxis und Theorie unter neuem Impetus erscheint, der dadurch gekennzeichnet ist, daß sich die durch Theorie freigesetzte Technik des jeweiligen Handelns im spezifischen Bereich in einer Weise verfestigt, die dazu führt, daß sich das vormals bestehende Verhältnis zwischen Theorie und Praxis, bei dem Theorie für Praxis Ziele setzt, umkehrt in eine Bestimmung der Praxis für Theorieentwicklung und Theoriebildung zur Bemeisterung jeweils bestehender Praxisprobleme.[125] Diese eminent wichtige Aufgabe für Theorieent-

---

die Berufs- und Wirtschaftspädagogik. Versuch einer Einführung, in: Die berufsbildende Schule, 24. Jg. (1972), S. 237-245.

[122] Vgl. z. B. die kritischen Anmerkungen zur Problematik der Offenlegung anthropologischer Leitvorstellungen bei KREIKEBAUM, Hartmut: Humanität in der Arbeitswelt. Eine kritische Betrachtung, in: ZfB, 47. Jg. (1977), S. 481-508, insbes. S. 481-482. „Der unreflektierte Bezug auf „Humanität" birgt ferner zwangsläufig die Gefahr der ideologischen Verschleierung durch Verwendung von Leerformeln in sich. Diese Möglichkeit ist immer dann gegeben, wenn auf eine inhaltliche Konkretisierung dieses Begriffs verzichtet wird, weil z. B. die dazu notwendigen Maßstäbe fehlen oder schwierig zu formulieren sind. ... Es sind also im folgenden mögliche unterschiedliche Auffassungen über den Begriffsinhalt des Wortes „Humanität" herauszuarbeiten. Diese kommen in prägnanter Weise im jeweiligen Menschenbild ... zum Ausdruck ... ." Ebenda.

[123] Vgl. WURDACK et al: Zum Selbstverständnis...(1980), a.a.O., S. 39-40.

[124] Vgl. KREIKEBAUM, Hartmut: Dokumentation, in: Albers, Willi/Born, Karl Erich u. a. (Hrsg.): Handwörterbuch der Wirtschaftswissenschaft (HdWW), Band 2, Stuttgart/Tübingen/Göttingen 1980, S. 168-174, insb. S. 170.

[125] Vgl. WURDACK: Reflexionen...(1972), a.a.O., S. 501-504. Zum Theorie-Praxis-Problem aufgrund dieser segmentierenden Entwicklung sowie zur Abgrenzung der Begriffe Theorie und Modell vgl. auch WENGER: Arbeitsmarkt...(1993), a.a.O., S. 6-16; vgl.

wicklung verliert sich dadurch allzu leicht in die rein sektorielle Betrachtung mit der Folge, daß diese wegen der Differenziertheit nicht mehr zu einer Betrachtungsweise übergeordneter Zusammenhänge vorstoßen kann.[126]

### 2.3.4 Segmenthaft-übergreifende Theorien

Wird von den segmenthaften Theorien versucht, spezifische Wissenskategorien und Problemlösungsfelder in bestimmten Teilen des ökonomischen Lebensbereichs immanent zu erschließen, so sind segmenthaft-übergreifende Theorien darauf gerichtet, den diesem Ansatz notwendigerweise anhaftenden Dezisionismus durch ihre Orientierung an bereichsübergreifenden Sinnprinzipien zu überwinden. Dabei kann sich diese Entwicklung zu segmenthaft-übergreifenden Theorieansätzen sowohl im Verharren beim Segmenthaften unter Adaption externer, übergeordneter Bereiche und daraus gewonnener Prinzipien wie auch in der Neugewinnung von Forschungsfeldern mit mehr programmatisch als handlungsbezogen ausgerichteten Forschungsansätzen manifestieren. Aus dieser Erweiterung des Forschungsfeldes resultiert zum einen die Chance, daß die bei der nur segmenthaften Theoriebildung auftretende Lückenhaftigkeit der Praxiserklärung eine entsprechende Korrektur erfährt, zum anderen aber auch das Risiko einer Auflösung des gesamten etablierten und im Prinzip bewährten Forschungsfeldes der Ökonomie durch Außenfaktoren, die sich im Ablauf der historischen Entwicklung nur als punktuell relevant für das eigentliche Forschungsfeld erweisen können.[127]

Einhergehend mit der Veränderung des Forschungsfeldes ist eine entsprechende Veränderung der Methodenwahl.[128] Die Notwendigkeit der Verwendung zuneh-

---

ASCHENBRÜCKER: Wirtschaftspädagogische Theorie...(1991), a.a.O., S. 25-27 sowie Abschn. 2.4.3 dieser Arbeit.

126 Vgl. WURDACK et al: Zum Selbstverständnis...(1980), a.a.O., S. 40.

127 Vgl. ebenda, S. 41-42.

128 Dementsprechend entwickelt sich z. B. im Bereich der Volkswirtschaftslehre mit dem Versuch des Brückenschlags zu anderen Zweigen der Sozialwissenschaft, z. B. mit der Hereinnahme soziologischer und psychologischer (verhaltenswissenschaftlicher) Methoden, ein Untersuchungsgesamtrahmen, der sich von rein ökonomischen Problemen bis hin zu Problemen der allgemeinen Wissenschaftsforschung, der Erkenntnistheorie oder der

mend differenzierter analytischer Verfahren, mit der Folge, daß die bereits für die segmenthaften Theorieansätze konstatierten Tendenzen zur Detailierung und Verfeinerung des methodisch-technischen Instrumentariums bei relativer Zurückdrängung interpretierender und sinnerschließender Verfahren noch verstärkt, geht damit ebenso einher.[129]

Bezogen auf die anthropologische Fragestellung, konzentriert sich die Problematik nicht so sehr auf die Richtigkeit eines Menschenbildes, sondern vielmehr werden mit dem Eindringen in andere Wissenschaften oder mit dem Eindringenlassen anderer Wissenschaften die eigenen anthropologischen Prämissen relativiert zum Teil sogar ausgehöhlt und durch implizite anthropologische „Alternativen" subsituiert.[130]

## 2.4 Würdigung der Analyse und Ausblick auf den weiteren Untersuchungsgang

### 2.4.1 Folgerungen für die wirtschaftspädagogische Theoriebildung und Didaktik

An dieser Stelle sollen, aufbauend auf den wissenschaftsimmanenten Kriterien, die aus der historischen Analyse gewonnenen vier Phänotypen, die vier Methodentypen sowie die Korrelation dieser beiden Typologien in den vier Materialtypen mit ihren jeweiligen repräsentativen Grundgehalten vergleichend zusammengefaßt und die für die weitere Bearbeitung relevanten Aspekte herausgestellt werden.

Als Konsequenz der Analyse zum Erkenntnisobjekt lassen sich bei den Phänotypen die Vielfältigkeit ihrer Ausprägung, ihre Pluralität, ebenso feststellen wie das Nichtvorhandensein einer Dominanz eines bestimmten Typus bei der Erklä-

---

Theorie der Demokratie spannt und bei dem sich die Palette der Forschungsmethoden zu nicht mehr klar unterscheidbaren Konglomeraten mischt. Vgl. ebenda.

129 Vgl. ebenda, S. 42.

130 Vgl. ebenda, S. 43. Zur Bedeutung der anthropologischen Fragestellung in der Wirtschaftswissenschaft vgl. insb. WURDACK: Zur Bedeutung...(1972), a.a.O., S. 237-245.

rung der Lebenswirklichkeit im allgemeinen wie im speziellen ökonomischen Sinne.[131] Bei den Methodentypen stellten wir als wichtigstes Element die interdependente Korrelation zwischen Forschungsobjekt und -methode sowie zwischen Forschungsmethode und -objekt gleichermaßen fest wie eine Methodenhierarchie, bezogen auf die unterschiedliche Erklärbarkeit vorhandener Komplexität von Forschungsstrukturen.[132] Zusammenfassend wurde für die Phäno- und die Methodentypen zum einen die Interpretation der Lebenswirklichkeit als Zusammenhang zwischen Interpretationsmöglichkeit der Lebenswirklichkeit und Ausweitung bzw. Einengung der Wissenschaftssystematik hervorgehoben, zum anderen die Korrelation mit didaktischen, d. h. Inhaltsentscheidungen bei der Vermittlungsproblematik wie auch deren institutionelle Wirkungen.[133]

Bei der anthropologischen Grundlegung der einzelnen Theorietypen wurde das Problem der Explikation impliziter anthropologischer Leitbilder, das Problem der anthropologischen Grundtypen sowie ihre Relation zu den jeweiligen Theorietypen ebenso herausgearbeitet, wie das beherrschende Problem von anthropologischen Leitbildern und Sinnbezug verantwortlichen Handelns im ökonomischen wie im gesamten Lebensbereich markiert. Dementsprechend sind Grundtypen anthropologischer Leitbilder erkenn- und den einzelnen Theorietypen zuordnenbar. Der Theorietyp im umfassenden Sinne zeichnet sich z. B. dadurch aus, daß seine anthropologische Grundlegung für den Menschen als wirtschaftendes Wesen Grundzüge festlegt und ihn im Prinzip in den gesamten kulturellen und sozialen Kontext seiner Epoche einbindet, wobei diese Grundlegung entweder den jeweiligen Lehren des Logos oder aber der religiösen Auffassung christlicher Religionen entspricht.[134] Der Mensch soll dabei in seiner Aufgabenstellung den Heilserwartungen einer ihm verkündeten Metaphysik entspre-

---

131 Vgl. WURDACK et al: Zum Selbstverständnis...(1980), a.a.O., S. 48-49.

132 Vgl. SCHNEIDER: Selbstverständnis...(1984), a.a.O., S. 237-240; vgl. dazu auch GADAMER: Wahrheit...(1975), a.a.O., S. 297. Gadamer verweist diesbezüglich auf einen allgemeinen aristotelischen Grundsatz. Vgl. ebenda.

133 Vgl. WURDACK et al: Zum Selbstverständnis...(1980), a.a.O., S. 49-51.

134 Vgl. ebenda, S. 52-53.

chen.[135] Diese Heilserwartung des vorab charakterisierten Menschenbildes wird bei dem Theorietyp im weiteren Sinne zurückgenommen auf die natürliche Vernünftigkeit des Menschen sowohl im naturalistischen[136] als auch im idealistisch-humanistischen[137] Sinne unter Definition seiner Verpflichtung zum einen hinsichtlich seiner Aufgaben für die menschliche Gemeinschaft generell und für die einer Nation im besonderen.[138] Das Menschenbild des Theorietypus im engeren Sinne zeigt sich dadurch gekennzeichnet, daß der Mensch zum einen naturalistisch interpretiert, jedoch auf seine rein ökonomischen Funktionen und Bedürfnisse reduziert, zum anderen gedanklich durch Aufspaltung in verschiedene, voneinander getrennt analysierbare und zu analysierende Teilfelder seiner selbst transformiert wird.[139] Da sich der methodische Kunstgriff der gedanklichen Aufspaltung des Menschen in verschiedene, vorab skizzierte Teilbereiche in der Abstraktheit des Konzepts als denkbar, in der Phase der Evaluierung jedoch als außerordentlich konfliktträchtig und wenig praktikabel erwiesen hat, kann eine Ausweitung dieses reduzierten Menschenbildes auf eine anthropologische

---

[135] Vgl. dazu RUTT: Aristoteles...(1974), a.a.O., S. 30-36; COMENIUS, Johann Amos: Große Didaktik, in neuer Übersetzung hrsg. v. Andreas Flitner, Düsseldorf und München 1954, insbes. S. 31-45.

[136] Zum naturalistischen Menschenbild vgl. z. B. ROUSSEAU, Jean-Jacques: Emil oder über die Erziehung, in neuer deutscher Fassung besorgt von Josef Esterhues, Paderborn 1958, insbes. S. 11-19.

[137] Zum idealistisch-humanistischen Menschenbild vgl. z. B. DILTHEY, Wilhelm: Versuch einer Analyse des moralischen Bewußtseins, in: Ders., Gesammelte Schriften, VI. Band, Die geistige Welt. Einleitung in die Philosophie des Lebens, zweiter Teil: Abhandlungen zur Poetik, Ethik und Pädagogik, 3., unveränderte Auflage, Stuttgart 1958, S. 1-65, insbes. S. 28-55.

[138] Vgl. WURDACK et al.: Zum Selbstverständis...(1980), a.a.O., S. 53. Das idealistisch-humanistische Menschenbild kann zum anderen auf die Verpflichtung zur Solidarität bei der Durchsetzung von Klasseninteressen bezogen werden, was gleichzeitig bedeutet, daß dieses umgekehrt wird in das materialistisch-marxistische Menschenbild. Vgl. ebenda. Zum materialistisch-marxistischen Menschenbild vgl. z. B. MARX, Karl und ENGELS, Friedrich: Manuskripte, Die heilige Familie und andere Frühschriften, Berlin 1953, S. 81.

[139] Dies gedankliche Aufspaltung des Menschen dokumentiert sich in der Herausbildung von Begriffen und Kategorien wie des „homo oeconomicus“ für den ökonomischen Bereich. Vgl. WURDACK et al.: Zum Selbstverständis...(1980), a.a.O., S. 53.

Grundlegung im wieder erweiternden bzw. erweiterten Sinne als denknotwendig postuliert werden.[140]

Die Ergebnisse der bisherigen Analyse sollen nunmehr auf die wirtschaftspädagogische Theoriebildung und Didaktik übertragen sowie entsprechende respektive vergleichbare Ergebnisse herausgestellt werden, soweit diese für den weiteren Untersuchungsgang von Bedeutung sind.

Als Aufgabe wirtschaftspädagogischer Theoriebildung läßt sich zunächst eine systematische Abgrenzung eines Forschungsobjektes, die Wahl der dem Forschungsobjekt angemessenen Forschungsmethoden[141] sowie die Offenlegung der anthropologischen Grundlegung[142], des zugrundeliegenden Menschenbildes, als Sinn- und Zieldimension der Erziehung, festlegen.[143] Problematisch bei dieser

---

[140] Vgl. ebenda, S. 53. Diese Korrekturen versuchen Theorien im erweiternden Sinne dadurch einzuführen, daß sie einerseits den Menschen nicht nur in seinen rein ökonomischen Funktionen belassen, sondern in einem ausgeweiteten Zusammenhang, z. B. als Gesellschaftswesen („zoon politicon"), einbetten. Diese Betrachtungsweise knüpft wieder an das aristotelische Menschenbild an. Vgl. ARISTOTELES: Aufzeichnungen...(1967), a.a.O., S. 15. Andererseits erfolgt aber auch der Versuch, das rein ökonomische Menschenbild („homo oeconomicus") auf andere Segmente menschlichen Lebens zu transferieren. Vgl. WURDACK et al.: Zum Selbstverständnis...(1980), a.a.O., S. 53.

[141] Vgl. zur Korrelation von Forschungsobjekt und –methode SCHNEIDER: Selbstverständnis...(1984), a.a.O., S. 17-18 und S. 237-243.

[142] Zur anthropologischen Grundlegung innerhalb der Wirtschaftspädagogik vgl. WURDACK: Die Bedeutung...(1972), a.a.O.; vgl. ders.: Zur anthropologischen Grundlegung in der berufs- und wirtschaftspädagogischen Theoriebildung, in: Wirtschaftspädagogik im Spektrum ihrer Problemstellung, Festschrift zum 65. Geburtstag von Joachim Peege, hrsg. von Manfred Becker und Ulrich Pleiß, Baltmannsweiler 1988, S. 19-30; vgl. ders.: Zur anthropologischen Grundlegung der klassisch-kulturphilosophischen Ansätze in der berufs- und wirtschaftspädagogischen Theoriebildung, in: Berufliches Handeln, gesellschaftlicher Wandel, pädagogische Prinzipien, Festschrift für Martin Schmiel zur Vollendung des 80. Lebensjahres, hrsg. von Karl-Heinz Sommer und Martin Twardy, Esslingen 1993, S. 437-449; vgl auch SCHNEIDER: Selbstverständnis...(1984), a.a.O., S. 237-243, S. 374-384 und S. 399-404. SCHNEIDER klassifiziert die anthropologische Grundlegung als „einheitsstiftendes Strukturprinzip", als „zentral-wissenschaftskonstituierendes Moment wirtschaftspädagogischer Theoriebildung.. Ebenda, S. 237 u. S. 240.

[143] Vgl. WURDACK: Wirtschaftspädagogik (1982), a.a.O., S. 159-168. Vgl. auch die ausführliche Analyse wirtschaftspädagogischer Ansätze entsprechend der von WURDACK vorgenommenen Klassifikation bei SCHNEIDER: Selbstverständnis...(1984), a.a.O., insbes. S. 11-236 und S. 359-384. Vgl. zum Aufgabenbereich der Berufs- und Wirtschafts-

Vorgehensweise ist, daß insbesondere für die Wirtschaftspädagogik kein typisches, über alle Epochen gleichbleibendes Forschungsobjekt erkennbar ist,[144] als gemeinsame Ausgangsbasis aller Ansätze kann – auch in historischer Betrachtung – jedoch der „Beruf" angesehen werden.[145]
Ein sehr heterogenes Bild zeigt sich ebenso bei den Wissenschaftsmethoden: Neben hermeneutisch, dialektisch und phänomenologisch begründeten Ansätzen in geisteswissenschaftlicher Orientierung und verschiedenen erfahrungswissenschaftlichen und gesellschaftskritischen Methoden, entstehen „Mischformen", die für die unterschiedlichen Untersuchungsfelder unterschiedliche Methoden zum Einsatz bringen wollen.[146]
Die Festlegung des Erkenntnisobjektes und der –methode, die sich wechselseitig ergänzen und beschränken, so gesehen in einem korrelierenden Verhältnis stehen, basiert wiederum auf deren anthropologischen Grundlegung.[147] Die Person soll entweder als Summe einzelner Faktoren situativ analysiert und beschrieben werden, oder die Persönlichkeit wird als Ganzes in ihrer geschichtlichen Genese und Bedingtheit mit einer bestimmten Zielgerichtetheit und Bezogenheit (Entelechie) zeitraumbezogen Gegenstand und Aufgabe von Analyse und Entwicklung.[148]

---

pädagogik auch ASCHENBRÜCKER: Wirtschaftspädagogische Theorie...(1991), a.a.O., S. 24. Vgl. dazu ebenso BÜSER, Tobias: Wirtschaftspädagogik und Unternehmenskultur: auf der Grundlage eines interaktionistischen Theorieansatzes, Markt Schwaben 1999, insbes. S. 109-117.

144 Vgl. WURDACK: Wirtschaftspädagogik (1982), a.a.O., S. 160. Vgl. hierzu auch die Analyse von SCHNEIDER: Selbstverständnis...(1984), a.a.O., insbes. S. 11-236.

145 Vgl. WURDACK: Wirtschaftspädagogik (1982), a.a.O., S. 161.

146 Vgl. ASCHENBRÜCKER: Wirtschaftspädagogische Theorie...(1991), a.a.O., S. 24-25. Zur Darstellung der verschiedenen Ansätze vgl. WURDACK: Wirtschaftspädagogik (1982), a.a.O., S. 160–168. Eine eingehende Analyse der Wissenschaftsmethoden findet sich bei SCHNEIDER: Selbstverständnis...(1984), a.a.O., S. 11-236 und S. 367-374.

147 Vgl. ebenda, S. 237-243. „Dabei lassen sich beide Problembereiche in dieser ihrer Verwobenheit letztlich auf jene Frage zurückführen, die im Zentrum insbesondere jeder pädagogisch akzentuierten Disziplin steht, auf die Frage nach dem Menschen. Sowohl der Aspekt der Objektabgrenzung und –begründung als auch der der Methodenbestimmung erweisen sich unabdingbar anthropologisch fundiert. ... Eine Konkretisierung der Erziehung des wirtschaftenden Menschen, ist ohne die Zugrundelegung einer anthropologischen Ziel- und Leitvorstellung geradezu denkunmöglich." Ebenda, S. 239.

148 Vgl. ASCHENBRÜCKER: Wirtschaftspädagogische Theorie...(1991), a.a.O., S. 25.

An dieser Stelle ist festzuhalten: Der Aspekt der anthropologischen Grundlegung steht in direkter Relation zu den Sinnbezügen, d. h. Ziel- und Leitvorstellungen des Handelns im allgemeinen wie des wirtschaftlichen Handelns im besonderen.[149]

### 2.4.2 Anthropologische Grundlegung

Grundsätzlich drängt sich, sofern man den „Individual- und Objektbezug" (Menschen- und Weltbild) thematisiert, sowohl innerhalb wirtschaftspädagogischer Theoriebildung als auch bei der Entwicklung einer Didaktik die Frage nach dem Wesen des Menschen auf. Diese, auf die Anthropologie „als Kunde, Lehre, Theorie oder Wissenschaft vom Menschen oder Menschsein"[150] verweisende Reflexion wird adäquat der hier zu bearbeitenden Zielfrage auf den pädagogischen Raum eingegrenzt.[151]

Die Vielzahl der Veröffentlichungen zum Themengebiet der „Pädagogischen Anthropologie"[152], insbesondere in der Zeit nach dem Zweiten Weltkrieg, dokumentiert eindrucksvoll die ins Wanken geratene Ziel- und Sinndimension erzieherischen Handelns, der man sich mit Hilfe der anthropologischen Fragestellung

---

[149] Vgl. WURDACK et al.: Zum Selbstverständnis...(1980), a.a.O., S. 47. „Vor allem aber ist eine Wissenschaft, wie die Berufs- und Wirtschaftspädagogik, die sich im weitesten Sinne mit der Frage nach dem (verantwortungsvollen) Handeln in einem der gegenwärtig wichtigsten Lebensbereiche, der Wirtschaft, befaßt, ohne Reflexion über den Sinn dieses Handelns höchst unvollkommen oder sie verfehlt ihre Aufgabe vollkommen. Auch insofern ist die Frage um ihre anthropologische(n) Grundlagen, seien sie implizit oder explizit in den verschiedenen Theorien oder Theorieansätzen vorhanden, eine Frage nach einem zentralen, das jeweilige Wissenschaftsverständnis bestimmende Moment. Zudem intendieren Theorien oder Theorieansätze die Übertragung ihrer Handlungsmaximen in die Praxis. Der Charakter der Theorie als einer zu handelnden Praxis ist besonders im Bereich der Erziehung evident ... ". WURDACK: Zur anthropologischen Grundlegung...(1988), a.a.O., S. 20; vgl. ders: Zur anthropologischen...(1993), a.a.O., S. 437-438.

[150] WURDACK: Die Bedeutung...(1972), a.a.O., S. 237.

[151] Vgl. WENGER: Arbeitsmarkt...(1993), a.a.O., S. 165.

[152] Einen Aufriß zur Problem- und Forschungslage der „Pädagogischen Anthropologie" im deutschsprachigen Raum vermittelt HÖLTERSHINKEN, Dieter (Hrsg.): Das Problem der Pädagogischen Anthropologie im deutschsprachigen Raum, Darmstadt 1976; vgl. auch LASSAHN, Rudolf: Pädagogische Anthropologie. Eine historische Einführung, Heidelberg 1983; vgl. SCHEUERL, Hans: Pädagogische Anthropologie. Eine historische Einführung, Stuttgart u. a. 1982.

neu zu versichern sucht. Die Herauslösung und Ausformung einer „Pädagogischen Anthropologie“ auf bestimmte, aus pädagogischer Sicht relevant erscheinender Phänomene, spiegelt den seit der Aufklärung anhaltenden Prozeß der „Autonomiebestrebungen der Pädagogik als Wissenschaft“[153] wider. Daß dieser Forschungsbereich der Pädagogik unweigerlich an „all jenen Spannungen und Vieldeutigkeiten teilhat, die das Fragen nach dem Menschen überhaupt charakterisieren“[154], macht verständlich, daß der Anspruch und die Aufgabe der Anthropologie und deren Aufgabe in der Pädagogik unterschiedlich thematisiert werden.[155]

Obgleich es nach Meinung DIENELTS um diesen in den unterschiedlichsten Facetten schillernden Arbeitsbereich innerhalb der Pädagogik – nach einer „Zeit, in der die Pädagogische Anthropologie Thema Nummer eins der Erziehungswissenschaft war“[156] – in den letzten Jahren still geworden ist, gerät bei der Frage nach dem Bildungsziel die anthropologische Fragestellung notwendigerweise wieder in das Blickfeld.[157]

So deutet die Feststellung, daß im Zuge der Ausformung der „anthropologischen Fragestellung ... zu einem innerpädagogischen Strukturbereich“[158] noch kein Einvernehmen über die „Konstruktionsprinzipien der Pädagogischen Anthropologie“[159] erzielt wurde, vielmehr daraufhin, daß das „IN-FRAGE-STELLEN“ möglicher Deutungsmuster menschlichen Seins konstitutiv erscheint.[160] Dies bedeutet, daß die anthropologische Betrachtungsweise aus pädagogischer Sicht nicht aufgrund „forschungsmethodologischer Spezialisierung“ verkürzt werden darf auf eine partielle, dem Forschungsgegenstand adäquat erscheinende Blick-

---

153 WURDACK: Die Bedeutung...(1972), a.a.O., S. 240.
154 SCHEUERL: Pädagogische...(1982), a.a.O., S. 12.
155 Vgl. DIENELT, Karl: Von der Metatheorie der Erziehung zur „sinn“-orientierten Pädagogik. Rechtfertigung und Aufgabe der Pädagogischen Anthropologie in unserer Zeit, Frankfurt am Main u. a. 1984, S. 5.
156 DIENELT: Von der Metatheorie...(1984), a.a.O., S.5.
157 Vgl. WURDACK: Reflexionen...(1972), a.a.O., S. 512.
158 WURDACK: Die Bedeutung...(1972), a.a.O., S. 240.
159 MEINBERG, Eckard: Zur Entwicklung anthropologischer Konzepte in der Pädagogik nach dem 2. Weltkrieg. Eine Zwischenbilanz, in: Pädagogische Rundschau, 32. Jg. (1978), S. 695-712, hier S. 705.
160 Vgl. WENGER: Arbeitsmarkt...(1993), a.a.O., S. 167.

richtung.[161] Für die Beantwortung der Frage, was der Mensch „ist“ und was der Mensch „soll“, ist ein rein empirischer Zugriff unzureichend, da zur Auffindung der Ziel- und Sinndimension für die erzieherische Wirklichkeit eine philosophisch-hermeneutische Sinnauslegung für notwendig gehalten wird.[162] Im Hinblick auf das Forschungsobjekt des zum Wirtschaften zu erziehenden Menschen rückt dieser in seinen ganzheitlichen Handlungsmöglichkeiten in das Blickfeld, womit sich eine Reduktion auf das rein technisch-ökonomische Handlungsfeld verbietet.[163]

Aus dem bisher aufgezeigten Stand der Theoriebildung wird bereits deutlich, daß ausschließlich additive Forschungskonzeptionen im engeren Sinne wissenschaftsmethodisch für eine angemessene Lösung des komplexen Problems der wirtschaftlichen Bildung nach dem Maßstab einer nicht-reduktionistischen Analyse des wirtschaftsberuflich handelnden Menschen nicht ausreichen.[164] Das Forschungsfeld muß in diesem Zusammenhang erweitert werden, und es müssen adäquate Forschungsmethoden zum Einsatz kommen, um den wirtschaftlich tätigen Menschen in seinem Handlungsbereich adäquat, d. h. in seiner lebens- und gesellschaftsgeschichtlichen Entwicklung und Bedingtheit als „Ganzheit“[165] aus Körper und Geist, mit seiner Wertorientierung, seiner ihm eigenen Rationalität und Emotionalität bzw. seiner Gefühlsstruktur zu analysieren und zu verstehen. Neben empirischer Forschungsmethoden sind insbesondere auch geisteswissen-

---

[161] Vgl. SCHEUERL: Pädagogische...(1982), a.a.O., S. 161: „Unser Weg durch die Geschichte der Anthropologien und Krypto-Anthropologien möchte sich auch als Versuch verstehen, die Kontinuität dieser Frage offenzuhalten.“

[162] Vgl. ROTH, Heinrich: Pädagogische Anthropologie, Bd. I – Bildsamkeit und Bestimmung, Hannover 1966, S. 33.

[163] Vgl. WENGER: Arbeitsmarkt...(1993), a.a.O., S. 167-168.

[164] Vgl. ASCHENBRÜCKER: Wirtschaftliche Bildung...(1991), a.a.O., S. 139.

[165] In diesem Zusammenhang soll der häufig strapazierte aber selten mit Bezug auf seine philosophisch–psychologischen Wurzeln gebrauchte Begriff „Ganzheit“ in seiner im Rahmen der geisteswissenschaftlichen Pädagogik verwendeten Bedeutung benutzt werden. Zur exakten Begriffsanalyse vgl. HERRMANN, Theo: Ganzheit, in: Historisches Wörterbuch der Philosophie, hrsg. von Joachim Ritter, Bd. 3, Basel 1974, Sp. 20. Vgl. auch BECK, H. u. a.: Ganzes/Teil, ebenda, Sp. 3-20, insbes. Sp. 18-19.

schaftliche, d. h. sinnerschließende, verstehende (hermeneutische) Forschungsmethoden notwendig.[166]

### 2.4.3 Theorie-Praxis-Verhältnis

Ohne Theorie[167] d. h. ohne systematisch nach bestimmten Kriterien strukturierte wissenschaftlich begründete Darstellung eines Wirkungszusammenhanges zu einem bestimmten Gegenstandsbereich, unterliegt insbesondere die komplexe zu handelnde Praxis der Gefahr, nach willkürlichen oder zufälligen Entscheidungen gestaltet bzw. in den Dienst unterschiedlichster Interessen genommen zu werden. Solche Lösungen erscheinen kaum als erstrebenswerte Handlungsgrundlage, insbesondere vor dem Hintergrund der daraus potentiell entstehenden Handlungsfolgen.[168] Der Sinn der Bildung von Theorien liegt, nach der hier vertretenen Auffassung, in der im Ergebnis vorhandenen vorläufigen Gestaltungs- und Handlungsgrundlage für die Praxis,[169] so daß „`Theorie´ als zu handelnde Praxis und `Praxis´ als gehandelte `Theorie´ zu verstehen ist“[170]. Umgekehrt haben

---

[166] Vgl. zu diesem Problemfeld grundlegend WURDACK: Die ökonomische Dimension...(1984), a.a.O., insbes. S. 174; vgl. ders.: Zur ethischen Dimension...(1999), a.a.O., S. 38-40; vgl. zustimmend auch ZABECK: Die „Theorie...(1993), a.a.O., S. 456 und S. 460-464; vgl. dazu auch SCHNEIDER: Selbstverständnis...(1984), a.a.O., S. 367-374; vgl. auch WENGER: Arbeitsmarkt...(1993), a.a.O., S. 170-196; vgl. ASCHENBRÜCKER: Wirtschaftliche Bildung...(1991), a.a.O., S. 139; vgl. dieselbe: Wirtschaftspädagogische Theorie...(1991), a.a.O., insbes. S. 140.

[167] theoria, griech.: das Anschauen, Betrachten, die Erkenntnis. Vgl. SEIFFERT, Helmut: Theorie, in SEIFFERT, Helmut/RADNITZKY, Gerard (Hrsg.): Handlexikon zur Wissenschaftstheorie, München 1989, S. 368-369, hier S. 368. Unter Theorie versteht man allgemein in der Wissenschaft „ein System von Aussagen (Sätzen, Lehrsätzen, Theoremen, Hypothesen, Axiomen, Annahmen) über die Gegenstände eines bestimmten Forschungsgebietes.“ EICHHORN, Wolfgang: Die Begriffe Modell und Theorie in der Wirtschaftswissenschaft, in RAFFEE, Hans/ABEL, Bodo (Hrsg.): Wissenschaftstheoretische Grundfragen der Wirtschaftswissenschaften, München 1979, S. 60-104, hier S. 80.

[168] Vgl. WURDACK: Die ökonomische Dimension...(1984), a.a.O., S. 171-172 und S. 174. Vgl. ders.: Zur ethischen Dimension ...(1999), a.a.O., S. 31 und S. 39.

[169] Vgl. ASCHENBRÜCKER: Wirtschaftspädagogische Theorie...(1991), a.a.O., S. 26. Vgl. dazu anwendungsbezogen SCHANZ, Günther: Methodologie für Betriebswirte, 2., überarb. u. erw. Aufl. Stuttgart 1988, insbes. S. 23-55.

[170] WURDACK: Reflexionen...(1972), a.a.O., S. 503 Hervorhebungen gegenüber dem Original verändert. An dieser Stelle soll nicht tiefer auf die lange Zeit mit großer Intensität betriebene Diskussion des Theorie-Praxis-Verhältnisses in der Pädagogik eingegangen wer-

Theorien, die nicht in der zu handelnden Praxis ihren Ausgangspunkt wählen bzw. den Rückbezug zur Praxis als Bewährungsgrundlage[171] suchen, auch nach dem gegenwärtigen wissenschaftstheoretischen Diskussionsstand keine Existenzberechtigung.[172]

Auf der Suche nach Erkenntnis bedient sich der Mensch häufig bereits vorliegender Theorien und Modelle, die als Ordnungszusammenhang (System) zu verstehen sind, in welchen sich die zu erklärenden Probleme einordnen lassen.[173] Dabei erscheint das Arbeiten mit Theorien und Modellen zur Erklärung der Wirklichkeit als eine Möglichkeit, zur „Zusammenfassung, Koordination, Reproduktion, Erklärung und Voraussage von Phänomenen"[174]. Theorien und Modelle beziehen sich auf die Wirklichkeit als Objektbereich, der je nach Forschungsgegenstand unterschiedlich eingegrenzt wird.[175] Auf welchem Wege die Erfassung dieser Wirklichkeit erfolgt, wird durch die Forschungsmethode beschrieben. Die Elemente Forschungsobjekt, -methode und -prämissen, d. h. die

---

den. Vielmehr sollen hier einige grundlegende Überlegungen zu diesem Beziehungsverhältnis vorangestellt werden.

171 Vgl. POPPER, Karl R.: Objektive Erkenntnis. Ein evolutionärer Entwurf, 4., verb. u. erg. Aufl., Hamburg 1984 und ders. : Logik der Forschung, 4., verb. Aufl. Tübingen 1971.

172 Vgl. ASCHENBRÜCKER: Wirtschaftspädagogische Theorie...(1991), a.a.O., S. 26.

173 Vgl. WENGER: Arbeitsmarkt...(1993), a.a.O., S. 7.

174 GÖTSCHL, Johann: Theorie, in: Handbuch wissenschaftstheoretischer Begriffe, Bd. 3, hrsg. von Josef Speck, Göttingen 1980, S. 636-646, hier S. 636.

175 In Anbetracht der Vieldeutigkeit des Theorie- und Modellbegriffs erscheint es angebracht zu klären, in welchem Kontext von THEORIE bzw. MODELL gesprochen wird und welche Kriterien hierbei erfüllt sein müssen. Dies läßt sich aber nur innerhalb des jeweiligen Forschungsgebietes – hier der Wirtschaftswissenschaft bzw. der Wirtschaftspädagogik – vornehmen, verweist aber wegen ihrer zentralen Bedeutung für die Wissenschaft gleichzeitig auf eine „meta-theoretische" Forschungsebene, d. h. auf die Wissenschaftstheorie. Vgl. dazu TSCHAMLER, Herbert: Wissenschaftstheorie. Eine Einführung für Pädagogen, 2., erw. Auflage, Bad Heilbrunn/Obb. 1983; vgl. auch LAY, Rupert: Grundzüge einer komplexen Wissenschaftstheorie, Bd. 1, Grundlagen und Wissenschaftslogik, Frankfurt am Main 1971. WENGER versucht die verschiedenen Bedeutungsgehalte von Theorie und Modell herauszuarbeiten und nimmt an dieser Stelle unter Bezugnahme auf unterschiedliche Wissenschaftsauffassungen exemplarisch eine Abgrenzung beider Begriffe vor. Er zeigt dabei auf, daß derzeit für die Wirtschaftswissenschaft und ebenso für die Wirtschaftspädagogik keine „allgemeine Theorie der Theorien und Modelle" vorliegt. Vgl. WENGER: Arbeitsmarkt...(1993), a.a.O., S. 6-16, insbes. S. 6-7.

bezüglich des Objektes und der Methode[176] getroffenen Annahmen, bilden dabei das Fundament jeglicher Theorie- und Modellbildung.[177] SCHNEIDER bezeichnet insbesondere die übergeordneten Untersuchungskriterien, Wissenschaftsobjekt und Wissenschaftsmethode, als „grundlegende wissenschaftliche Konstitutiva, als wissenschaftskonstituierende Momente“[178].
Geeignete Instrumente zur Theoriebildung stellen Modelle dar.[179] Diese sind strukturierte Entwürfe mit dem Charakter von Hypothesen, die zu Elementen einer umfassenden Theorie werden können. Sie können zur „vereinfachende(n), veranschaulichende(n) Darstellung von komplizierten ... Funktionszusammenhängen“[180] verwendet werden. Ein spezielles Modell kann jedoch in der Regel nur Erklärungen einer bestimmten Perspektive eines komplexen Wirkungszusammenhanges leisten.[181] Die zur Erklärung größerer Zusammenhänge erforderliche Pluralität von Modellen darf dabei niemals „additiv als bloßes Arrangement ..., sondern als Prozeß kritischer Auseinandersetzung und Herausforderung zur Korrektur und Relativierung verstanden werden.“[182] In bezug auf das Problemfeld wirtschaftlicher Bildung kann ein Vorzug der Modellbildung darin gesehen werden, daß in unterschiedlichen Modellen zunächst einzelne Faktoren

---

176 WURDACK und SCHNEIDER sprechen hier von Wissenschaftsobjekt und Wissenschaftsmethode vgl. WURDACK: Wirtschaftspädagogik (1982), a.a.O., S. 159, vgl. SCHNEIDER: Selbstverständnis...(1984), a.a.O., S. 237, entsprechend können auch die Begriffe „Erkenntnisobjekt“ und „Erkenntnismethode“ benutzt werden., an die ich mich im folgenden halten möchte.

177 Vgl. WENGER: Arbeitsmarkt...(1993), a.a.O., S. 7. Zu den wissenschaftskonstituierenden Momenten einer Theorie und deren Explikation in der wirtschaftspädagogischen Theoriebildung vgl. SCHNEIDER: Selbstverständnis...(1984), a.a.O., S. 237-244. Vgl. auch WURDACK: Wirtschaftspädagogik (1982), a.a.O., S. 159-168.

178 SCHNEIDER: Selbstverständnis...(1984), a.a.O., S. 237.

179 Zur Abgrenzung des Theorie- und Modellbegriffes im Fall der Wirtschaftswissenschaft bzw. Pädagogik vgl. WENGER: Arbeitsmarkt...(1993), a.a.O., S. 6-16, hier insbes. S. 13-15.

180 POPP, Walter: Die Funktion von Modellen in der didaktischen Theorie, in DOHMEN, Günther/MAURER, Friedemann/POPP, Walter (Hrsg.): Unterrichtsforschung und didaktische Theorie, München 1970, S. 49-60, hier S. 50.

181 Vgl. ebenda, S. 51.

182 Ebenda, S. 58.

klarer herausstellbar, und in ihren möglichen Konsequenzen für das Erkennen und Handeln systematischer zu durchdenken und zu überprüfen sind.[183]
Eine Unterscheidung von Theorien im Hinblick auf den für die Erklärung herangezogenen Erkenntnisbereich und die damit unterlegte Erkenntnisstufe nimmt WURDACK vor.[184] Danach unterscheidet er zwischen Theorien im „umfassenden Sinne", Theorien im „weiteren Sinne" und Theorien im „engeren Sinne", die sich korrespondierend mit den erkenntnistheoretischen Stufen in einem „praxisgeleiteten" (Immanenzbereich), „theoriegeleiteten" (Transzendentalbereich) und „sinngeleiteten" (Transzendenzbereich) Denken widerspiegeln.[185]
Entsprechend dieser, auf den Erkenntnisbereich abzielenden idealtypischen Unterscheidung von Theorien, lassen sich Wissenschaftsmethoden zuordnen, derer sich die unterschiedlichen Theorietypen bedienen. Demzufolge werden Theorien im „engeren Sinne" ausschließlich wissenschaftliche Methoden verwenden, die rekonstruierbar und nachprüfbar sind, d. h. es kommen Methoden zur Anwendung, die gewährleisten, daß das Forschungsobjekt sich streng im Rahmen des physisch Erfahrbaren erklärt. Die empirischen Methoden sind grundsätzlich (system- bzw. theorieimmanent) die einzig zulässigen Erklärungsmittel zur Beschreibung und Erklärung des Forschungsobjektes.[186]
Durch den Theorietypus „im weiteren Sinne" wird die Ausgrenzung „sinnerschließender" Verfahren im Theorietypus im „engeren Sinne" aufgehoben, wobei beiden Typen gemein ist, daß sie metaphysische Erklärungen von Sinnprinzipien als spekulativ abweisen bzw. radikal ablehnen.[187] Der Theorietypus im „weiteren Sinne" beinhaltet als wissenschaftsmethodisches Inventar (induktiv-)

---

[183] Vgl. ASCHENBRÜCKER: Wirtschaftspädagogische Theorie...(1991), a.a.O., S. 27; vgl. zum Modellbegriff innerhalb der wirtschaftspädagogioschen Theoriebildung auch WENGER: Arbeitsmarkt...(1993), a.a.O., S. 6-16, insbes. S. 12-16.

[184] Vgl. dazu auch Abschn 2.1.1 (FN 55) dieser Arbeit.

[185] Vgl. WENGER: Arbeitsmarkt...(1993), a.a.O., S. 8-9. Die Umlegung dieser erkenntnistheoretischen Stufen auf die Problemgeschichte der Wirtschaftspädagogik führt hier zu einer Unterscheidung von praxisgeleitetem (Immanenzbereich), theoriegeleitetem (Transzendentalbereich) und sinngeleitetem (Transzendentalbereich) Denken in der Wirtschaftserziehung. Vgl. WURDACK: Wirtschaftspädagogik (1982), a.a.O., S. 156-159 sowie Abschn. 3.1 dieser Arbeit.

[186] Vgl. WENGER: Arbeitsmarkt...(1993), a.a.O., S. 9.

[187] Vgl. WURDACK: Die ökonomische Dimension...(1984), a.a.O., S. 170.

sinnerschließende Verfahren, wie Hermeneutik und/oder Dialektik, die es ermöglichen, Aussagen über das zu untersuchende Forschungsobjekt zu treffen, die über das rein Deskriptive, in der Wirklichkeit Nachprüfbare hinausgehen, ebenso wie empirische Methoden. Innerhalb dieses Theorietypus wird es nun im Gegensatz zum Typus im „engeren Sinne" möglich, Handlungskonzeptionen[188] zu entwerfen, die rational zu begründende Wert- und Entscheidungsurteile enthalten.[189] Der Geltungs- und Wahrheitsanspruch der Theorien im „weiteren Sinne" ist aufgrund der „Vieldeutigkeit des Rationalitätsprinzips"[190] abhängig von der Akzeptanz der zugrundeliegenden Forschungsprämissen.[191] Beim Theorietypus im „umfassenden Sinne" wird dieser Wahrheitsanspruch nicht mehr unter rationalen Gesichtspunkten thematisiert, respektive wird er keiner rationalen Prüfung unterzogen, da dieser Theorietypus seine Aussagensysteme aus einer metaphysischen Betrachtung deduziert. Innerhalb dieser Theorien erfolgt die (Welt-)Erklärung von außen, d. h. unter Zugrundelegung einer „allgemein als unbedingt gültig akzeptierten Handlungskonzeption, (deren) ... Herleitung ... durch Bezugnahme auf vorgängige, nicht hinterfragbare, transzendente bzw. transzendentale Erkenntnisbereiche (erfolgt) ... (und) die das Handeln der Menschen und die Normen ihres Zusammenlebens im umfassenden Sinne"[192] regelt. Eine Theorieposition mit einer Erklärung von wirtschaftlicher Lebenswirklichkeit im „engeren Sinne", die im historischen Prozeß der wirtschaftswissenschaftlichen Theoriebildung eine zunehmende Bedeutung erhielt, erlaubt es in dem Maße, wie sie zur Aufhellung der wirtschaftlichen Lebenswirklichkeit beiträgt nicht, Aussagen bezüglich der Handlungsorientierung im Sinne „normati-

---

[188] Zur Übertragung dieses Stufenschemas auf die Strukturierung und Typologisierung von Handlungskonzeptionen und die ihnen entsprechenden (idealtypischen) Vermittlungsstrategien vgl. WURDACK: Die ökonomische Dimension...(1984), S. 168-176; vgl. dazu auch Abschn. 3.2 dieser Arbeit. Zur ethischen Dimension dieser Strukturierung vgl. WURDACK: Zur ethischen...(1999), a.a.O.

[189] Vgl. WENGER: Arbeitsmarkt...(1993), a.a.O., S. 9.

[190] WURDACK: Die ökonomische Dimension...(1984), a.a.O., S. 170.

[191] Vgl. WENGER: Arbeitsmarkt...(1993), a.a.O., S. 10.

[192] WURDACK: Die ökonomische Dimension...(1984), a.a.O., S. 169.

ver Theorien" zu treffen.[193] Wenngleich die Betriebs- wie die Volkswirtschaftslehre „von Anbeginn an darauf ausgerichtet (war), menschliches Handeln ... mit zu beeinflussen und zu gestalten, und diese `Handlungsorientierung´... bis auf den heutigen Tag erhalten geblieben"[194] ist, weisen die theoretischen Aussagensysteme im Hinblick auf das Problem der Handlungsorientierung keine normativen Aussagen auf.[195]

Dieser unbefriedigende Befund wird ebenfalls in der neueren Diskussion um Ethik und Ökonomie erkannt und in Rekurs auf die enge Bezogenheit ethischer und ökonomischer Fragestellung erneut thematisiert.[196] Insbesondere wird darauf rekurriert, daß dieser Prozeß der methodischen Isolierung und segmenthaften Betrachtung des Wirtschaftens mit einem Selbstverständnis im Sinne einer

---

[193] Vgl. WENGER: Arbeitsmarkt...(1993), a.a.O., S. 10; vgl dazu auch KÜPPER: Normenanalyse...(1999), a.a.O., insbes. S. 66-71. Zur Einordnung der Rechtswissenschaft als „Normwissenschaft" vgl. LARENZ, Karl: Methodenlehre der Rechtswissenschaft, 6., neubearb. Aufl., Berlin; Heidelberg; New York u. a. 1991, S. 195-203.

[194] MÖLLER, Hans: Volkswirtschaftslehre, in: Handwörterbuch der Wirtschaftswissenschaften, hrsg. von Willi Albers u. a., Bd. 9, Stuttgart 1982, S. 872-888, hier S. 877. Vgl. für die Betriebswirtschaftslehre diesbezüglich SCHNEIDER, Dieter: Allgemeine Betriebswirtschaftslehre, 3., neu bearbeitete und erweiterte Auflage, München, Wien 1985, S. 31-39, insbes. S. 37-38.

[195] Vgl. WENGER: Arbeitsmarkt...(1993), a.a.O., S. 10. Zum Problem der Normativität innerhalb der Betriebswirtschaftslehre als anwendungsbezogener Wissenschaft vgl. KÜPPER: Normenanalyse...(1999), a.a.O., insbes. S. 56 und S. 71 mit weiteren Nachweisen.

[196] Vgl. KOSLOWSKI, Peter: Prinzipien der Ethischen Ökonomie. Grundlegung einer Wirtschaftsethik und der auf die Ökonomie bezogenen Ethik, Tübingen 1988; vgl. HOMANN, Karl (Hrsg.): Aktuelle Probleme der Wirtschaftsethik, Schriften des Vereins für Socialpolitik, NF Bd. 211, Berlin 1992; vgl. ALBERS, Hans-Jürgen (Hrsg.): Ethik und ökonomische Bildung, Bergisch Gladbach 1996, vgl. WAGNER, Gerd Rainer: Unternehmensführung, Ethik und Umwelt, Festschrift zum 65. Geburtstag von Hartmut Kreikebaum, Wiesbaden 1999. Vgl. zum Bereich der handelsrechtlichen Grundsätze ordnungsmäßiger Bilanzierung BEISSE, Heinrich: Gläubigerschutz- Grundprinzip des deutschen Bilanzrechts, in: Festschrift für Karl Beusch, hrsg. von Heinrich Beisse u.a., Berlin und New York 1993, S. 77-97, insbes. S. 87-88.Vgl. dazu auch MOXTER, Adolf: Grundwertungen in Bilanzrechtsordnungen – ein Vergleich von überkommenem deutschen Bilanzrecht und Jahresabschlußrichtlinie, in: Handelsbilanzen und Steuerbilanzen, Festschrift für Heinrich Beisse, hrsg. von Wolfgang Dieter Budde, Adolf Moxter und Klaus Offerhaus, Düsseldorf 1997, S. 347-361, insbes. S. 361. Vgl. auch BERNDT, Thomas: Grundsätze ordnungsmäßiger Passivenabgrenzung, Wiesbaden 1997, S. 18-19.

Kulturwissenschaft[197] nicht vereinbar ist.[198] Ein historischer Ansatz empfiehlt sich insbesondere auch deshalb, da die (aktuelle) Frage nach dem Sinnbezug des Wirtschaftens ganz unmittelbar auf einen geisteswissenschaftlichen Prozeß zurückverweist, in dem u. a. das noch in der praktischen Philosophie des 18. Jahrhunderts bewahrte aristotelische Erbe verloren ging.[199] Denn an der Schwelle zum 19. Jahrhundert bildete sich eine rein funktionalistische Wirtschaftsgesinnung in Verbindung mit einer scientistischen Wirtschaftswissenschaft heraus, innerhalb der „der „homo oeconomicus" als Inkarnation ökonomischer Sachgesetzlichkeit weithin die Wirtschaftstheorie"[200] bestimmt.[201]

Der angesprochene historische Prozeß der Einengung des Forschungsobjektes der Wirtschaftswissenschaften auf die Erklärung wirtschaftlicher Lebenswirklichkeit im „engeren Sinne" mit der daraus resultierenden „Gefahr einer Zergliederung des Erkenntnisobjektes der Wirtschaft, und zwar nicht nur in einen betriebswirtschaftlichen und einen volkswirtschaftlichen Bereich, ... die dann einer Integration nur mehr schwer oder überhaupt nicht mehr zugänglich sein könnten",[202] markiert den derzeit vorfindbaren Stand wirtschaftswissenschaftlicher Theoriebildung.[203]

Diese Entwicklung manifestierte sich nachweislich ebenso innerhalb der Bilanztheorie, insbesondere bei der Ermittlung und Ausgestaltung der Grundsätze ord-

---

197 Vgl. KOSLOWSKI, Peter: Gesellschaftliche Koordination. Eine ontologische und kulturwissenschaftliche Theorie der Marktwirtschaft, Tübingen 1991. Insbesondere 4. Kapitel: Ethische Ökonomie als positive Theorie der Volkswirtschaft, oder: Nationalökonomie als Kulturwissenschaft, S. 66-100.

198 Vgl. WENGER: Arbeitsmarkt...(1993), a.a.O., S. 11.

199 Vgl. WURDACK: Reflexionen...(1972), a.a.O., S. 501 und 505-507; vgl. auch ZABECK: Ethische Dimensionen...(1991), a.a.O., S. 535.

200 Ebenda.

201 SCHNEIDER bezeichnet „den Aspekt des Theorie-Praxis-Verhältnisses als „derivativwissenschaftskonstituierendes" Moment". Dies soll „zum Ausdruck bringen, daß die Antwort auf die Frage nach dem gegenseitigen Verhältnis zwischen Theorie und Praxis einerseits zwar bereits aus dem komplexen Feld des anthropologisch zentrierten Zusammenwirkens von Objekt und Methode abgeleitet zu werden vermag, andererseits jedoch von so weitreichender Bedeutung ist, daß sie unbedingt in die Reihe der wissenschaftlichen Konstitutiva aufgenommen zu werden verlangt" SCHNEIDER: Selbstverständnis...(1984), a.a.O., S. 241.

202 WURDACK et al.: Zum Selbstverständnis...(1980), a.a.O., S. 42.

203 Vgl. WENGER: Arbeitsmarkt...(1993), a.a.O., S. 11.

nungsmäßiger Bilanzierung, einem auch historisch gesehen originärem Gebiet der Betriebswirtschaftslehre.[204] Ein Kernpunkt dieser Arbeit bildet daher die Frage, inwieweit sich hierbei, insbesondere aufgrund des, den GoB immanenten interdisziplinären Forschungsfeldes, d. h. durch die notwendige Übernahme juristischer Methodik eine Ausweitung sowohl hinsichtlich des Erkenntnisobjekts als auch der –methode vollzogen hat, wonach die Theorie der GoB als Erklärung der Lebenswirklichkeit „in einem wieder erweiternden Sinne“[205] mit den entsprechenden Auswirkungen auf die Vermittlungsproblematik betrachtet werden kann.

Die bisherigen Ausführungen sollen verdeutlichen, daß sich die nachfolgend dargestellten Grundsätze ordnungsmäßiger Bilanzierung im Verständnis als Theorie grundsätzlich auf die Aufhellung eines bestimmten Segmentes wirtschaftlicher Lebenswirklichkeit beschränkt, wobei die Betrachtungsebene den oben beschriebenen Pfad rationaler Erklärung grundsätzlich nicht verläßt.

Die im Rahmen der GoB respektive des GoB-Systems getroffenen Aussagen basieren auf Forschungsprämissen, deren Setzung zwar nicht metaphysisch erfolgt, die jedoch den Anspruch über das in der (wirtschaftlichen) Lebenswirklichkeit Erfahrbare hinausweisen. Dies bedeutet, daß es sich hierbei um eine Theorie im „weiteren Sinne“ bzw. „wieder erweiterten Sinne“ handelt, die unterstellt, daß es eine für alle Menschen erkennbare Rationalität im wirtschaftlichen Handeln gibt. Die hieraus abgeleitete Handlungsmaxime lautet, daß sich der einzelne, am Wirtschaftsleben Beteiligte im Sinne eines “ordentliche(n), gewissenhafte(n) und solide(n) Kaufmann(es)“[206] zu verhalten habe.

Inwieweit die Theorie des GoB-Systems hierbei eine „Rationalitätsform“ unterstellt, die sich in der wirtschaftlichen Lebenswirklichkeit nicht (mehr) nachweisen läßt bzw. nicht bewährt, ist obwohl nicht die leitende Fragestellung der vor-

---

[204] Vgl. MOXTER, Adolf: Die Grundsätze ordnungsmäßiger Bilanzierung und der Stand der Bilanztheorie, in: ZfbF, 18. Jg. (1966), S. 28-59, insbes. S. 35.

[205] WURDACK: Zur ethischen...(1999), a.a.O., S. 39.

[206] BEISSE: Gläubigerschutz...(1993), a.a.O., S. 87. Entsprechend kann der (historische) Verweis auf den „königlichen Kaufmann“ angesehen werden, welcher einen Inbegriff dafür darstellte, wie „sich Können und Moral zu einer Ganzheit vereinigen“. ZABECK: Ethische Dimensionen...(1991), a.a.O., S. 539.

liegenden Arbeit jedoch ein Aspekt, den es sich bei den Ausführungen zum GoB-System zu bedenken lohnt.

Im Bereich der wirtschaftspädagogischen Theorie- und Modellbildung wird die Problematik der Handlungsorientierung bei der Beantwortung der pädagogischen Zielfrage, im speziellen der Frage nach dem Bildungsziel, virulent. Es wird zu untersuchen sein, ob die Einengung der Betrachtungsweise auf den Bereich einer Theorie im „engeren" respektive „weiteren Sinne" jedoch unter Ausblendung ethischer Fragestellungen ein tragfähiges Fundament für die Vermittlungsproblematik aus wirtschaftspädagogischer Sicht darstellt.[207]

---

[207] Vgl. WENGER: Arbeitsmarkt...(1993), a.a.O., S. 11.

# 3 Konzeptionen wirtschaftspädagogischer Theoriebildung und Didaktik

## 3.1 Problemgeschichtlicher Aspekt

### 3.1.1 Sinngeleitete Phase der Wirtschaftspädagogik

Das Verständnis der (gegenwärtigen) Problematik der wirtschaftspädagogischen Theoriebildung sowie der Sinn und die Bedeutung der Theorien und Modelle wirtschaftsberuflicher Bildung wird vor dem Hintergrund einer historischen und problemgeschichtlichen Einführung erleichtert.[208] Dabei ist es hilfreich, verschiedene Epochen, in denen, je nach entsprechender Intention und jeweiligem Erkenntnisstand, unterschiedliche Aufgaben, Ziele und Inhalte der Erziehung entwickelt wurden, zu unterscheiden. Nach WURDACK lassen sich – idealtypisch klassifiziert – zeitraumbezogen eine Phase des „sinngeleiteten Denkens", des „praxisgeleiteten Denkens" und des „theoriegeleiteten Denkens in der Wirtschaftserziehung" unterscheiden.[209]

Wirtschaftserziehung, d. h. Erziehung zum Handeln im ökonomischen Lebensbereich ist zwar in jeder Form und auf jeder Entwicklungsstufe menschlichen Zusammenlebens notwendig[210], jedoch hatte der ökonomische Bereich menschlichen Handelns als Ausgangsbasis wirtschaftsberuflicher Erziehung nicht in allen historischen Epochen ein derartiges Maß an Eigengesetzlichkeit wie insbesondere im 20. Jahrhundert entwickelt.[211] In der Antike und im Mittelalter war ökonomisches Handeln vielmehr eindeutig eingebunden in unterschiedlich begründete aber verbindliche Prinzipien des Handelns. Diese Phase bezeichnet WURDACK als „sinngeleitetes Denken in der Wirtschaftserziehung"[212]. Der

---

208 Vgl. SCHNEIDER: Selbstverständnis...(1984), a.a.O., S. 2-5; vgl. ebenso ASCHENBRÜCKER: Wirtschaftspädagogische Theorie...(1991), a.a.O., S. 6.
209 Vgl. WURDACK: Wirtschaftspädagogik (1982), a.a.O., S. 156-159.
210 Vgl. ebenda, S. 156.
211 Vgl. ASCHENBRÜCKER: Wirtschaftspädagogische Theorie...(1991), a.a.O., S. 7.
212 WURDACK: Wirtschaftspädagogik (1982), a.a..O., S. 156.

ökonomische Bereich war in einen „allgemeinen Lebenszusammenhang“ eingebunden, womit auch eindeutige Kriterien für ökonomisches Handeln und ökonomische „Bildung“ gegeben waren, und diese Kriterien mit denen des allgemeinen Lebensbezuges als übereinstimmend angesehen wurden.[213] Aussagen über eine solche Bildung, die integraler Bestandteil allgemeiner, umfassender Lebensbezüge ist, finden sich z. B. bei ARISTOTELES in der Lehre vom Oikos und in den Aufzeichnungen zur Staatstheorie und in der Wirtschaftslehre des Oikonomikos bei XENOPHON.[214] So orientieren sich Tausch und Handel an der hinreichenden Versorgung der ursprünglichen Gemeinschaft nach bestimmten sittlichen Grundsätzen und Maximen.[215] Grundlage dafür war in der griechischen

---

[213] Vgl. ebenda. Zur „Wirtschaftserziehung“ im Bereich der Buchhaltung vgl REINISCH, Holger: „Leitbilder“, Argumentationsmuster und curriculare Konstruktionen in der Didaktik des Rechnungswesenunterrichts – eine historisch-systematische Analyse, in: Preiss, Peter/Tramm, Tade (Hrsg.): Rechnungswesenunterricht und ökonomisches Denken: didaktische Innovationen für die kaufmännische Ausbildung, Wiesbaden 1996, S. 45-84 mit weiteren Nachweisen. „Es herrschte ein ganzheitliches Lebensverständnis vor, das eine Trennung in Sphären der Arbeit, des Berufes und des privaten Lebens nicht zuließ. Dementsprechend erfaßten die Kaufleute auch den Hausrat, Lebensmittelvorräte und selbst die Bekleidung und den Schmuck der Ehefrauen in ihren Inventaren. Kaufmann sein, war daher auch kein Beruf im modernen Sinne, sondern ein Stand in einem feudalistischen, religiös legitimierten Ordnungsrahmen. Dementsprechend zielte die Erziehung der nachwachsenden Generation auf Tradierung des Standes, sowohl hinsichtlich der Aneignung der funktional erforderlichen Kenntnisse und Fertigkeiten als auch des Standesbewußtseins und der –ethik. Dementsprechend sind die früheren Lehrbücher der doppelten Buchführung mit religiösen und moralischen Belehrungen und Verhaltensimparativen durchsetzt.“ Ebenda, S. 57

[214] Vgl. WURDACK et al: Zum Selbstverständnis...(1980), a.a.O., S. 6; Vgl. ARISTOTELES: Über Hauswirtschaft, übersetzt und erläutert von Paul Gohlke, Paderborn 1947; vgl. ders.: Aufzeichnungen zur Staatstheorie, übersetzt von Walter Siegfried, Köln 1967, S. 16 und S. 48-49; vgl. XENOPHON: Oikonomikos, übersetzt und kommentiert von Klaus Meyr, Marburg 1975. Vgl. SCHEFOLD, Bertram: Platon und Aristoteles, in: STARBATTY, Joachim (Hrsg.): Klassiker des ökonomischen Denkens, Bd. I, München 1989, S. 19-55, hier insbes. S. 37-38. Vgl. Ethik, in: RITTER, Joachim/GRÜNDER, Karlfried (Hrsg.): Historisches Wörterbuch der Philosophie, Bd. 2, Basel 1972, Sp. 760. Zum Ursprung des Begriffes „Ökonomie“ und zur Wirtschaftsgeschichte der Antike vgl. PEKARY, Thomas: Die Wirtschaft der griechisch-römischen Antike, 2. Aufl., Wiesbaden 1979, insbes. S. 1.

[215] Vgl. ASCHENBRÜCKER: Wirtschaftspädagogische Theorie...(1991), a.a.O., S. 7. Für den Bereich der Buchhaltung vgl. REINISCH, Holger: 500 Jahre Traktat über die doppelte Buchhaltung von Luca PACIOLI, in: Wirtschaft und Erziehung, 46. Jg. (1994), S. 287-292. „Mit der Formel „erlaubter und angemessener Gewinn“ wird einerseits auf entsprechende Normierungsversuche im Rahmen der christlichen Dogmatik verwiesen, ande-

Antike der „Logos"[216] und im europäischen Mittelalter, in einer vergleichbaren Entwicklung, die allumfassende Orientierung am „Ordo"[217]-denken.[218]

### 3.1.2 Praxisgeleitete Phase der Wirtschaftspädagogik

Die Grundlagen wissenschaftlicher Entwicklung der Wirtschaftspädagogik, deren Wurzeln in der kaufmännischen Wirtschaftserziehung liegen[219], werden in der Phase des „praxisgeleiteten Denkens" entwickelt.[220] Mit der Ablösung des mittelalterlichen Denkens durch die Epoche der Aufklärung in Europa, verlieren die als feste Bezugssysteme dienenden Wert- und Normensysteme ihre allgemeine Anerkennung. Vielmehr wird durch eine - rein - rationale Erklärung versucht, die Grundlage für die Gestaltung der menschlichen Beziehungen und Verhaltensweisen zu bestimmen. Entsprechend dieser säkularisierenden Entwicklung gelangt auch der ökonomische Bereich zu mehr Eigenständigkeit.[221] Die (wirtschafts-)berufliche Bildung erlangt damit ab der Mitte des 18. Jahrhunderts

---

rerseits wird kaufmännisches Handeln damit an einen sittlich-moralischen Maßstab gebunden, der die Grundlage für eine entsprechende Wirtschaftsethik bildet. Die Vermittlung funktionaler Kenntnisse an den kaufmännischen Nachwuchs galt daher nur im Rahmen einer solchen Ethik als legitim. In didaktischer Sicht heißt dies, daß die funktionale Qualifizierung mit Belehrungen über Standeslehre, Moral und Religion zu verknüpfen sei, so daß sich ein untrennbares Ganzes kaufmännischer Erziehung ergibt." Ebenda, S. 289.

216 Vgl. BÜHNER, J. A.: Logos, in: RITTER, Joachim/GRÜNDER, Karlfried (Hrsg.): Historisches Wörterbuch der Philosophie, Bd. 5, Basel 1980, Sp. 491-502, insbes. Sp. 491 und 494-495.

217 Vgl. Ordo ordinans, in: RITTER, Joachim/GRÜNDER, Karlfried (Hrsg.): Historisches Wörterbuch...(1980), a.a.O., Sp. 1316-1317. Zur Wirtschaftserziehung der Kaufleute im Mittelalter und der frühen Neuzeit vgl. BRUCHHÄUSER, Hans-Peter: Kaufmannsbildung im Mittelalter: Determinanten des Curriculums deutscher Kaufleute im Spiegel von Qualifizierungsprozessen, Köln; Wien; Böhlau 1989.

218 Vgl. dazu auch Abschn. 2.1.1, 2.2.1 und 2.3.1 dieser Arbeit.

219 Vgl. PLEIß, Ulrich: Entwicklungslinien der Wirtschaftserziehung und Wirtschaftspädagogik von 1800-1945, in: ders. Wirtschaftspädagogik, Bildungsforschung, Arbeitslehre, Heidelberg 1982, S. 191-193.

220 Vgl. WURDACK: Wirtschaftspädagogik (1982), a.a.O., S. 157-158.

221 Vgl. ASCHENBRÜCKER: Wirtschaftspädagogische Theorie...(1991), a.a.O., S. 8. Zur Verselbständigung des „Objektbezuges" insbesondere ausgelöst durch den Methodenwechsel von normativ-deduktiv zu induktiv und hier insbesondere durch die mathematische Methode als „einschneidendste(r) Veränderung" vgl. WURDACK: Reflexio-

in Deutschland eine zunächst pragmatisch begründete und auf Kenntniserwerb abgestellte gewisse Eigenständigkeit.[222] Die systematische Organisation dieser beruflichen Bildung in schulischer Form beginnt mit der Industrialisierung des ausgehenden 18. Jahrhunderts und der in ihrem Verlauf eintretenden Wandlung der Arbeitsbedingungen und Erwerbstätigkeiten.[223] Aus der zunächst pragmatisch entwickelten „Handlungswissenschaft"[224] werden in der Folge unterschiedliche Disziplinen entwickelt:

1. Die Grundlage für die wissenschaftliche Installierung der Wirtschaftspädagogik in diesem Zeitraum bildet die Idee der „Wirtschaftserziehung".

2. Aus der Vertiefung und Systematisierung der höheren kaufmännischen Ausbildung entsteht die sogenannte „Handelswissenschaft" im sektoral eingeengten ökonomischen Bereich, welche u. a. als Grundlage für die wissenschaftliche Begründung der Betriebswirtschaftslehre bezeichnet wird.[225]

Die Handelswissenschaft kann als gemeinsamer Vorläufer der Betriebswirtschaftslehre und der Wirtschaftspädagogik angesehen werden.[226] Diese beiden sich neu entwickelnden Disziplinen bleiben inhaltlich und methodisch eng verbunden, solange sie sich in pragmatischer Absicht der Ausbildung von Kauf-

---

nen...(1972), a.a.O., S. 504-507; vgl. ebenso ZABECK: Ethische Dimensionen...(1991), a.a.O., S. 535 und S. 539-544; vgl. dazu auch Abschn. 2.2 dieser Arbeit.

222 Vgl. WURDACK: Wirtschaftspädagogik (1982), a.a.O., S. 157-158; vgl. dazu auch REINISCH: „Leitbilder"...(1996), a.a.O., S. 57-59.

223 Vgl. MÜLLGES, Udo: Geschichtliche Tatbestände und Zusammenhänge der Berufserziehung, in: ders. (Hrsg.): Handbuch der Berufs- und Wirtschaftspädagogik, Bd. 1, 1. Aufl., Düsseldorf 1979, S. 3-63, hier S. 27-30.

224 Der Gebrauch des Terminus „Wissenschaft" ist hierfür nicht unumstritten. Vgl. zur Definition dieses Terminus WURDACK: Wirtschaftspädagogik (1982), a.a.O., S. 158. Vgl. zur Kritik am Begriff „Wissenschaft" SCHNEIDER, Dieter: Geschichte betriebswirtschaftlicher Theorie, München 1981, S. 81-106.

225 Vgl. WURDACK: Wirtschaftspädagogik (1982), a.a.O., S. 158.

226 Vgl. zur historischen Entwicklung der Betriebswirtschaftlehre aus der „Handlungswissenschaft" auch SCHNEIDER: Geschichte...(1981), a.a.O., S. 81-106.

leuten und Handelslehrern widmen.[227] Jedoch bedarf diese noch „praxisgeleitete Epoche“ zunehmend mehr der Theoretisierung und Systematisierung des jeweiligen Erkenntnisobjektes. Mit dieser zunehmenden Differenzierung, verursacht u. a. durch zunehmende Industrialisierung, löst sich die ursprüngliche Einheit von Wirtschaftserziehung und Handelswissenschaft auf.[228] Das Erkenntnisobjekt *ökonomisches Handeln* zerfällt in die sich immer kleineren Untersuchungsobjekten zuwendende Disziplin Handelswissenschaft bzw. Betriebswirtschaftslehre[229] und eine sich der Wirtschaftserziehung zuwendende spezielle Wissenschaft, die Wirtschaftspädagogik.[230]

Die bisherige problemgeschichtliche Analyse wird anhand der nachfolgenden Abbildung nochmals veranschaulicht.

---

227 Vgl. zur Entwicklung der Wirtschaftslehrerbildung und Wirtschaftspädagogik: PLEIß, Ulrich: Wirtschaftslehrerbildung und Wirtschaftspädagogik. Die wirtschaftspädagogische Disziplinenbildung an deutschsprachigen wissenschaftlichen Hochschulen, Göttingen 1973.

228 Vgl. WURDACK: Wirtschaftspädagogik (1982), a.a.O., S. 158.

229 Diese wurde u. a. von SCHÖNITZ, WEYERMANN und RIEGER als Privatwirtschaftslehre begründet. Vgl. SCHNEIDER: Geschichte...(1981), a.a.O., S. 129-149.

230 Vgl. WURDACK: Wirtschaftspädagogik (1982), a.a.O., S. 158-159; vgl. dazu auch ASCHENBRÜCKER: Wirtschaftspädagogische Theorie...(1991), a.a.O., S. 9-10; Eine detailierte Analyse zu Selbstverständnis und den Strukturen, insbesondere der unterschiedlichen Theorieansätze der Wirtschaftspädagogik unter wissenschaftssystematischen Gesichtspunkten unternimmt SCHNEIDER: Selbstverständnis...(1984), a.a.O.

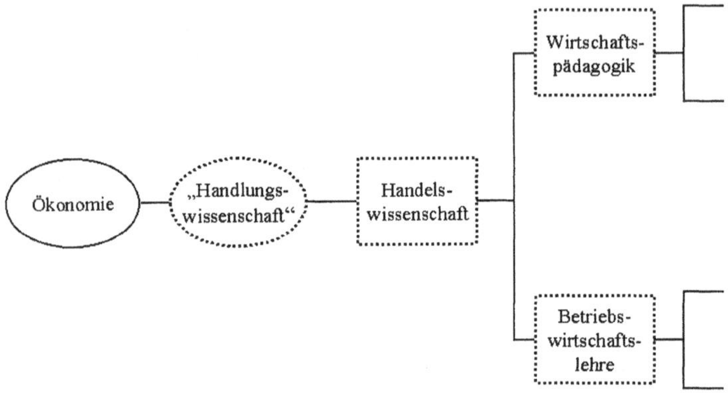


**Abbildung 1: Entwicklung der Wissenschaften „Betriebswirtschaftslehre“ und „Wirtschaftspädagogik“ unter historischem Aspekt.**

### 3.1.3 Theoriegeleitete Phase der Wirtschaftspädagogik

Mit dem beginnenden 20. Jahrhundert kann unter problemgeschichtlicher Betrachtung die Phase des „theoriegeleiteten Denkens in der Wirtschaftserziehung“[231] angesetzt werden. Als Wegbereiter für die Konzeption von Bildungstheorien im Sinne einer Bildung durch den Beruf kann insbesondere PESTALOZZI angesehen werden, der die Individual- und Soziallage des Zöglings zum Ausgangspunkt allgemeiner Menschenbildung macht.[232] Danach soll Berufsbildung Allgemeinbildung in einem spezifischen Verständnis ermöglichen.[233] Diesen Gedankengang hat KERSCHENSTEINER auf das Problem der

[231] Vgl. WURDACK: Wirtschaftspädagogik (1982), a.a.O., S. 159.

[232] Vgl. PESTALOZZI, Johann Heinrich: Die Abendstunde eines Einsiedlers, bearbeitet und mit Erläuterungen versehen von Karl Richter, Leipzig 1885.

[233] Vgl. WURDACK: Wirtschaftspädagogik (1982), a.a.O., S. 159; vgl. auch SCHNEIDER: Selbstverständnis...(1984), a.a.O., S. 25-26; vgl. ebenso ASCHENBRÜCKER: Wirtschaftspädagogische Theorie...(1991), a.a.O., S. 12.

Berufserziehung übertragen und gelangte über die Anerkennung des erzieherischen Wertes bestimmter Arbeit zur allgemeinen „Theorie der Bildung"[234].[235] Einen weiteren elementaren Baustein auf dem Weg zur Konzeption wirtschaftspädagogischer Theorien liefert SPRANGER, indem er dieses noch stark an der praktischen Notwendigkeit der Berufserziehung orientierte Gedankengut wissenschaftsmethodisch (hermeneutisch) begründet und insbesondere unter dem Einfluß der Kultur und Wertphilosophie neu formt.[236]

„Der Ganzheits- und Strukturbegriff Sprangers als systematische Weiterentwicklung DILTHEY'scher Grundgedanken ist Ausgangspunkt der universalen Betrachtungsweise einer Lebenswirklichkeit als 'Kulturwirklichkeit'". „Das von der Kulturpädagogik bereitgestellte Strukturelement 'Wirtschaft'"[237] wird im Rahmen der Bemühungen, Wirtschaftspädagogik als eigenständige wissenschaftliche Disziplin zu begründen, zum zentralen Ausgangspunkt der Installierung einer sinnzentrierten Theorie wirtschaftserzieherischen Handelns.[238] Damit

---

[234] Vgl. KERSCHENSTEINER, Georg: Produktive Arbeit und ihr Erziehungswert (1906), in: Georg Kerschensteiner: Texte zum pädagogischen Begriff der Arbeit und zur Arbeitsschule, ausgewählte pädagogische Schriften, Bd. II, besorgt von Gerhard Wehle, Paderborn 1968, S. 5-25; vgl. ders.: Der pädagogische Begriff der Arbeit (1923), ebenda, S. 46-62; vgl. ders.: Die geistige Arbeit als Bildungsverfahren (1926), ebenda, S. 70-79;vgl. ders.: Theorie der Bildung, Leipzig 1926.

[235] Vgl. ASCHENBRÜCKER: Wirtschaftspädagogische Theorie...(1991), a.a.O., S. 12. Zum klassisch-kulturphilosophischen Theorieansatz vgl. WURDACK: Wirtschaftspädagogik (1982), a.a.O., S. 160-161; eine detaillierte Untersuchung zum klassisch-kulturphilosophischen Theorieansatz innerhalb der Wirtschaftspädagogik liefert SCHNEIDER: Selbstverständnis...(1984), a.a.O., S. 19-68, insbes. S. 24-27.

[236] Vgl. WURDACK: Wirtschaftspädagogik (1982), a.a.O., S. 159. Vgl. auch PLEIß: Entwicklungslinien...(1982), a.a.O., S. 193; vgl. ebenso SCHNEIDER: Selbstverständnis...(1984), a.a.O., S. 29-32; vgl. SPRANGER, Eduard: Grundlegende Bildung, Berufsbildung, Allgemeinbildung, in: Ders.: Gesammelte Schriften, Bd. 1, Geist der Erziehung, hrsg. von Gottfried Bräuer und Andreas Flitner, Heidelberg 1969; vgl. ders.: Die Wirtschaft unter kulturphilosophischem Aspekt. Unveröffentlichtes Manuskript eines im Jahr 1954 im Rahmen der Baden-Badener Unternehmergespräche gehaltenen Vortrages, in: Spranger, Eduard: Gesammelte Schriften, Bd. V, Kulturphilosophie und Kulturkritik, hrsg. von Hans Wenke, Tübingen 1969, S. 348-381.

[237] WURDACK: Wirtschaftspädagogik (1982), a.a.O., S. 159 beide Zitate, Hervorhebung gegenüber dem Original verändert.

[238] Vgl. ebenda, S. 159; vgl. auch PLEIß: Entwicklungslinien...(1982), a.a.O., S. 193. Insbesondere FELD gilt in diesem Zusammenhang als der Begründer der Wirtschaftspädagogik als Wissenschaft. FELD bestimmt systematisch das Untersuchungsobjekt (Seins- und Sollens- bzw. Sinnbereich wirtschaftlicher Erziehung) und die Untersuchungsmethoden

hat die Wirtschaftspädagogik einen „tragenden Pfeiler ihrer Begründung und die Voraussetzung ihrer Anerkennung im Topos der Wissenschaften gefunden“[239].
Im Anschluß daran begründet SCHLIEPER, vorwiegend in den sechziger Jahren dieses Jahrhunderts, nach den Erfahrungen sowohl im Rahmen der allgemeinen als auch der berufs-/wirtschaftserzieherischen Pädagogik in der Zeit des Nationalsozialismus eine Berufs- und Wirtschaftspädagogik in aristotelisch-thomistischer Grundorientierung, die auf dem anthropologischen Leitbild des christlichen Menschen aufbaut und das Erziehungsziel und die Erziehungsinhalte auf die Trias „Sinn des menschlichen Lebens“ – „Sinn der Erziehung“ – „Sinn der Berufserziehung“[240] auslegt.[241]
Diesen Grundprinzipien folgt ABRAHAM ebenfalls, fordert jedoch insoweit eine realistische Wende, als er sowohl den sozialwissenschaftlichen Bezugswissenschaften der Wirtschaftspädagogik, wie z. B. der Psychologie und der Soziologie[242], „als auch den differenzierten Formen des wirtschaftlichen Betriebes“[243] – zumindest in Form eines Postulates – ein stärkeres Gewicht beimißt.
Die Kritik an dieser, im Zielbereich letztlich „transzendent“ begründeten Wirtschaftspädagogik entwickelt sich in den ausgehenden sechziger Jahren und insbesondere den siebziger Jahren aus zwei Denkpositionen heraus:[244]

---

(induktiv-empirische Methoden für die Erforschung der Erziehungswirklichkeit und deduktiv Methoden für die Erforschung des Sinnbereichs) der sich in der Entwicklung befindlichen Disziplin und versucht auf dieser wissenschaftstheoretisch fundierten Basis zunächst eine „Berufsschulpädagogik“ konsequent bis zur organisatorischen und inhaltlichen Ausgestaltung zu begründen. Vgl. FELD, Friedrich: Grundfragen der Berufsschul- und Wirtschaftspädagogik. Versuch einer Systematik der berufspädagogischen Theorie, Langensalza 1928, S. 53-55.

239 WURDACK: Wirtschaftspädagogik (1982), a.a.O., S. 159.

240 Vgl. SCHLIEPER, Friedrich: Allgemeine Berufspädagogik, Freiburg . Br. 1963, S. 21-35.

241 Vgl. WURDACK: Wirtschaftspädagogik (1982), a.a.O., S. 159; vgl. zum organologischen Theorieansatz ausführlich SCHNEIDER: Selbstverständnis...(1984), S. 69-125.

242 Vgl. ABRAHAM, Karl: Wirtschaftspädagogik. Grundfragen der wirtschaftlichen Erziehung, 2., überarbeitete und erweiterte Auflage, Heidelberg 1966, insbes. S. 18-21.

243 WURDACK: Wirtschaftspädagogik (1982), a.a.O., S. 159.

244 Vgl. ebenda; vgl. ASCHENBRÜCKER: Wirtschaftspädagogische Theorie...(1991), a.a.O., S. 14.

1. aus „einer pragmatisch orientierten, mit empirisch-analytischen Methoden arbeitenden (kritisch-rationalistischen) Position“ und
2. aus „einer gesellschaftskritischen, die Geschichte in ihrer Materialität begreifenden, die Individualität in ihrer Privatheit und der darin liegenden Distanz zur Wirklichkeit aufhebenden (dialektisch-materialistischen; neomarxistischen) Position“[245].

Gegenwärtig ist die berufs- und wirtschaftspädagogische Theoriebildung durch eine Vielfalt unterschiedlicher Denkpositionen und Forschungsansätze determiniert. Entsprechend der Typologie WURDACKS, der sich SCHNEIDER anschließt, existieren sieben verschiedene wirtschaftspädagogische Theorieansätze.[246]
Nach dieser problemgeschichtlichen Darstellung wird für den weiteren Untersuchungsgang eine Eingrenzung des Aufgabenbereiches wirtschaftspädagogischer Theoriebildung[247] für das Problemgefüge wirtschaftlicher Bildung insoweit vorgenommen, als dieses zunächst unter dem Gesichtspunkt der Korrelation von Handeln und Didaktik respektive Handlungs- und Didaktikbegriff betrachtet wird.

---

245 WURDACK: Wirtschaftspädagogik (1982), a.a.O., S. 159. Vgl. zum kritisch-rationalistischen Theorieansatz SCHNEIDER: Selbstverständnis...(1984), a.a.O., S. 185-208. Vgl. zum kritisch-emanzipatorischen Theorieansatz ebenda, S. 209-233.

246 Vgl. WURDACK: Wirtschaftspädagogik (1982), a.a.O., S. 159-168; vgl. dazu auch die daran angelehnte eingesehende Analyse von SCHNEIDER: Selbstverständnis...(1984), a.a.O. Der Stand der Theoriebildung wird daher von WURDACK als defizitär mit einer Tendenz zur Spezialisierung bezeichnet. Vgl. WURDACK: Wirtschaftspädagogik (1982), a.a.O., S. 169-170.

247 Eine eingehende Analyse dieser verschiedenen Ansätze ist nicht Gegenstand dieser Arbeit. Eine Rekurs auf die Theorien bzw. Theorieansätze erfolgt im Rahmen dieser Arbeit nur insoweit, als dies für den hier zu untersuchenden Kontext als begründungsrelevant angesehen wird. Im Rahmen dieser Arbeit wird die These vertreten, daß ein Rückgriff auf die als klassisch-kulturphilosophische und organologische Theorien bezeichneten Ansätze insoweit einen Leistungsbeitrag in bezug auf die theoretische Auseinandersetzung mit dem Problem der wirtschaftlichen Bildung, bzw. Erziehung zu verantwortlichem Handeln im gesamten ökonomischen Lebensbereich erwarten läßt, als diese Theorieansätze dem – hier vertretenen - ganzheitlichen Sein des Menschen gerecht zu werden versuchen.

## 3.2 Handlungskonzeptionen und Wirtschaftspädagogik

### 3.2.1 Begriff und Typologie der Handlungskonzeptionen

Das Hauptcharakteristikum des Handlungsbegriffes bzw. des Handelns ist die Ziel- und Zweckgerichtetheit. Dabei wird unterstellt, daß menschliches Handeln sowohl durch die Möglichkeit der Reflexion über Handeln als auch durch die Entscheidungsfreiheit beim Handeln charakterisiert ist.[248] Den eigentlichen Kernpunkt der Ziel- und Zweckgerichtetheit bildet die Frage der Bestimmung sinnvoller Ziele und Zwecke, der ethischen Dimension des Handelns.[249]
Nach WURDACK besteht daher eine Interdependenz von Handlungsbegriff und Didaktikbegriff. Dies bedeutet, daß jede Interpretation des Handlungsbegriffes eine spezifische Auffassung von Didaktik impliziert und umgekehrt, daß jede Interpretation des Didaktikbegriffes eine spezifische Auffassung von Handeln determiniert. Mit dieser Feststellung beginnt die eigentliche Problematik in der Beziehung zwischen ökonomischer und ethischer Dimension des Handelns und der Frage ihrer Eignung als Grundlage einer Wirtschaftsdidaktik und erfordert eine vertiefende Betrachtung von „Normativität", der Ziel- und Zweckgerichtetheit, des Handelns. Diese Problematik stellt sich grundsätzlich in allen historischen Situationen, besonders aber in Situationen, die durch eine „Pluralität von Normativitäten"[250], wie in der realpolitischen Situation der Gegenwart, charakterisiert sind, mit der Folge, daß die Frage der „Normativität" sowohl für die theoretische Konzeption einer Wirtschaftsdidaktik als auch für die praktische Situation der Vermittlung ökonomischer Inhalte von großer Bedeutung ist.[251]

Unter den Begriff „Handlungskonzeptionen" läßt sich nach WURDACK die Zusammenfassung aller individuell intendierten Handlungen unter einem einigen-

---

[248] Vgl. WURDACK: Die ökonomische Dimension...(1984), a.a.O., S. 168; vgl. auch ZABECK, Jürgen: Grundzüge einer normativen Handlungsorientierung in der Berufs- und Wirtschaftspädagogik, in: Arbeits-, Berufs- und Wirtschaftspädagogik im Übergang, Festschrift zum 60. Geburtstag von Gerhard P. Bunk, hrsg. von Rudolf Lassahn und Birgit Ofenbach, Frankfurt am Main 1986, S. 163-182, hier S. 163.

[249] Vgl. WURDACK: Zur ethischen Dimension...(1999), a.a.O., S. 31.

[250] Ebenda, S. 169.

den Prinzip verstehen. Diese Interpretation ist prinzipiell offen angelegt und wird durch unterschiedliche Zielvorstellungen (Normativitäten) umsetzbar. Innerhalb einer Handlungskonzeption kann eine unterschiedliche Anzahl von Handlungsdimensionen, wie z. B. die ökonomische, die politische, die technische, die ästhetische oder die ethische Dimension auftreten, welche jedoch in der Regel nicht isoliert, sondern vielmehr aufeinander bezogen sind und somit einen hohen Komplexitätsgrad aufweisen. In idealtypischer Form sind dementsprechend drei verschiedene Handlungskonzeptionen historisch auffindbar und systematisch darstellbar.[252]

### 3.2.2 Idealtypische Strukturierung

#### 3.2.2.1 Handlungskonzeptionen und Wirtschaftspädagogik im umfassenden Sinne

Die Einbindung der Handlungsprinzipien aller Lebensbereiche, also auch des ökonomischen, in eine allgemeine, als unbedingt gültig akzeptierte Handlungskonzeption ist das Hauptcharakteristikum der Handlungskonzeptionen im umfassenden Sinne. Dabei erfolgt die Herleitung dieser umfassenden Handlungskonzeption durch Bezugnahme auf vorgängige, nicht hinterfragbare, transzendente respektive transzendentale Erkenntnisbereiche. Die daraus hervorgehenden allgemeinen Sinn- und Handlungsprinzipien bestimmen das Handeln der Menschen und die Normen ihres Zusammenlebens im umfassenden Sinne.[253] Die aus ihnen abgeleiteten Prinzipien - wie z. B. im mittelalterlichen Denken das Prinzip der Gerechtigkeit – wirken umfassend auch auf den ökonomischen Bereich und führen z. B. zum generellen Verbot der Übervorteilung anderer als ökonomischer Handlungsmaxime.[254] Dabei verhält sich die Wirt-

---

[251] Vgl. WURDACK: Die ökonomische Dimension...(1984), a.a.O., S. 168-169.
[252] Vgl. ebenda.
[253] Vgl. ebenda, S. 169; vgl. dazu auch Abschn. 2.1.1, 2.2.1 und 2.3.1 dieser Arbeit.
[254] Vgl. SALIN: Politische Ökonomie...(1967), a.a.O., S. 12 u. 34. Exemplarisch sei hier das Prinzip des „gerechten Preises" genannt, das auch im mittelalterlichen Denken seine Geltung bewahrt, so in der „ökonomischen Theorie" der Kirchenväter.

schaftserziehung entsprechend dem Auftrag dieser Handlungskonzeptionen. Der Vermittlungsauftrag ist strikt auf einen Nachvollzug der vorgegebenen Sinngehalte abgestellt und kennt keine spezifisch didaktischen Fragestellungen wie z. B. in der Gegenwart. Im Prinzip kommt es hier auf die Vermittlung des gesamten Lebenszusammenhanges an und daher nicht oder zumindest mit einer sehr untergeordneten Rolle, die Vermittlung in Sektoren der Lebenswirklichkeit.[255] Die Vermittlungsstrategie dieses Typus einer Handlungskonzeption richtet sich ausschließlich auf die Erziehung der einzelnen Generationen unter dem Prinzip einer sinngeleiteten Normativität.[256]

#### 3.2.2.2 Handlungskonzeptionen und Wirtschaftspädagogik im weiteren Sinne

Das hervorstechende Merkmal des Typus einer neuen „aufgeklärten" Handlungskonzeption ist das Prinzip der im einzelnen Menschen angelegten und in ihm begründeten Vernünftigkeit als Grundlage eines sowohl individuellen als auch gemeinschaftlichen Handlungsprinzips.[257] Diese ist verbunden mit der radikalen Ablehnung metaphysisch begründeter Sinnprinzipien und versucht zunächst – getragen vom Erkenntnis- und Handlungsoptimismus der frühen Aufklärung – die Einheitlichkeit der Handlungsprinzipien in allen Lebensbereichen rational zu begründen. Das, aus heutiger Sicht, Mißlingen dieses aufklärerischen Optimismus läßt sich aus der Verankerung der Rationalität in der Individualität und damit in der Verflechtung von Rationalität und Individualität begründen.

---

[255] Vgl. WURDACK: Die ökonomische Dimension...(1984), a.a.O., S. 170.

[256] So folgt auch die „Didactica magna" des Johann Amos Comenius noch dem Prinzip einer sinngeleiteten Normativität, indem sie das Postulat eines gottgefälligen Lebens in das Zentrum ihres Begründungszusammenhangs stellt, obschon diese auf der Schwelle einer anderen Epoche angesiedelt ist. Vgl. COMENIUS: Große Didaktik...(1954), a.a.O.

[257] Im pädagogischen Raum nimmt diese Entwicklung ihren Ausgang insbesondere von den Erziehungslehren John Lockes und Jean-Jacques Rousseaus. Vgl. dazu LOCKE, John: Gedanken über die Erziehung, übersetzt und herausgegeben von Heinz Wolters, 2. Aufl., Bad Heilbrunn, 1966; vgl. ROUSSEAU, Jean-Jacques: Emil oder über die Erziehung, in neuer deutscher Fassung besorgt von Josef Esterhues, Paderborn 1958; vgl. auch RÖHRS, Hermann (Hrsg.): Preisschriften und Erziehungsplan von Jean-Jacques Rousseau, Bad Heilbrunn 1967.

Denn daraus ergibt sich denknotwendig eine immanente Vieldeutigkeit des Rationalitätsprinzips.[258] Tatsächlich entsteht eine Vielfalt unterschiedlicher, teilweise einander ausschließender Rationalitätsinterpretationen mit einer entsprechenden Vielfalt von Handlungskonzeptionen[259], die im wesentlichen auch unsere gegenwärtige Situation zutreffend charakterisiert. Grundlage dieser Entwicklung ist die sich nicht erfüllende Hoffnung, daß die an das Individuum gebundene Vernünftigkeit sich im historischen Prozeß zu einer einheitlichen Vernünftigkeit entfalten werde.[260]

Die Pluralität unterschiedlicher Handlungskonzeptionen mit jeweils eigenständigem Geltungs- und Wahrheitsanspruch begündet ebenso eine Vielfalt entsprechender Didaktiken. Die Installierung von öffentlichen (staatlichen) Institutionen, die im Idealfall auf einen Kompromiß der einzelnen Handlungskonzeptionen abstellt, wie z. B. die Konstruktion einer Didaktik bei WENIGER[261], ist eine der konkreten Lösungen dafür. Im Gegensatz dazu entsteht im Nichtidealfall, der durch unterschiedliche, nicht kompromißfähige Handlungskonzeptionen charakterisiert ist, entweder eine Situation größter Unsicherheit oder eine Situation, in der ideologische Positionen eine spezifische Handlungsstrategie durchsetzen.[262]

Ökonomisches Handeln als Grundlage der Wirtschaftserziehung steht hierbei als generelles Charakteristikum der Handlungskonzeptionen im weiteren Sinne stets im Kontext eines allgemeinen, den ökonomischen Lebensbereich überschreitenden Sinnzusammenhanges. Jedoch darf nicht verkannt werden, daß diese Sinnstrukturen nicht mehr metaphysischer, nicht-rationaler Legitimation bedürfen,

---

[258] Vgl. WURDACK: Die ökonomische Dimension...(1984), a.a.O., S. 170.

[259] Das vielfältige Spektrum unterschiedlicher Rationalitätsinterpretationen spannt sich in einem weiten Bogen von Wilhelm von HUMBOLDT über Friedrich Daniel Ernst SCHLEIERMACHER bis hin zu Johann Friedrich HERBART und schließlich Wilhelm DILTHEY. Vgl. dazu VON DEN DRIESCH, Johannes und ESTERHUES, Josef: Geschichte der Erziehung und Bildung, Bd. II. Von der Humanität bis zur Gegenwart, 6. Auflage, Paderborn 1964.

[260] Vgl. WURDACK: Die ökonomische Dimension...(1984), a.a.O., S. 170.

[261] Vgl. WENIGER, Erich: Didaktik als Bildungslehre, Teil 1, Theorie der Bildungsinhalte und des Lehrplans, 4. Auflage Weinheim 1962.

[262] Vgl. WURDACK: Die ökonomische Dimension...(1984), a.a.O., S. 170.

sondern aus einer jeweils spezifischen, zum Teil sehr unterschiedlichen Rationalität hergeleitet sind. Die Vielfalt der Bedeutungen, die den einzelnen ökonomischen Dimensionen des Handelns in unterschiedlichen rationalen Handlungskonzeptionen zugemessen wird, entspringt gerade dadurch.[263]
Handlungskonzeptionen im weiteren Sinne stellen eine Vielfalt von Didaktiken bezüglich der ökonomischen Dimension des Handelns zur Verfügung, wobei als Problematik festzuhalten ist, daß diese Vielheit der Theorien das Problem der Zielgerichtetheit des Handelns im konkreten Fall nur dann zu lösen vermag, wenn man eine dieser Theorien als richtige (wahre) Theorie anerkennt und sie in spezifischen praktischen Situationen, wie z. B. Schule, einsetzt.[264]

#### 3.2.2.3 Handlungskonzeptionen und Wirtschaftspädagogik im engeren Sinne

Der Lösungsversuch der Handlungskonzeptionen im engeren Sinne, sich aller Wert- und Entscheidungsurteile zu enthalten, läßt sich vor dem Hintergrund des Dilemmas der Handlungskonzeptionen im weiteren Sinne begreifen und ist un-

---

[263] Vgl. ebenda, S. 171. So sind z. B. die neuhumanistisch geprägten, dem Leitbild der allgemeinen Menschenbildung verpflichteten Handlungskonzeptionen und deren Vermittlungsstrategien von der Dimension des ökonomischen Handelns als Grundlage einer Vermittlungsstrategie sehr entfernt, denn sie messen der ökonomischen Dimension des Handelns nur insoweit Bedeutung zu, als die übergeordnete Zielsetzung der allgemeinen Menschenbildung ungestört bleibt. Dennoch kann daraus nicht geschlossen werden, daß diese Handlungskonzeptionen gänzlich unfähig seien, die ökonomische Dimension des Handelns als Grundlage einer insbesondere ethisch fundierten Vermittlungsstrategie einzubinden. Dies zeigt sich exemplarisch bei SPRANGER, der mit der Anerkennung von „Wirtschaft" als einer Kulturobjektivation zeigt, daß diese nicht nur den Bildungsprozeß mittragen, sondern ihn unter ganz bestimmten Voraussetzungen zentral bestimmen. Vgl. SPRANGER, Eduard: Grundlegende Bildung, Berufsbildung, Allgemeinbildung, in: Ders.: Gesammelte Schriften, Bd. 1, Geist der Erziehung, hrsg. von Gottfried Bräuer und Andreas Flitner, Heidelberg 1969, S. 7-19. Neben dieser idealistischen Handlungskonzeption entstand eine konträre, materialistisch begründete Position, die sich insbesondere dadurch auszeichnet, daß sie das Medium ökonomischen Handelns nicht nur zur Grundlage ihrer Handlungskonzeption und Vermittlungsstrategie macht, sondern daß sie in ihrer Realitätserklärung das Ergebnis ökonomischen Handelns, die Ökonomie, als Prinzip der Daseinserklärung schlechthin verwendet. Vgl. dazu MARX, Karl: Auszüge aus der „Deutschen Ideologie", in: Fromm, Erich: Das Menschenbild bei Marx, Frankfurt am Main/Berlin/Wien 1982, S. 169-185, hier S. 171.

ter methodischem Gesichtspunkt ein begreiflicher Schritt. Doch läßt sich die Frage nach der Zielgerichtetheit des Handelns durch die Wertneutralität schon im Ansatz nicht lösen. Vielmehr sind diese Konzeptionen außenstehenden Wertentscheidungen unterschiedlicher Provenienz verfügbar. Darüber hinaus geben diese Handlungskonzeptionen den Charakter ganzheitlicher Erklärung vollkommen auf. Gegenstand dieser Theorien ist, Teile und Teilbereiche von Handlungskonzeptionen, so auch die ökonomische Dimension des Handelns, empirisch nachprüfbar zu beschreiben. Die „wertfreie" Beschreibung ökonomischer Dimensionen des Handelns lassen nicht nur eine sehr unterschiedliche Beschreibung zu, sie haben auch die Schwierigkeit, Einzeldimensionen ökonomischen Handelns aus der Komplexität des Gesamtzusammenhangs zu isolieren.[265] Wirtschaftspädagogische Theorien und Didaktiken die darauf aufbauen, verbleiben entweder im Stadium der Vermittlung technizistischer Detailkenntnisse oder sie verbinden sich mit Normativitäten, von denen sie im Vermittlungsprozeß geleitet werden. Die von der Fachwissenschaft, hier der Wirtschaftswissenschaft abgeleitete ökonomische Dimension des Handelns befindet sich ebenso wie die entsprechenden spezifischen Wirtschaftsdidaktiken in einem permanenten Dilemma der Entscheidung über die zu findende Normativität.[266]

Die bisherigen Ergebnisse der idealtypischen Strukturierung werden in der folgenden Tabelle synoptisch dargestellt (vgl. Tabelle 1):

---

[264] Vgl. WURDACK: Die ökonomische Dimension...(1984), a.a.O., S. 171.
[265] Vgl. ebenda, S. 171-172.

| | Handlungskonzeptionen | | |
|---|---|---|---|
| | **im umfassenden Sinne** | **im weiteren Sinne** | **im engeren Sinne** |
| **Bestimmung des Erkenntnisobjektes, Erkenntnisbereich** | Allgemeine als unbedingt akzeptierte Handlungskonzeption. Einbindung der Handlungsprinzipien in alle Lebensbereiche.<br><br>„Tranzendentalbereich" (transzendental) | Prinzip der im Individuum angelegten und in ihm begründeten Vernünftigkeit als Ausdruck einer individuellen und gemeinschaftlichen Handlungskonzeption.<br><br>„Transzendenzbereich" (transzendierend). | Prinzip der Wert- und Entscheidungsurteilsfreiheit. Verzicht auf ganzheitliche Erklärungen. Handlungskonzeptionen auf Basis intersubjektiver (empirischer) Nachprüfbarkeit.<br><br>„Immanenzbereich" (immanent). |
| **Erkenntnismethode** | deduktiv-normativ | deduktiv-hermeneutisch, deduktiv-dialektisch | induktiv, empirisch-analytisch |
| **Theoriebildung** | „im umfassenden Sinne" | „im weitern Sinne" | „im engeren Sinne" |
| **Ziel- /Leitvorstellung** | Erziehung, (Erziehungstheorien) | Erziehung/Bildung. (Erziehungs-/ Bildungstheorien) | Qualifikation. (Qualifizierungsmodelle und –konzepte) |

**Tabelle 1: (Idealtypische) Strukturierung von Handlungskonzeptionen**[267]

---

266 WURDACK: Die ökonomische Dimension...(1984), a.a.O., S. 171-172.
267 Vgl. ebenda, S.168-172; vgl auch WENGER: Arbeitsmarkt...(1993), a.a.O., S. 182.

### 3.2.3 Modelle und Konzeptionen realtypischer Wirtschaftsdidaktiken

#### 3.2.3.1 Wirtschaftsdidaktiken im umfassenden Sinne

In der reinsten Form ist der Realtypus ökonomischen Handelns als Grundlage einer Wirtschaftsdidaktik im umfassenden Sinne nur innerhalb umfassender Staats- und Gesellschaftslehren wie z. B. bei PLATON[268], ARISTOTELES[269] und THOMAS VON AQUIN[270] auffindbar. Dessen ungeachtet ist anzumerken, daß verschiedene Entwürfe von Wirtschaftsdidaktiken im weiteren Sinne in großen Zügen partiell den Charakter des Typus von Wirtschaftsdidaktiken im umfassenden Sinne tragen. Deren besonderes Kennzeichen ist die zentrale Stellung des Ganzheitsgedankens, der sowohl die Person des Erziehenden als auch die Erziehung betrifft.[271]

Der Vorteil dieser Konzeptionen liegt insbesondere darin, daß sie in der Regel klare und eindeutige Aussagen zur Frage der Normativität, respektive zu den Vermittlungszielen und zur Funktion des ökonomischen Handelns nicht nur als Grundlage einer Wirtschaftsdidaktik, sondern darüber hinausweisend auch als Grundlage einer ganzheitlichen Lebensbewältigung, explizit zu benennen vermögen.[272]

---

[268] Vgl. PLATON: Der Staat, Buch I-V, übersetzt von Wilhelm Siegmund Teuffel, Buch VI-X übersetzt von Wilhelm Wiegand, in: Platon: Sämtliche Werke, Bd. 2, Heidelberg o.J., S. 7-407.

[269] Vgl. ARISTOTELES: Aufzeichnungen ...(1967), a.a.O.

[270] Vgl. THOMAS VON AQUIN: Summa Theologiae, Übersetzt von Dominikanern und Benediktinern Deutschlands und Österreichs, Hauptschriftleiter *Heinrich Maria Christmann*, Walderberg bei Bonn/Salzberg/Leipzig 1933 ff. (Nachdruck Heidelberg 1941, Heidelberg/Graz 1950).

[271] Diese Wirtschaftsdidaktiken wurden von WURDACK als organologische Konzeptionen einer Wirtschaftspädagogik klassifiziert. Zu den Vertretern dieses Didaktiktypus lassen sich Friedrich SCHLIEPER, Karl ABRAHAM und Johannes BAUMGARDT zählen. Vgl. WURDACK: Wirtschafstpädagogik (1982), a.a.O., S. 161-163.

[272] Vgl. WURDACK: Die ökonomische Dimension...(1984), a.a.O., S. 173. In der gegenwärtigen Situation erscheint es nach Ansicht von WURDACK jedoch nur theoretisch möglich, aber praktisch undurchsetzbar zu sein, Wirtschaftsdidaktiken nach diesem Ganzheitsprinzip in öffentlichen Institutionen verbindlich einzuführen. Vgl. ebenda.

### 3.2.3.2 Wirtschaftsdidaktiken im weiteren Sinne

Bei diesem Realtypus einer Wirtschaftsdidaktik ist das hervorstechende Charakteristikum der Grundgedanke der Bildung, der das ökonomische Handeln mit den anderen Handlungsdimensionen verbindet. Den konkreten Anlaß hierfür bildet die Einordnung des Lebensbereichs „Wirtschaft" als eine, dem historischen Einfluß unterliegenden Interpretation einer Kulturobjektivation. Ebenso ist dies der Ausgangspunkt dafür, Bildung über ökonomisches Handeln (Bildung über den Beruf bzw. Wirtschaftsberuf) einer permanenten Neuinterpretation unterziehen zu können. In diesem Sinne ist erklär- und verstehbar, daß einerseits die relativ konstante Kulturobjektivation „Wirtschaft" bei SPRANGER als Grundlage einer „Wirtschaftsdidaktik" bereitgestellt[273] und daß andererseits aber auch die Kulturobjektivation Wirtschaft kritisch hinterfragt und durch Einbringen neuer Normativitäten zu anderen Zielsetzungen geführt wird bzw. werden kann. Auf diese Weise kann, ausgehend von einem harmonischen Didaktikbegriff, welcher auch Anleihen für die organologische Konzeption abgibt, durch den Einbezug von sozial- und gesellschaftskritischen Momenten[274] ein Didaktik-

---

273 Vgl. SPRANGER, Eduard: Die Wirtschaft unter kulturphilosophischem Aspekt, in: Ders.: Gesammelte Schriften, Bd. 5, Kulturphilosophie und Kulturkritik, hrsg. von Hans Wenke, Tübingen 1969, S. 129-172.

274 Der Prozeß der Rezeption der Kritischen Theorie im pädagogischen Raum findet seinen Ausdruck insbesondere in der Unterscheidung eines privaten und eines kritischen Moments der Bildung, so bei MOLLENHAUER, Klaus: Pädagogik und Rationalität, in: Ders.: Erziehung und Emanzipation, 3. Auflage, München 1970, S. 55-74. Kritik an der letztlich bündigen Übernahme wesentlicher Grundlinien der kritischen Sozialphilosophie der Frankfurter Schule wird sowohl aus theoretischer als auch aus praktischer Sicht geübt. Vgl. dazu ZABECK, Jürgen: Wissenschaftsorientiertheit als bildungstheoretische und bildungspolitische Kategorie. – Zum Problem der Integration von Allgemeinbildung und Berufsbildung, in: Die Deutsche Berufs- und Fachschule, 69. Jg. (1973) S. 563-577, WILLEKE, Rudolf: Kollegstufe NW – Versuch einer Ideologiekritik, in: Wirtschaft und Erziehung, 24. Jg. (1972), S. 224-233.

begriff installiert werden, der als „kritisch-emanzipatorische“[275] Konzeption zu charakterisieren ist.[276]

Festzuhalten bleibt: Ändern sich die methodischen und erkenntnistheoretischen Implikationen bei den Handlungskonzeptionen im weiteren Sinne in Annäherung an oder in direkter Übereinstimmung mit bestimmten aufklärerischen Idealtypen, so entstehen entsprechende Wirtschaftsdidaktiken.[277]

### 3.2.3.3 Wirtschaftsdidaktiken im engeren Sinne

„Die Tendenz der modernen Wissenschaftsentwicklung zur Objektivierung komplexer Phänomene durch Säkularisierung in partielle, der empirischen Erfahrung zugängliche Teile“[278], hat bei den Wirtschaftsdidaktiken, die ökonomisches Handeln als Grundlage ihrer Konzeptionen im engeren Sinne verwenden, in vielfacher Hinsicht gewirkt. Ein signifikanter Hinweis dafür ist die Reduzierung eines sehr umfassenden ökonomischen Bildungsbegriffes auf die Teil-

---

[275] Vgl. zum „kritisch-emanzipatorischen Theorieansatz in der Wirtschaftspädagogik“ SCHNEIDER: Selbstverständnis...(1984), a.a.O., S. 209-233 und. S. 338-357; vgl. auch die auf die (praktische) Vermittlungsstrategie abzielende Darstellung des „emanzipatorischen“ Qualifikationsbegriffes bei WENGER: Arbeitsmarkt...(1993), a.a.O., S. 130-138.

[276] Aus der Entwicklungsgeschichte der einzelnen einschlägigen Theorieansätze wie z. B. bei BLANKERTZ und GOLAS ist diese Entwicklung nachweisbar. Vgl. dazu BLANKERTZ, Herwig: Bildungstheorie und Ökonomie, in: Pädagogische Provokationen I, Texte zur Schulreform, hrsg. von Karlheinz Rebel, Weinheim und Berlin 1966, S. 61-86; vgl. auch GOLAS, Heinz: Didaktisch-historische Analyse des Betriebswirtschaftskundeunterrichts, Wiso-Diss., Berlin 1966; vgl. ders. (Hrsg.): Didaktik der Wirtschaftslehre, Situation, Diskussion, Revision, München 1973. Diese Entwicklung kann in Korrespondenz mit der in der Allgemeinen Didaktik gesehen werden, wie etwa die Entwicklung der kategorialen Didaktikkonzeption zu einer kritisch-konstruktiven Didaktik bei KLAFKI. Vgl. KLAFKI, Wolfgang: Erziehungswissenschaft als kritisch-konstruktive Theorie, Hermeneutik – Empirie – Ideologiekritik, in: Zeitschrift für Pädagogik, 17. Jg. (1971), S. 351-385; vgl. ders.: Zur Entwicklung einer kritisch-konstruktiven Didaktik, in: Die Deutsche Schule, 69. Jg. (1977), S. 703-715.

[277] Vgl. WURDACK: Die ökonomische Dimension...(1984), a.a.O., S. 173-174. Entsprechend entstehen in Folge einer Annäherung an oder in direkter Übereinstimmung mit materialistischen und marxistischen aufklärerischen Idealtypen Interpretationen des ökonomischen Handelns als Grundlage einer Wirtschaftsdidaktik im Sinne der „Politischen Ökonomie“ z. B. bei LEMPERT, ALTVATER und HUISKEN. Vgl. ebenda.

[278] Ebenda, S. 174.

struktur der beruflichen „Qualifikation".[279] Jedoch ist dieses Idealbild der werturteilsfreien Konzeption einer Wirtschaftsdidaktik insofern problematisch, „weil im Vermittlungsprozeß das Grundpostulat der Wertfreiheit mit der Zielgerichtetheit menschlichen Handelns kollidiert."[280] Bei kritischer Analyse erscheint als symptomatisch respektive systemimmanent, daß „die Frage der Offenlegung ihrer impliziten Zielgerichtetheit und ihrer normativen Intentionen vom methodischen Grundansatz her unbeantwortet bleibt"[281].

Bei der Anwendung dieser Theorien in der Praxis im Sinne der Wertneutralität zu verfahren, kann insoweit als Täuschung betrachtet werden, da diese Realtyppen von Wirtschaftsdidaktiken grundsätzlich der Überfrachtung mit Ideologien zugänglich sind. Ebenso unterliegt man nach WURDACK einer Selbsttäuschung, die Anwendung dieser Theorien in der Praxis für wertneutral zu halten.[282]

---

[279] Vgl. dazu die ausführliche Analyse der Entwicklung und Erscheinungsformen des (beruflichen) Qualifikationsbegriffes bei WENGER: Arbeitsmarkt...(1993), a.a.O., insbes. S. 111-163.

[280] WURDACK: Die ökonomische Dimension...(1984), a.a.O., S. 174. Dies zeigt sich z. B. bei der Konzeption der „antizipierenden Didaktik" ZABECKS, die nicht ohne zusätzliche konstituierende Elemente wie z. B. die eines hermeneutisch-pragmatischen Erziehungsbegriffs auskommt, um die Frage der Zukunftsbedeutung einer ökonomischen Handlungskonzeption, die im Prinzip aus einer rationalen, der gegenwärtigen Erfahrung zugängigen Analyse entsteht, in ihrer Komplexität zu erfassen. Vgl. ZABECK, Jürgen: Entwurf eines didaktischen Systems als Voraussetzung für die Entwicklung eines Programms der Curriculumforschung im Bereich der kaufmännischen Berufsausbildung, in: Ders. et al.: Ziele, Fragestellungen und methodische Ansätze der Curriculumforschung für den Bereich der kaufmännischen Berufsausbildung, Berlin 1973, S. 9-29. Vgl. dazu auch Kap. 3.3.5.2 dieser Arbeit.

[281] WURDACK: Die ökonomische Dimension...(1984), a.a.O., S. 174. Vgl. dazu etwa die Kritik BLANKERTZ an den lerntheoretischen Modellen der Didaktik. BLANKERTZ, Herwig: Theorien und Modelle der Didaktik, 13. Auflage München 1991 (unveränderter Nachdruck der neubearbeiteten und erweiterten 9. Auflage 1975), S. 112-117. Vgl. für den Bereich des Rechnungswesens die didaktischen Ansätze bei PREISS, Peter/TRAMM, Tade (Hrsg.) Rechnungswesenunterricht und ökonomisches Denken. Didaktische Innovationen für die kaufmännische Ausbildung, Wiesbaden 1996. Einen Entwurf einer Didaktik des Rechnungswesens in diesem Sinne liefert auch SLOANE, Peter F. E.: Didaktik des Rechnungswesens, Pfaffenweiler 1996 sowie die dort analysierten Ansätze, die sämtlich als Modellkonzeptionen „in einem engeren Sinne" betrachtet werden können.

[282] WURDACK: Die ökonomische Dimension...(1984), a.a.O., S. 174.

### 3.2.4 Folgerungen für die Konzeption von Wirtschaftsdidaktiken

Aus den bisher dargestellten Zusammenhängen ergibt sich, mit WURDACK zu sprechen, „die Unabweisbarkeit, Handlungskonzeptionen mit der Frage der Zielgerichtetheit grundsätzlich dann zu verbinden, wenn Vermittlungsstrategien intendiert sind“[283]. Offen bleiben kann an dieser Stelle, ob jeweils ein Erziehungs- oder ein Bildungsbegriff die Frage der Zielgerichtetheit im spezifischen Sinn vermitteln soll. Im Vordergrund steht vielmehr die Tatsache der grundsätzlichen Notwendigkeit von Entscheidungen über Normativität im Vermittlungsprozeß. Für die Typologien der Handlungskonzeptionen „im umfassenden“ und „im weiteren Sinne“ kann diese Frage im Prinzip als gelöst angesehen werden.[284] Doch befindet sich ökonomisches Handeln[285] als Grundlage einer Wirtschaftsdidaktik gegenwärtig in einer unmittelbaren Nähe zu Handlungskonzeptionen „im engeren Sinne“, denn es wird oftmals die grundsätzlich gewollte Entfernung der Wertbehaftetheit von Zustandsbeschreibungen postuliert.[286] Für didaktische Konzeptionen wird es aus diesem Grunde notwendig, eine Theorie entsprechend einer Handlungskonzeption „im wieder erweiternden Sinne“ anzusteuern. Das bedeutet in der Konkretisierung, die zum Teil sehr differierenden Realerkenntnisse der Wirtschaftswissenschaften über die ökonomische Dimension des Handelns nicht zu negieren, jedoch Wertentscheidungen bei didaktischen Konzeptionen offenzulegen und zu legitimieren.[287]

Als Ergebnis läßt sich daher festhalten, daß zur Lösung des Problems der ökonomischen Dimension des Handelns als Grundlage einer Wirtschaftsdidaktik dies auf die Notwendigkeit verweist, weder auf die Versuche und Ergebnisse, die ökonomisches Handeln unter objektiver methodischer Fragestellung beschreibt, zu verzichten, „ebenso aber die Frage der Zielsetzung bzw. der Nor-

---

[283] Ebenda, S. 172. Vgl. zu dieser Problematik auch ZABECK: Ethische Dimensionen...(1991), a.a.O., S. 534 passim.

[284] Vgl. WURDACK: Die ökonomische Dimension...(1984), a.a.O., S. 172.

[285] Vgl. dazu statt vieler SCHNEIDER, Dieter: Betriebswirtschaftslehre, Band 1: Grundlagen, München; Wien; 1993, insbes. S. 155-203; vgl. auch WÖHE, Günter: Einführung in die allgemeine Betriebswirtschaftslehre, 16., überarb. Aufl. 1986, S. 34-56, insbes. S. 53-56.

[286] Vgl. ACHTENHAGEN, Frank: Didaktik das Wirtschaftslehreunterrichts, Heidelberg 1984, S. 14 passim.

mativität auf keinen Fall nur implizit zu lösen". Vielmehr ist nach WURDACK notwendig, „daß für das ökonomische Handeln als Grundlage einer Wirtschaftsdidaktik eine solche Handlungskonzeption gewählt wird, die mit einem zwar historisch gewordenen, aber der Gegenwart entsprechenden Bildungsbegriff ausgestattet ist." Jedoch darf dieser auf gar keinen Fall dogmatisch interpretiert werden, „und für sich in Anspruch nehmen, die letztendliche Erkenntnis über die Zielgerichtetheit einer Handlungskonzeption zu besitzen"[288]. Vielmehr muß dieser einer permanenten praktischen Bewährung, die historische Seins- und Sinnerfahrung in diesen Prozeß einbezieht, unterworfen werden.[289] Dementsprechend spricht sich WURDACK nachdrücklich für eine Wirtschaftsdidaktik im Sinne der „beruflich-ökonomischen Bildung"[290] aus, „die im wieder erweiternden Sinne die offensichtlichen Defizite einer Wirtschaftsdidaktik im engeren Sinne zu beheben versucht, sich aber strikt gegen jegliche Ideologisierungstendenzen wendet"[291].

## 3.3 Modellkonzeptionen Besonderer Didaktik

### 3.3.1 Geisteswissenschaftliche Grundlagen

Innerhalb der Geschichte der Pädagogik, auch im Rahmen wirtschaftspädagogischer Theoriebildung, hat die Auseinandersetzung um die Leitbilder von Bildung und Erziehung, d. h. die Begründung der Zielsetzung menschlichen Handelns, das jeweilige Menschenbild – vor allem auf geisteswissenschaftlicher Grundlage – eine vergleichsweise lange Tradition.[292] Vor diesem Hintergrund soll diese Tradition nicht fortgeschrieben, sondern vielmehr wieder aufgenommen werden und im Rahmen wissenschaftstheoretischer bzw. bildungsphiloso-

---

287 Vgl. WURDACK: Die ökonomische Dimension...(1984), a.a.O., S. 172.
288 Ebenda, S. 175 (alle Zitate).
289 Vgl. WURDACK: Die ökonomische Dimension...(1984), a.a.O., S. 175; vgl. ders.: Zur ethischen Dimension...(1999), a.a.O., S. 39-40.
290 Vgl. WURDACK: Problemgefüge...(1974), a.a.O., S. 1-9 und S. 31-38.
291 WURDACK: Die ökonomische Dimension...(1984), a.a.O., S. 175.
292 Vgl. WURDACK: Die Bedeutung...(1972), a.a.O., S. 237.

phischer Grundüberlegungen Gegenstand weiterer Auseinandersetzungen sein.[293]

Die zentrale Frage dabei ist die nach dem Ergebnis respektive dem Ziel pädagogischer Maßnahmen. Unternimmt man den Versuch einer systematischen, wissenschaftlich begründeten Lösung und lehnt damit (politisch) opportune, pragmatische, sogenannte zeitgemäße oder weltanschauliche, letztlich dezionistische Begründungen ab, führt diese Auseinandersetzung abermals zum Problem der anthropologischen Grundlegung.[294] Doch läßt sich an dieser Stelle mit WURDACK konstatieren, daß eine berufs- oder wirtschaftspädagogische Anthropologie nicht existiert, die anthropologische Fragestellung vielmehr innerhalb unterschiedlicher wissenschaftlicher Ansätze aspekthaft und säkularisiert analysiert wird und im Zuge dieser Entwicklung das „Gesamtbewußtsein des Anthropologischen“[295] zunehmend verloren geht.[296] „Soll Erziehung und die Wissenschaft von ihr nicht zur ausschließlichen Rechtfertigung für eine vorgegebene Praxis entarten, ist sie auf eine ihrer bedeutendsten Grundlagen, das Menschenbild, zurückverwiesen“[297].

Versucht man auf Basis des gegenwärtigen Erkenntnisstandes eine möglichst weite Umschreibung des menschlichen Wesens auf den Begriff zu bringen, so zeigt sich, daß das Gedankengut der abendländischen Philosophie, wie es u. a. den klassisch-kulturphilosophischen und organologischen Theorieansätzen der Berufs- und Wirtschaftspädagogik zugrundeliegt, unserem Kulturkreis am ehesten entspricht.[298] Hierin kommt der Versuch zum Ausdruck, die eigenständige Entwicklung der Individualität in den unterschiedlichsten Ausprägungen zu för-

---

293 Vgl. ASCHENBRÜCKER: Wirtschaftliche Bildung...(1991), a.a.O., S. 140.

294 Vgl. ebenda, S. 140. Zur anthropologischen Fragestellung vgl. WURDACK: Die Bedeutung...(1972), a.a.O.; vgl. ders.: Zur anthropologischen Grundlegung...(1988), a.a.O.; vgl. ders.: Zur anthropologischen...(1993), a.a.O.; vgl. bereits Abschn. 2.4.2 dieser Arbeit.

295 WURDACK: Die Bedeutung...(1972), a.a.O., S. 237.

296 Vgl. dazu auch SCHNEIDER: Selbstverständnis...(1984), a.a.O., S. 239-240, S. 374-385 und S. 401-404.

297 WURDACK: Zur anthropologischen Grundlegung...(1988), a.a.O., S. 19.

298 Zur Aktualität der anthropologischen Grundlagen dieser Theorieansätze, insbesondere des klassisch-kulturphilosophischen, bei der Lösung von (gegenwärtigen) Probleme innerhalb der Wirtschaftsbildung vgl. WURDACK: Zur anthropologischen...(1993), a.a.O., S. 446; vgl. ders.: Zur ethischen Dimension...(1999), a.a.O., S. 40.

dern. Das bedeutet, in der Ausgangslage im Rahmen eines nicht-reduktionistischen Ansatzes zunächst den Menschen als eigenständige Einheit (Ganzheit) aus Geist und Körper zu sehen, die entwicklungsfähig und –bedürftig sowie geistig und körperlich ergänzungsbedürftig auf Grund seiner natürlichen Ausgangsbedingungen ist.[299]

Insbesondere wissenschaftsmethodisch haben die oben genannten Theorieansätze, die nach WURDACK als „Theorien bzw. Handlungskonzeptionen bzw. Wirtschaftsdidaktiken im weiteren Sinne“[300] klassifiziert werden können, den Vorzug, das Wesen des Menschen über die durchaus notwendige, jedoch allein nicht ausreichende empirische Einzel- oder Gruppenforschung hinaus zu analysieren.[301] Bei einer Analyse der Kernaussagen geisteswissenschaftlich begründeter Ansätze der (Wirtschafts-)Pädagogik stellt man fest, daß diese u. a. durch ein Erfassen des Einzelnen und des Individuellen als geschichtlich Einmaliges und durch das Einbeziehen von Ganzheiten in den Wissenschaftsbegriff[302] gekennzeichnet sind.[303] Der Begriff der Ganzheit stellt dabei mehr als die Summe der Teile dar.[304] Die in der Tradition der DILTHEY-Schule stehenden Vertreter

---

299 Vgl. ASCHENBRÜCKER: Wirtschaftliche Bildung...(1991), a.a.O., S. 142; vgl. auch WURDACK: Zur anthropologischen Grundlegung...(1993), a.a.O., S. 438-439.

300 Vgl. WURDACK: Die ökonomische Dimension...(1984), a.a.O., S. 170 und S. 173-174.

301 Vgl. ASCHENBRÜCKER: Wirtschaftliche Bildung...(1991), a.a.O., S. 143.

302 Dies wird besonders bei folgender Begründung des Zusammenhanges der Geisteswissenschaften durch DILTHEY deutlich: „Die geschichtliche Welt als ein Ganzes, dieses Ganze als ein Wirkungszusammenhang, dieser Wirkungszusammenhang als wertgebend, zwecksetzend, kurz: schaffend, dann das Verständnis dieses Ganzen aus ihm selbst, endlich die Zentrierung der Werte und Zwecke in Zeitaltern und Epochen, in Universalgeschichte – dies sind die Gesichtspunkte, unter denen der anzustrebende Zusammenhang der Geisteswissenschaft gedacht werden muß.“ DILTHEY, Wilhelm: Der Aufbau der geschichtlichen Welt in den Geisteswissenschaften, in: ders.: Gesammelte Schriften, Bd. 7, hrsg. von Bernhard Groethuysen, 2. unveränd. Aufl., Stuttgart 1958, S. 79-188, hier S. 155; vgl. auch TSCHAMLER: Wissenschaftstheorie (1983), a.a.O., S. 28-29.

303 Vgl. ASCHENBRÜCKER: Wirtschaftspädagogische Theorie...(1991), a.a.O., S. 20.

304 Das Problem des Verhältnisses von „Ganzem“ und „Teile“ ist nach DILTHEYS Auffassung nicht naturwissenschaftlich erklärbar, sondern nur aus dem historisch gewachsen Lebenszusammenhang heraus verstehbar: „Und wenn die formale Kategorie des Verhältnisses von Ganzem zum Teil diesem Zusammenhang und dem des Raumes, der Zeit, des organisierten Wesens gemeinsam ist, so erhält sie im Reich der Geisteswissenschaften aus dem Wesen des Lebens und dem ihm entsprechenden Verfahren des Verstehens erst einen eigenen Sinn, den eines Zusammenhangs, in welchem die Teile verbunden sind.“

der Pädagogik gehen von der Basisannahme aus, daß jede Erscheinung des Lebens den Sinn in sich selbst trägt (Immanenz des Sinnes in den Sachen). Zurückführen läßt sich diese Annahme auf die Ausführungen DILTHEYS zur teleologischen[305], d. h. zielbezogenen Entwicklung des menschlichen Wesens, mit Wurzeln in der aristotelischen Philosophie.[306] DILTHEY begründet diese Annahmen im Rahmen seiner Ausführungen zur Psychologie zunächst über die Beschreibung der individuellen Erlebnisfähigkeit, die er als zielgerichteten subjektiven Strukturzusammenhang versteht.[307]

---

DILTHEY: Der Aufbau...(1958), a.a.O., S. 197. Deutlich wird dies auch an folgender Stelle: „So ist das Individuum in sich selbst zentriert. Andererseits aber entwickelt jede Gemeinschaft ebenfalls Werte, ... , und so entsteht im geschichtlichen und gesellschaftlichen Zustand das Verhältnis, nach welchem Eigenwert, Sinn des eigenen Daseins, den einzelnen seelischen Vorgängen Bedeutung gibt und andererseits die psychologische Einheit, besonders im Zweckzusammenhang eine Bedeutung für das Ganze gewinnt. Dieser Bedeutungszusammenhang nun ist es, welcher vom Historiker aufgefaßt wird." Ebenda, S. 258. Das Bewußtsein vom Zusammenhang und von der Gemeinschaft wird dabei durch die Analyse der Dimensionen Vergangenheit, gegenwärtiges Zusammenwirken und Zukunft deutlich. Vgl. ebenda, S. 264.

305 Vgl. dazu auch SCHLIEPER: Allgemeine Berufspädagogik (1963), a.a.O., S. 22-23; vgl. auch SCHNEIDER: Selbstverständnis...(1984), a.a.O., S. 272-273.

306 Vgl. ASCHENBRÜCKER: Wirtschaftspädagogische Theorie...(1991), a.a.O., S. 20. Zur Wissenschaftsmethode der geisteswissenschaftlich fundierten Theorieansätze der Wirtschaftspädagogik vgl. SCHNEIDER: Selbstverständnis...(1984), a.a.O., insbes. S. 41-50, S. 247-255 und S. 267-270.

307 DILTHEY beschreibt die individuelle Erlebnisfähigkeit folgendermaßen: „In der Psychologie ist der „*Zusammenhang* der Funktionen im Erlebnis *von innen* gegeben. Alle psychologische Einzelerkenntnis ist nur *Zergliederung* dieses Zusammenhangs." DILTHEY, Wilhelm: Ideen über eine beschreibende und zergliedernde Psychologie, Viertes Kapitel, Die beschreibende und zergliedernde Psychologie, in: ders.: Schriften zur Pädagogik, besorgt von Groothoff und Ulrich Herrmann, Paderborn 1971, S. 147. Diese innere individuelle Erlebnisfähigkeit wird im folgenden als zielgerichtet im Hinblick auf die Realisierung von Werten beschrieben. Besonders deutlich wird die Begründung in folgenden Ausführungen: „ Dieser seelische Strukturzusammenhang ist nun zugleich ein teleologischer ... in der seelischen Struktur allein ist der Charakter der Zweckmäßigkeit ursprünglich gegeben, und wenn wir etwa dem Organismus oder der Welt Zweckmäßigkeit zuschreiben, so ist dieser Begriff nur aus dem inneren Erleben übertragen. Denn jede Beziehung von Teilen zu einem Ganzen erhält erst dem in ihr realisierten Wert den Charakter der Zweckmäßigkeit." DILTHEY, Wilhelm: Die geistige Welt. Einleitung in die Philosophie des Lebens, 2.,unveränderte Aufl., Stuttgart 1957, S. 207. Im Rahmen der (lebens-) philosophischen Schriften argumentiert er wie folgt: „Wir bezeichnen diese *Zweckmäßigkeit* der seelischen Struktur als *subjektiv* und *immanent*. Sie ist subjektiv, weil sie erlebt, in der inneren Erfahrung gegeben ist. Sie ist immanent, weil sie auf keinen Zweckgedanken außerhalb ihrer gegründet wird." Darüber hinaus „ist in diesem Strukturzusammenhang ...

Die Analyse des Verhältnisses von Mensch und Welt stellt ein zentrales Problem der geisteswissenschaftlichen Pädagogik dar.[308] In der Analyse der geschichtlich gewordenen Erziehungswirklichkeit und zwar in ihrer Eigenart als Ganzheit und nicht als isolierter Ausschnitt kann das Untersuchungsobjekt gesehen werden.[309] Entsprechend ist der Mensch mit seiner ihm eigenen Persönlichkeitsstruktur Ausgangspunkt geisteswissenschaftlich begründeter Forschung, insbesondere in seiner konkreten Lebenswelt mit einer eigenen Historie und als Ganzheit. Er wird dabei im weitesten Sinne sowohl als Natur-, als auch als Geist- bzw. Kulturwesen gesehen.[310] DILTHEY sieht den Menschen bestimmt durch die biologischen Anlagen, seine Lebensgeschichte und die Gesellschaftsgeschichte, respektive die Welt, in der er lebt.[311]

Das „Leben" kann demnach nur in der Fülle seiner Formen und Ausprägungen „verstanden"[312], nicht aber nur situativ „erklärt" werden.[313] „Leben" definiert DILTHEY als „die innere Beziehung der psychischen Leistungen im Zusam-

---

die Anlage zu seiner Vervollkommnung enthalten." Ebenda, S. 215-216 Hervorhebungen gegenüber dem Original verändert.

308 Vgl. ASCHENBRÜCKER: Wirtschaftspädagogische Theorie...(1991), a.a.O., S. 21.

309 Vgl. BLANKERTZ: Theorien und Modelle...(1991), a.a.O., S. 30.

310 Vgl. WURDACK: Die Bedeutung...(1972), a.a.O., S. 238; vgl. ders.: Zur anthropologischen Grundlegung...(1988), a.a.O., S. 21-24; vgl. ders.: Zur anthropologischen...(1993), a.a.O., S. 438-442.

311 Vgl. ASCHENBRÜCKER: Wirtschaftspädagogische Theorie...(1991), a.a.O., S. 22.

312 Zur einführenden Klärung des Zieles und der Verfahrensweise des hermeneutischen Verfahrens vgl. auch die Ausführungen zu Punkt 4.4.1 dieser Arbeit. Zur weiteren Auseinandersetzung mit der Hermeneutik als wissenschaftlicher Methode des Verstehens vgl. RIEDEL, Manfred: Verstehen oder Erklären? Zur Theorie und Geschichte der hermeneutischen Wissenschaften, 1. Aufl. Stuttgart 1978, insbes. S. 64-107; vgl. auch HUFNAGEL, Erwin: Einführung in die Hermeneutik, Stuttgart 1976; vgl. GADAMER, Hans-Georg: Wahrheit und Methode, Grundzüge einer philosophischen Hermeneutik, 4. Auflage, unveränderter Nachdruck der 3., erweiterten Auflage, Tübingen 1975, insbes. S. 162-360. Eine Grundannahme dabei ist, daß in jedem einzelnen Erlebnis ein Teil des Ganzen entthalten ist. Vgl. LASSAHN, Rudolf: Einführung in die Pädagogik, 4., durchges. Aufl., Heidelberg 1982, S. 33-34. Zum Verständnis von Hermeneutik in der Rechtswissenschaft, respektive zum Verhältnis von juristischer und geisteswissenschaftlicher Hermeneutik vgl. LARENZ, Karl: Methodenlehre der Rechtswissenschaft, 6., neu bearbeitete Auflage, Berlin, Heidelberg, New York u. a. 1991, insbes. S. 204-249; vgl. auch MÜLLER, Friedrich: Juristische Methodik, 3., völlig neu bearbeitete und erweiterte Auflage, Berlin 1989, S. 24-28, S. 76-80, S. 126 und S. 181-182 passim.

313 Vgl. DILTHEY: Die geistige Welt...(1957), a.a.O., S. 172.

menhang der Person. Lebenserfahrung ist die wachsende Besinnung und Reflexion über das Leben. Durch sie wird das Relative, Subjektive, Zufällige, Vereinzelte der elementaren Formen zweckmäßigen Handelns zur Einsicht in das für uns Wertvolle, Zweckmäßige erhoben".[314] Darüber hinaus hat jedes Leben „einen eigenen Sinn. Er liegt in einem Bedeutungszusammenhang, in welchem jede erinnerbare Gegenwart einen Eigenwert besitzt, doch zugleich im Zusammenhang der Erinnerung eine Beziehung zu einem Sinn des Ganzen hat. Dieser Sinn des individuellen Daseins ist ganz singulär, dem Erkennen unauflösbar, und er repräsentiert doch in seiner Art, ..., das geschichtliche Universum."[315] „Der Sinn des Lebens liegt in der Gestaltung, in der Entwicklung; von hier aus bestimmt sich die Bedeutung der Lebensmomente auf eine eigene Weise."[316]

Auf der Grundlage des ganzheitlichen Ansatzes ist der Bildungsprozeß möglichst allumfassend anzulegen.[317] Bei der Übertragung dieses umfassenden pädagogischen Konzeptes auf das Problem der beruflichen Bildung tritt dies in Konflikt zu einer Arbeitswelt, die im 20. Jahrhundert dominant durch industrielle Fertigungsverfahren, hohe Technisierung und Akzeleration dieser Entwicklung, sowie Spezialisierung und Differenzierung geprägt ist.[318] Der am Arbeitsprozeß Teilnehmende wird mit immer kleineren „Ausschnitten dieser Welt", mit immer kleiner werdenden Arbeitsschritten konfrontiert und begreift seine Motivation zu großen Teilen rein monetär.[319] Das kulturphilosophische Gedankengut, das als unmittelbar mit seiner spezifischen Wertstruktur verbunden angesehen werden kann, hat sich in einer Gesellschaft zu bewähren, die durch Wertepluralität gekennzeichnet ist. Der Versuch eines Kompromisses bedeutet demnach, daß die Forderungen der humanistischen Komponente sich in einem als Beruf

---

314 Ebenda, S. 408-409.
315 DILTHEY: Der Aufbau...(1958), a.a.O., S. 199.
316 Ebenda.
317 Vgl. WURDACK: Wirtschaftspädagogik. (1982), a.a.O., S. 161-162; vgl. ders.: Die ökonomische Dimension...(1984), a.a.O., S. 173; vgl. zu einem solchen umfassend angelegten Bildungs- bzw. Erziehungsprozeß insbes. den Ansatz von SCHLIEPER: Allgemeine Berufspädagogik (1963), a.a.O.; vgl. ders.: Allgemeine Unterrichtslehre für Wirtschaftsschulen, 3., geänderte Aufl., Freiburg i. Br. 1964.
318 Vgl. ASCHENBRÜCKER: Wirtschaftspädagogische Theorie...(1991), a.a.O., S. 23.
319 Vgl. WURDACK: Problemgefüge...(1974), a.a.O., S. 2.

bezeichneten Lebensbereich und dessen bildenden Wirkungen niederschlagen. Geisteswissenschaftlich orientierte Ansätze der Berufs- und Wirtschaftspädagogik wählen dieses Problemfeld zu ihrem Ausgangspunkt.[320] Nach klassisch-kulturphilosophischer berufs- und wirtschaftspädagogischer Begründung kann der Prozeß der „allgemeinen" menschlichen Bildung nur über berufliche (besondere) Bildung erfolgen.[321] Dabei läßt sich als idealtypischer Maßstab aller Aktivitäten die Entwicklung der Persönlichkeit als Ganzheit anhand einer bestimmten Wert- und Sachstruktur konstatieren.[322]

### 3.3.2 Problemgefüge und Aufgabenstellung

Ausgehend von der grundlegenden Erkenntnis, daß der Mensch mehr denn je auf die Vermittlung von Kenntnissen, Fähigkeiten und Fertigkeiten zur Sicherung seiner Existenz angewiesen ist, lassen sich in Anlehnung an WURDACK zwei Aspekte von Existenzsicherung nachweisen. Danach ist eine der bedeutsamsten Aufgaben einer Didaktik die Erhaltung der Reproduktionsfähigkeit („physischer Aspekt der Existenzsicherung") unter Einbezug der Möglichkeit des Menschen, in all seinen persönlichen Entwicklungsstufen „zu sich selbst zu kommen" („psychisch-geistiger Aspekt der Existenzsicherung"[323]). Sowohl in historischer Betrachtung als auch unter wissenschaftstheoretischer Begründung läßt sich feststellen, daß beide Grundelemente menschlicher Existenz sich zwar

---

320 Vgl. ASCHENBRÜCKER: Wirtschaftspädagogische Theorie...(1991), a.a.O., S. 23.

321 Bereits 1907 argumentierte Georg KERSCHENSTEINER wie folgt: „ Die Berufsbildung steht an der Pforte zur Menschenbildung." KERSCHENSTEINER, Georg: Berufs- oder Allgemeinbildung?, in: ders.: Grundfragen der Schulorganisation, Leipzig 1907, S. 23-45, hier S. 30. SPRANGER, dessen theoretische Konzeption ebenfalls von dieser Prozeßanalyse ihren Ausgang nimmt, beschreibt den Zusammenhang folgendermaßen: „Der Weg zu der höheren Allgemeinbildung führt über den Beruf und nur über den Beruf." SPRANGER, Eduard: Grundlegende Bildung, Berufsbildung, Allgemeinbildung, besorgt und eingeleitet von Joachim H. Knoll, Heidelberg 1965, S. 8-23, hier S. 10. Er begründet diese Aussage u. a. wie folgt: „`Bildung´ trägt immer ein Allgemeines in sich selbst. Wer für einen Beruf `gebildet´ wird, der wird zugleich zur Freiheit gegenüber allen Einzelleistungen in ihm erzogen, der lernt ihn in einem größeren Kulturzusammenhang auffassen und geistig über ihm stehen, statt von ihm verschlungen zu werden:" Ebenda, S. 14 Hervorhebungen gegenüber dem Original verändert.

322 Vgl. ASCHENBRÜCKER: Wirtschaftspädagogische Theorie...(1991), a.a.O., S. 24.

als gleichwertig betrachten, jedoch durchaus nicht versöhnlich gegenüberstehen.[324] Die Konkretisierung und Realisierung beider Aspekte zielt auf das Problem der Vermittlung als Zentralphänomen, insbesondere unter Beachtung des Aspektes, daß die Verwirklichung immer an konkreten „Inhalten" der Lebenswirklichkeit unter Berücksichtigung des oben genannten Zielkonfliktes geschehen muß. Dieser Zusammenhang führt zur Kernfrage einer Didaktik, der „nach der Auswahl, Bezeichnung und Anordnung von Inhalten"; denn „für den Zweck der Vermittlung (ist) immer spezifisches Wissen auszuwählen, ... systematisch anzuordnen und sachentsprechend weiterzugeben". Es besteht insoweit eine enge Korrelation der Begriffe Didaktik und Vermittlung. Dabei erfaßt der Begriff Vermittlung „nicht das gesamte Problemfeld von Didaktik, verweist aber besonders auf Praxis", verstanden als Anwendung bzw. „angewandte Wissenschaft".[325]

Dabei enthält die Frage nach der Auswahl wissenschaftlicher Inhalte als Bildungsinhalte die erkenntnistheoretisch-philosophische Dimension der Pädagogik bzw. aller auf sie bezogener Wissenschaften. Nach DERBOLAV läßt sich Didaktik daher als „Herzstück"[326] der Pädagogik bezeichnen, das Theorie und Praxis in besonderer Weise vereinigt.[327]

Unter wissenschaftssystematischem Gesichtspunkt[328] erweist sich bereits die Allgemeine Didaktik als Kooperationsfeld verschiedener wissenschaftlicher Denkweisen und Disziplinen innerhalb der Pädagogik.[329] Besondere Überlegun-

---

323 WURDACK: Problemgefüge...(1974), a.a.O., S. 1-2 alle Zitate.

324 Vgl. zu diesem (Spannungs-)Verhältnis auch WURDACK: Reflexionen..(1972), a.a.O., S. 495. „Die in der Gegenwart vorfindliche Ausprägungsform .. wird zwar permanent als „Wandlungsprozeß" beschrieben ..., doch gehen die Konsequenzen ... einseitig in Richtung einer „Anpassung" ... ." Ebenda Hervorhebungen im Original.

325 WURDACK: Problemgefüge...(1974), a.a.O., S. 3 alle Zitate.

326 DERBOLAV: Versuch...(1971), a.a.O., S. 67.

327 Vgl. WURDACK: Problemgefüge...(1974), a.a.O., S. 3.

328 SCHNEIDER weist der Problematik der Wissenschaftssystematik bzw. –organisation eine „derivativ- wissenschaftskonstituierende ... Bedeutung" bei der wirtschaftspädagogischen Theoriebildung zu. SCHNEIDER: Selbstverständnis...(1984), a.a.O., S. 242.

329 In diesem Zusammenhang wird auf die klassische Dreistufigkeit einer bildungstheoretisch begründeten Didaktik rekurriert: Dabei ist die „Allgemeine Didaktik" die Didaktik, die die allgemeinen Bildungskategorien des gesamten Kulturbereiches ausweist, die „Besondere Didaktik" die Didaktikform, die die allgemeinen Bildungskategorien eines besonderen

gen sind diesbezüglich bei den Fachdidaktiken zu treffen, da diese wissenschaftssystematisch und -organisatorisch in zwei Wissenschaftsgebieten zu lokalisieren sind: In der Fachwissenschaft und der Pädagogik.[330] Dabei liegt die Problematik dieser Situation im Interessenausgleich der Ansprüche und Bedürfnisse respektive „in der strukturellen Unaufhebbarkeit von Individual- und Objektbezug", welche infolge des „existentiell fundamentalen Bedeutungszusammenhanges des Ökonomischen im menschlichen Dasein a priori eine permanente Konfliktsituation"[331] darstellt.

In diesem Gesamtzusammenhang wird Didaktik daher als Disziplin verstanden, die sich primär mit der Auswahl von Bildungsinhalten und deren Struktur und erst sekundär mit der Erforschung von Methoden der Vermittlung auseinanderzusetzen hat.[332] Nimmt man die kulturpädagogisch begründeten Voraussetzun-

---

Kulturbereiches (z. B der Wirtschaft, bzw. des ökonomischen Lebensbereiches) bezeichnet und die „Fach"-Didaktik die Form einer Didaktik, die die „besonderen Bildungskategorien eines Faches (z. B. eines wirtschaftlichen, wirtschaftswissenschaftlichen Faches) entwickelt.

330 Vgl. dazu auch WURDACK: Reflexionen...(1972), a.a.O. WURDACK spricht in diesem Zusammenhang von der „doppelten wissenschaftssystematischen Plattform". WURDACK: Problemgefüge...(1974), a.a.O., S. 3.

331 Ebenda, S. 3.

332 Diese Sichtweise erfolgt insbesondere in Anlehnung an WENIGER („Didaktik als Theorie der Bildungsinhalte und des Lehrplans") und DERBOLAV („Theorie der Bildungskategorien") und „zielt vor allem auf die Unterscheidung der Didaktik im engeren Sinne von der Methodik und zugleich auf den Primat der ersteren, also auf die Abhängigkeit der Methodik von der Didaktik ab." KLAFKI, Wolfgang: Didaktik und Methodik, in: Didaktik, hrsg. von Hermann Röhrs, 2., unveränderte Auflage, Frankfurt a. M. 1974, S. 1-16, hier S. 4; vgl. zum Verhältnis Inhalt (Inhaltsausawahl, Didaktik) und Vermittlungsstrategie (Methodik) auch WENGER: Arbeitsmarkt...(1993), a.a.O., S. 189. „...wobei nochmals betont sei, daß die Frage nach der geeigneten Vermittlungsstrategie (Methode zur Vermittlung, G. M.) zunächst die Beantwortung der vorgängigen Fragen bedarf." Ebenda. Dessen ungeachtet stellt sich jedoch grundsätzlich das Problem der zielbezogenen Erforschung der Wirkung unterschiedlicher Vermittlungsmethoden, wie z. B. Vortrag oder Fallmethode als eher traditionelle Vermittlungsmethoden, oder sozialpsychologisch begründeter Methoden wie Sensitivity- oder Kommunikationstraining, insbesondere im Hinblick auf ganz bestimmte Inhalte und Werte. Im Rahmen des (gesamten) didaktischen Forschungsfeldes sollten logisch konsistente Aussagen mindestens über Ziel-, Inhalts- und Methodenentscheidungen vor dem Hintergrund einer anthropologischen Grundlegung und den Anforderungen der Fachwissenschaften entsprechend formuliert und überprüft werden. Vgl. ASCHENBRÜCKER: Wirtschaftspädagogische Theorie...(1991), a.a.O., S. 145. Auf eine

gen wirtschaftsberuflich begründeter Bildungsprozesse wieder auf, dann bedeutet dies, das „Sach"- oder „Funktionswissen" der Kulturbereiche und hier insbesondere des Kulturbereichs Wirtschaft zu strukturieren, im Hinblick auf den Vermittlungsprozeß zu erforschen und Zusammenhänge im Wirkungsverbund aufzuzeigen.[333] Darüber hinaus müssen entsprechende konsistente Wertsysteme in diesem Bereich rational begründet und explizit offengelegt werden, damit die Möglichkeit einer zielgerichteten eigenständigen Reflexion besteht.[334]
Entsprechend des anthropologischen Leitbildes und der Entwicklungsfolge des Bildungsprozesses müssen im Rahmen der Didaktik wirtschaftsberuflich bildende Inhalte derart ausgewählt und strukturiert werden, daß in jedem Bildungsgang bzw. in jeder Form organisierter wirtschaftsberuflicher Bildungsprozesse neben dem besonderen, fachlich zu vermittelnden Inhalt der allgemeine größere Sach- und Wertzusammenhang des Handlungsbereiches aufgezeigt werden kann und umgekehrt, allgemeine, übergreifende Inhalte immer exemplarisch veranschaulicht werden.[335] Vor dem Hintergrund einer möglichst umfassenden Kenntnis des Sach- und Wertwissens der Lebens- bzw. Kulturbereiche erscheint es darüber hinaus unverzichtbar, die potentiellen Auswirkungen des Umgangs mit diesem Wissen, der Handlung, bis zum absehbaren „Ende" zu durchdenken, Konsequenzen so weit als möglich vorher transparent zu machen um damit eine gewisse Sicherheit in bezug auf das Abschätzen potentieller Handlungsfolgen zu gewinnen.[336]

---

weiterführende Analyse von Vermittlungsmethoden soll im Rahmen dieser Arbeit verzichtet werden, da dies den Rahmen und die Intention sprengen würde. Dies bedarf vielmehr weiterer Forschungsarbeiten zu diesem Themenkomplex und soll ebenjenen vorbehalten bleiben.

[333] Zur weiteren Analyse der wissenschaftstheoretischen und forschungsmethodischen Diskussion vgl. in diesem Zusammenhang RÖHRS, Hermann: Die Erziehungswissenschaft und die Pluralität ihrer Konzepte, in: Die Erziehungswissenschaft und die Pluralität ihrer Konzepte, hrsg. von Hermann Röhrs, Wiesbaden 1979, S. 79-97, insbes. S. 92-93. Vgl. ders.: Grundlagen der Geisteswissenschaften. Eine Erörterung der gesammelten Schriften von Eduard Spranger, in: Pädagogische Rundschau, 36. Jg. (1982), S. 221-231, insbes. S. 230.

[334] Vgl. ASCHENBRÜCKER: Wirtschaftspädagogische Theorie...(1991), a.a.O., S. 142.

[335] Vgl. dazu auch ZABECK: Ethische Dimensionen...(1991), a.a.O., S. 555-562.

[336] Vgl. ASCHENBRÜCKER: Wirtschaftspädagogische Theorie...(1991), a.a.O., S. 142-143. Das Problem der Erforschung von „Handlungsmustern und –folgen" sollte auf einen sinn-

Schematisch sind die Grundstrukturen, die das Problemgefüge und die Aufgabenstellung einer Besonderen Didaktik auf geisteswissenschaftlicher und bildungsphilosphischer Fundierung beschreiben wie folgt darstellbar:

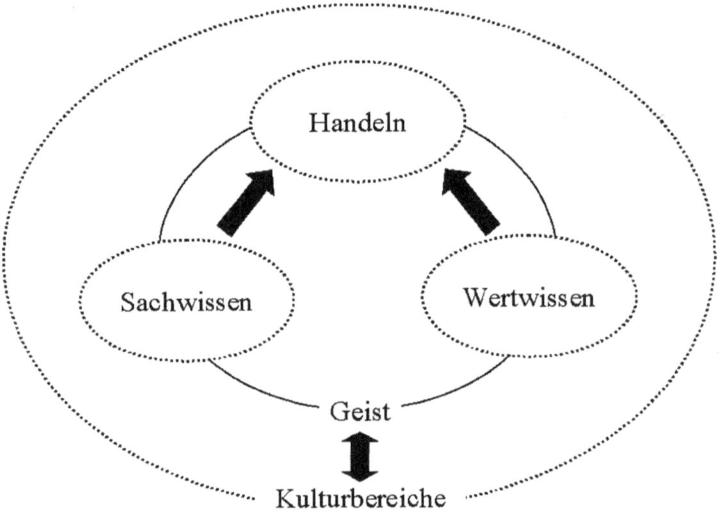


**Abbildung 2: Grundstruktur des bildungsphilosophischen Problemgefüges**

Es erfolgt eine Orientierung an zwei Zielsetzungen, zum einen am Bildungsziel, der „ganzheitlichen“ Entwicklung der Persönlichkeit[337] und zum anderen am

---

vollen Umgang mit den Komponenten Sach- bzw. Verwendungs- und Wertwissen zielen und ist daher unmittelbar mit diesen Komponenten verknüpft, so daß die hier vorgenommene Trennung lediglich formaler Natur ist. Vgl. ebenda, S. 145.

[337] Zum Aspekt der „Wirtschaftshumanität“ vgl. BAUMGARDT, Johannes: Die Bedeutung des Ideellen und Pragmatischen in Wirtschaft und Erziehung für die Wirtschaftserziehung, in: Erziehung in einer ökonomisch-technischen Welt, hrsg. von Johannes Baumgardt, Freiburg i. Br. 1967, S. 25-50, hier insbes. S. 50. sowie zum „psychisch-geistigen“ bzw. „ideellen Aspekt der Existenzsicherung“ WURDACK: Problemgefüge...(1974), a.a.O., S. 1-2.

Funktionsziel, der Anwendung gesicherten Funktionswissens[338], welches die Bemeisterung der jeweils historisch auftretenden wirtschaftlichen Lebenswirklichkeit zu realisieren ermöglicht. Das Bildungsziel hat dementsprechend die Verstehenskategorie des Vermittlungsprozesses in den Mittelpunkt zu rücken und das didaktische Problem zu lösen, für diese Verstehenskategorien geeignete Elementarstrukturen des Wissens aus dem pluralistischen System der Wirtschaftswissenschaft (Fachwissenschaft) zu finden. Die Entwicklung ausreichenden Funktionswissens als Voraussetzung des Bildungswissens ist eng daran gekoppelt.[339]

Das Ergebnis von Bildungs- und Funktionsziel ergibt die Möglichkeit, die Leitvorstellung als Resultat eines Prozesses zu definieren, die den Educandus in die Lage versetzt, die wirtschaftliche Lebenswirklichkeit im besonderen und ihren Zusammenhang mit der gesamten Lebenswirklichkeit im allgemeinen zu erkennen, ihre Problematik zu begreifen, sie zu analysieren, Handlungsalternativen zu entwickeln und verantwortliche Lösungen voranzutreiben. Von ihm ist zu erwarten, daß er aus diesem Prozeß als gebildeter, mündiger Wirtschaftsbürger, der Verantwortung als Sozial- und Staatsbürger übernehmen kann und will, hervorgeht und die prinzipielle Unabschließbarkeit dieses Prozesses zum Anlaß nimmt, sich diesem dauerhaft zu unterwerfen.[340]

---

338 Vgl. dazu WURDACK: Reflexionen...(1972), a.a.O., S. 507-512. Zum Aspekt der „Wirtschaftstüchtigkeit" vgl. BAUMGARDT: Die Bedeutung...(1967), a.a.O., S. 50 sowie zum Aspekt „physischer" bzw. „materieller Aspekt der Existenzsicherung" vgl. WURDACK: Problemgefüge...(1974), a.a.O., S. 1-2.

339 Vgl. WURDACK et al: Zum Selbstverständnis...(1980), a.a.O., S. 60-61; vgl. ders.: Reflexionen... (1972), a.a.O., S. 504-512; vgl. auch HERBST: Zum Arbeitsauftrag... (1991), a.a.O., S. 163; vgl. dazu grundlegend SCHLIEPER, Friedrich: Wirtschaftspädagogik, in: Handwörterbuch der Betriebswirtschaft, hrsg. von Hans Seischab und Karl Schwantag, 3. Auflage, Band 4, Stuttgart 1962, Sp. 6435-6442.

340 Vgl. WURDACK et al: Zum Selbstverständnis...(1980), a.a.O., S. 61-62.

### 3.3.3 Bildungsphilosophischer Rahmen

#### 3.3.3.1 Sachwissen

Eine analytische Trennung im Bereich der zu vermittelden Inhalte führt hierbei zur idealtypischen Unterscheidung in Sach- und Wertwissen, wobei diese Trennung auch für die Vermittlungspraxis eine Orientierungsfunktion darstellt.[341]
Der Bereich „Sachwissen“ bedeutet für die didaktische Forschung im ökonomischen Bereich eine starke Anbindung an die Fachwissenschaft. Die Fachwissenschaften stellen neben der Wirtschaftspädagogik die weitere „wesentliche Konstituante“[342] wirtschaftlicher Bildung dar. Sie bieten sich insbesondere als „klärende Instanz und fachlicher Bezugspunkt für den „Objektbezug“ ... an“[343]. Die fachspezifische Gewinnung und Ordnung des Wissens setzt u. a. die Verwendung einer bestimmten Erkenntnismethode voraus.[344] „Denn von der Entscheidung für eine bestimmte Methode bleibt abhängig, wie das Individuum Mensch das Gefüge seiner Verbindung mit der „Welt“ auffaßt und zu lösen versucht. Die unauflösbare Gegebenheit zwischen Methode des Erkennens und dem „Erkannten“ muß für ... (die) Fachwissenschaften in Zusammenhang mit beruflicher Bildung ... festgehalten werden“[345]. Jedoch darf die fachwissenschaftliche Struktur nicht das ausschließliche Kriterium der Forschung sein, denn sowohl fächerübergreifende Inhalte als auch größere Sinnzusammenhänge des gegebenenfalls stark eingegrenzten Handlungsbereiches müssen begleitend aufgezeigt und erläutert werden. Interdisziplinäre Verbindungen und mögliche Folgewirkungen von Handlungen sollten - soweit bekannt - offengelegt werden. Ein strukturier-

---

341 Vgl. ebenda. WURDACK unterscheidet unter finalen Gesichtspunkten (“Bildungsziel“, „Funktionsziel“) die Begriffe „Bildungswissen“ und „Funktionswissen“ Zur Unterscheidung von Sach- und Wertwissen vgl. auch GADAMER, Hans-Georg: Wahrheit und Methode. Grundzüge einer philosophischen Hermeneutik, 4., Auflage. Unveränderter Nachdruck der 3., erweiterten Auflage, Tübingen 1975, S. 295-307. GADAMER verweist diesbezüglich auf das Verhältnis von *techne* und *sittliches Wissen* der *aristotelischen Ethik*. Ebenda; vgl. dazu auch ARISTOTELES: Die Nikomachische Ethik, übersetzt und herausgegeben von Olof Gigon, 4., Aufl., München 1981.

342 WURDACK: Reflexionen...(1972), a.a.O., S. 504.

343 Ebenda, S. 504-505 Hervorhebungen im Original.

344 Vgl. ebenda, S. 507.

345 Ebenda, S. 505 Hervorhebungen im Original.

tes und exaktes Fachwissen über grundlegende Zusammenhänge in den einzelnen betriebswirtschaftlichen Entscheidungsbereichen und ihren volkswirtschaftlichen und gesamtgesellschaftlichen Interdependenzen sowie den (Sinn-)Verbindungen zu anderen Lebensbereichen, jeweils differenziert nach unterschiedlichen Bildungsstufen, ist eine unverzichtbare Voraussetzung sinnvoller Handlung.[346]

### 3.3.3.2 Wertwissen

Eine (wirtschafts-)pädagogisch begründete wirtschaftliche Bildung darf auf der Stufe einer überwiegend kognitiven Vermittlung von Sach- bzw. Funktionswissen nicht stehenbleiben.[347] Werte und Wertzusammenhänge, zumal diese nicht nur integraler Bestandteil jeder menschlichen Handlung sind, sondern vielfach jene sogar dominieren, müssen darüber hinaus explizit zum Gegenstand von Forschung und Lehre - im Sinne der Offenlegung und des Aufzeigens von Werten und deren Handlungsfolgen - werden.[348] Sinnvolle und gerechte Entscheidungen können nur dann getroffen werden, wenn Werte und Wertzusammen-

---

346 Vgl. ASCHENBRÜCKER: Wirtschaftliche Bildung...(1991), a.a.O., S. 145.

347 Vgl. dazu ALBERS: Ethik...(1996), a.a.O., S. 1-19. „Inhalte sind so auszuwählen, daß mit ihrer Hilfe einerseits die notwendigenWirtschafts- ... und sonstigen Kenntnisse vermittelt und andererseits die für die Entwicklung von Einsichten, Einstellungen und Wertorientierungen erforderlichen Wissensgrundlagen gelegt werden. Traditionelle Wissensstoffe ... müssen ... auf ihren ethischen Gehalt hin hinterfragt und um neue Wissensstoffe ergänzt werden, die die Entwicklung und Festigung ethisch legitimierter Einsichten, Einstellungen und Wertorientierungen fördern." Ebenda, S. 16-17.

348 „Zielsetzung dieser ersten Wissensebene („Sach-" bzw. „Funktionswissen", G.M.) ist die Ordnung der einzelnen Elemente nach den Kategorien des Verstehens als Vermittlungsprinzip. Daneben ist das Praktischwerden des Bildungswissens die Grundlage dafür, daß die Verstehenskategorien nicht nur den praktischen Handlungsvollzug freilegen, sondern zugleich mit ihm die Kategorien der Verantwortung für Erkanntes bei praktischem Handeln nach sich ziehen. In diesem Vermittlungsprozeß ... wird auf diese Weise eine praktisch werdende Ethik im wirtschaftlichen Handlungswissen erschlossen ... . ... Die Vermittlungsproblematik zielt auf (die) ... Entfaltungsmöglichkeiten der individuellen Persönlichkeit(en) zu einem verantwortungsvollen Handeln im allgemeinen sowie auf die Freisetzung der Bildungsfunktion des Wissens über Ökonomie, konkret auf die Freilegung der Humanität der Ökonomie im besonderen." WURDACK et al: Zum Selbstverständnis...(1980), a.a.O., S. 60-61; vgl. dazu auch HORLEBEIN: Didaktik...(1998), a.a.O., S. 2, S. 6 und S. 223-320.

hänge in ihrer Bedeutung für den einzelnen, für Gruppen und Sozialverbände unterschiedlichster Art, für Unternehmen und Gesellschaft bekannt sind. Vor dem Hintergrund praktischer Handlungsentscheidung hat die Forderung, den Ganzheitsbegriff als Orientierungskriterium für die didaktische Forschung zu verwenden, ihren Stellenwert.[349]

### 3.3.4 Die Modellkonzeption einer „Didaktik beruflich–ökonomischer Bildung" (WURDACK)

#### 3.3.4.1 Wissenschaftssystematisches Strukturgefüge

Ausgehend von der grundlegenden Aufgabenstellung des wissenschafts- respektive bildungstheoretischen Rahmens ergibt sich das Aufgabenfeld einer Allgemeinen Didaktik. Diese hat in praktischer Intention alle erkenntnis- und wissenschaftstheoretischen Möglichkeiten durchschreitend, die Grundaussagen des im Bildungsbegriff strukturierten MENSCH–WELT–VERHÄLTNISSES in tendenziell umfassender Absicht auf pädagogisches Handeln hin, auszulegen. Als notwendige Bedingung erscheint dafür, daß ihre Aussagen zwar dem erkenntnistheoretischen Fortschritt unterliegen, in definierbaren Zeitabschnitten aber solange konstant bleiben, bis neue historisch-kulturelle Entwicklungen, die in verschiedenen gesellschaftlichen Bereichen ihren Ausgangspunkt nehmen können, eine Korrektur bewirken. Diese relativ konstante Systemstruktur der Allgemeinen Didaktik erfordert die Schwerpunkte, die der Gesamtrahmen des Bildungsbegriffes in der Gegenwart enthält, in eine weiterführende Konkretisierung und Organisation zu überführen.[350]

„Das Festhalten an der wissenschaftstheoretischen genauer bildungstheoretischen Argumentation hat jedoch den Vorteil, daß der systematische Zusammenhang erhalten bleibt, die wissenschaftliche Reflexion bewahrt wird und die kritische Funktion des Bildungsbegriffs auf keiner Stufe irgendeiner Didaktik aus

---

[349] Vgl. ASCHENBRÜCKER: Wirtschaftliche Bildung...(1991), a.a.O., S. 145. Vgl. dazu auch die Bedeutung des Ganzheitsbegriffes als Leitbegriff für die Konzeption von Gitterqualifikationen bei WENGER: Arbeitsmarkt...(1993), a.a.O., S. 184-186.

dem Blick kommt und somit Praxis kontrollierend-überwachend begleitet, was für einen engen Theorie-Praxis-Bezug, der das Mensch – Welt – Verhältnis konkretisiert, unaufgebbar erscheint“[351].

Das Feld für den spezifischen Erkenntnisgewinn einer Besonderen Didaktik liegt darin, daß umfassende, auf Totalerfassung gegenwärtiger Bildungsbewegung angelegte Systemaussagen, im Bereich der erkenntnistheoretischen Grundlagen einer Allgemeinen Didaktik, ein bestimmtes Abstraktionsniveau nicht unterschreiten können und darüber hinaus damit gerechnet werden kann, daß möglicherweise wichtige Strukturelemente gegenwärtiger Kultur und Gesellschaft auf diesem Reflexionshorizont und –niveau zum einen gar nicht erkannt werden oder ihre Bedeutung im Gesamtgefüge unangemessen reduziert wird.[352] Aufgabe der „Besonderen Didaktik“ ist demnach, „das existenzbestimmende beruflich–ökonomische Mensch-Welt-Verhältnis in organisierten Bildungsprozessen zu reflektieren“ und als Sektor des Bildungsganzen wahrzunehmen. Dieser Zusammenhang erfordert einen „funktionierenden Rückkopplungsprozeß“ zwischen „Allgemeiner“ und „Besonderer Didaktik“ wie Fachdidaktik“. Die Besondere Didaktik (beruflich-ökonomischer Bildung) hat „die „Besonderheiten“ (nicht nur als Bedingungsfaktoren, sondern als pädagogisch strukturierte Phänomene) des Theorie- und Praxisfeldes als „Allgemeines“ ihres besonderen Bereiches (Wirtschaft), zu fixieren und in einer (hermeneutisch-) dialektischen Hinwendung zur Allgemeinen Didatik als Allgemeines des Besonderen zur Integration bzw. zur Korrektur weiterzugeben, d. h. sie beteiligt sich an der inhaltlichen Ausfüllung und Kontrolle des Aussagengefüges der Allgemeinen Didaktik“[353]. Dieser Vorgang läßt sich als ein Erkenntnisprozeß in Form

---

[350] Vgl. WURDACK: Problemgefüge...(1974), a.a.O., S. 6.

[351] Ebenda. Vgl. zur Bedeutung des Bildungsbegriffes für diesen Problembereich WURDACK: Reflexionen...(1972), a.a.O., S. 498-504; vgl. auch WENGER: Arbeitsmarkt...(1993), a.a.O., S. 126.

[352] Vgl. WURDACK: Problemgefüge...(1974), a.a.O., S. 6.

[353] Ebenda (alle Zitate), Hervorhebungen im Original.

wechselseitiger Ergänzung und Beschränkung zwischen Allgemeiner und Besonderer Didaktik darstellen.[354]

Die Fähigkeit einer Besonderen Didaktik, das ALLGEMEINE des BESONDEREN zu erkennen, zu systematisieren und strukturiert wie differenziert zu fixieren, erfolgt grundsätzlich auf der hochschuldidaktischen Abstraktionsstufe. Dieser Prozeß ist als ein Vorgang mit interdisziplinären Dimensionen zu verstehen, an dem sich die für diesen sektoriellen Bildungsprozeß relevanten Fachwissenschaften als Informationsgeber ebenso beteiligen, wie die Pädagogik und deren, für die Erforschung und Analyse pädagogischen Handelns unentbehrlichen Nachbarwissenschaften.[355]
Als Kernfrage dieser ersten Konzeptionsstufe stellt sich das Problem der Konkretisierung des ALLGEMEINEN im BESONDEREN im Blick auf die differenzierte Praxis-, bzw. Lebenssituation in kritischer Absicht.[356] Zu beantworten ist, „welches die Grundstrukturen, die wichtigen Grundeinsichten und Grundkenntnisse beruflich-ökonomischer Bildung ..., welches ihre Eigentümlichkeiten, besonderen Bedingungen und besonderen Modi sind“[357]. An dieser Stelle sind die für den Sektor Wirtschaft geltenden spezifischen Aussagen des Bildungsbegriffes heranzuziehen sowie mit Hilfe der hierfür kompetenten Wissenschaften, der Wirtschaftspädagogik und der Volks- und Betriebswirtschaftslehre als relevanten Fachwissenschaften, weiter zu spezifizieren.[358] Die Fachwissen-

---

[354] Dieser Vorgang ist vergleichbar einem „offenen Systems“ bzw. einem „hermeneutischen Zirkel“. Vgl. dazu LARENZ: Methodenlehre...(1991), a.a.O., S. 204-213 und S. 473-490; vgl. auch GADAMER: Wahrheit...(1975), a.a.O., S. 250-255 und S. 275. Vgl. dazu auch Abschn. 4.4.3. dieser Arbeit.

[355] Vgl. WURDACK: Problemgefüge...(1974), a.a.O., S. 6-7.

[356] Zur kritischen Funktion des Bildungsbegriffs vgl. WURDACK: Reflexionen...(1972), a.a.O., S. 498-499.

[357] WURDACK: Problemgefüge...(1974), a.a.O., S. 7.

[358] Vgl. ebenda. Vgl. zur Beziehung von Wirtschaftspädagogik und Fachwissenschaften bezogen auf die Problematik wirtschaftlicher Bildung unter Wahrung „humaner Interessen“ („anthropologischer Dimension“), d. h. im Spannungsgefüge von Individual- und Objektbezug und dabei die besondere Verantwortung respektive Kompetenzanspruch der Wirtschaftspädagogik betonend WURDACK: Reflexionen...(1972), a.a.O., insbes. S. 495-504; vgl. dazu auch ders.: Die gegenwärtige Problematik von Arbeit und Beruf als Grundfrage

schaften sind bereits auf dieser Stufe didaktischen Denkens, zu verstärkter Mitarbeit heranzuziehenden, da die gegenwärtige Lebenssituation in steigendem Maße sowohl von der wissenschaftlichen Durchdringung mit- und vorbestimmt wird, als auch die „Fachwissenschaften ... zu Erkenntnissen gelangt sind, ..., die zugleich für die ... Wirtschaftspädagogik von unmittelbarer Relevanz sind“[359]. Der Beitrag der Fachwissenschaften besteht demnach insbesondere darin, die Einzelelemente des ALLGEMEINEN im BESONDEREN näher zu bestimmen. Abschließend läßt sich der geschilderte Prozeß zum einen „als grundlegende Strukturierung einer „Besonderen Didaktik“ und zum anderen als Bestimmung des systematischen Ortes und erste Konkretisierung einer Fachdidaktik bezeichnen“[360], woraus ersichtlich wird, inwieweit die Fachdidaktik sowohl ihre didaktisch-systematische Bedeutung wie auch ihren systematischen Ort im Strukturgefüge einer „Besonderen Didaktik“ findet.[361]

Auf einer weiteren Konzeptionsstufe gilt es nun, das BESONDERE des BESONDEREN „innerhalb des didaktisch-bildungstheoretisch abgegrenzten Sektors intentionsbezogen thematisch-faktoriell auszustatten“[362]. Über den Begriff der „Bildungsintentionen“ verbleibt man auch auf dieser Stufe inhaltlicher Ausfüllung durch die beteiligten Fachwissenschaften respektive Fachdidaktiken konsequent im Umfeld didaktischen Denkens. Die Funktion der Fachwissen-

---

der Berufs-/Wirtschaftspädagogik, in: Die berufsbildende Schule, 26. Jg. (1974), S. 347-360, insbes. S. 353-355 und S. 359-360.

359 WURDACK: Die gegenwärtige...(1974), a.a.O., S. 355. Diese Auffassung steht insoweit in einem grundsätzlichen Gegensatz zur Auffassung bzw. zum Modellentwurf einer „antizipierenden Didaktik“ bzw. zu ZABECKS Auffassung über die Aufgabenstellung der Fachdidaktik. Vgl. ZABECK, Jürgen: Zur Grundlegung und Konzeption einer Didaktik der kaufmännischen Berufserziehung, in: Jahrbuch für Wirtschafts- und Sozialpädagogik, hrsg. von Dr.-Kurt-Herberts-Stiftung, Heidelberg 1968, S. 87-141, hier S. 107; vgl. dazu auch Abschn. 3.3.5.2 dieser Arbeit. Vgl. auch ders.: Wissenschaftstheoretische Dimensionen einer normativen berufspädagogischen Handlungsorientierung, in: Zabeck, Jürgen: Didaktik der Berufserziehung, Heidelberg 1984, S. 1-25, hier S. 24;

360 WURDACK: Problemgefüge...(1974), a.a.O., S. 7.

361 Vgl. ebenda; vgl. ders.: Reflexionen...(1972), a.a.O., S. 504-512; vgl. ders.: Die gegenwärtige...(1974), a.a.O., S. 354-355.

362 WURDACK: Problemgefüge...(1974), a.a.O., S. 7.

schaften bzw. -didaktiken, „als weiterer wesentlicher Konstituante“[363] beschränkt sich hierbei nicht auf einen „Steinbruch für Inhalte“, vielmehr sind diese an der Differenzierung und Spezifizierung der sektoriellen Bildungsintentionen mitbeteiligt.[364] Sie fungieren sowohl als „klärende Instanz“ wie „fachlicher Bezugspunkt“[365], wobei ihnen die „didaktisch zentrale Aufgabe, in fächerübergreifender Kooperation wissenschaftliche Inhalte für die einzelnen Zielgruppen ... auszuwählen und anzuordnen ... (obliegt)“[366]. Dieser Prozeß läßt sich als „Interessenausgleich“ bzw. „Interessenanpassung“ beschreiben, der jedoch nicht einem möglichen „dezisionistischen Belieben von Praktikern überlassen“[367] bleiben darf. Für den Aufbau der thematischen Einzelstrukturen eines Bildungsganges sind die Fachwissenschaften daraufhin zu befragen, welche ihrer Inhalte der bildungstheoretischen Intention am meisten entsprechen und wie diese aufeinanderzufolgen haben, so daß ein stufenförmiger Bildungsfortschritt[368] ermöglicht werden kann. Die von den Fachwissenschaften bereitgestellten Inhalte erfahren demnach folgende Veränderungen ihres fachspezifisch-systematischen Zusammenhanges, den WURDACK als „didaktische Brechungen“[369] bezeichnet:

Die Inhalte unterwerfen sich

a) dem Bildungsbegriff als kritischer Instanz;

b) der Aufgabenstellung einer „Besonderen Didaktik“;

c) der Eigenart und Zielprojektion des spezifischen Bildungsganges

---

363 WURDACK: Reflexionen...(1972), a.a.O., S. 504.
364 Vgl. WURDACK: Problemgefüge...(1974), a.a.O., S. 7.
365 WURDACK: Reflexionen...(1972), a.a.O., S. 504 (beide Zitate).
366 WURDACK: Die gegenwärtige...(1974), a.a.O., S. 355.
367 WURDACK: Problemgefüge...(1974), a.a.O., S. 7 (alle Zitate).
368 Vgl. dazu auch WENGER: Arbeitsmarkt...(1993), a.a.O., S. 186-194, der diese Überlegungen auf die Ermittlung von „Gitterqualifikationen“ überträgt, jedoch von einer „kreisförmig(en)... Bildungsbewegung ... im Sinne des Offenlegens des Sinnhaltigen auf der Stufe des Umgangs“ spricht. Ebenda S. 191.
369 WURDACK: Problemgefüge...(1974), a.a.O., S. 7.

(Schul-, Lehrgangs-, Kursform u. a.);

und

d) sie sind auf die „Welt-Perspektive“ der Individual- und Soziallage (Bildungsgeschichte des Einzelnen wie einer bestimmten Gruppe) im gesamtgesellschaftlichen Kontext zu beziehen.[370]

Des weiteren ist auf das Problem der Möglichkeit „didaktischer Reduktion“ fachwissenschaftlicher Inhalte zu reflektieren. Nach den bisher gekennzeichneten Konstitutionsprinzipien einer Fachdidaktik, die ihren systematischen Ort ausschließlich innerhalb des Zusammenhanges mit Allgemeiner und Besonderer Didaktik findet, ergibt sich grundsätzlich keine Möglichkeit einer globalen Anwendung des Prinzips der „didaktischen Reduktion“, denn eine Besondere Didaktik kann „weder als additive Verbindung vertikal und horizontal zusammengesetzter und didaktisch geordneter fachwissenschaftlicher Inhalte" gedacht werden noch „nicht einmal als Addition reiner Fachdidaktiken.“ Unter der Zielprojektion einer Besonderen Didaktik werden fachdidaktisch strukturierte fachwissenschaftliche Inhalte - sich dabei überschneidend bzw. in besonderen Intentionen überlagernd – jeweils in unterschiedlichen Zusammenhängen miteinander verknüpft, mit der Folge, daß die „jeweiligen fachdidaktischen Inhalte eine neue Stellen-, Gewichtungs- und Bedeutungsbestimmung“[371] erfahren. Unabhängig davon obliegt den einzelnen Fachdidaktiken auf allen Stufen ein Struktur- und Ordnungsgefüge ihrer Inhalte, sowohl in vertikaler systematischer Gliederung als auch in klarer horizontaler Abgrenzung, zu ermitteln und für den Bildungsprozess zur Verfügung zu stellen.[372] Der (überkommene) Charakter der Fachdidaktik erfährt spätestens an dieser Stelle insoweit eine Veränderung, als die „Reinheit“ fachisolierten Denkens angesichts der engumgrenzten Spezifität der heutigen Fachwissenschaften sehr bald an ihre Grenzen gelangt und von fächerübergreifenden Problemlagen tangiert wird.[373] Der Entwurf eines inhaltli-

---

[370] Vgl. ebenda.
[371] Ebenda, beide Zitate.
[372] Vgl. WURDACK: Die gegenwärtige...(1974), a.a.O., S. 355.
[373] Vgl. WURDACK: Problemgefüge...(1974), a.a.O., S. 7-8.

chen Strukturgefüges unter fächerübergreifenden Gesetzmäßigkeiten geschieht bei der Einfügung der Fachdidaktik „in das System einer besonderen Didaktik“[374].

### 3.3.4.2 Interdependenzgefüge und Inhaltsdimensionen

Als unverzichtbare Komponeneten bei der Installierung einer Fachdidaktik lassen sich nach WURDACK folgende Bedingungsfelder darstellen:

1. Die Dimension der historischen Situation[375] wie z. B. die Darstellung des Standes und die Analyse der Bewegung der historischen Triebkräfte,
2. die Dimension der sozio-kulturellen Situation wie z. B. innergesellschaftliche Prozesse und Faktoren,
3. die Dimension der anthropologischen Situation wie z. B. die Diskussion über die Funktion der Menschenbilder.[376]

Unter diesen Bedingungsfeldern zeigt sich als Hauptproblem der Fachdidaktik die Frage nach respektive die Bestimmung von neuen Bildungsintentionen, d. h. die Problematik der Auswahl von Inhalten; zumal eine Fachdidaktik, entsprechend ihres Selbstverständnisses, immer auf die Vermittlung von Inhalten und den an ihnen gewonnenen Kenntnissen und Fertigkeiten für einen spezifischen Lebensbereich „Wirtschaft“ bzw. des „Wirtschaftslebens“ abzielt.[377]

---

374 Ebenda, S. 8.

375 „Dabei ist die historische Komponente in ihrer gegenwärtigen Wirksamkeit wieder in umfassender Weise zu bedenken, nicht um der Historie oder der Konservierung historischer Zustände willen, sondern um einen systematischen Ansatz zu gewinnen, der uns die Distanz zur vorgeblichen Selbstverständlichkeit der gegenwärtigen Phänomensituation ... wiedereröffnet. ... Das Einbringen der historischen Dimension bedeutet wissenschaftsmethodisch eine enge Verschränkung des hermeneutischen und empirischen Vorgehens, und zwar in der gesamten wissenschaftstheoretischen Breite, auch deshalb, um das konkurrierende System sich gegenseitig kontrollierender Wissenschaftsrichtungen zu erhalten.“ WURDACK: Die gegenwärtige...(1974), a.a.O., S. 354-355.

376 Vgl. WURDACK: Problemgefüge...(1974), a.a.O., S. 32.

377 Vgl. ebenda.

Mit der Inhaltsauswahl korreliert die Frage nach der Herkunft dieser Inhalte. Nach WURDACK bietet sich für ein Modell beruflich-ökonomischer Bildung ein interdisziplinärer, durch ein besonderes Interdependenzgefüge von Fach-, Sozialwissenschaft und Pädagogik geprägterWeg an.[378]
Grundsätzlich tragen die Fachwissenschaften zur Gewinnung der exemplarischen[379] Inhalte, die der Erhellung elementarer ökonomischer Vorgänge dienen, bei. Der Praxisbereich Wirtschaft ist ebenso daraufhin zu befragen, inwieweit die getroffene Inhaltsauswahl den intendierten Vorstellungen wie der ökonomischen Praxis-Wirklichkeit entspricht. Die Frage nach den „Exemplaria" ist insofern besonders problematisch, da die Fachwissenschaften zum einen kein homogenes Gebilde darstellen und zum anderen durch methodologisch differente und zum Teil hochspezialisierte Verfahren bestimmt sind, die zu einer Vernachlässigung des Praxisbezugs im Erkenntnisprozeß führen und somit einer ergänzenden Interpretation ökonomischer Tatbestände verlangen.[380]
In einem anderen Zusammenhang spricht WURDACK von „drei Stufen berufs-/ wirtschaftspädagogischen Denkens"[381], die für dieses Problemfeld nutzbringend

---

[378] Vgl. ebenda, S. 33. Die Frage der genauen Gewichtung der einzelnen Komponenten kann erst nach einer Analyse von Lehrplänen bzw. Curricula sowie Ausbildungserfolgen, d. h. zu einem späteren Stadium der Didaktikentwicklung schlüssig beantwortet werden. „Fest steht jedoch, daß der Fachwissenschaft selbst .... ein hervorragender Platz zukommt." Ebenda.

[379] Zur besonderen Bedeutung des „Exemplarischen" für die Inhaltsauswahl vgl. DERBOLAV, Josef: Das Exemplarische als didaktisches Prinzip, in: Didaktik, hrsg. von Hermann Röhrs, 2., unveränderte Auflage, Frankfurt am Main 1974, S. 151-154.

[380] Vgl. WURDACK: Problemgefüge...(1974), a.a.O., S. 33. Diese Ergänzung vollzieht sich in den Wirtschaftswissenschaften insbesondere durch Forschungsansätze in Verbindung mit ausgeweiteten sozialwissenschaftlichen Fragestellungen. Vgl. ebenda; vgl. auch ders.: Zum Selbstverständnis...(1980), a.a.O., insbes. S. 25 und S. 42-45; vgl. dazu auch Abschn. 2.2.4 sowie 2.3.4 dieser Arbeit..

[381] WURDACK: Die gegenwärtige...(1974), a.a.O., S. 355. Die „drei Stufen berufs-/wirtschaftspädagogischen Denkens" erfordern von der Wirtschaftspädagogik, „daß sie nach der 1. Stufe ..., der Verwirklichung des Objektbezuges, nach der 2. Stufe der Verantwortung für die Anthropogenese durch Erziehung und Bildung (Aufbau der Person) die 3. Stufe pädagogischen Denkens und Handelns verstärkt zur Geltung bringt; die Stufe der Erziehung zu Eigenverantwortung und Selbstbestimmung zu rationalem Handeln und zu verantwortlicher „sozioökonomischer Partizipation". ... Dies bedeutet ... (k)onkret: Die nachweisliche und nachdrückliche Befestigung pädagogischer Prinzipien in den sozialen Beziehungen ökonomischen Handelns. Ebenda, S. 354.

übertragen werden können. Danach obliegt den Fachwissenschaften als erster Stufe wirtschaftspädagogischen Denkens zur Verwirklichung des Objektbezuges „die didaktisch zentrale Aufgabe, in fächerübergreifender Kooperation wissenschaftliche Inhalte für die einzelnen Zielgruppen (Ausbildungs- und Berufsgruppen) und die auf diese abgestellten und geordneten Studiengänge (und Ausbildungsgänge, G.M.) so auszuwählen und anzuordnen, daß das gegenwärtig noch weitgehend elementhaft zusammengesetzte ... Curriculum sowohl einen vertikalen systematischen Aufbau wie eine klare horizontale Abgrenzung von Randproblemen erhält“[382].

Innerhalb der sozialwissenschaftlichen, als weiterer Komponente des Interdependenzgefüges, treffen sich Fragerichtungen der Wirtschaftswissenschaften mit unterschiedlichen Intentionen, wie z. B. fächerübergreifende Kooperationsformen, aber auch die Frage nach den sozialen Vorgängen und Bedingungen sowie praktischen Wirkungen fachwissenschaftlicher Aussagen und Ziele. Bei der damit tangierten Frage nach dem von der Fachwissenschaft vertretenen „Menschenbild“ vermag die sozialwissenschaftliche Erkenntnis, detailliertes Wissen zum sozialen Zusammenhang und den Folgen fachtheoretischer Aussagen beizutragen und analytische Entscheidungshilfen zu liefern. Für die Konstituierung einer Didaktik der Wirtschaftswissenschaften enthält der sozialwissenschaftliche Erkenntnisbereich insofern ein notwendiges Kategorienpotential für die Inhaltsauswahl.[383]

Neben dem bereits angesprochenen Problemfeld der „Reduktion“ fachwissenschaftlicher Inhalte, überschreitet die pädagogische, als nunmehr dritte auch die

---

382 Ebenda, S. 355.

383 Vgl. WURDACK: Problemgefüge...(1974), a.a.O., S. 34. Ökonomisches Handeln enthält eine derartige Fülle sozialrelevanter Implikationen, daß dieser Thematik darüber hinausgehend eine gesonderte Behandlung zuteil werden muß. Explizit handelt es sich, in globaler Perspektive, um die für den Einzelnen wie für die Gesellschaft wesentlichen Fragen der Sicherung der Erwerbstätigkeit, der sozialen Sicherung und die generelle Existenzsicherung im anthropologisch-personalen Bezug sowie in konkreter Perspektive um soziologische und sozialpsychologische Vorgänge und Fakten in der konkreten Praxis. Es ist an dieser Stelle zu erwähnen, daß aufgrund der besonderen Bedeutung dieser Komponenete Kriterien, respektive Fakten zum Vorschein kommen können, die zu einer völligen, zumindest aber teilweisen Neukonzeption auf jeder Stufe der Didaktik führen. Vgl. ebenda.

sozialwissenschaftliche Komponente, da sie nicht nur die sozialen Voraussetzungen und Folgen ökonomischen Handelns in ihren Reflexionshorizont aufnimmt, sondern aus pädagogischer Verantwortung an der Gesamtentwicklung und -entfaltung des Menschen die Frage nach der bildungstheoretischen, d. h. anthropologischen Bedeutung ökonomischer Qualifikationen stellt; „sie forscht nach dem Beitrag der Wirtschaftswissenschaften für den Bildungsprozeß des Menschen“[384]. Nach WURDACK bedeutet dies, „einen Prozeß, der, angeregt durch den übergreifenden Aspekt, das Kategoriengefüge der Fachdidaktik zu einer Erweiterung und Fortentwicklung der klassischen wirtschaftswissenschaftlichen Ansätze führen kann, die den tatsächlichen gesellschaftlichen, sozioökonomischen Gegebenheiten gerechter werden und sich somit pädagogisch-didaktisch realitätsbezogener entwickeln“[385] kann.

Zusammenfassend (vgl. Tabelle 2) kann gesagt werden, daß die Wirtschaftswissenschaften objektivierte Sachinformationen zum Bereich menschlichen Handelns in ökonomischen Bezügen und Funktionen bereitstellen, die sozialwissenschaftliche Analyse Informationen über die Abhängigkeit sozialen Handelns von ökonomischen Sachgesetzlichkeiten erbringen, und die Pädagogik „die Frage nach dem humanen Sinn von „ökonomischer Partizipation“ für Entwicklung, Entfaltung und Aufbau der Person (Persönlichkeit) und ihre Funktion in Gesellschaft und Staat“[386] stellt.

---

384 WURDACK: Problemgefüge...(1974), a.a.O., S. 34; vgl. auch ders.: Zur Frage der Verantwortung der Wirtschafts-/Berufspädagogik, in: Erziehung zum Handeln, Festschrift für Martin Schmiel, hrsg. von Johannes Baumgardt und Helmut Heid, Trier 1978, S. 328-337, insbes. S. 329.

385 WURDACK: Problemgefüge...(1974), a.a.O., S. 34. Dies kann zur Folge haben, die volkswirtschaftliche Theorie bezüglich ihrer Intention und Frage von ihrem entgegengesetzten Ende aus kritisch zu hinterfragen. Dabei wäre es nach WURDACK aber verfehlt, „revolutionäre“ Folgen für die Wirtschaftswissenschaften zu vermuten. Vgl. ebenda.

386 Ebenda. Die Beantwortung der pädagogischen Frage hat dabei der Spezialbereich „Wirtschaftspädagogik“, unter der Voraussetzung einer expliziten wissenschaftstheoretischen anthropologischen Grundlegung zu übernehmen. Vgl. ebenda.

| Interdependenzgefüge | | |
|---|---|---|
| **Fachwissenschaften** | **Sozialwissenschaften** | **Pädagogik** |
| Exemplarische Inhalte, objektivierte Sachinformationen zum Bereich menschlichen Handelns in ökonomischen Bezügen und Funktionen. | Sozialwissenschaftliche Zusammenhänge sowie Folgen bzw. Wirkungen fachwissenschaftlicher Aussagen; Informationen über die Abhängigkeit sozialen Handelns von ökonomischen Sachgesetzlichkeiten. | Der „humane Sinn „sozio-ökonomischer Partizipation“, Ganzheitliche Entfaltung der Persönlichkeit auf allen Stufen und in allen Lebensbereichen. |

**Tabelle 2: Interdependenzgefüge der Komponenten zur Ermittlung von Bildungsintentionen bzw. Inhaltsauswahl.**[387]

Die bisherige Analyse führt, dem bisherigen Prinzip weiter folgend, zu konkreten Aussagen über mögliche Inhalte, die an den als grundlegend erkannten wissenschaftsimmanenten, auf induktivem Wege entwickelten maßgeblichen Kategorien auszurichten sind:

- die Pluralität der ökonomischen Lebenswirklichkeit,
- die Freiheit von Wissenschaft und Erkenntnis,
- die Verantwortlichkeit für die sachgerechte, soziale und ethische Dimension der zu handelnden Praxis,
- die Bildungsfunktion von Wissen und Erkenntnis für die Entwicklung der Persönlichkeit.

[387] Vgl. WURDACK: Problemgefüge...(1974), a.a.O., S. 32 und 34.

Auf dieser Grundlage ist eine Entscheidungsfindung für die Lösung des didaktischen Problems, d. h. die Umsetzung dieser Leitvorstellung in die konkrete Situation der Vermittlung wirtschaftlichen Wissens vorzunehmen.[388]
Zunächst erfolgt eine Gliederung nach dem Stufengang der Inhalte. Dieses Prinzip beruht sowohl auf dem Leitgedanken des Verstehens von Zusammenhängen wie auch auf der Einbeziehung der historischen Dimension. Es verdichtet sich in der Lösung des Problems der Bereitstellung von Elementarformen wirtschaftlichen Wissens. In diesen Stufengang geht sowohl das Problem der Findung des ALLGEMEINEN des ALLGEMEINEN wie auch das Problem der Findung des ALLGEMEINEN des BESONDEREN ein. Hierbei ist die Problematik der Fachwissenschaft ebenso angesprochen wie auch die des Zusammenhanges mit anderen Wissenschaften, die gemeinsam den erweiterten Lebensbereich umfassen.[389]
Dem Stufengang der Inhalte folgt bzw. ordnet sich der Stufengang der zeitlichen Anordnung zu, der im wesentlichen bei der Frage der Lernorganisation zu berücksichtigen ist. In einer zweiten Perspektivebene eröffnet sich durch Verwendung der übergreifenden Dimension (des ALLGEMEINEN des ALLGEMEINEN) sowohl die sozialethische Dimension der Inhalte wie auch die Möglichkeit des Einbringens konkreter Anschauungen und Erfahrungen im ökonomischen wie im gesamten Lebensbereich.[390]

### 3.3.4.3 Formalstruktur der Modellkonzeption

Zur Realisierung dieser Modellkonzeption schlägt WURDACK vor, zwei didaktische Modelle zu entwickeln:

1. Das hochschuldidaktische Modell einer Besonderen Didaktik der beruflich-ökonomischen Bildung, wie der entsprechenden Fachdidaktiken als funktionierendes Kooperationsgefüge.

---

[388] Vgl. WURDACK et al: Zum Selbstverständnis...(1980), a.a.O., S. 68.
[389] Vgl. ebenda, S. 69.
[390] Vgl. ebenda, S. 69-70.

2. Das Modell einer auf spezifische Bildungsgänge und –stufen bezogenen Besonderen und entsprechender Fachdidaktiken, welches sowohl den einzelnen Schulorganisationsformen wie den Formen der besonderen Individualisierung und Differenzierung angemessen ist.[391]

Das erste Modell enthält das Kooperationsgefüge der an der Entwicklung einer Didaktik einer Wirtschaftswissenschaft beteiligten Fachwissenschaften. Deren besondere Aufgabe wird es sein, umfassende Kriterien für die Fixierung von Studien- und Prüfungsordnungen bereitzustellen.[392] Gleichzeitig werden hier Richtung, Schwerpunkt, inhaltliche Elementaria und ihre Begründung für eine prospektive Entwicklung einer Didaktik der Wirtschaftswissenschaften angegeben, so daß an dieser Stelle Entscheidungen zu treffen sein werden, die erhebliche Konsequenzen für die Tendenz der Vermittlung besitzen können.[393]
Das zweite Modell der „Stufendidaktik" ist in einem engen Verhältnis zum ersten Modell zu entwickeln. Nach der Auffassung von WURDACK kann es sich vorerst nur um ein Modell mit formalen didaktischen Kriterien handeln, zumal für dieses die Ergebnisse des ersten Modells die Grundlage der Ausgestaltung darstellen.[394]

Zusammenfassend läßt sich die formale Leistungsstruktur in abstrahierender Allgemeinheit folgendermaßen darstellen (vgl. Tabelle 3):

---

[391] Vgl. WURDACK: Problemgefüge...(1974), a.a.O., S. 35-36.
[392] Vgl. in diesem Zusammenhang die von WURDACK und Mitarbeitern erstellte Expertise für die (überregionale) Studienreformkommission Wirtschaftswissenschaften beim Sekretariat der Ständigen Konferenz der Kultusminister der Länder in der Bundesrepublik Deutschland zu den Prinzipien einer Studienstruktur der Wirtschaftswissenschaften von WURDACK et al: Zum Selbstverständnis...(1980), a.a.O., insbes. S. 62 f.
[393] Vgl. WURDACK: Problemgefüge...(1974), a.a.O., S. 35-36.
[394] Vgl. ebenda.

| | |
|---|---|
| **Ökonomische Praxis** | Pragmatische Feststellung der Bedürfnisstrukturen (Situations- und Qualifikationsstrukturen). |
| **Fachwissen-schaften** | Objektivierung sachbezogener Ansprüche und Erfordernisse im wissenschaftlichen Theoriegefüge:<br>- entsprechend der klassischen Autonomie der Fachwissen schaften<br>- in Erweiterung des Bedingungs- und Faktorengefüges durch sozialwissenschaftliche Erkenntnisse (Prospektive Objektivierung) |
| **Sozialwissen-schaften** | Objektivierung des sozial-anthropologischen tatsächlichen Bezugsrahmens (Struktur der Gesamtgesellschaft, relevanter Gruppen, Normen und Werthorizont etc.). |
| **Pädagogik** | Objektivierung individual- und sozialanthropologische begründeter Humanisierungsprozesse in jeder Fachdidaktik mit praktischen Handlungsvollzügen und theoretischen Grundlagenfragen. Bildung als einigende Kraft und kritische Potenz humanisierender Bestrebungen. |

**Tabelle 3: Formale Leistungsstruktur der Modellkonzeption der Didaktik beruflich-ökonomischer Bildung.**[395]

Abschließend soll das Interdependenzgefüge der Komponenten der Besonderen Didaktik beruflich-ökonomischer Bildung nochmals veranschaulicht werden (vgl. Abbildung 3):

---

395 Vgl. WURDACK: Problemgefüge...(1974), a.a.O., S. 36.

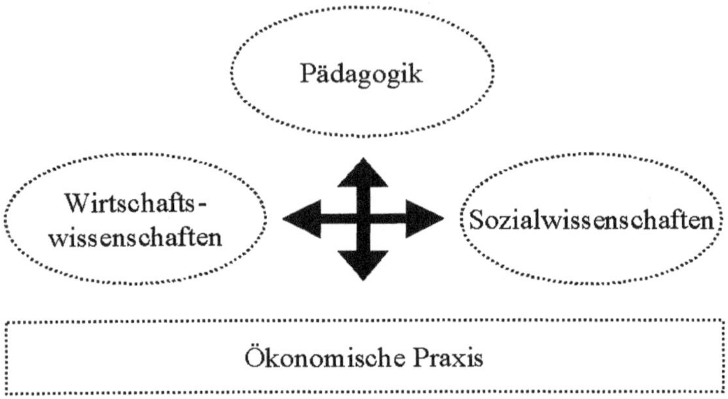


**Abbildung 3: Interdependenzgefüge der Komponenten der „Besonderen Didaktik beruflich-ökonomischer Bildung“.[396]**

### 3.3.5 Die modelltheoretische Konzeption einer „antizipierenden Didaktik“ (ZABECK)

#### 3.3.5.1 Wirtschaftspädagogische Grundlegung

Entsprechend der SCHNEIDER´schen Analyse des Wissenschaftsobjektes des „kritisch–rationalistischen“ Theorieansatzes in der Wirtschaftspädagogik, dem sie den Ansatz von ZABECK zuordnet[397], kennzeichnet sie den Theorietypus durch die „Zuweisung eines besonderen Wirklichkeitsbereiches, der seine letzte Konkretisierung in der kaufmännischen Lebenssituation erfährt“[398]. Ausgehend von der Kritik ZABECKS an dem Begründungszusammenhang kulturphilosophisch fundierter wirtschaftspädagogischer Ansätze, insbesondere an dem unter-

---

[396] Vgl. ebenda.

[397] Es ist an dieser Stelle anzumerken, daß ZABECK sich einer solchen Zuordnung entschieden widersetzt. Vgl. ZABECK, Jürgen: „Alltagswirklichkeit“ als berufspädagogische Gegebenheit und Aufgegebenheit, in: Zeitschrift für Berufs- und Wirtschaftspädagogik, 82. Jg. (1986), S. 3-17, insbes. Anmerkung 5, S. 17.

[398] SCHNEIDER: Selbstverständnis...(1984), a.a.O., S: 195.

stellten Berufsbegriff als Sinnzentrum, versucht ZABECK, eine pragmatische Orientierung der didaktischen Reflexion zu entwickeln, aus der sich Hilfen für die (Wirtschafts- bzw. Berufs-)Erziehungspraxis ableiten lassen.[399] Dem Primat der Seinsbezogenheit folgend, knüpft ZABECK in einer ersten Entwicklungsphase seiner didaktischen Modellbildung an die Überzeugung FLITNERS an, daß „innerhalb der Geisteswissenschaften die Erziehungswissenschaft zusammen mit anderen `hermeneutisch-pragmatischen´ Disziplinen eine Sonderstellung einnimmt“[400]. Als methodologische Ausgangsposition der Wirtschaftspädagogik stellt sich also die unauflösliche Einheit von „Seins- und Sollenserkenntnis“[401], wobei sich ZABECK von einer neopositivistischen Denkrichtung abgrenzt, indem er in Rekurs auf KIEHN postuliert, daß die „Erkenntnisbemühungen um die erzieherisch relevante Wirklichkeit ... an Bedingungen gebunden (sind), die in der Subjektivität der Forschenden liegen“[402].[403]
Darauf aufbauend gelangt ZABECK zu der Erkenntnis, „daß eine Strukturanalyse benötigt werde, die das erziehungswissenschaftliche Denken in seiner sprachlichen Erscheinungsform durchdringt, und lehnt sich, um die Darstellung der Komplexität der Erziehungswissenschaften zu erfassen an das, durch die Sprachanalyse zur Verfügung gestellte Instrument der Semiontik, speziell der

---

[399] Vgl. ZABECK, Jürgen: Zur Grundlegung und Konzeption einer Didaktik der kaufmännischen Berufserziehung, in: Jahrbuch für Wirtschafts- und Sozialpädagogik, hrsg. von Dr.-Kurt-Herberts-Stiftung, Heidelberg 1968, S. 87-141, hier S. 90.

[400] ZABECK: Zur Grundlegung...(1968), a.a.O., S. 91. Dies erfolgt bezugnehmend auf den Grundgedanken Wilhelm FLITNERS, „daß erziehungswissenschaftliches Denken eigentlich erst dort einsetzt, wo es das Spannungsverhältnis zwischen einem empirischen und einem normativen Ansatz in sich aufnimmt, daß es in seinem Wesen zerstört wird, wenn es sich in eine empirisch-deskriptive und eine philosphisch-spekulative Richtung aufspaltet.“ ZABECK, Jürgen: Zur Stellung der Berufs- und Wirtschaftspädagogik in der Erziehungswissenschaft, in: Die Deutsche Berufs- und Fachschule, 61. Jg. (1965), S. 801-827, hier S. 804.

[401] So charakterisiert ZABECK die „besondere(n) Eigenart der Erziehung als ein Geschehen im Spannungsfeld von Sein und Sollen“. ZABECK: Zur Grundlegung...(1965), a.a.O., S. 92.

[402] ZABECK: Zur Grundlegung...(1968), a.a.O., S. 92. „Darüber hinaus vermögen wir auch angesichts der Ergebnisse neopositivistischer Erkenntniskritik HEIDS Glauben an die grundsätzliche Möglichkeit `gesicherter´ Erklärungen erzieherischer Phänomene nicht zu teilen.“ Ebenda.

[403] Vgl. WENGER: Arbeitsmarkt...(1993), a.a.O., S. 116-117.

„Theorie der semantischen Stufen“, an.[404] Dadurch verspricht sich ZABECK, „das erziehungswissenschaftliche Denken in seiner sprachlichen Erscheinungsform rational ... in ihrer komplexen Einheit zu durchleuchten“[405]. Dieses, wissenschaftsmethodisch gesprochen, „analytisch-empirische“ Vorgehen markiert das primäre Bestreben, jener Grundhaltung, wonach Wissenschaft ein systematisch geordnetes Gefüge objektiver, d. h. intersubjektiv nachprüfbarer Sätze ist, Geltung zu verschaffen.[406] Als Ergebnis lassen sich für die Bedeutungsstruktur einer Didaktik folgende Ebenen (Stufen) darstellen:

„(1) Die didaktisch relevante Wirklichkeit ... entspricht der Nullstufe.
(2) Die wirklichkeitsbezogene wissenschaftliche Reflexion, in der es um Auswahl- und Anordnungsfragen geht, vollzieht sich in einer Objektsprache. Demnach stehen die Besonderen Didaktiken auf der ersten Sprachstufe.
(3) In einer Metasprache besinnt sich die Didaktik auf sich selbst“[407].

ZABECK sieht in dem hier vorgestellten Stufenaufbau die Möglichkeit, den systematischen Ort einer kaufmännischen Berufserziehung zu bestimmen[408], obwohl die Erziehungswissenschaft aufgrund ihrer Wertungen grundsätzlich einen subjektiv geprägten Charakter besitzt.[409] Auf der Stufe der Besonderen Didaktik lassen sich durch die Trennung der „Sprache über die Dinge“ von der „Sprache

404 Vgl. ZABECK: Zur Stellung...(1965), a.a.O., S. 808-819.
405 Ebenda, S. 807-808.
406 Vgl. SCHNEIDER: Selbstverständnis...(1984), a.a.O., S. 195-208, insbes. S. 201 f.
407 ZABECK: Zur Grundlegung... (1968), a.a.O., S. 100.
408 Insbesondere für die Berufs- und Wirtschaftspädagogik als wissenschaftliche Disziplin ergibt sich durch deren Zuweisung in den objektsprachlichen Bereich, daß sie „eine unselbständige erziehungswissenschaftliche Teildisziplin (ist), die vornehmlich die Fragen der Berufsausbildung bearbeitet ... (und) keine eigene Methode, keine eigene Terminologie, keinen eigenen Theoriebegriff“ besitzt. ZABECK, Jürgen: Das Theorie-Praxis-Verhältnis in der Wirtschaftspädagogik, in: Die Deutsche Berufs- und Fachschule, 68. Jg. (1972), S. 577-599, hier S. 586.
409 Vgl. WENGER: Arbeitsmarkt... (1993), a.a.O., S. 117.

über die Sprache“ deskriptive und normative Begriffe von der metadidaktischen Begriffsbildung unterscheiden.[410]

In der Hinwendung zu sprachanalytischen Verfahren erkennt SCHNEIDER bei ZABECK einen „Methodenwechsel, der Wechsel von `hermeneutisch-pragmatisch´ zu `kognitiv-pragmatisch´, der von dem wissenschaftsmethodischen Anliegen getragen wird, empirisch-kognitives Forschen mit einer pragmatischen Reflexion zu verbinden“[411]. Diese zweite Phase seiner Modellentwicklung, welche sich als „kognitiv-pragmatisch“ charakterisieren läßt, wird, aufgrund der Inanspruchnahme und Umdeutung durch die sich in den siebziger Jahren etablierende „emanzipatorische Pädagogik“, von ZABECK selbst als gescheitert erklärt.[412]

---

410 Vgl. ZABECK: Zur Grundlegung...(1968), a.a.O., S. 104. Dieses Vorgehen greift ebenso ACHTENHAGEN bei der Formulierung eines Kategoriensystems zur Unterscheidung verschiedener Sprachebenen auf. Er nimmt das ZABECK´sche Stufenmodell als Ausgangspunkt, wobei er aber die von ZABECK bezeichnete „Nullstufe“ als „Objektbereich“ bezeichnet, die von der „Objekt- und Metasprache“ überlagert ist, und fordert – da in didaktischen Beiträgen fast immer Sätze enthalten sind, „die sowohl eine objektsprachliche als auch eine metasprachliche Komponente aufweisen“, daß als Voraussetzung für eine „rationale didaktische Diskussion“ eine klare Kennzeichnung von „normativen und deskriptiven Aussagen“ notwendig ist. Vgl. ACHTENHAGEN, Frank: Didaktik des Wirtschaftslehreunterrichts, Heidelberg 1984, S. 18. Kritisch gegenüber der Interpretation der semantischen Stufen und der Gleichsetzung von objektsprachlicher und metasprachlicher Ebene mit deskriptiven und präskriptiven Aussagen bei ACHTENHAGEN nimmt ZABECK Stellung: „Angemerkt sei nur, daß objektsprachlich formulierte wissenschaftliche Sätze in ihrer deskriptiven Dimension auf sprachliche Instrumente angewiesen sind, die auf metasprachlicher Ebene eine systematische Begründung erfahren haben und die in ihrer präskriptiven Dimension auf metasprachlich fixierte Prinzipien Bezug nehmen.“ ZABECK, Jürgen: Zum technologischen Verständnis von Didaktik. Kritische Anmerkungen zur wissenschaftstheoretischen Basis von Achtenhagens „Didaktik des Wirtschaftslehreunterrichts“, in Zeitschrift für Berufs- und Wirtschaftspädagogik, 82. Jg. (1986). S. 170-180, hier S. 179.

411 SCHNEIDER: Selbstverständnis... (1984), a.a.O., S. 200.

412 „Heute wird deutlich, daß mein Versuch, berufs- und wirtschaftspädagogisch relevante Erkenntnisse und Wertungen in wissenschaftlichen Aussagen miteinander zu verbinden, als gescheitert angesehen werden muß. Die von mir ursprünglich geforderte Aussagenstruktur läßt sich – wie die wissenschaftstheoretische Auseinandersetzung mit der sogenannten `emanzipatorischen Pädagogik´ zeigen – nicht gegen eine marxistische `Umfunktionierung´ absichern.“ ZABECK: Das Theorie-Praxis-Problem...(1972), a.a.O., S. 578 Hervorhebungen im Original. Vgl. WENGER: Arbeitsmarkt...(1993), a.a.O., S. 119.

In der Hinwendung zu einem systemtheoretischen Forschungsansatz, der „im Kognitiven auf dem Boden des Kritischen Rationalismus steht, darüber hinaus jedoch auch einen pragmatischen Ansatz aufnimmt, der aber nur in axiomatisierten Aussagesystemen wirksam zu werden vermag“[413], sieht ZABECK die Weiterentwicklung seiner modelltheoretischen Konzeption. Das hier in Erscheinung tretende „empirisch-analytische“ Vorgehen – zur Herstellung eines fruchtbaren Theorie-Praxis-Verhältnisses – wird durch einen systemtheoretischen Forschungsansatz als Möglichkeit, die unseren Sinnen zugängliche Wirklichkeit zu systematisieren, konkretisiert.[414] Hierbei werden im Rahmen der Systembildung Setzungen von „regulativen Begriffen“ und Begriffszusammenhängen vorgenommen, die sich zu „nomologischen Hypothesen“ verdichten und zur „Lösung von Erklärungs-, Prognose- und Anwendungsproblemen“[415] so lange auf neue Situationen übertragen werden, bis sie sich als korrekturbedürftig erweisen.

### 3.3.5.2 Strukturgefüge und Modellkonzeption

Auf der Grundlage dieser beiden Komponenten (analytisch-empirisches Vorgehen und Systemtheorie) sowie als Entgegnung zum kulturphilosophischen Ansatz der Berufs- und Wirtschaftspädagogik entwickelt ZABECK einen modelltheoretischen Entwurf zur Didaktik der Berufserziehung, die sich an der vorfindbaren Berufswirklichkeit zu orientieren und sich aufgrund des wissenschaftsmethodischen Vorgehens einer permanenten Kontrolle durch die Wirklichkeit zu unterziehen hat. Dabei wird der Beruf als konkrete Tätigkeit interpretiert, die, unter dem Primat des Seinsprinzips, dem einzelnen eine Lebenshilfe für die Bewältigung der Berufssituation zu geben vermag.[416] Hierauf haben sich nach ZABECK die wirtschaftspädagogischen Bemühungen zu richten,

---

[413] ZABECK: Das Theorie-Praxis-Problem...(1972), a.a.O., S. 580.
[414] Vgl. WENGER: Arbeitsmarkt...(1993), a.a.O., S. 119.
[415] ZABECK: Das Theorie-Praxis-Problem...(1972), a.a.O., S. 596 alle Zitate.
[416] Vgl. WENGER: Arbeitsmarkt...(1993), a.a.O., S. 119-120.

wenn es um die realistische Aufgabe der Berufserziehung geht.[417] Dies bedeutet jedoch nicht, daß durch die Entfrachtung des Berufsbegriffes von transzendentalen oder gar metaphysischen Elementen der pädagogische Kern der Berufsidee preisgegeben werden soll. Vielmehr beinhaltet für ZABECK der Beruf aus pädagogischer Sicht *„die sittlich verstandene innere Bindung des Menschen an eine Tätigkeit in der arbeitsteiligen Wirtschaft und arbeitsteilig organisierten Gesellschaft*“[418].

Für die Konzeptionierung einer Besonderen Didaktik der Berufserziehung wird die Berufssituation und somit das berufliche Leistungssystem zum Ausgangspunkt der Überlegungen. ZABECK fordert, daß im Rahmen des beruflichen Ausbildungssystems die Konkretisierung des Ausbildungsauftrages durch Ermittlung prospektiver Arbeitsanforderungen zu erfolgen habe, die in Qualifikationen umzusetzen sind, aus welchen wiederum Lernziele abgeleitet werden müssen.[419] Dies alles aber unter der Berücksichtigung des „Anspruch(s) der Person auf Selbstorganisation ihrer Individualität“[420]. Hier wird bereits deutlich, daß sich die Inhalte (Qualifikationen) als Ausdruck der in den Berufssituationen geforderten Fertigkeiten, Fähigkeiten und Kenntnissen aus der Arbeitstätigkeit bestimmen. Die Aufgabe der Didaktik besteht nun darin, jene Inhalte (Qualifikationen), die sich aus der Arbeitstätigkeit ergeben, zu ermitteln und adäquat in Lernziele zu übersetzen, wobei die personalen Ansprüche zu berücksichtigen sind.[421]

Den Ausgangspunkt der systemtheoretischen Betrachtung von ZABECK stellt die berufliche Leistungssituation dar, wobei seine Überlegungen von der Vorstellung eines „lerntheoretischen Skeptizismus“ geleitet werden, demzufolge die

---

[417] Vgl. ZABECK, Jürgen: Die realistische Aufgabe der kaufmännischen Berufsschule unter dem Aspekt eines pädagogischen Berufsbegriffs, in: Die Deutsche Berufs- und Fachschule, 57. Jg. (1961), S. 901-916, hier S. 911-912.

[418] Ebenda, S. 909.

[419] Vgl. WENGER: Arbeitsmarkt...(1993), a.a.O., S. 120.

[420] ZABECK: Entwurf...(1973), a.a.O., S. 22.

[421] Vgl. WENGER: Arbeitsmarkt...(1993), a.a.O., S. 120. ZABECK unterstreicht, daß „das Modell antizipierender Didaktik in seiner Grundstruktur dem Robinsohnschen Konzept einer allgemeinen Ciurriculumrevision“ entspricht. Vgl. ZABECK: Entwurf...(1973), a.a.O., S. 27.

Transferierbarkeit erworbener Fertigkeiten, Kenntnisse und Einsichten gering ist, sofern sie nicht an reale Situationen gebunden sind.[422] Deshalb versucht die antizipierende Didaktik, „im Lernprozeß die Konfrontation mit jenen Situationen vorwegzunehmen, denen der einzelne in seinem künftigen Berufsleben begegnen wird“[423].

In Analogie zu ROBINSOHN wird die Situation und somit die Situationsbewältigung im beruflichen Leistungssystem als Zielgröße markiert, unter Zugrundelegung des wirtschaftspädagogischen Arbeitsauftrages, die zukünftigen Qualifikationsanforderungen und damit die Inhalte zu ermitteln und von diesen adäquate Lernziele abzuleiten. Zu erwähnen bleibt an dieser Stelle, daß in ZABECKS Modell nicht eindeutig erklärt wird, ob die Situationsbewältigung ausschließlich auf das „Berufliche Leistungssystem“ bezogen ist oder der „gesellschaftliche Anspruch“, dem die Qualifikationen entsprechen müssen[424], darüber hinausgeht.[425]

Trotz des Postulates, innerhalb dieser systemtheoretischen Modellkonzeption, dem „Anspruch der Person auf Selbstorganisation ihrer Individualität“ gerecht zu werden, besteht die Gefahr, daß eine primär funktionalistische, auf das (berufliche) Leistungssystem gelenkte Blickrichtung favorisiert wird.[426] Dieser ein-

---

422 Vgl. ebenda, S. 20.

423 Ebenda, S. 22.

424 „Die hier postulierte gesellschaftliche Askese wird von der an der Curriculumdiskussion stark beteiligten `Neuen Linken´ heftig angegriffen.“ ZABECK: Entwurf...(1973), a.a.O., S. 27. An anderer Stelle sagt ZABECK: „Das Problem der Erziehung ..., bricht immer innerhalb eines Spannungsverhältnisses von Bedingtem und Unbedingtem auf; seine Lösung macht es erforderlich, gesellschaftliche Anforderungsstrukturen und die Idee der sich selbst organisierenden Person aufeinander zu beziehen.“ ZABECK, Jürgen: Wissenschaftstheoretische Dimensionen einer normativen berufspädagogischen Handlungsorientierung, in: Zabeck, Jürgen: Didaktik der Berufserziehung, Heidelberg 1984, S. 1-25, hier S. 6.

425 Vgl. WENGER: Arbeitsmarkt...(1993), a.a.O., S. 122.

426 „Wenn Zabeck nun mit seiner Forderung nach Ausrichtung der Berufsausbildung an den konkreten Anforderungen des Arbeitsplatzes auch den Bedürfnissen der Jugendlichen entgegenkommt, so gilt das doch nur unter einem funktionalistischen Ansatz.“ LAMSZUS, Hellmut: Die Wirtschaftsdidaktik zwischen Tradition und Neuorientierung. Beiträge zur Theorie und Praxis beruflicher Bildungsprozesse in der Gegenwart, hrsg. von Willi Brand und Dörte Brinkmann, Hamburg 1978, S. 62-88, hier S. 63. In ähnlicher Weise äußert sich REETZ: „ Das Individuum bleibt bei der Situationsdefinition hinter den objektiven Be-

engenden Interpretationsmöglichkeit begegnet ZABECK mit dem Verweis, seine modelltheoretischen Entwürfe zur Didaktik seien derart strukturiert, „daß sie den Spannungsbogen zwischen den Qualifikationsansprüchen der Gesellschaft und der pädagogischen Idee der Persönlichkeit aufzunehmen vermögen“[427]. Als Nachweis verweist er darauf, daß sein systemtheoretischer Entwurf die Forderung enthalte, innerhalb des „Subsystems Individualität“ für den einzelnen einen Freiraum zu schaffen, sich selbst individuell zu organisieren, daß dies jedoch nicht losgelöst vom „Subsystem Didaktik“, d. h. von dem beruflichen Ausbildungssystem erfolgen darf, um den „Output“ des didaktischen Systems für gesellschaftliche Innovationen nicht zu gefährden.[428]

Inwieweit man im beruflichen Ausbildungssystem (Subsystem Didaktik) den beruflichen Anforderungen und Ansprüchen einer sich selbst als Individualität auffassenden Person (Subsystem Individualität) gerecht werden kann, wird durch die Systemverbindung offengelassen. Vielmehr zeigen die Systemverbindungen, daß unter dem Gesichtspunkt der Systemeffizienz die individuelle Selbstorganisation notwendig die Anerkennung der sozialen Verwobenheit und Verpflichtungen voraussetzt.[429]

---

dingungen, den Anforderungen in Leistungssituationen, ohne Bedeutung. Berücksichtigung im Sinne funktionalistischer Vereinnahmung findet es erst im Zusammenhang der Bestimmung von Quantität und taxonomischer Komplexität bereits `abgeleiteter´ Lehrinhalte.“ REETZ, Lothar: Wirtschaftsdidaktik. Eine Einführung in Theorie und Praxis wirtschaftsberuflicher Curriculumentwicklung und Unterrichtsgestaltung, Bad Heilbrunn/Obb. 1984, S. 125.

427 ZABECK: Wissenschaftstheoretische Dimensionen...(1984), a.a.O., S. 6.

428 Vgl. ZABECK: Entwurf...(1973) a.a.O., S. 10. Für STRATMANN/HARNEY stellt sich bei der Analyse des ZABECK´schen Sytembegriffes, der ihrer Ansicht nach zwischen einem „handlungstheoretischen“ (Luhmann/Schorr) und einem „mechanistischen“ (Lenk/Ropohl) Systembegriff laviert, das Problem der „mangelnde(n) Sicherung der Außenlegitimität des methodischen Anspruchs. STRATMANN, Karlwilhelm/HARNEY, Klaus: Wissenschaftstheoretische Probleme der Berufsbildung, in: Berufspädagogische Grundprobleme, hrsg. von Heinrich Schanz, Stuttgart 1982, S. 7-20, hier S. 17.

429 Vgl. WENGER: Arbeitsmarkt...(1993), a.a.O., S. 123. „Die Organisation der individuellen Struktur muß in Anerkennung sozialer Verflechtung und Verpflichtungen erfolgen. Andernfalls bestünde die Gefahr einer Beeinträchtigung der Systemeffizienz durch ein Überhandnehmen von Störfaktoren.“ ZABECK: Entwurf...(1973), a.a.O., S. 10.

### 3.3.5.3 Das Problemfeld normativer Handlungsorientierung

Im Beitrag der Berufs- und Wirtschaftspädagogik zur „normativen Handlungsorientierung“ sieht ZABECK einen Ansatz, das Spannungsfeld „beruflich-gesellschaftlicher Funktionalität“ und „Selbstverwirklichung des Individuums“[430] zu beschreiben. Mit dieser Rückbesinnung auf den Kern pädagogischen Denkens tritt ZABECK der funktionalistischen Verzerrung der „antizipierenden Didaktik“ mit der Aufforderung zur Reflexion der pädagogischen Zielfrage entgegen.[431] Dabei ist die „nähere Bestimmung des Sollens innerhalb eines didaktischen Kontextes und damit ... die Fixierung adäquater Normen“[432] keine Aufgabenstellung, die sich innerhalb fachdidaktischer Analysen klären läßt, sondern rührt an den Wurzeln pädagogischen Denkens.[433] Vielmehr führt diese Problematik „zur Entstehung „Besonderer Didaktiken“: Die ihnen zurechenbaren Aussagen stehen unter dem Postulat der Verantwortung für das Individuum; um seinetwillen steht alles Inhaltliche grundsätzlich zur Disposition“[434].

In der vierten Phase seiner didaktischen Modellbildung rückt ZABECK nunmehr das Normenproblem in den Vordergrund der Betrachtung und weist in Rekurs auf die „sog. geisteswissenschaftliche(n) Schule und hier insbesondere Theodor LITT und Wilhelm FLITNER“[435] eine Linie auf, um die aus fachdidaktischer Sicht wesentliche Normfrage zu klären.[436] Dieser Rekurs auf seinen anfänglich „hermeneutisch-pragmatischen“ Ansatz zur Klärung des Normenproblems[437] resultiert dabei aus dem seit Mitte der sechziger Jahre anhaltenden

---

430 ZABECK: Wissenschaftstheoretische Dimensionen...(1984), a.a.O., S. 3 (alle Zitate).
431 Vgl. WENGER: Arbeitsmarkt...(1993), a.a.O., S. 123.
432 ZABECK: Wissenschaftstheoretische Dimensionen...(1984), a.a.O., S. 14.
433 Vgl. WENGER: Arbeitsmarkt...(1993), a.a.O., S. 123.
434 ZABECK: Wissenschaftstheoretische Dimensionen...(1984), a.a.O., S. 12 Hervorhebungen im Original.
435 Ebenda, S. 14.
436 Vgl. ZABECK: Grundzüge...(1986), a.a.O., S. 163-182; vgl. ders.: Ethische Dimensionen...(1991),a.a.O. Den o. g. Bezug zur geisteswissenschaftlichen Pädagogik, insbesondere die Leistungsfähigkeit hermeneutischer Methoden für die Sinnorientierung besonders betonend vgl. ders.: Die „Theorie didaktischen Handelns“...(1993), a.a.O., S. 456 und S.461-462.
437 „Das hier zur Diskussion gestellte Problem bedarf zu seiner Lösung einer spezifischen methodischen Vorgehensweise, nämlich eines hermeneutischen Ansatzes, wie er in der

Dissens über das Ziel beruflicher Erziehung.[438] So bemängelt ZABECK die Vieldeutigkeit an der von ROBINSOHN eingeführten Zielformel, daß im Rahmen der beruflichen Qualifizierung eine Ausstattung zur Bewältigung von Lebenssituationen zu leisten sei, da sie die unterschiedlichsten Interpretationen eben jener Lebenswirklichkeit erlaube.[439]
An dieser Stelle wird abermals ersichtlich, wie unerläßlich die Beantwortung der pädagogischen Zielfrage ist. Denn durch die Ausklammerung der im Vermittlungsprozeß enthaltenen virulenten „Sollensnormen“ wird dem Anspruch, berufserzieherisches Handeln zu begründen, nicht entsprochen.[440]
Als möglichen Zugang zum Problemfeld einer „normativen Handlungsorientierung“ unterscheidet ZABECK in Anlehnung an KRINGS[441] drei Ebenen der Begründung von Handeln[442] und fordert in dessen Terminologie dazu auf, „im Zusammenhang didaktischer Reflexion ... dem `Frageüberhang´ nachzugehen, der sich daraus ergibt, daß auf dem jeweils niedrigeren Handlungs- bzw. Begründungsniveau Normprobleme nicht hinreichend bewältigt werden können“[443]. Für die Theorie und Praxis der Berufsbildung bedeutet dies die Unerläßlichkeit, der Frage des Begründungszusammenhanges didaktischen Handelns nachzugehen und die Begründungszusammenhänge zu explizieren, deren man sich bei der Konzeption von Lernprozessen respektive Vermittlungsstrategien bedient. Der

---

geisteswissenschaftlichen Pädagogik ausgebildet worden ist ... .“ ZABECK: Wissenschaftstheoretische Dimensionen...(1984), a.a.O., S. 15.

438 Vgl. WENGER: Arbeitsmarkt...(1993), a.a.O., S. 124.

439 Vgl. ZABECK: Wissenschaftstheoretische Dimensionen...(1984), a.a.O., S. 1.

440 Vgl. WENGER: Arbeitsmarkt...(1993), a.a.O., S. 124. Vgl. dazu bereits Abschn. 2.4.3 sowie 3.2.4 dieser Arbeit.

441 Vgl. KRINGS, Hermann: Reale Freiheit, Praktische Freiheit, Transzendentale Freiheit, in: Normenbegründung, Normendurchsetzung, hrsg. von Willi Oelmüller, Paderborn 1978, S. 59-77, hier S. 77. Zusammenfassend dargestellt als: „Der Ansatz von Krings“. Protokoll der Diskussion vom 3.6.1977“, in: Normenbegründung, Normendurchsetzung, hrsg. von Willi Oelmüller, Paderborn 1978, S. 217-249, hier S. 217-220.

442 So unterscheidet ZABECK in Anlehnung an KRINGS drei Ebenen einer Begründung menschlichen Handelns: „Praktisch-politische Begründungen betreffen das Handeln in Ordnungen und Institutionen ... . Politisch-ethische Begründungen beziehen sich auf Grundregeln bzw. Rechte, die das menschliche Miteinander betreffen ... . Letztlich ... das ethisch-transzendentale Begründungsniveau ... . Auf ihm wird die Frage nach der `Regel aller Regelsetzung´ aufgeworfen.“ ZABECK: Grundzüge...(1986), a.a.O., S. 176-177.

443 ZABECK: Wissenschaftstheoretische Dimensionen...(1984), a.a.O., S. 18-19.

von ZABECK angeführte Stufenaufbau von Begründungsebenen ermöglicht die Lokalisierung des Begründungsniveaus, von welchem ausgehend die didaktische Reflexion, unter der Voraussetzung, daß jeweils das hierarchisch höher liegende Begründungsniveau die kritische Beurteilungsinstanz darstellt, zu erfolgen hat.[444] Nach Ansicht von ZABECK lassen sich Letztbegründungen menschlichen Handelns und somit „ethisch-transzendentale Begründungen" nur in Rekurs auf den KANT´schen Freiheitsbegriff[445] formulieren.[446] Als oberstes Ziel berufserzieherischen Handelns steht demnach die „sittliche Autonomie"[447], die sich letztlich darin beweist, „daß der einzelne eine der in der beruflich strukturierten Arbeitswelt institutionell verselbständigten Funktionen annimmt, daß er sie sich zum `Beruf´ macht, indem er sich in sittlicher Verantwortung in ihr engagiert"[448]. Demnach sind das berufliche Engagement und die Weckung des Interesses des einzelnen die vordringlichsten Aufgaben, denen sich die Berufserziehung zu widmen hat.[449] Es obliegt hierbei der „Besonderen Didaktik" als wissenschaftssystematischen Ort der Reflexion des Erziehungsproblems, Orientierungen zu liefern, die zur Förderung der „sittlichen Autonomie" beitragen.[450]
Entgegen der Auffassung ZABECKS, über die Aufgabenstellung einer „Fachdidaktik", der er bei der Lösung des Erziehungsproblems nur eine Randstellung zuweist, erkennt WURDACK, daß „für eine Fachdidaktik der Wirtschaftswissenschaften .... die Problematik von Individual- und Objektbezug infolge des umfangreichen existentiell fundamentalen Bedeutungszusammenhanges des

---

444 Vgl. WENGER: Arbeitsmarkt...(1993), a.a.O., S. 125.

445 „Er setzt voraus, daß der Mensch über eine potentielle Vernunft verfügt, die sich nach freien Willen selbst das Gesetz zu geben vermag, `die sich selbst Gesetz (ist)´." ZABECK Grundzüge...(1986), a.a.O.,S. 177.

446 Vgl. WENGER: Arbeitsmarkt...(1993), a.a.O., S. 125.

447 Bemerkenswert ist an dieser Stelle, daß ZABECK in Rekurs auf KANT eben jenen Autonomiegedanken aufnimmt, den SPRANGER als „Zustand oder Besitz der Einzelperson (cultura animi)" bezeichnet, wobei Spranger im Gegensatz zu ZABECK „jede subjektive Kultur eine Umweltgestaltung vom Geiste her voraussetzt, also nur im Medium einer objektiven Kultur erfolgen kann." SPRANGER, Eduard: Probleme der Kulturmorphologie (1936), in: Spranger, Eduard: Gesammelte Schriften, Band V, Kulturphilosophie und Kulturkritik, hrsg. von Hans Wenke Tübingen 1969, S. 129-172, hier S. 144.

448 ZABECK: Grundzüge...(1986), a.a.O., S. 178.

449 Vgl. WENGER: Arbeitsmarkt...(1993), a.a.O., S. 125.

450 Vgl. ZABECK: Wissenschaftstheoretische Dimensionen...(1984), a.a.O., S. 24.

Ökonomischen im menschlichen Dasein a priori eine permanente Konfliktsituation dar(stellt), die unnachsichtig eine enge Kooperation zwischen Fachwissenschaft und Pädagogik erfordert"[451]. Innerhalb des von WURDACK durch die konsequente Weiterentwicklung der Fachdidaktik zu einer (Besonderen) „Didaktik der beruflich-ökonomischen Bildung" aufgezeigten bildungstheoretischen Rahmens wird das Erziehungsproblem, das sich auch in der Fachdidaktik wiederfindet, nicht an eine „höhere Reflexionsebene" im ZABECK'schen Sinne verwiesen, sondern wieder auf die eigene Reflexionsebene bezogen.[452] Der Vorteil dieses Vorgehens besteht darin, „daß der systematische Zusammenhang erhalten bleibt, die wissenschaftliche Reflexion bewahrt wird und die kritische Funktion des Bildungsbegriffes auf keiner Stufe irgendeiner Didaktik aus dem Blick kommt"[453]. Bei ZABECKS Auffassung, fachdidaktische Ansätze seien bei der Lösung des Erziehungsproblems untauglich, besteht dagegen die Gefahr, daß in fachdidaktischen Konzepten das Problem der Begründung didaktischen Handelns obsolet wird bzw. eine völlige Abkoppelung von der Pädagogik, deren Zielfrage und Verantwortungshorizont, erfolgt.[454]
In einem weiteren Aufsatz ZABECKS wird die angesprochene Fragestellung „normativer Handlungsorientierung" nochmals aufgegriffen und um Ausführungen zur Wirtschaftsethik insoweit ergänzt, als nunmehr eine konkretere Darstellung erfolgt, auf welche Weise Ethik Eingang in die Wirtschaftserziehung finden sollte.[455] Ausgangspunkt der Überlegungen zu den ethischen Dimensionen der Wirtschaftserziehung ist die Festlegung eines übergreifenden Ziels der Wirtschaftserziehung.[456] Unter abermaligen Rekurs auf KRINGS wird die Frage der ethischen Begründbarkeit wirtschaftlichen Handelns aufgegriffen und als eine wesentliche Aufgabe verantwortbarer Wirtschaftserziehung ausgewiesen, „den im Sachzusammenhang vorhandenen ethischen Frageüberhang aufzuspü-

---

451 WURDACK: Problemgefüge...(1974), a.a.O., S. 3.
452 Vgl. WENGER: Arbeitsmarkt...(1993), a.a.O., S. 126.
453 WURDACK: Problemgefüge...(1974), a.a.O., S. 6.
454 Vgl. WENGER: Arbeitsmarkt...(1993), a.a.O., S. 126.
455 ZABECK: Ethische Dimensionen...(1991), a.a.O.
456 Vgl. REEMTSMA-THEIS: Moralisches Urteilen...(1998), a.a.O., S. 31.

ren und in ganzer Breite zu thematisieren“[457]. Zur Konkretisierung nennt ZABECK einige Ansatzpunkte. So dürfte das Aufspüren und Thematisieren ethischer Dimensionen am einfachsten bei solchen Tatbeständen sein, die einen unmittelbaren Bezug zu kodifizierten Rechtsnormen aufweisen bzw. sich ein solcher herstellen läßt, d. h. „die auf der politisch-ethischen Begründungsebene dem Verdikt verfallen“[458] und entsprechend eine Regelung durch Rechtsnormen erfahren haben. Diese seien unter ethisch-transzendentalen Gesichtspunkten aufzugreifen. „Darüber hinaus ist ihr (der Wirtschaftsdidaktik G.M.) aufgegeben, zumindest exemplarisch die Frage nach der ethisch-transzendentalen Begründbarkeit aufzuwerfen und in diesem Zusammenhang die Fähigkeit zum ethischen Urteil zu fördern“[459]. Nach ZABECK besteht die ethische Leistung für das Individuum im Kern darin, „sich in seine Existenz innerhalb dieser Rahmenbedingungen (Beruf) selbst anzunehmen, sich in das Gemeinschaftswerk der Arbeitsteilung einzufügen, sich in Selbstbeschränkung berufliche Pflichten aufzuerlegen“[460]. Zusammenfassend ergibt sich als berufserzieherische Aufgabe, „den einzelnen so zu fördern und zu lenken, daß er sich in sittlicher Verantwortung freiwillig in die Arbeitsteilung eingliedert. Nur auf Basis einer ethischen Grundentscheidung zum Beruf erhält die Beherrschung der Berufsfunktionen ihre sittliche Begründung“[461].

### 3.3.5.4 Würdigung der ZABECK´schen Modellkonzeption

Das Modell einer „antizipierenden Didaktik“ verdeutlicht, daß ZABECK eine didaktische Hinwendung zu Erfordernissen realer (kaufmännischer) Ausführungsfunktionen der betrieblichen Praxis grundsätzlich als positiv beurteilt. Entsprechend ermitteln sich die notwendigen Inhalte (Qualifikationen) aus den (betrieblichen) Leistungsanforderungen des Berufssystems. Dieses Vorgehen soll gewährleisten, daß der Wechsel vom (Aus-)Bildungs- in das Beschäftigungssy-

---

[457] ZABECK: Ethische Dimensionen...(1991), a.a.O., S. 556.
[458] Ebenda.
[459] ZABECK: Ethische Dimensionen...(1991), a.a.O., S. 558.
[460] Ebenda, S. 560.

stem relativ reibungslos verläuft, zumal sich die Qualifikationserfordernisse im Modell einer „antizipierenden Didaktik“ idealtypisch aus den Erfordernissen des (zukünftigen) beruflichen Leistungssytems herleiten.[462] In dieser „Antizipation“ der künftigen betrieblichen Leistungsanforderungen besteht somit das Kernproblem der (Aus-)Bildung für die „Eingliederung des Menschen in die Berufsstrukturen der arbeitsteilig organisierten Gesellschaft“[463]. Dem Ausbildungssystem (Subsytem Didaktik) kommt daher die Aufgabe zu, für ein Feld sich partiell und graduell wandelnder verwandter Funktionen zu qualifizieren.[464] Dabei zielt ZABECKS Vorschlag auf die Ermittlung unterscheidbarer Grundanforderungen innerhalb einzelner Berufsbereiche ab, auf deren Grundlage „curriculare Arrangements“ zu entwickeln sind.[465] Fraglich bleibt an dieser Stelle, ob dies mit dem von ZABECK vorgeschlagenen Instrumentarium der Trendexploration oder einer historischen Analyse der Auswirkungen ökonomisch-technischer Innovationen auf berufliche Anforderungen[466] gelingen kann.[467]

Neben der „Antizipation“ zukünftiger beruflicher Qualifikationen und deren Umsetzung in „Lehr-Lern-Arrangements“ fordert ZABECK weiterhin, die Ausbildung konsequent aus der Perspektive des berufstätigen Menschen zu konzipieren.[468] Als didaktische Aufgabe ergibt sich demzufolge, „das in den zur Ausbildung herangezogenen Handlungsschemata angelegte Allgemeine in das Bewußtsein der Lernenden zu heben und bei der Bewältigung neuer Aufgaben im Lern- und Leistungsbereich so zu aktivieren, daß dem einzelnen später ein selbständiger Transfer möglich wird“[469]. Dabei sieht ZABECK diese Transferleistung nur gewährleistet, wenn die erworbenen Fähigkeiten, Fertigkeiten und

---

461 Ebenda, S. 562.
462 Vgl. WENGER: Arbeitsmarkt...(1993), a.a.O., S. 126-127.
463 ZABECK: Wissenschaftstheoretische Dimensionen...(1984), a.a.O., S. 23-24.
464 Vgl. WENGER: Arbeitsmarkt...(1993), a.a.O., S. 127.
465 Vgl. ZABECK, Jürgen: Zur Kritik des didaktischen Illusionismus in der Berufs- und Wirtschaftspädagogik, in: Didaktik der Berufserziehung, hrsg. von Jürgen Zabeck, Heidelberg 1984, S. 197-228, hier S. 203.
466 Vgl. ZABECK: Zur Kritik...(1984), a.a.O., S. 201.
467 Vgl. WENGER: Arbeitsmarkt...(1993), a.a.O., S. 127.
468 Vgl. ZABECK: Zur Kritik...(1984), a.a.O., S. 220.
469 ZABECK, Jürgen: „Schlüsselqualifikationen“ – Zur Aufklärung eines Sachverhaltes, in: Die Realschule, 96. Jg. (1988), S. 328-332, hier S. 331.

Kenntnisse situativ an Handlungsmuster gekoppelt sind.[470] Für die Aneignung und Vermittlung beruflicher Kompetenz bedeutet dies, daß „in anstrengender fachdidaktischer Kleinarbeit das Transferfähig-Allgemeine innerhalb konkreter beruflicher Leistungstrukturen zu fixieren und geeignete Methoden der Vermittlung zu entwickeln"[471] sind.[472] Darüber hinaus fordert ZABECK die „Erziehung zum beruflichen Engagement"[473]. Einschränkend weist er jedoch darauf hin, ein situationsorientierter Curriculumansatz sei hierfür nicht ausreichend.[474] Es ist Aufgabe einer Didaktik der Berufserziehung, eine Neubestimmung der Bezugsgröße „Lebenssituation" zu geben, die von ihrem Ansatz her auf eine Lebenspraxis verweist, in der sich der „Einzelne auf der Grundlage eines unbedingten Entschlusses zu beruflichen Werten bekennen muß"[475]. Dagegen werden die Bestimmungsgründe dieses Entschlusses (materielle oder ethische) nicht bewertet, sondern liegen im Entscheidungshorizont des einzelnen. Hieran wird nun deutlich, daß ZABECK neben den beruflichen Qualifikationen, die sich aus den Leistungsanforderungen der Berufswelt ergeben, als Spannungsbogen zur Individualität das berufliche Engagement wählt. Die entsprechende Entscheidung verlegt er jedoch in den Autonomiebereich jedes einzelnen. Für das Modell einer „antizipierenden Didaktik" impliziert dies, daß „normative" Verhaltensziele nicht vorgegeben werden müssen.[476] Der Vermittlungsprozeß hat dagegen vielmehr die Aufgabe, „die Auszubildenden zu motivieren und – in Anknüpfung an ihre situative Befindlichkeit – den Versuch zu unternehmen, ihnen die Entscheidung für die Aufnahme einer Berufsperspektive in ihrem jeweiligen Referenzrahmen zu ermöglichen"[477].

---

470 Vgl. WENGER: Arbeitsmarkt...(1993), a.a.O., S. 127-128.
471 ZABECK: Schlüsselqualifikationen...(1988), a.a.O., S. 331.
472 Vgl. WENGER: Arbeitsmarkt...(1993), a.a.O., S. 128.
473 ZABECK: Zur Kritik... (1984), a.a.O., S. 217-220.
474 Vgl. WENGER: Arbeitsmarkt...(1993), a.a.O., S. 128.
475 ZABECK: Zur Kritik...(1984), a.a.O., S. 219.
476 Vgl. WENGER: Arbeitsmarkt...(1993), a.a.O., S. 129; vgl. dazu auch ZABECK: Zur Kritik...(1984), a.a.O., S. 221.
477 Ebenda, S. 220.

Die Vermittlung eines beruflich-betrieblichen Orientierungswissens und Urteilsvermögens, die ZABECK im Zuge einer Didaktik der „transfergerechten Qualifizierung" fordert, bedeutet konkret, „den Werthorizont zu entwerfen, innerhalb dessen unternehmerische Entscheidungen getroffen werden, sowie Kriterien zu reflektieren, die für normative Entscheidungen relevant erscheinen"[478]. Dieses zuvor als „berufliches Engagement" bezeichnete Leistungsstreben des einzelnen in Form der aktiven Übernahme der Berufsrolle soll nun im Rahmen einer „transfergerechten Qualifizierung" durch Auslösung eben jener, als Interesse bezeichneten emotionalen Beteiligung und Aktivierung, als didaktische Aufgabenstellung verstanden werden.[479] Entgegen früherer Berufsdefinitionen ZABECKS kommt dem Beruf in diesem Zusammenhang wieder eine zentrale Bedeutung zu, da erst durch eine „ethische(n) Grundentscheidung zum Beruf ... die Beherrschung der Berufsfunktion ihre sittliche Begründung"[480] erhält.[481]
Problematisch daran ist, daß aus den Ausführungen ZABECKS nicht ersichtlich wird, inwieweit die sittliche Verantwortung des einzelnen noch ihre Bedeutung haben soll, wenn davon ausgegangen wird, daß der Beruf innerhalb der Arbeitswelt eines demokratischen und sozialen Rechtsstaates, „in einer Weise gestaltet ist, die gar keine Gewissenskonflikte mehr erzeugt und daher `ruhigen Gewissens´ in ihrer bestehenden Form angenommen werden kann"[482].
Auch wenn ZABECK in Erweiterung („oder Revision"[483]) der „antizipierenden Didaktik" im Rahmen einer „transfergerechten Qualifizierung" auf die mit der „Ganzheit eines beruflichen Qualifizierungsprofils verbundenen affektiven Aspekte"[484] verweist, bilden im Kern jedoch jene Arbeitsgrundformen, die sich aus dem Arbeitsvollzug ergeben, den Ausgangs- und Anknüpfungspunkt seines Modells. Dementsprechend liegt der „antizipierenden Didaktik" ein funktionaler

---

478 ZABECK: Grundzüge...(1986), a.a.O., S. 174.
479 Vgl. ZABECK: „Schlüsselqualifikationen" – Zur Kritik einer didaktischen Zielformel, in: Wirtschaft und Erziehung, 41. Jg. (1989), S. 77-86, hier S. 85.
480 ZABECK: Ethische Dimensionen...(1991), a.a.O. S. 562.
481 Vgl. WENGER: Arbeitsmarkt...(1993), a.a.O., S. 129.
482 REEMTSMA-THEIS: Moralisches Urteilen...(1998), a.a.O., S. 31.
483 WENGER: Arbeitsmarkt...(1993), a.a.O., S. 130

Didaktikbegriff und insoweit eine wirtschaftsdidaktische Konzeption „im engeren Sinne“[485] zugrunde, da Werthaltungen im Sinne „normativer“ Orientierungen systemimmanent ausgeblendet werden.[486]

Zusammenfassend bleibt hierbei festzuhalten, daß ZABECK durch das erneute Aufgreifen der pädagogischen Zielfrage im Rahmen der „Grundzüge einer normativen (berufspädagogischen) Handlungsorientierung“ verdeutlicht, inwieweit Qualifizierung im „Subsystem Didaktik“ einer Reflexion des Handlungszieles bedarf. Fordert ZABECK nun aber – sogesehen als Plattform – eine „normative Handlungsorientierung“ in der Berufs- und Wirtschaftspädagogik, so bleibt jedoch unklar, wie diese im Modell einer „antizipierenden Didaktik“ zur Geltung kommt. Insbesondere bleibt offen, wie bei der Umsetzung der Anforderungen des beruflichen Leistungssytems in Qualifikationen (Inhalte) und Lernziele die Frage der Normenbegründung zu behandeln ist.[487]

---

484 ZABECK, Jürgen: „Schlüsselqualifikationen“ – Zur Kritik einer didaktischen Zielformel, in: Wirtschaft und Erziehung, 41. Jg. (1989), S. 77-86, hier S. 84.

485 WURDACK: Die ökonomische Dimension...(1984), a.a.O., S. 174.

486 Vgl. WENGER: Arbeitsmarkt...(1993), a.a.O., S. 130.

487 Vgl. ebenda, S. 126.

# 4 Die Grundsätze ordnungsmäßiger Bilanzierung (GoB)

## 4.1 Begriff und Rechtsnatur der GoB

Eine differenzierte Analyse des Begriffs und insbesondere des Inhalts der Grundsätze ordnungsmäßiger Bilanzierung (GoB) setzt voraus, daß deren Geltungsgrund, deren Rechtsnatur und damit deren Ermittlungsmethode geklärt ist.[488]

In den Anfängen wurden die GoB im wesentlichen als außerrechtliche Kunstregeln verstanden. Man hielt sie für Tatsachen, die „empirisch" aus der Kaufmannsübung („induktiv"[489]) gewonnen werden sollten, danach interpretierte man sie als Kunstregeln der Betriebswirtschaftslehre, als „deduktive" GoB, im Sinne von aus betriebswirtschaftlichen Bilanzzwecken abzuleitenden (fachtechnischen) Normen.[490] Daraufhin erfolgte der Übergang, die GoB als „Gebote", im Sinne von Rechtsnormen anzusehen, die aus dem gesetzlichen Bilanzzweck („deduktiv") abzuleiten sind.[491]

Das Handelsgesetzbuch von 1897 verpflichtet in § 38 Abs. 1, nun § 238 Abs. 1 Satz 1 HGB, erstmals allgemeinverbindlich, jeden Kaufmann Bücher zu führen

---

488 Vgl. EULER, Roland: Das System der Grundsätze ordnungsmäßiger Bilanzierung, Stuttgart 1996, S. 5. Zum Verhältnis von Bilanzrecht und Betriebswirtschaftslehre vgl. statt vieler BÖCKING, Hans-Joachim: Betriebswirtschaftslehre und wirtschaftliche Betrachtungsweise im Bilanzrecht, in: Handelsbilanzen und Steuerbilanzen, Festschrift für Heinrich Beisse, hrsg. Wolfgang Dieter Budde, Adolf Moxter und Klaus Offerhaus, Düsseldorf 1997, S. 85-103; vgl. ders.: Verbindlichkeitsbilanzierung – Wirtschaftliche versus formalrechtliche Betrachtungsweise, Wiesbaden 1994.

489 Die induktive Methode der GoB-Ermittlung wird von SCHNEIDER angezweifelt: „Kein einziger und inhaltlich geklärter materieller Grundsatz ordnungsmäßiger Buchführung ist aus kaufmännischer Übung entstanden." SCHNEIDER, Dieter: Betriebswirtschaftslehre, Bd. 2: Rechnungswesen, München; Wien 1994, S. 144; vgl. ders.. Geschichte...(1981), S. 439-458.

490 Vgl. MOXTER, Adolf: Grundsätze ordnungsmäßiger Buchführung – ein handelsrechtliches Faktum, von der Rechtsprechung festgestellt, in: Festschrift 75 Jahre Reichsfinanzhof – Bundesfinanzhof, hrsg. von dem Präsidenten des Bundesfinanzhofs, Bonn 1993, S. 533-544, hier S. 533.

und in diesen seine Handelsgeschäfte und die Lage seines Vermögens nach den Grundsätzen ordnungsmäßiger Buchführung[492] ersichtlich zu machen.
Seit dem Inkrafttreten des HGB von 1897 ist die Frage nach der Rechtsnatur und der Ermittlung von Grundsätzen ordnungsmäßiger Buchführung umstritten, zumal hiervon deren Inhalt und die Macht der Letztentscheidung abhängt.[493]
Der Streit um die Ermittlung kulminiert in der Frage, wer die Macht haben soll, den Inhalt der GoB zu prägen. Zwar lag die Macht, über die Auslegung insbesondere von § 38 Abs. 1 HGB 1897 den Inhalt der GoB zu bestimmen, zweifellos schon immer bei den Gerichten, doch bedarf der Richter einer Orientierung: Er kann sich an die „tatsächliche Kaufmannsübung" halten und statt dessen oder ergänzend auf Thesen über die „wünschenswerte Kaufmannsübung" zurückgreifen. Wobei hierfür folgende Erkenntnisquellen zur Verfügung stehen: Die Meinungen ehrenhafter, ordentlicher, sorgfältiger Kaufleute, die (bisherige) Rechtsprechung, Stellungnahmen und Gutachten von einschlägigen Verbänden und Kammern sowie Thesen aus dem wissenschaftlichen und sonstigen Schrifttum.[494]

Der allgemeine Begriff „Grundsätze ordnungsmäßiger Buchführung" umfaßt drei Bestandteile: Zunächst handelt es sich um Grundsätze, normative Regeln, die nicht nur für einen Einzelfall gelten, sondern für eine größere Anzahl ähnlicher Sachverhalte. Der Abstraktionsgrad dieser Grundsätze bleibt zwar insoweit offen, doch wird eine reine Kasuistik ausgeschlossen. Weiterhin sind diese

---

491 Vgl. dazu die grundlegende und epochale Analyse von DÖLLERER, Georg: Grundsätze ordnungsmäßiger Bilanzierung, deren Entstehung und Ermittlung, in: BB 14. Jg. (1959), S. 1217-1221, hier S.1220.

492 Die in dieser Arbeit im Vordergrund stehenden Grundsätze ordnungsmäßiger Bilanzierung (GoB) stellen ein Teilgebiet der Grundsätze ordnungsmäßiger Buchführung, der sich speziell auf den Jahresabschluß bezieht, dar. In der Literatur findet sich auch häufig die Formulierung Grundsätze ordnungsmäßiger Buchführung und Bilanzierung. Vgl. dazu MOXTER, Adolf: Bilanzlehre. Band II: Einführung in das neue Bilanzrecht, 3., vollst. umgearb. Aufl., Wiesbaden 198, S. 7; vgl. auch EULER: Das System...(1996), a.a.O., S. 109 f.

493 Vgl. MOXTER, Adolf: Die handelsrechtlichen Grundsätze ordnungsmäßiger Buchführung und das neue Bilanzrecht, in: ZGR, 9. Jg. (1980), S. 254-276, hier S. 256.

494 Vgl. MOXTER: Die handelsrechtlichen...(1980), a.a.O., S. 256-257.

Grundsätze auf die Buchführung, d. h. sowohl auf die Dokumentation der Handelsgeschäfte als auch auf die Bilanzierungs- und Bewertungsgrundsätze zur Darstellung der „Lage seines Vermögens“[495] bezogen. Drittens enthält der Wortlaut einen „ausfüllungsbedürftigen Wertungsmaßstab“[496], demzufolge nur die ordnungsmäßigen Buchführungsgrundsätze zu beachten sind. Wegen der Unschärfe dieses Begriffes „ordnungsmäßig“, der üblicherweise durch ähnlich unbestimmte Begriffe wie etwa „redlich“[497], „pflichtbewußt“[498] oder „ordentlich“[499], jedoch ohne entsprechenden Erkenntnisfortschritt substituiert wurde, kann offenbleiben, inwieweit damit nur eine Negativabgrenzung gegenüber mißbräuchlichen Buchführungsgrundsätzen gemeint war oder aber ein materielles Ordnungsmäßigkeitskriterium postuliert werden sollte.[500] Zumal wertausfüllungsbedürftige Begriffe sich einer konkreten Definition entziehen, so daß nur im Einzelfall die Ordnungsmäßigkeit eines Buchführungsgrundsatzes gewürdigt werden konnte. Gegenwärtig wird basierend auf nunmehr differenzierteren Jahresabschlußvorschriften ordnungsmäßig im Sinne von gesetzes- oder bilanzzweckadäquat interpretiert.[501]

## 4.2 Problemgeschichtliche Dimension

### 4.2.1 Sinngeleitete GoB-Konzeptionen

Der ökonomische Bereich und in gleicher Weise seine Bestandteile, wie z. B. das Rechnungswesen der Kaufleute, wurde bis in die Anfänge der Neuzeit nicht als eigenständiges Problemfeld gesehen. Entsprechend der Einbettung des öko-

---

[495] § 38 Abs. 1 HGB 1897; § 238 Abs.1 Satz 1 HGB

[496] Vgl. LARENZ: Methodenlehre...(1991), a.a.O., S. 214.

[497] Vgl. SIMON, Hermann Veit: Die Bilanzen der der Aktiengesellschaften und der Kommanditgesellschaften auf Aktien, 3. Aufl., Berlin 1899, S. 414.

[498] Vgl. Urteil des Bundesgerichtshofes in Strafsachen vom 25. März 1954 3 StR 232/53, BB, 9. Jg. (1954), S. 455.

[499] Vgl. Urteil des Reichsgerichtes in Zivilsachen vom 18. Januar 1918 Rep. II 320/17, RGZ 91, S. 408-4111, hier S. 411.

[500] Vgl. MOXTER: Die handelsrechtlichen Grundsätze...(1980), a.a.O., S. 256.

[501] Vgl. EULER, Roland: Grundsätze ordnungsmäßiger Gewinnrealisierung, Wiesbaden 1988, S. 8.

nomischen Bereichs in einen allgemeinen Lebenszusammenhang, werden die Kriterien und Normen für ökonomisches Handeln im allgemeinen und die des Rechnungswesens (der Buchhaltung) im besonderen mit denen im allgemeinen Lebensbezug als übereinstimmend betrachtet.[502]

Die hier geltenden Normen und demtentsprechend erforderliche Fähigkeiten werden dabei „funktional" von Generation zu Generation weitergegeben. Im Mittelalter sind diese bestimmt durch ihre prinzipielle Ausrichtung an theologisch begründete allgemeine Normen des menschlichen Handelns.[503]

Während sich die Normen noch weitgehend funktional durch Handeln als nachahmendes Tun in der Praxis der Lebensbereiche vollziehen, konstituiert sich als zwangsläufige Folge weiterer Spezialisierung der Lebenswirklichkeit, hier des ökonomischen Bereichs, ein Prinzip der Erziehung, das als Ziel die Theoretisierung der praktischen Sachverhalte zum Gegenstand hat und in der „intentionalen" Ausrichtung der Vermittlung nach neuen Organisationsformen, wie z. B. die Klosterschulen respektive die Schreib- und Rechenschulen des späten Mittelalters, sucht.[504]

---

[502] Vgl. WURDACK: Wirtschaftspädagogik (1982), a.a.O., S. 156; vgl. ders. et al: Zum Selbstverständnis...(1980), a.a.O., S. 5-7. Zum Bereich der Buchaltung vgl. PACIOLI, Luca: Abhandlung über die Buchhaltung 1494. Nach dem italienischen Original von 1494 ins Deutsche übersetzt und mit einer Einleitung über die italienische Buchhaltung im 14. und 15. Jahrhundert und Paciolis Leben und Werk versehen von Balduin Penndorf. Quellen und Studien zur Geschichte der Betriebswirtschaftslehre, hrsg. von R. Seyffert, Band II. Stuttgart 1933; vgl. auch PENNDORF, Balduin: Geschichte der Buchhaltung in Deutschland, Leipzig 1913, (Reprint: Frankfurt am Main 1966). Zur Kaufmannserziehung dieser Zeit und insbesondere der Bedeutung der Buchführung vgl. BRUCHHÄUSER: Kaufmannsbildung...(1989), a.a.O., insbes. S. 16-102.; vgl. dazu auch ders. Die Berufsbildung deutscher Kaufleute im Mittelalter und der frühen Neuzeit. In: Quellen und Dokumente zur Geschichte der Berufsbildung in Deutschland, hrsg. von Karlwilhelm Stratmann Reihe C Band 4, Köln, Weimar, Wien 1992.

[503] Vgl. REINISCH: „Leitbilder"...(1996), a.a.O., insbes. S. 57-58; vgl. dazu bereits Abschn. 2.1.1, 2.2.1 und 2.3.1 dieser Arbeit.

[504] Vgl. WURDACK: Wirtschaftspädagogik (1982), a.a.O., S. 156-157; vgl. dazu auch die Darstellung der Entwicklung der Kaufmannsbildung im Mittelalter und der frühen Neuzeit bei BRUCHHÄUSER: Kaufmannsbildung...(1989), a.a.O., insbes. S. 104-134 und S. 255-344.; vgl. ders.: Die Berufsbildung...(1992), a.a.O.; vgl. für die Zeit ab 1800 auch HORLEBEIN, Manfred (Hrsg.): Quellen und Dokumente zur Geschichte der kaufmännischen Berufsbildung 1818-1984, Köln; Wien 1989; vgl. ders.: Die berufsbegleitenden

Die Prinzipien des nur in Ansätzen verselbständigten Bereichs der Buchhaltung identifizieren sich mit denen einer allgemeinen Erziehung zu einem „gottgefälligen" Leben.[505] Die Anleitungen zum Vollzug von Buchführungstechniken „enthielten auch immer sittlich-moralische und religiöse Belehrungen darüber, wie sich ein „wahrer Kaufmann" und diejenigen, die es werden wollen zu verhalten haben; mithin sind es umfassende kaufmännische Standes- und Erziehungslehren"[506].

### 4.2.2 Praxisgeleitete GoB-Konzeptionen

Über die Funktionalität der Ertüchtigung für den Lebensbereich „Beruf" und „wirtschaftliches Handeln" insbesondere im mittelalterlichen Zunftwesen gelangen die Normen über die weitergehende Standesbildung als Fortentwicklung zu den Anfängen einer „theoriegestützten", d. h. auf Reflexion und Systematisierung der Inhalte für praktische Berufstätigkeit aufbauende Unterweisung, die als Prinzip der „Säkularisierung" des gesamten Lebensbereichs in zunehmend partiell sich interpretierende Teile auftritt. Unter Aufgabe der vorab aufgezeigten Vermittlungsprinzipien tritt auch hier eine weitere Spezialisierung, vor allem eine Hinwendung zu den „Realien" einer sich insbesondere durch die „Aufklärung" verändernden Lebenswelt, mit einer Abwendung von dem bisherigen System der Welterklärung auf. Gleichzeitig vollzieht sich die Aufteilung des Erkenntnisobjektes „Welt" in verschiedene sich als „rationalistisch" verstehende, mit rationalen Methoden" arbeitende Forschungsrichtungen zur Bestimmung der „Einzelwelten", der Buchhaltung, respektive des Rechnungswesens.[507]

---

kaufmännischen Schulen in Deutschland (1800-1945), Eine Studie zur Genese der kaufmännischen Berufsschule, Frankfurt/M.; Bern 1976, insbes. S. 15-79.

505 Vgl. WURDACK: Wirtschaftspädagogik (1982), a.a.O., S. 156.

506 Vgl. REINISCH, Holger: 500 Jahre Traktat über die doppelte Buchführung von Luca PACIOLI, in: Wirtschaft und Erziehung, 46. Jg. (1994), S. 287-292, hier S. 287.

507 Vgl. WURDACK: Wirtschaftspädagogik...(1982), a.a.O., S. 157; vgl. ders. et al: Zum Selbstverständnis...(1980), a.a.O., S. 8-11; vgl. dazu auch BRUCHHÄUSER: Kaufmannsbildung...(1989), a.a.O., insbes. S. 298-344.; vgl. ders.: Die Berufsbildung...(1992), a.a.O.; vgl. für die Zeit ab 1800 auch HORLEBEIN, Manfred (Hrsg.): Quellen und Dokumente zur Geschichte der kaufmännischen Berufsbildung 1818-1984, Köln; Wien 1989;

Die Erklärung der Lebenswirklichkeit, hier der GoB als besonderem Teilbereich, erfolgt auf induktivem Wege als tragendem Prinzip. Die „Normen" entwicklen sich aus dem Leitbild des „königlichen Kaufmanns"[508] entsprechend seinem praktischen Handeln, ausgehend von der im Menschen angelegten „Vernünftigkeit" in pragmatischer Weise.[509] Im Mittelpunkt steht dabei weniger die Entwicklung normativer Orientierungen im Hinblick auf ein ständisch geprägtes Idealbild des Kaufmanns, sondern mehr „rational- funktionale" Arbeitstugenden.[510]

### 4.2.3 Theoriegeleitete GoB-Konzeptionen

Dieses zunächst pragmatisch erfolgende GoB-Verständnis führt zu einer weitergehenden Vertiefung und Systematisierung, aufbauend auf einem „theoriegeleiteten Interesse" an dem aufgespaltenen Erkenntnisbereich der Ökonomie als einem übergeordneten Kennzeichen dieser Entwicklung.[511]

Die Aufspaltung der Lebensbereiche als Anlaß für die Differenzierung in zuständige Handlungswissenschaften, die für den Teilbereich Ökonomie als Einheit zwischen Bilanzierung und Bilanzrecht, d. h. Theorie und Praxis des GoB-Verständnisses bzw. deren Ermittlung, belegt ist, zeigt sich zunehmender Theoretisierung und Systematisierung bedürftig. Dieser Tendenz folgend, löst sich

---

vgl. ders.: Die berufsbegleitenden kaufmännischen Schulen in Deutschland (1800-1945), Eine Studie zur Genese der kaufmännischen Berufsschule, Frankfurt/M.; Bern 1976, insbes. S. 15-79.

508 Zum Leitbild des „königlichen Kaufmanns" vgl. STOLZ, Walter: Herkunft und Bedeutung des Begriffs „Königlicher Kaufmann", in: Wirtschaft und Erziehung, 32. Jg. (1980), S. 240-245; vgl. auch ZABECK, Jürgen: Vom königlichen Kaufmann zum kaufmännischen Angestellten, in: Wirtschaft und Erziehung, 31. Jg. (1979), S. 273- 280.

509 Vgl. WURDACK: Wirtschaftspädagogik...(1982), a.a.O., S. 157. Zur Herleitung der GoB auf induktivem Weg vgl. Abschn 4.3.1 dieser Arbeit.

510 Vgl. REINISCH, Holger: Didaktik des Rechnungswesenunterrichts. Eine Bestandsaufnahme, in: Zeitschrift für Berufs- und Wirtschaftspädagigik, 79. Jg. (1983), S. 110-122, insbes. S. 111-112; vgl. auch ders.: „Leitbilder"...(1996), a.a.O., insbes. S. 54-63. „...allerdings setzt bereits im frühen 18. Jahrhundert die langsame Säkularisierung der Kaufmannsethik ein, so daß die religiösen Elemente zugunsten utilitaristischer Motive schwinden." Ebenda, S. 58.

diese grundsätzliche Einheit innerhalb der GoB-Ermittlung (die „Mehrheitsübung königlicher Kaufleute“ als Ausgangspunkt der Konkretisierung von GoB) auf.[512]

Hinsichtlich der Entwicklung von Grundsätzen ordnungsmäßiger Bilanzierung aber auch aufgrund der praktischen Erfahrungen des kaufmännischen Handelns und der Einsicht von Gesetzgeber, Judikatur und Wissenschaft[513], daß sich das kaufmännische Handeln nicht (mehr) dem Leitbild eines „königlichen Kaufmanns“ entsprechend gestaltet, erfolgt eine Umorientierung bezüglich der Vorstellung von der „Natur der GoB“ und entsprechend – damit korrelierend - der Ermittlungsmethode. Der Wandel des (ökonomischen) Lebensbereiches, u. a. durch Kriege und Kriegsfolgen, wie auch steigende Besteuerung und Inflation, führte zu einer Veränderung des kaufmännischen Verhaltens, wie auch der Verhaltensnormen. Dies veranlaßte den Gesetzgeber, entsprechende Vorschriften zu erlassen, die im Wirtschaftsleben für Redlichkeit und Ordnung sorgen sollten.[514] Das beginnende 20. Jahrhundert bringt diesem Bereich die grundsätzliche Möglichkeit der Gewinnung eines sogesehen eigenständigen „Sinnhorizontes“ als neuer Aufgabenstellung, die Ermittlung von Grundsätzen ordnungsmäßiger Bilanzierung zunächst als aus dem Sinn und Zweck der Bilanz zu deduzierenden Gebote (als ein System von Fachnormen) sowie spätestens ab den sechziger Jahren als Auslegung von gesetzlichen Regelungen, d. h. Gebote im Sinne von Rechtsnormen.[515]

---

511 Vgl. WURDACK: Wirtschaftspädagogik...(1982), a.a.O., S. 158.

512 Vgl. MOXTER, Adolf: Bilanzlehre. Band II: Einführung in das neue Bilanzrecht, 3. vollständig umgearbeitete Auflage, Wiesbaden 1986, S. 6-8. Vgl. zur entsprechenden Tendenz innerhalb der Handelswissenschaft WURDACK: Wirtschaftspädagogik (1982), a.a.O., S. 157.

513 Vgl. dazu insbesondere die Aktienrechtsreformen 1931 und 1937, sowie die entsprechenden Aussagen von BECKER und SCHMALENBACH in Abschn. 4.3.2.1 dieser Arbeit.

514 Vgl. MOXTER: Bilanzlehre...(1986), a.a.O., S. 6-8; vgl. auch LEFFSON, Ulrich: Grundsätze ordnungsmäßiger Bilanzierung, 7. revidierte und erweiterte Auflage, Düsseldorf 1987, S. 129-135.

515 MOXTER spricht in diesem Zusammenhang von einem „Paradigmenwechsel“. MOXTER: Entwicklung...(1993), a.a.O., S. 62 passim; vgl. dazu Abschn. 4.3.2 dieser Arbeit.

Entsprechend dem Wandel des Erkenntnisobjektes durch die zunehmende Säkularisierung und Spezialisierung geht ein Wandel der Erkenntnis- bzw Ermittlungsmethode einher.[516] Die bereits festgestellte Korrelation von (Erkenntnis-) Objekt und (Erkenntnis-)Methode[517] zeigt sich auch und gerade bei der Ermittlung der GoB.[518] Diese Entwicklung erfolgt auch hier unter bestimmten Zielsetzungen, d. h. einer spezifischen Sinnproblematik bzw. bestimmter Ziel- und Leitvorstellungen des menschlichen Handelns im ökonomischen Lebensbereich, einer eintsprechenden anthropologischen Grundlegung.[519]

## 4.3 Methodische Dimension

### 4.3.1 Induktive Ermittlung der GoB

Die Kommission zum HGB von 1897 erörtert in der Denkschrift, daß nach den Gepflogenheiten sorgfältiger Kaufleute zu beurteilen ist, wie die Bücher geführt werden müssen.[520] Der Formulierung „Gepflogenheiten sorgfältiger Kaufleute" wurde eine zentrale Bedeutung zur Qualifikation der Grundsätze ordnungsmäßiger Buchführung beigemessen, wobei „Gepflogenheiten" als „Mehrheitsübungen" gedeutet wurden. Diese Mehrheitsübungen bildeten sich „nicht am Einzel-, sondern am Durchschnittsbetrieb, an dem, was der ... sorgfältige Kaufmann derselben Branche tut"[521].

Die Denkschrift läßt jedoch offen, woran der „sorgfältige Kaufmann" erkennbar ist. Daher ist anzunehmen, daß lediglich daran gedacht war, „schwarze Schafe"

---

516 Vgl. EULER: Grundsätze...(1989), a.a.O., S. 26. „Die Qualifikation der Grundsätze ordnungsmäßiger Buchführung als Rechtsnormen determiniert die Gewinnungsmethode". Ebenda.

517 Vgl. WURDACK et al: Zum Selbstverständnis...(1980), S. 49, vgl. dazu auch SCHNEIDER: Selbstverständnis...(1984), a.a.O., insbes. S. 238-239 und S. 359-398.

518 Vgl. EULER: Grundsätze...(1988), a.a.O., S. 37-42, insbes. S. 41-42.

519 Vgl. WURDACK: Zur anthropologischen...(1993), a.a.O., S. 438; vgl. auch SCHNEIDER: Selbstverständnis...(1985), a.a.O., S. 237-244, insbes. 239:

520 Vgl. Denkschrift zu dem Entwurf eines Handelsgesetzbuches und eines Einführungsgesetzes, in: Stenographische Berichte über die Verhandlungen des Reichstages, 9. Legislaturperiode, IV. Session 1895/97, 6. Anlageband, S. 3141-3298, hier S. 3161 f.

521 REHM, Hermann: Die Bilanzen der Aktiengesellschaften, 1. Aufl. München 1903, S. 60.

unter den Kaufleuten zu isolieren, die Buchführungspraktiken einer Minderheit unehrenhafter Kaufleute zu unterbinden. Es gibt, z. B. entgegen den Motiven des französischen Bilanzrechts[522], keine Anhaltspunkte dafür, daß die Ordnungsmäßigkeit der „Mehrheitsübung" angezweifelt wurde oder noch pointierter formuliert, daß zwischen der Mehrheitsübung „königlicher Kaufleute" und den Grundsätzen ordnungsmäßiger Buchführung ein Konflikt empfunden wurde.[523] Der Gesetzgeber ging davon aus, daß „ein angesehenes Unternehmen ... mit untadeliger Buchführung" nur „ein ihm ordnungsmäßig erscheinendes Verfahren befolgt"[524], so daß die Rechnungslegung der eigenen Verantwortlichkeit und des darauf beruhenden freien, selbstbewußten, „königlichen Ermessens"[525] überlassen werden konnte.[526]
Tatsächliche mehrheitliche Kaufmannsübung und Handelsbräuche, das diesbezügliche ökonomische Handeln, und die GoB wurden als eine Einheit angesehen.[527] Die Vorstellung, daß sich brauchbare Formen im Wirtschaftsleben von unten her aus den inneren Kräften der Gesellschaft von selber entfalten, so daß ordnungsmäßige Grundsätze aus dem Kaufmannsbrauch gewonnen werden könnten, läßt sich als ein Produkt des historischen Denkens der Zeit erkennen, in der das deutsche Handelsgesetzbuch geschaffen wurde. Von der Erforschung und Beschreibung menschlicher Institutionen und Bräuche erhoffte man sich allgemein Aufschluß über die Bedürfnisse der Wirtschaft.[528] „Der Gesetzgeber dürfte im Geiste seiner Zeit darauf vertraut haben, daß sich aus den wirtschaftli-

---

522 Vgl. zu den Motiven, die zu einer Verschärfung der Buchführungsvorschriften in Frankreich führten MOXTER: Bilanzlehre (1986), a.a.O., S. 5-6.

523 Vgl. MOXTER: Die handelsrechtlichen Grundsätze...(1980), a.a.O., S. 257. Grundsätzlich ist das deutsche Buchführungsrecht stark von französischen Vorbildern, insbesondere der „Ordonnance de Commerce" (von 1673 ), vom „Code de Commerce" (von 1807) sowie von Jacques SAVARYS (einem der Urväter des Bilanzrechts) Werk „Le Parfait Negociant" (Paris 1675), beeinflußt worden. Vgl. MOXTER: Bilanzlehre (1986), a.a.O., S. 6.

524 LION, Max: Der Reichsfinanzhof und das Bilanzsteuerrecht, in: StuW, 7. Jg. (1928), Sp. 1033-1094, hier Sp. 1053.

525 Ebenda, Sp. 1055.

526 Vgl. EULER: Das System...(1996), a.a.O., S. 6.

527 Vgl. MOXTER: Die handelsrechtlichen Grundsätze...(1980), a.a.O., S. 257; vgl. auch EULER: Das System...(1996), a..a.O., S. 6.

528 Vgl. LEFFSON, Ulrich: Die Grundsätze ordnungsmäßiger Buchführung, Düsseldorf 1964, S. 32-33.

chen Notwendigkeiten heraus gute Kaufmannsbräuche entwickeln würden ... . Diese historischen Vorstellungen, die darin gipfelten, daß sich die Menschheit und mit ihr die Wirtschaft auf einem steilen Weg nach oben befände, trafen und verbanden sich mit den Gedanken des Laissez-faire, nach denen in die wirtschaftliche Entwicklung nicht eingegriffen werden dürfte. Man glaubte, die Wirtschaft werde spontan die Ordnung entwickeln, in der sie wachsen und bestehen könne, ... . Gestaltende Eingriffe wurden daher abgelehnt. Auf dem Gebiet der Buchführung beschränkte sich der Staat auf punktuelle Eingriffe allgemeiner Art, (...) . Form und Inhalt der Jahresabschlüsse überließ er den Kaufleuten."[529]

### 4.3.2 Deduktive Ermittlung der GoB

#### 4.3.2.1 GoB als Fachnormen (axiomatisch-deduktive Ermittlung)

Die Frage, „welche Quelle" die GoB bestimmen sollte, wird nicht unabhängig vom Zeitgeist beantwortet. Denn die alte Welt der königlichen Kaufleute konnte von den Zeitereignissen nicht unbeeinflußt bleiben. Krieg und Kriegsfolgen wie die radikale Besteuerung, die extreme Inflation, die schwere Wirtschaftskrise, kurz die plötzlich auftretenden sozialen Instabilitäten mußten auch die kaufmännischen Verhaltensnormen und damit ihr ökonomisches Handeln beeinträchtigen.[530] Dies gipfelte in der Feststellung SCHMALENBACHS: „Wenn Mißbräu-

---

[529] Ebenda. Zur Einteilung der GoB-Ermittlung entprechend der (veränderten) Einstellung des Gesetzgebers gegenüber den Kaufleuten, somit zur (impliziten) Vorstellung des Gesetzgebers über das Leitbild des Kaufmanns, der anthropologischen Grundlegung des Gesetzgebers, vgl. ders.: Grundsätze...(1987), a.a.O., S. 129-135. Auf die liberale Atmosphäre, in der das HGB gefaßt und gedeutet worden ist, weist ebenso SPITALER hin: „In der liberalen Ära, in der das HGB geschaffen worden ist, hatte man zu den Gepflogenheiten ordentlicher Kaufleute ein großes Zutrauen. Der Gesetzgeber glaubte, damit rechnen zu dürfen, daß die ordentlichen Kaufleute die Buchführung, zu der sie verpflichtet sind, schon richtig handhaben würden, ja er glaubte sogar noch mehr, und zwar, daß dies die ordentlichen Kaufleute besser verstehen werden, als der Gesetzgeber durch Vorschriften gewährleisten könnte." SPITALER, Armin: Die Bedeutung der Grundsätze ordnungsmäßiger Buchführung für die Besteuerung, in: StuW, 36. Jg. (1959), S. 633-639, hier S. 633.

[530] Vgl. MOXTER, Adolf: Die handelsrechtlichen Grundsätze...(1980), a.a.O., S. 258; vgl. auch die Darstellung bei LEFFSON: Grundsätze...(1964), a.a.O., S. 33-39; vgl. ders.:

che allgemein, d. h. also zur Übung werden"[531], sei ein neues GoB-Verständnis erforderlich. Es komme bei der Ermittlung der GoB „weniger darauf an, was man in der Praxis tut, als was man in der Praxis, und zwar in der Praxis ordentlicher und ehrenwerter Kaufleute für richtig hält."[532] Die weitere Entwicklung des „Zeitgeistes" war nicht geeignet, zum GoB-Verständnis der Jahrhundertwende zurückzukehren. Fragen der Rechnungslegung gewannen in einer Umwelt, in der Vertrauen immer stärker als Schwäche ausgelegt wurde, größte Bedeutung. Wo man zuvor nur in Ausnahmefällen und nur mehr verschämt um „Rechnungsablegung" gebeten hatte, wurde nun wie selbstverständlich „Rechenschaft" („Rechenschaftslegung") gefordert.[533] Allein der Wandel im Sprachgebrauch deutet auf tiefgreifende Veränderungen hin. Der Gruppe der „Rechenschaftspflichtigen" den „Rechenschaftsinhalt" zu überlassen, indem man die GoB an der Kaufmannsübung orientierte, mußte jetzt als absurd empfunden werden.[534]

Das Bilanzrecht galt als ein primär betriebswirtschaftliches Feld.[535] Das Erkenntnisobjekt im Sinne SCHMALENBACHS dynamischer Bilanzlehre war „eine auf wirtschaftliche Betriebslenkung ausgerichtete Erfolgsrechnung", die vergleichbare Ermittlung eines Periodengewinnes zum Zwecke der Betriebs-

---

Grundsätze...(1987), a.a.O., S. 129-135 (mit weiteren Nachweisen), wonach die gewandelte Einstellung sowohl der Wissenschaft, der Rechtsprechung und insbesondere des Gesetzgebers gegenüber den Kaufleuten und insbesondere gegenüber ihren „Gepflogenheiten", die fortan nicht mehr allgemein als „ordentlich" und „ehrenwert" angesehen werden konnten, zum Ausdruck kommt.

531 SCHMALENBACH, Eugen: Grundsätze ordnungsmäßiger Bilanzierung, in: ZfhF, 27. Jg. (1933), S. 225-233, hier S. 225 und S. 232.

532 Ebenda, S. 232.

533 Vgl. KRUSE, Heinrich Wilhelm: Grundsätze ordnungsmäßiger Buchführung, 1970, S. 70; vgl. auch MOXTER: Die handelsrechtlichen Grundsätze...(1980), a.a.O., S. 258.

534 Vgl. MOXTER: Die handelsrechtlichen Grundsätze...(1980), a.a.O., S. 258-259.

535 Vgl. MOXTER, Adolf: Entwicklung der Theorie der handels- und steuerrechtlichen Gewinnermittlung, in: ZfbF, Sonderheft 32, 45. Jg. (1993), S. 64-65; vgl. ders.: Die Grundsätze ordnungsmäßiger Bilanzierung und der Stand der Bilanztheorie, in: ZfbF, 18. Jg. (1966), S. 28-59, hier S. 30 und S. 35 passim.

steuerung, wobei der Gewinn „Maßstab der Wirtschaftlichkeit einer Unternehmung sein“[536] soll.[537]

Die tiefere Ursache für die zu dieser Zeit weitgehende Abstinenz der Juristen im Bereich der Bilanztheorie respektive des Bilanzrechts – von einigen Ausnahmen insbesondere aus dem Bereich des Steuerrechts abgesehen[538] – wird man in dem ehedem herrschenden GoB-Verständnis suchen müssen; zumal das Bilanzrecht kaum kodifiziert war. Das Gesetz verwies im wesentlichen auf die weitestgehend als Kaufmannsübungen und –anschauungen angesehenen GoB.[539]

Neben BECKER hatte zwar bereits SCHMALENBACH auf den normativen Grundzug der GoB verwiesen, diesen jedoch als fachterminologische Norm verstanden.[540] Die GoB wurden an der „Natur der Sache“ orientiert abgeleitet unter Zugrundelegung einer „betriebswirtschaftlichen Betrachtungsweise“, d. h. im wesentlichen unter Bezug auf die damals herrschende dynamische Bilanzlehre SCHMALENBACHS. Methodologisch erfolgte insoweit eine axiomatisch - deduktive GoB-Ermittlung, eine - formallogische - Deduktion aus den Zwecken der Bilanz entsprechend der dynamischen Bilanztheorie. Betriebswirtschaftliche Betrachtungsweise bedeutet insoweit eine Ermittlung der GoB, wie sie in respektive entsprechend der Betriebswirtschaftlehre ermittelt bzw. ausgelegt wurden.[541]

In methodologisch gleiche Richtung zielt der „neuere“ axiomatisch-deduktive Systementwurf von LEFFSON[542]. Er spricht ausdrücklich von einer „Erörterung

---

536 SCHMALENBACH, Eugen: Dynamische Bilanz, 13. Aufl., Köln und Opladen 1962, S. 53.

537 Vgl. MOXTER: Entwicklung...(1993), a.a.O., S. 67.

538 Hier seien insbesondere die Namen BECKER (Richter am RFH) und LION (Rechtsanwalt) genannt.

539 Vgl. MOXTER: Die Grundsätze...(1966), a.a.O., S. 30; vgl. ders.: Entwicklung...(1993), a.a.O., S. 64. Vgl. dazu auch das „juristische Buch“ von TRUMPLER, Hans: Die Bilanz der Aktiengesellschaft nach neuem Aktien- und Steuerrecht, Berlin und Leipzig 1937, der in seinem Vorwort ebenfalls darauf hinweist, daß „die betriebswirtschaftliche Bilanzliteratur einen fast unübersehbaren Umfang angenommen hat, (während)... das juristische Schrifttum über das Bilanzrecht stark zurückgeblieben (ist)“. Ebenda, Vorwort.

540 Vgl. BECKER, Enno: Grundfragen aus den neuen Steuergesetzen, in: StuW 6. Jg. (1927), Sp. 959-972; vgl. SCHMALENBACH: Grundsätze...(1933), a.a.O.

541 Vgl. MOXTER: Entwicklung... (1993), a.a.O., S. 64-65.

542 Vgl. LEFFSON: Die Grundsätze...(1964), a.a.O.

der Zwecke des Jahresabschlusses und der aus ihnen abzuleitenden, den Jahresabschluß determinierenden Grundsätze ordnungsmäßiger Buchführung"[543]. Ebenso wie SCHMALENBACH versteht er GoB als fachtechnische Normen. In diese Linie läßt sich auch SCHNEIDER einfügen, der bei seiner Kritik an der Deduktion von GoB aus Jahresabschlußzwecken ebenso eine axiomatisch-deduktive, formallogische Methodenvorstellung der GoB-Ermittlung im Sinne hat.[544]
Von besonderer dogmengeschichtlicher Bedeutung für die weitere GoB-Ermittlung ist neben der Feststellung, GoB seien als (Fach-)Normen und weniger als Tatsachen zu verstehen, die Vorstellung eines den GoB zugrundeliegenden Systems, aus denen die GoB abzuleiten seien. Dieses Systemdenken, das zuerst in der Betriebswirtschaftslehre angelegt war, griffen danach insbesondere Juristen auf, die in den GoB fortan ein „System von Rechtsnormen" sahen, die „durch Nachdenken"[545] zu ermitteln sind. Mit dem Übergang zur „Verrechtlichung der GoB" ist insbesondere aber auch ein Methodenwechsel innerhalb des deduktiven Denkens bzw. der Deduktion von GoB verbunden.[546] Die juristische ist gegenüber der (hergebrachten) betriebswirtschaftlichen Deduktion keine axiomatisch-deduktive, formal-logische, sondern Deduktion im Sinne hermeneutisch-teleologischer Rechtsfindung.[547]

Auffallend im Rückblick ist, daß es ab den fünfziger Jahren bei den Betriebswirten in Bilanzrechtsfragen praktisch zu einer Forschungsstagnation, ausgelöst

---

543 LEFFSON: Die Grundsätze...(1964), a.a.O. S. 45.

544 Vgl. SCHNEIDER, Dieter: Rechtsfindung durch Deduktion von Grundsätzen ordnungsmäßiger Buchführung aus gesetzlichen Jahresabschlußzwecken?, in: StuW, 13. (60.) Jg. (1983), S. 141-160. Vgl. auch die wissenschaftstheoretische Auseinandersetzung mit der bilanzrechtlichen Position Schneiders bei ZACYK, Rüdiger: Interdisziplinarität im Bilanzrecht: Rechtsfindung im Spannungsfeld zwischen Betriebswirtschaftlehre und dogmatischer Rechtswissenschaft, Frankfurt am Main; Bern; New York; Paris, 1991, insbes. S. 94-98.

545 DÖLLERER: Die Grundsätze...(1959), a.a.O., S. 1220.

546 Vgl. BEISSE: Zum neuen Bild...(1994), a.a.O, S. 8-9.

547 Vgl. MOXTER: Entwicklung...(1993), a.a.O., S. 81-83. Vgl. zu dieser Methode der Rechtsfindung statt vieler LARENZ: Methodenlehre...(1991), a.a.O., S. 189-243 und S. 437-490.

u. a. durch eine Schwerpunktverlagerung auf andere Gebiete, gekommen war.[548] Mag man zwar das Unfertige von SCHMALENBACHS Lehre erkannt haben, wurden jedoch keine nennenswerten Versuche unternommen, seine Thesen zu vervollkommnen. Vielmehr läßt sich konstatieren, daß SCHMALENBACHS Grundidee, wonach sich die Gewinnermittlung an der Information über die wirtschaftliche Unternehmensentwicklung zu orientieren habe, nicht länger vertretbar erschien,[549] „ ... das Interesse ... sich ... von der Gewinnermittlung zur Gewinnanalyse verschoben“ [550] hat.[551]

#### 4.3.2.2 GoB als Rechtsnormen (hermeneutisch-deduktive Ermittlung)

Die Ableitung von GoB aus Rechnungslegungsübungen und –anschauungen ist aus mehreren Gründen problematisch: Zunächst versagen induktive Methoden der GoB-Ermittlung bei der Lösung von neuen oder von strittigen Rechnungslegungsfragen, da einheitliche Übungen und Anschauungen als Konsens am Ende

---

548 Eine weitere Ursache bzw. eine Erkärung dafür kann, entsprechend unserer Feststellung gegenseitiger Korrelation und Determination von Erkenntnisobjekt und –methode, insbesondere auch in dem sich anbahnenden und auch vollzogenen Methodenwechsel von betriebswirtschaftlicher (axiomatisch-deduktiver) zur juristischen (hermeneutisch-deduktiven) Methode gesehen werden. Vgl. dazu auch ZACZYK: Interdisziplinarität...(1991), a.a.O., insbes. S. 20-93.

549 Vgl. MOXTER: Entwicklung...(1993), a.a.O., S. 70-71.

550 Ebenda, S. 72.

551 Vgl. zu den Gefahren einer solchen Forschungsstagnation innerhalb der Betriebswirtschaftslehre HOMMEL, Michael: Bilanzierung immaterieller Anlagewerte, Stuttgart 1998, S. 14-17. „Die ökonomische Theorie (überließ) die Fortentwicklung der handelsrechtlichen GoB vielfach den Juristen. Die mit der Preisgabe des Bilanzrechts durch die Betriebswirtschaftlehre verbundene Gefahr ist offensichtlich. Zwar ist Bilanzrechtsforschung primär Gesetzesauslegung und damit „juristische Arbeit im eigentlichen Sinne“; dennoch muß die Rechtswissenschaft bei der Interpretation der Bilanzrechtsnormen deren jeweiligen Normzweck berücksichtigen. Da aber der Bilanzzweck erkennbar auf die Vermittlung wirtschaftlich sinnvoller Informationen, nämlich die Darstellung der wirtschaftlichen Leistungsfähigkeit in Gestalt des ausschüttungsfähigen Betrags zielt, führte „eine sich allein an zivilrechtlichen Kategorien orientierte Auslegung ... zu einem sinnentleerten Bilanzrecht und damit zu einem Zerrbild wirtschaftlicher Leistungsfähigkeit... . Wirtschaftliche Normzwecke erfordern zwingend „ein wirtschaftliches Verständnis der Norminhalte, was befriedigend nur durch eine Beteiligung der Betriebswirte zu erreichen ist“.“ Ebenda, S. 15-16 Hervorhebungen im Original.

der Rechtsentwicklung stehen.[552] Im Regelfall indifferenter Übungen oder Anschauungen wäre zu entscheiden, ob der Kaufmann „die Wahl zwischen einer großen Reihe von Handlungen“[553] hat oder ob ein Wahlrecht nur angenommen werden könne, wenn es sich „aus dem Wesen und dem Zweck der ordnungsmäßigen Buchführung heraus begründen läßt“[554].

Der normative Charakter des Bilanzrechts spricht für BECKERS Position, so daß in (praktisch allen) Streitfällen die GoB letztlich aus dem kodifizierten Handelsbilanzrecht zu deduzieren wären. Darüber hinaus ist zu berücksichtigen, daß die Interessen der Kaufmannschaft deren Rechnungslegungsübungen und –anschauungen prägen. Insbesondere die fehlende (gleichberechtigte) Beteiligung der Rechnungslegungsadressaten hat zur Folge, daß selbst gesichert feststellbare Rechnungslegungsübungen und –anschauungen keine Vermutung eines fairen Interessenausgleichs begründen.[555] Induktive GoB-Ermittlung heißt, den rechnungslegenden Kaufleuten zu überlassen, ob und inwieweit sie ihrer Pflicht zur Gewinnausschüttung und Informationsgewährung nachkommen.[556] Somit fehlt den Rechnungslegungsübungen und –anschauungen die Eigenschaft einer Rechtsquelle; sie sind lediglich als „Vorformen der GoB“[557], als mögliche Problemlösungen, relevant.[558] Die herrschende Rechtsquellenlehre qualifiziert Übungen und Anschauungen ausnahmsweise dann als Rechtsnormen, wenn sie zu Gewohnheitsrecht erstarkt sind. Der Geltungsgrund für ein Gewohnheitsrecht ist die (Rechts-)„Überzeugung der Gemeinschaft“[559]; eine gewohnheitsrechtliche Norm entsteht, wenn durch eine „längere tatsächliche Übung, die eine dauernde

---

[552] Vgl. Urteil des Bundesgerichtshofes in Zivilsachen vom 27. Februar 1961 II ZR 292/59, BGHZ 34, S. 324-337, hier S. 327; vgl. EULER: Das System...(1996), a.a.O., S. 7.

[553] LION: Der Reichsfinanzhof...(1928), a.a.O., Sp. 1054.

[554] BECKER, Enno: Handkommentar der Reichssteuergesetze, Bd. 2, Das Einkommensteuergesetz, Stuttgart 1928, S. 336-338.

[555] Vgl. EULER: Das System...(1996), a.a.O., S. 8.

[556] Vgl. SCHNEIDER, Dieter: Der Einkommensbegriff und die Einkommensteuerrechtsprechung, in: FA, Bd. 42 (1984), S. 407-432, hier S. 424; vgl. EULER: Das System...(1996), a.a.O., S:8.

[557] BEISSE: Rechtsfragen...(1990), a.a.O., S. 500.

[558] Vgl. EULER: Das System...(1996), a.a.O., S. 8.

[559] FINKENTSCHER, Wolfgang: Methoden des Rechts in vergleichender Darstellung, Bd. 3, Mitteleuropäischer Rechtskreis, Tübingen 1976, S. 695.

und ständige, gleichmäßige und allgemeine ist, und von den Beteiligten als verbindliche Rechtsnorm anerkannt wird“[560]. Diese Kriterien dienen dem „Erkenntnisschluß von Gewohnheit auf Gewohnheitsrecht“[561]; hierbei ist für einen gewohnheitsrechtlich geltenden GoB entscheidend, daß die Rechtsüberzeugung („opinio necessitatis“[562]) der Gemeinschaft (nicht bloß der Kaufleute) wiedergegeben wird.[563]

Als Indikator für Rechnungslegungsübungen und -anschauungen der Kaufleute erlangen die Fachgutachten des Instituts der Wirtschaftsprüfer besondere Bedeutung; ein fairer Interessenausgleich zwischen Rechnungslegenden und Rechnungslegungsadressaten ist allerdings erst dann zu vermuten, wenn diese Übungen und Anschauungen den „allgemeinen Rechtsgrundsätzen ... der höheren Gerichte“ entsprechen.[564] Somit setzt die Qualifikation von Rechnungslegungsübungen und –anschauungen zu Gewohnheitsrecht „Kriterien der Wertung als ordnungsmäßig oder nicht ordnungsmäßig“[565] voraus.[566]

Das Ende „betriebswirtschaftlicher Betrachtungsweise“ und Methodik im Bilanzrecht mit einer anfangs induktiven sowie später axiomatisch-deduktiven GoB-Ermittlung kündigte sich mit dem Aktiengesetz von 1965 an. Den Boden dafür hatte DÖLLERER mit seiner bahnbrechenden Arbeit bereitet, in der er klarstellte, „daß es sich bei den Grundsätzen ordnungsmäßiger Bilanzierung nicht um Tatsachen handelt, sondern um Gebote“, die „in erster Linie nicht durch statistische Erhebungen, sondern durch Nachdenken ermittelt“ werden. Sie dürften „daher nicht dem Handelsbrauch gleichgesetzt werden“[567]. Aber

---

560 Beschluß des Bundesverfassungsgerichtes vom 14. Februar 1973 2 BvR 667/72, BVerfGE 34, S. 293-307, hier S. 303 f.; vgl. auch LARENZ: Methodenlehre...(1991), a.a.O, S. 341.

561 FINKENTSCHER: Methoden...(1976), a.a.O., S. 695.

562 PUCHTA, Georg Friedrich: Das Gewohnheitsrecht, Bd. 2, Erlangen 1837, S. 33-39.

563 Vgl. EULER: Das System...(1996), a.a.O., S. 9.

564 Beschluß des Bundesverfassungsgerichtes vom 11. November 1964 1 BvR 488/62, 1 BvR 562/63, 1 BvR 216/64, BVerfGE 18, S. 224-241, hier S. 237 f.

565 BEISSE: Zum Verhältnis...(1984), a.a.O., S. 7.

566 Vgl. EULER: Das System...(1996), a.a.O., S. 10.

567 DÖLLERER: Grundsätze...(1959), a.a.O., S. 1217 (alle Zitate).

auch der Betriebswirtschaftlehre fehle die „verbindliche Kraft“[568] für eine (deduktive) GoB-Ermittlung.[569] Diese Absage an eine induktive sowie formallogisch deduktive GoB-Ermittlung ist die Grundlage des heutigen Systemverständnisses der GoB als Rechtsnormen mit wirtschaftlichen Norminhalten, die hermeneutisch-deduktiv innerhalb teleologischer Rechtsfindung auf Basis einer so zu verstehenden wirtschaftlichen Betrachtungsweise zu ermitteln sind.[570]

## 4.4 Der Systemcharakter der GoB

### 4.4.1 Hermeneutik als Ermittlungsmethode

Urteilen des BFH folgend, gelten die GoB als kodifiziertes Recht, als ein „unbestimmter Rechtsbegriff“[571]. Der gesetzliche Verweis auf die GoB hat zunächst die Funktion, die Schließung der Lücken des rudimentär kodifizierten Rechnungslegungsrechts zu legitimieren;[572] darüber hinaus beinhalten die GoB „Regeln, nach denen der Kaufmann zu verfahren hat, um zu einer dem gesetzlichen Zweck entsprechenden Bilanz zu gelangen“[573].

Die Qualifikation der GoB als ein „unbestimmter Rechtsbegriff“ determiniert deren Ermittlungsmethode.[574] „Maßgebend für die Auslegung einer Gesetzes-

---

568 Ebenda, S. 1219.

569 Vgl. MOXTER: Entwicklung...(1993), a.a.O., S. 74.

570 BEISSE: Zum neuen Bild...(1994), a.a.O.,S. 13-20; vgl. MOXTER: Entwicklung...(1993), a.a.O., S. 62 und S. 74 f.; vgl. EULER: Grundsätze...(1989), a.a.O., S. 21-65; vgl. ders. Das System...(1996), a.a.O., S. 5-21. Zur Bedeutung der wirtschaftlichen Betrachtungsweise im Bilanzrecht vgl. GROH, Manfred: Die wirtschaftliche Betrachtungsweise im rechtlichen Sinne, in: StuW, 19. (66.) Jg. (1989), S. 227-231; vgl. auch BÖCKING: Betriebswirtschaftslehre...(1997), a.a.O; vgl. ders.: Verbindlichkeitsbilanzierung...(1994), a.a.O., insbes. S. 5-32.

571 Urteil des Bundesfinanzhofes vom 12. Mai 1966 IV 472/60, BFHE 86, S. 118-123, hier S. 119 f.

572 Vgl. ORDELHEIDE, Dieter: Externes Rechnungswesen, in: Vahlens Kompendium der Betriebswirtschaftslehre, hrsg. von Michael Bitz, Klaus Dellmann, Michael Domsch und Henning Egner, 2., überarbeitete und erweiterte Aufl., Bd. 2, München 1990, S. 209-304, hier S. 249.

573 Urteil des Bundesfinanzhofes vom 31. Mai 1967 I 208/63, BFHE 89, S. 191-194, hier S. 194.

574 Vgl. EULER: Grundsätze...(1988), a.a.O., S. 26 und S. 31-57; vgl. ders.: Das System...(1996), a.a.O., S. 5 und 11 f.

vorschrift ist der in dieser zum Ausdruck kommende objektivierte Wille des Gesetzgebers, so wie er sich aus dem Wortlaut der Gesetzesbestimmung und dem Sinnzusammenhang ergibt“[575]. Die Erkenntnis des in den Rechnungslegungsvorschriften kodifizierten, objektivierten Willen des Gesetzgebers – des „Telos“ -, ist ein hermeneutisches Problem.[576] Norminterpretation, hier die Konkretisierung des GoB-Gebotes und der einzelnen Rechnungslegungsvorschriften im Hinblick auf einen zu entscheidenden Sachverhalt, ist ein Erkenntnisprozeß.[577]
Die Auslegungsregeln dienen der Erkenntnis des im kodifizierten Recht zum Ausdruck kommenden objektivierten Willen des Gesetzgebers.[578] Ausgangspunkt der Auslegung ist der Wortsinn der Norm, da die Gesetzesbegriffe, die die Regelungsabsichten in sich tragen und somit die Grenze der Auslegung (zur Rechtsfortbildung[579]) kennzeichnen.[580] Der mögliche Wortsinn einer Norm wird durch den Sinnzusammenhang, insbesondere durch die „erläuternden, einschränkenden oder verweisenden Rechtssätze“ präzisiert, wobei sich allerdings „der Bedeutungszusammenhang des Gesetzes“[581] erst dann verstehen läßt, wenn „auf die Teleologie des Gesetzes und das zugrunde liegende *innere System* der maßgeblichen Wertentscheidungen und Prinzipien zurückgegangen wird“[582]. Neben dem Sinnzusammenhang kann die Entstehungsgeschichte wichtige Hinweise auf die Regelungsabsichten der auszulegenden Norm gewähren. Nach dem Bundesverfassungsgericht kommt der Entstehungsgeschichte jedoch nur insofern Be-

---

575 Urteil des Bundesverfassungsgerichts vom 21. Mai 1952 2 BvH 2752, BVerfGE 1, S. 299-322, hier S. 312.

576 Vgl. BÖCKING, Hans-Joachim: Bilanzrechtstheorie und Verzinslichkeit, Wiesbaden 1988, S. 98. Zum Verhältnis der juristischen zur philosophischen Hermeneutik vgl. GADAMER: Wahrheit...(1975), S. 290-322, insbes. S. 307 f.; a. A. vgl. MÜLLER: Juristische...(1989), a.a.O., S. 126 und S. 163.

577 Vgl. LARENZ: Methodenlehre...(1991), a.a.O., S. 206. Dieser Erkenntnisprozeß wird, obgleich es sich um ein Verfahren fortschreitender Erkenntnis handelt, als „hermeneutischer Zirkel“ bezeichnet. Ebenda.

578 Vgl. Beschluß des Bundesverfassungsgerichtes vom 17. Mai 1960 2 BvL 11/59, 11/60, BVerfGE 11, S. 126-136, hier S. 130.

579 BEISSE: Rechtsfragen...(1990), a.a.O., S. 509. Vgl. zur Rechtsfortbildung im allgemeinen CANARIS, Claus-Wilhelm: Die Feststellung von Lücken im Gesetz, 2., Aufl., Berlin 1983, passim.

580 LARENZ. Methodenlehre ...(1991), a.a.O., S. 320-329.

581 Ebenda, S. 321 (beide Zitate).

deutung zu, „als sie die Richtigkeit einer ... Auslegung bestätigt oder Zweifel behebt“[583]; dies gilt insbesondere deshalb, weil die Anwendungsmöglichkeiten einer Norm über die Vorstellungen des Gesetzgebers hinausgehen können.[584] Für die Interpretation des Gesetzes und die Konkretisierung einzelner Vorschriften im Hinblick auf einen zu entscheidenden Sachverhalt, spielen die Regelungsabsichten des Gesetzes eine wichtige Rolle: Erst wenn der Sinn und Zweck des Gesetzes bekannt ist, kann das Zusammenwirken der zugrundeliegenden Rechtsprinzipien zum inneren System beurteilt werden; diese so verstandene “ratio legis“[585] präzisiert die Funktionen der einzelnen Normen und determiniert deren Auslegung. [586]

Der Interpret verknüpft die Normbegriffe mit seinem Vorverständnis und seiner Sinnerwartung und entwickelt hieraus eine Auslegungshypothese; mit fortschreitender Auslegung des Gesetzes wird diese Auslegungshypothese entweder verifiziert oder nach Falsifikation modifiziert.[587] Die Abhängigkeit der Auslegung vom erkennenden Subjekt setzt der Überprüfung enge Grenzen. Von entscheidender Bedeutung ist, daß der Interpret sein Vorverständnis offenbart, welches „auf diese Weise kommunizierbar und kontrollierbar“[588] gemacht wird. Darüber hinausgehend kann die Richtigkeit einer Normauslegung „nicht substanziell, sondern nur procedural hergestellt und nachgeprüft werden“[589].[590]

---

582 Ebenda, S. 336 Hervorhebungen im Original.
583 BVerfG v. 21. Mai 1952, a.a.O., hier S. 312.
584 Vgl. LARENZ: Methodenlehre...(1991), a.a.O., S. 345.
585 Ebenda, S. 336.
586 Vgl. EULER: Das System...(1996), a.a.O., S. 13.
587 Vgl. LARENZ: Methodenlehre...(1991), a.a.O., S. 205-211.
588 HASSEMER, Winfried: Juristische Hermeneutik, in: ARSP, 72. Jg. (1986), S. 195-212, hier S. 211.
589 Ebenda.
590 Vgl. EULER: Das System...(1996), a.a.O., S. 12.

## 4.4.2 Das äußere System des Bilanzrechts

### 4.4.2.1 Begriff und Struktur des äußeren Systems

Das neue Bild des Bilanzrechtssystems wird bestimmt durch die Legalordnung der Materie, als auch durch das dahinter stehende innere System der herrschenden Prinzipien.[591] Als äußeres System bezeichnet die juristische Methodenlehre die abstrakt-begriffliche Ordnung eines Rechtsstoffes.[592] Bei einer weitgehend kodifizierten Materie wie dem Handelsbilanzrecht und über den Maßgeblichkeitsgrundsatz auch das Steuerbilanzrecht, ergibt sich das äußere System bereits aus der Legalordnung und den von ihr verwendeten Rechtsbegriffen. Dieses äußere System ist gemeint, wenn für die systematische Interpretation einer Vorschrift, auf deren Stellung im Gesetz, den Aufbau des Gesetzes und den Wortlaut der Begriffe verwiesen wird.[593] Gegenüber einem positivistischen Rechtsverständnis, das die Lösung konkreter Rechtsfälle durch formallogische Subsumtion in dem äußeren System sucht, bedarf die Wertungsjurisprudenz des inneren Systems mit seinen Wertungsprinzipien.[594] Doch läßt, insbesondere im Bilanzrecht, schon das äußere System Einblicke in das Innere zu.[595]

Das geltende Bilanzrecht stellt sich als ein Doppelsystem dar, das die beiden Regelungsbereiche Handelsbilanz- und Steuerbilanzrecht umfaßt, die beide in sich geschlossen sind und verschiedenen Sparten des öffentlichen Rechts angehören. Verbunden sind beide durch den Grundsatz der Maßgeblichkeit der handelsrechtlichen GoB und die sogenannte umgekehrte Maßgeblichkeit nach § 5 Abs. 1 und 2 EStG. Dieses gesamte Maßgeblichkeitsrecht ist zwar formell Steuerrecht - und muß als solches interpretiert werden -, aber wegen seiner handelsbilanzrechtlichen Rückwirkungen ist es auch hier zu beachten. Es bewirkt eine

---

591 Vgl. BEISSE: Zum neuen Bild...(1994), a.a.O., S. 9.
592 Vgl. LARENZ: Methodenlehre...(1991), a.a.O., S. 437-460.
593 Vgl. BEISSE: Zum neuen Bild...(1994), a.a.O., S. 10.
594 Vgl. LARENZ: Methodenlehre...(1991), a.a.O., S. 120-125.
595 Vgl. BEISSE: Zum neuen Bild...(1994), a.a.O., S. 10.

weitgehende inhaltliche Kongruenz von Prinzipien und Einzelnormen in beiden Rechtsgebieten.[596]

In Rede steht hier das sich von grundlegender Bedeutung erweisende Recht der Einzelabschlüsse als ein für alle Kaufleute geltendes Bilanzrecht.[597] Dies kommt in der durch das Bilanzrichtlinien-Gesetz vorgenommenen Einteilung des dritten Buches des HGB, mit seiner Einteilung in von im wesentlichen aus Bemessungsnormen (für alle Kaufleute) bestehenden Ersten Abschnitt und vorwiegend aus Informationsnormen (Ergänzende Vorschriften für Kapitalgesellschaften) bestehenden Zweiten Abschnitt, zum Ausdruck. Beide haben ihre Generalklausel: der Erste, als „die Generalnorm des Bilanzrechts“[598], den Verweis auf die GOB (§ 243 Abs. 1 HGB), der Zweite, die Vorschrift des „True and fair view“(§ 264 Abs. 2 HGB).[599]

#### 4.4.2.2 Funktionsbestimmte Begriffe

Die Unterscheidung von Bemessungs- und Informationsnormen lenkt den Blick auf eine Eigenart bilanzrechtlicher Begriffe. Es handelt sich hauptsächlich um sogenannte funktionsbestimmte Begriffe.[600] So sind die Ausdrücke Vermögen, Vermögensgegenstand, Schulden sowie die ihnen zuzuordnenden Wertbegriffe - Anschaffungs- und Herstellungskosten, beizulegender Wert oder Teilwert – nur in ihrer Ausrichtung auf die Ermittlung des realisierten Gewinnes zu verstehen, d. h. für dessen Funktion als Bemessungsgrundlage für Gewinnausschüttung, -besteuerung, -entnahme und –verteilung. Begriffe des Bilanzrechts im weiteren Sinne dienen der Informationsfunktion, so in den Vorschriften zur Gliederung von Bilanz und Gewinn- und Verlustrechnung, über den Anhang und den Lage-

---

[596] Vgl. ebenda.

[597] Diese Eingrenzung auf den Ersten Abschnitt des HGB, das Recht der Einzelabschlüsse, wird auch für die vorliegende Arbeit in Anspruch genommen.

[598] Vgl. BEISSE, Heinrich: Die Generalnorm des neuen Bilanzrechts, in: Handelsbilanzrecht und Steuerrecht, Festschrift für Georg Döllerer, hrsg. von Brigitte Knobbe-Keuk u.a., Düsseldorf 1988, S. 25-44, hier S. 28-34.

[599] Vgl. BEISSE: Zum neuen Bild...(1994), a.a.O., S. 10-11.

bericht und über die Begriffe „Vermögens-, Finanz- und Ertragslage" (§264 Abs. 2 HGB) und „Lage der Kapitalgesellschaft" (§ 289 Abs. 1 HGB).[601]
Die Überlegungen zur Funktionsbestimmtheit bilanzrechtlicher Begriffe bilden den Übergang zum inneren System, der herausgebildeten Herrschaft von Rechtsprinzipien, den materiellen Grundsätzen ordnungsmäßiger Bilanzierung.[602]

Das Schema eines Gesamtbildes des Handels- und Steuerbilanzrechts (vgl. Abbildung 4) zeigt einen dreischichtigen Aufbau:

Schicht I: Reines Handelbilanzrecht
Schicht II: Deckungsgleiches, inhaltlich übereinstimmendes Handels- und Steuerbilanzrecht
Schicht III: Reines Steuerbilanzrecht.[603]

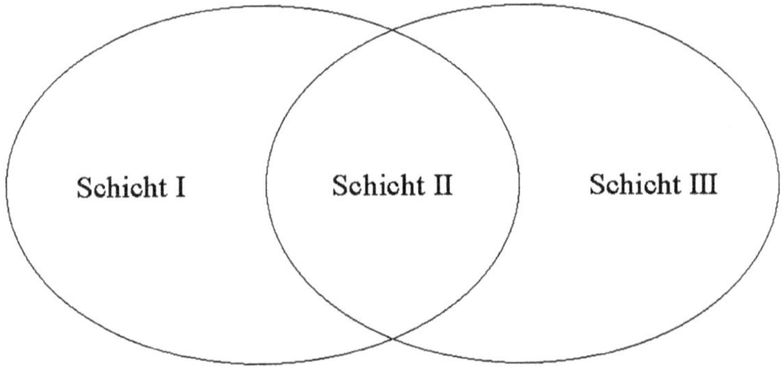


**Abbildung 4: Schichten des Handels- und Steuerbilanzrechts**

[600] Vgl. LARENZ: Methodenlehre...(1991), a.a.O., S: 482-486.
[601] Vgl. BEISSE: Zum neuen Bild...(1994), a.a.O., S. 11.
[602] Vgl. ebenda, S. 13.
[603] Vgl. ebenda, S. 13.

Die folgenden Überlegungen zum inneren System betreffen ausschließlich Schicht II, das inhaltsgleiche Handels- und Steuerbilanzrecht.

### 4.4.3 Das innere Systemgefüge der GoB

#### 4.4.3.1 Begriff und Wesen des inneren Systems

Das Systemdenken in der Jurisprudenz resultiert aus einem der obersten Rechtsgrundsätze, dem Gerechtigkeitsgebot und seiner Konkretisierung im Gleichheitssatz des Art. 3 GG.[604] Das Gebot, Gleiches gleich und Ungleiches nach dem Maße der Verschiedenheit ungleich zu behandeln, impliziert, daß bei Gesetzgebung und Norminterpretation „die wertungsmäßige Folgerichtigkeit und innere Einheit der Rechtsordnung“[605] zu respektieren sind.[606] Der Grundsatz der Rechtssicherheit bedingt zudem eine Systematisierung des Rechts durch überschaubare Prinzipien.[607]

Das innere System einer Rechtsmaterie ist „ein solches von Rechtsprinzipien, ... „eine axiologische oder teleologische Ordnung“ leitender Wertgesichtspunkte“[608]. Rechtsprinzipien sind keine Regeln, aus denen sich die Entscheidung eines Einzelfalles unmittelbar ergeben könnte. Sie bedürfen der Konkretisierung in Unterprinzipien und Einzelnormen. Die letzte Konkretisierung erfolgt im Hinblick auf den jeweiligen Einzelfall durch die Rechtsprechung. Hierbei kann es sich nicht um ein logisch-deduktives System handeln.[609] Die Systembildung erfolgt durch einen Prozeß wechselseitiger Erhellung des Verhältnisses der Prinzipien. Dabei kommt die innere Rangordnung der Prinzipien zur Geltung.[610] „Die Prinzipien erhalten ihren eigentlichen Sinngehalt erst in einem Zusammen-

---

604 Vgl. CANARIS: Systemdenken...(1983), a.a.O., S. 17.
605 CANARIS: Systemdenken...(1983), a.a.O., S. 18.
606 Vgl. EULER: Das System...(1996), a.a.O., S: 15.
607 Vgl. CANARIS: Systemdenken...(1983), a.a.O., S. 17 f.
608 LARENZ: Methodenlehre...(1991), a.a.O., S. 169 Hervorhebungen im Original.
609 Vgl. ebenda, S. 474; a. A. vgl. SCHNEIDER: Betriebswirtschaftslehre...(1994), a.a.O., S. 144-145.
610 Vgl. BEISSE: Zum neuen Bild...(1994), a.a.O., S. 13-14.

spiel wechselseitiger Ergänzung und Beschränkung"[611]. „Erst aus ihrem Zusammenspiel werden Tragweite und volle Bedeutung der Prinzipien deutlich"[612].

Ein inneres System[613] kodifizierter Grundsätze ordnungsmäßiger Buchführung läßt sich als eine „teleologische Ordnung allgemeiner Rechtsprinzipien definieren"[614]. Aufgabe eines inneren Systems ist zum einen, die Implikationen der einzelnen gesetzlichen Wertungen zu erforschen, und zum anderen, die Konflikte zwischen den gesetzlichen Wertungen zu erkennen und zu beseitigen.[615] Aus diesem Grunde entfalten die Rechtsprinzipien ihren Sinn „erst in einem Zusammenspiel wechselseitiger Ergänzung und Beschränkung". Da die systemtragenden Prinzipien die Rechtsfolgen (regelmäßig) nur mittelbar erkennen lassen, bedürfen sie der „Konkretisierung durch Unterprinzipien und Einzelwertungen"[616]. Als ein wesentliches Merkmal eines inneren Systems gilt die Offenheit.[617] Offenheit bezeichnet dabei die Entwicklungsfähigkeit des inneren Systems als Folge von Veränderungen der Rechtsordnung;[618] Ursache hierfür sind insbesondere Modifikationen des kodifizierten Rechts, Wandlungen der zugrundeliegenden Wertvorstellungen aber auch Rechtsfortbildungen seitens der Rechtsprechung

---

611 CANARIS: Systemdenken...(1983), a.a.O., S. 55.

612 LARENZ: Methodenlehre...(1991), a.a.O., S. 476.

613 Zum inneren System vgl. ebenda, S. 165 f. und S. 474-490.

614 CANARIS: Systemdenken...(1983), a.a.O., S. 47. Hierin liegt ein wesentlicher Unterschied zum begrifflichen, „äußeren System". Auch Begriffssysteme implizieren Wertungen, doch werden diese erst durch die prägenden Prinzipien explizit erkennbar. Vgl. ebenda, S. 19-25 und S. 48-50.

615 Vgl. ebenda, S. 46.

616 Ebenda, S. 53 (beide Zitate); vgl. auch EULER: Das System...(1996), a.a.O., S. 16.

617 Vgl. EULER: Das System...(1996), a.a.O., S. 16.

618 Vgl. BEISSE: Rechtsfragen...(1990), a.a.O., S. 500. Von der Offenheit zu unterscheiden ist die Beweglichkeit: Beweglichkeit des inneren Systems bedeutet „Ranggleichheit und wechselseitige Austauschbarkeit der maßgeblichen Prinzipien". CANARIS: Systemdenken...(1983), a.a.O., S. 75. Diese Ranggleichheit und Austauschbarkeit ist insoweit problematisch, als das System keine eindeutigen Entscheidungen von Sachverhalten gewährleistet; Rechtsfindung kann dann nur unter Abwägung der Argumente „nach Zahl und Stärke" erfolgen. Ebenda, S. 79. Beweglichkeit gilt jedoch im deutschen Recht als Ausnahme. Vgl. ebenda, S. 79-80; vgl. auch EULER: Das System...(1996), a.a.O., S. 16-17.

oder Wissenschaft.[619] In diesem Sinne ist das innere System der GoB unstrittig als offen zu bezeichnen.[620]

Entsprechend der Qualifikation im Gefüge von Rechtsprinzipien ist das innere System der GoB durch Auslegung zu ermitteln.[621] Die Auslegung basiert dabei auf der „Interdependenzthese“[622], der Vermutung eines vernünftigen Gesetzgebers, demnach die Aufgaben des Jahresabschlusses, die in § 252 Abs. 1 HGB kodifizierten Jahresabschlußprinzipien sowie die konkretisierenden Ansatz- und Bewertungsnormen sich wechselseitig bedingen.[623] Diese Interdependenz stellt einen „hermeneutischen Zirkel“[624] dar, der durch fortschreitende Interpretation des Gesetzes durchbrochen werden kann.[625] Ausgangspunkt der Systembildung ist die Ableitung der Primäraufgabe des handelsrechtlichen Jahresabschlusses, indem die „grundsätzlich denkbaren Bilanzaufgaben“[626] und deren zweckadäquate Bilanzierungsprinzipien verglichen werden. Anschließend sind die kodifizierten Jahresabschlußprinzipien dem Primärzweck adäquat zu strukturieren, mithin das „Zusammenspiel wechselseitiger Ergänzung und Beschränkung“[627] zu entwickeln. Im nächsten Schritt sind die, aus dem Prinzipiengefüge resultierenden Folgeprinzipien zu deduzieren. Die Systembildung ist erst dann abgeschlossen, wenn das Prinzipiengefüge als bestmögliche Approximation der handelsrechtlichen Ansatz- und Bewertungsnormen gelten kann; andernfalls ist der Systementwurf entsprechend zu modifizieren.[628]

---

[619] Vgl. CANARIS: Systemdenken...(1983), a.a.O., S. 61-73.
[620] Vgl. EULER: Das System...(1996), a.a.O., S. 16.
[621] Vgl. ebenda, S. 17.
[622] MOXTER, Adolf: Zwölf Thesen zum Stand der Bilanzrechtstheorie, Frankfurt am Main 1985, nicht veröffentlicht, These 4 Hervorhebungen im Original. Vgl. auch BÖCKING: Bilanzrechtstheorie...(1988), a.a.O., S. 113 f.
[623] Vgl. EULER: Das System...(1996), a.a.O., S. 17.
[624] Vgl. zu Begriff und Bedeutung des „hermeneutischen Zirkels“ GADAMER: Wahrheit...(1975), a.a.O., S. 250-290.
[625] Vgl. MOXTER, Adolf: Zum Sinn und Zweck des handelsrechtlichen Jahresabschlusses nach neuem Recht, in: Bilanz- und Konzernrecht, Festschrift für Reinhard Goerdeler, hrsg. von Hans Havermann, Düsseldorf 1987, S. 361-374, hier S. 363.
[626] MOXTER: Zwölf Thesen...(1985),a.a.O., These 5.
[627] CANARIS: Systemdenken...(1983), a.a.O., S. 53 u. 55.
[628] Vgl. EULER: Das System...(1996), a.a.O., S. 17-18.

Die Auslegung des Handelsbilanzrechts im Hinblick auf das zugrundeliegende System von GoB bereitet erhebliche Probleme. Der erste Problemkreis liegt in der Ableitung der Primäraufgabe des handelsrechtlichen Jahresabschlusses. Die Ermittlung des Primärzwecks leidet trotz beschränkter „grundsätzlich denkbarer Bilanzaufgaben“[629] unter den Unschärfen bilanztheoretischer Zweck – Regel – Gefüge.[630] Diese Unschärfen haben zur Folge, daß die kodifizierten Jahresabschlußprinzipien, deren Hierarchie wiederum vom Sinn und Zweck des Jahresabschlusses abhängt, nicht unmittelbar die Primäraufgabe der Handelsbilanz erkennen lassen; vielmehr bedarf es einer summarischen Würdigung auch der (einzelnen) Bilanzierungs- und Bewertungsnormen, um den Primärzweck zu bestimmen.[631]

Der zweite Problemkreis steht mit der Ableitung der gesetzesadäquaten Struktur der handelsrechtlichen Jahresabschlußprinzipien in Zusammenhang.[632] Die Schwierigkeiten werden dadurch verursacht, daß das Handelsbilanzrecht die Rangordnung der Jahresabschlußprinzipien nicht unmittelbar zu erkennen gibt. Die wechselseitigen Ergänzungen und Beschränkungen dieser Prinzipien können daher nur mittels summarischer Interpretation der Bilanzierungs- und Bewertungsnormen abgeleitet werden,[633] wobei der Primärzweck und die zweckadäquate Prinzipienhierarchie zu berücksichtigen sind.[634]

Den dritten Problemkreis kennzeichnet die Ableitung der das innere System von GoB konkretisierenden Folgeprinzipien. Bei der Ableitung dieser Folgeprinzipien handelt es sich um eine „wertende Konkretisierung“[635] des Gefüges der kodi-

---

629 MOXTER: Zwölf Thesen...(1985), a.a.O., These 5.

630 Vgl. MOXTER: Bilanzlehre.(1984), a.a.O., S. 81-148.

631 Vgl. EULER: Das System...(1996), a.a.O., S. 18-19. Nach BALLWIESER ist diese Vorgehensweise als die inzwischen „herrschende Meinung“ anzusehen, vgl. BALLWIESER, Wolfgang: Zur Frage der Rechtsform-, Konzern- und Branchenunabhängigkeit der Grundsätze ordnungsmäßiger Buchführung, in: Bilanzrecht und Kapitalmarkt, Festschrift für Adolf Moxter, hrsg. von Wolfgang Ballwieser, Hans-Joachim Böcking, Jochen Drukarczyk und Reinhard H. Schmidt, Düsseldorf 1994, S. 43-66, hier S. 46.

632 Vgl. CANARIS: Systemdenken...(1983), a.a.O., S. 55 f.

633 Vgl. LARENZ: Methodenlehre...(1991), a.a.O., S. 459.

634 Vgl. EULER: Das System...(1996), a.a.O., S. 19-20.

635 BEISSE: Rechtsfragen...(1990), a.a.O., S. 502; vgl. CANARIS: Systemdenken...(1983), a.a.O., S. 57 f.

fizierten Jahresabschlußprinzipien im Hinblick auf zu entscheidende Sachverhalte. Hierbei zeigt sich, ob und inwieweit das GoB-System mit dem Handelsbilanzrecht kompatibel ist.[636]

Die Bildung des inneren Systems handelsrechtlicher GoB ist aufgrund der hermeneutischen Struktur weniger ein Akt intersubjektiv nachprüfbarer (formallogischer) Deduktion, sondern vielmehr ein Prozeß subjektabhängiger (begründbarer) Wertung.[637] Dies führt bei konkurrierenden Systematisierungen und Konkretisierungen zu dem Problem, wessen Wertung Vorrang gebührt. Dem Gewaltenteilungsprinzip entspricht die grundsätzliche Wertungspräponderanz höchstrichterlicher Rechtsprechung (Art. 20 Abs. 2 Satz 2 GG). Wegen der verbleibenden Subjektivität von Normauslegungen haben die obersten Gerichte die Autorität zur Letztentscheidung, wobei ihnen nicht nur die Auslegung und „Fortbildung des Rechts“[638], sondern auch die Wahrung der „Einheitlichkeit der Rechtsprechung“ [639]obliegt.[640]
Zumindest die tragenden Elemente der Rechtsprechung entfalten somit eine dem kodifizierten Recht vergleichbare Bindungswirkung; sie erheben als Präjudizien grundsätzlich den Anspruch einer zutreffenden Norminterpretation.[641]

### 4.4.3.2 Struktur des inneren Systems der GoB

„Die innere Rangordnung der zu den GoB gehörenden Grundsätze und Einzelnormen zeigt einen mehrschichtigen Aufbau. An der Spitze steht nach BEISSE die „Trias der Leitprinzipien“[642]: Gläubigerschutz, Vorsichts- und Objektivie-

---

636 Vgl. EULER: Das System...(1996), a.a.O., S. 20.
637 Vgl. BEISSE: Zum Verhältnis...(1984), a.a.O., S. 7 f. Kritisch zu dieser Methode der GoB-Ermittlung äußert sich SCHNEIDER: Betriebswirtschaftslehre...(1994), S. 144-145.
638 § 11 Abs. 4 FGO.
639 Art. 95 Abs. 3 GG.
640 Vgl. EULER: Das System...(1996), a.a.O., S. 21.
641 Vgl. LARENZ: Methodenlehre...(1991), a.a.O., S. 413 f.
642 BEISSE: Zum neuen Bild...(1994), a.a.O., S. 14.

rungsprinzip.[643] Diese Leitprinzipien (Rahmenprinzipien) überlagern die Folgeprinzipien (Strukturprinzipien), denn sie formulieren Leitlinien zur Interpretation des Bilanzrechts und zur Würdigung von Sachverhalten. Sie beinhalten die bilanzrechtlichen Wertungsgrundsätze.[644]

Der Inhalt der Strukturprinzipien wird durch das „Tarieren der Rahmenprinzipien"[645] präzisiert. Ein Kernproblem bei der Konkretisierung des Bilanzrechtes und der Sachverhaltswürdigung ist, daß die Rahmenprinzipien in einem gegenseitigen Spannungsgefüge stehen und in der Regel konfligieren. Das GoB-System beschreibt, wie die Rahmenprinzipien, sich wechselseitig ergänzend und beschränkend, im Hinblick auf die Struktur- und deren Folgeprinzipien zusammenwirken.[646]

Ihnen folgen als konkretisierende Unterprinzipien das Vermögens- und das Gewinnermittlungsprinzip mit dessen Ausprägungen durch das Realisations- und das Imparitätsprinzip.[647] In der weiteren, differenzierenden und konkretisierenden unteren Schicht gehen aus dem Zusammenwirken der oberen GoB die weiteren Einzelnormen hervor.[648]

---

643 Gegenüber BEISSE erweitert EULER diese „Trias der Leitprinzipien" um das Prinzip wirtschaftlicher Betrachtungsweise, das Abschlußstichtags- und das Vereinfachungsprinzip; diese Prinzipien nennt er die Rahmenprinzipien des GoB-Systems. EULER unterscheidet gegenüber der Einteilung BEISSES in Rahmen- und Struktur- sowie Folgeprinzipien, wobei er darüber hinausgehend sowohl die Rahmen- als auch die Strukturprinzipien gegenüber Beisse differenzierter darstellt. Vgl. EULER: Das System...(1996), a.a.O., S. 109-125. Im Rahmen dieser Arbeit wird der EULER´schen Einteilung in Rahmen- und Strukturprinzipien sowie dessen Systementwurf gefolgt.

644 Vgl. ebenda, S. 115.

645 Ebenda, S. 116.

646 Vgl. EULER: Das System...(1996), a.a.O., S. 115-116.

647 EULER bezeichnet diese Unterprinzipien als die „Strukturprinzipien" des GoB-Systems. Vgl. ebenda, S. 109-115.

648 Vgl. BEISSE: Zum neuen Bild...(1994), a.a.O., S. 14.

### 4.4.4 Die Rahmenprinzipien

#### 4.4.4.1 Vorsichtsprinzip

Mit dem GoB-Verweis in § 243 Abs. 1 HGB liegt eine prinzipielle Wertentscheidung des Gesetzgebers vor. Sie besagt, daß die Rechtssicherheit im Sinne des traditionellen Gläubigerschutzprinzips Vorrang hat. „Dieses ist als das sicherste(, als) das Gestaltungsprinzip des deutschen Bilanzrechts“[649] anzusehen. „Die klassischen GoB sind sämtlich Konkretisierungen des Gläubigerschutzprinzips.“[650] Im geschichtlichen Prozeß der Herausbildung der heute maßgebenden Bilanzierungsgrundsätze hat die aktienrechtliche Bilanzgesetzgebung eine wichtige Rolle gespielt,[651] denn die Entwicklung der Bilanzierungsgrundsätze stand durchweg im Zeichen des Gläubigerschutzes.[652]

Damit ist jedoch nicht gesagt, daß der Jahresabschluß im ganzen und die Bilanz im besonderen nur dem Gläubigerschutz dienen sollte. Der Zweckpluralismus des Jahresabschlusses bleibt unberührt. Eine Bilanz, die unter Wahrung des Gläubigerschutzprinzips aufgestellt wird, dient nicht nur den Interessen der Gläubiger, sondern auch denen des Unternehmens an sich und des Inhabers. In längerer Perspektive dient eine solche Bilanz auch den Interessen der Gesellschafter und Dritter, insbesondere der Arbeitnehmer.[653]

Für den Systemgedanken ergibt sich hieraus, daß zum System der GoB nur diejenigen Grundsätze und Einzelnormen rechnen, die sich als Konkretisierungen des Gläubigerschutzprinzips darstellen und rechtsformneutral sind. Normen, die speziell dem Gesellschafterschutz dienen, gehören nicht dazu. Ebenso ist weitergehenden Zwecken des Jahresabschlusses wie z. B. besonderen Informations-

---

649 Ebenda, S. 15.

650 BEISSE: Gläubigerschutz...(1993), a.a.O., S. 82.

651 Vgl. insbesondere die Novellen des Aktiengesetzes von 1884 und 1931 sowie die Aktiengesetze von 1937 und 1965. Zur Aktiengesetznovelle von 1884 vgl. auch MOXTER, Adolf: Das Realisationsprinzip – 1884 und heute, in: BB, 39. Jg. (1984), S. 1780-1786.

652 Vgl. BEISSE: Gläubigerschutz...(1993), a.a.O., S. 82.

653 Vgl. ebenda, S. 82-83. Zur besonderen ethischen Bedeutung des Jahresabschlusses vgl. auch GÜMBEL: Bilanz und Doppik...(1994), a.a.O., S. 1132: „Der Kaufmann soll andere, aber auch die Mitglieder der Gesellschaft, in der er agiert, nicht übervorteilen. Ansonsten

aufgaben durch einen Ausbau der gesetzlichen Informationsnormen Rechnung zu tragen.[654]

Mit dem Gläubigerschutzgedanken ist eo ipso das Vorsichtsprinzip gegeben, denn Gläubigerschutz bedingt vorsichtige Bilanzierung. Der Kaufmann darf sich nicht reich rechnen.[655] „Es ist das Leitprinzip des GoB-Systems. Es beherrscht das kaufmännische Rechnungswesen und die Rechnungslegung nach Form und Inhalt“[656]. Das Vorsichtsprinzip gilt bereits für die Bilanzierung dem Grunde nach. Es durchdringt das GoB-System als ein umfassendes formales und materiales Prinzip.[657] Über seinen Stellenwert lassen sich die in der Wissenschaft vertretenen GoB-Systeme unterscheiden.[658]

Diese sogenannte konservative Bilanzierung, welche der kontinentaleuropäischen Tradition entspricht, verwirklicht damit ein rechtsethisches Prinzip.[659]

---

verletzt er den Grundsatz der *egalite´*. Daher haben am Eigennutz orientierte mikroökonomische Überlegungen zurückzutreten.“ Ebenda, Hervorhebung im Original.

654 Vgl. BEISSE: Zum neuen Bild...(1994), a.a.O., S. 15.

655 Vgl. ebenda.

656 BEISSE: Gläubigerschutz...(1993), a.a.O., S. 83.

657 Vgl. BEISSE: Zum neuen Bild...(1994), a.a.O., S. 16.

658 Vgl. BALLWIESER, Wolfgang: Grundsätze ordnungsmäßiger Bilanzierung, in: Beck´sches Handbuch der Rechnungslegung, hrsg. von E. Castan u.a., München 1986, Abschn. B 105, Rdnr. 30-40. Den „Zusammenhang“ von Erkenntnisobjekt und -methode sowie den Stellenwert des Vorsichts- (Gläubigerschutzes) und des Objektivierungsprinzips bei der GoB-Ermittlung erkennt auch WÜSTEMANN und grenzt darüber das deutsche GoB-System von solchen anglo-amerikanischer Provenienz ab. Vgl. WÜSTEMANN, Jens: US-GAAP: Modell für das deutsche Bilanzrecht?, in: WPg, 49. Jg, (1996), S. 421-431. „...mithin kann eine tendentiell induktive Ermittlung der generally accepted accounting principles für die USA konstatiert werden. Ebenda, S. 423. Eine „Übernahme der generally accepted accounting principles für das hiesige Bilanzrecht (bedeutet) einen Bruch mit dem deutschen Verständnis von Bilanzrechtsnormen als Rechtsnormen“ und entfernt sich somit „von der systematischen ... Ermittlung .. aus dem Telos ... zu einer induktiven, das heißt von der Kaufmannsübung abgeleiteten. ... Schließlich werden die amerikanischen Gewinnermittlungsgrundsätze aus einem anderen gesellschaftsrechtlichen Gefüge und anderen Bedürfnissen heraus entwickelt ... .“ Ebenda, S. 430. „Die unterschiedlichen Bilanzierungsgrundsätze spiegeln andere gesellschaftsrechliche Verhältnisse wider“ ... sie „sind so gesehen die Lösung für ein anderes Problem.“ Ebenda, S. 431.

659 Vgl. BEISSE: Zum neuen Bild...(1994), a.a.O., S. 15. Zur besonderen rechtsethischen Bedeutung der GoB vgl. ders.: Gläubigerschutz – Grundprinzip des deutschen Bilanzrechts, in: Festschrift für Karl Beusch zum 68. Geburtstag am 31.10.1993, hrsg. von Heinrich Beisse, Marcus Lutter und Heribald Närger, Berlin, New York 1993, S. 77-97, insbes. S. 87-88; vgl. auch MOXTER: Grundwertungen...(1997), a.a.O., S. 347 und S. 361.

„Daß die GoB Rechtssätze sind, verdanken sie offenbar nicht nur der Zweckmäßigkeit ihrer Entstehung, sondern auch und vielleicht sogar primär rechtsethischen Zusammenhängen. Die GoB geben seit jeher die Anschauungen ordentlicher, solider Kaufmannschaft wieder. Sie sollten allgemein maßgebend sein. Wer diese Normen verletzte, riskierte empfindliche Strafen, vor allem im Konkursfall“[660]. Diese ethischen Zusammenhänge stellte TRUMPLER bereits 1937 in den Vordergrund: „Man würde übrigens die Bedeutung der Grundsätze ordnungsmäßiger Buchführung verkennen, wenn man in ihnen lediglich die durch die Erfahrung der Jahrhunderte gewonnenen Regeln kaufmännischer Routine erblicken wollte: Sie wurzeln vielmehr in einer hohen sittlichen Forderung, nämlich in der Pflicht zur getreuen Verwaltung und Rechenschaftslegung, wie sie in den religiösen Formeln zum Ausdruck kommt, die in den Aufschriften alter Geschäftsbücher zu finden sind. Diese Pflicht obliegt in erster Linie dem Verwalter fremden Vermögens ... . Aber auch dem Kaufmann, der sein eigenes Vermögen verwaltet, ist an diese Pflicht gebunden, zur Rechtfertigung vor seinen Gläubigern, vor sich selbst und, ..., vor der Volksgemeinschaft“[661].

Sie sind ebenso Ausdruck einer bestimmten Wirtschaftsgesinnung:[662] Die GoB „bezwecken die Erhaltung und Sicherung des Unternehmens im Interesse zunächst der Gläubiger, letztlich jedoch des Unternehmers selbst. Ihr Leitbild ist der Kaufmann, dessen Unternehmen Existenzgrundlage ist und der kreditfähig bleiben muß, nicht jedoch der Investor, der nur auf kurze Sicht und mehr oder weniger spekulativ disponiert. Dessen Interessen werden nicht für besonders schützenswürdig erachtet.“[663] Die GoB begünstigen dementsprechend langfristi-

---

660 BEISSE: Gläubigerschutz...(1993), a.a.O., S. 87.

661 TRUMPLER: Die Bilanz...(1937), a.a.O., S. 13.

662 Vgl. MOXTER: Bilanzlehre (1986), a.a.O., S.6; vgl. auch BEISSE: Gläubigerschutz...(1993), a.a.O., S. 87-88. Gläubigerschützende Rechnungslegung als Ausdruck einer spezifischen, ethischen Wirtschaftsgesinnung betont auch FETTEL: „Wir glauben, sagen zu dürfen, daß ordentliche Kaufleute sich bemühen, ihre Geschäftspartner, insbesondere ihre Gläubiger vor Schaden und Nachteil zu bewahren. Nach diesem Grundsatz, der hier den Sinn einer *ethischen Norm* hat, verfahren sie auch in ihrer Buchführung und in ihrer Bilanzierung“. FETTEL, Johannes: Die Grundsätze ordentlicher Buchführung (und Bilanzierung), in: WT, 8. Jg. (1959), S. 125-126, hier S. 125 Hervorhebung durch den Verfasser.

663 BEISSE: Gläubigerschutz...(1993), a.a.O., S. 87-88.

ge Engagements und Unternehmensplanungen, sie sind auf die solide Führung der Geschäfte und entsprechende Rechnungslegung ausgerichtet und dienen damit auch den Interessen der Arbeitnehmer des Unternehmens.[664] „Für die „Philosophie der GoB" ist das Unternehmen ein Wert an sich. So haben die Bilanzierungsgrundsätze nicht nur eine ordnungspolitische Funktion, sie sind Ausdruck einer Rechtskultur"[665].

Der Gegensatz ist, angesichts der Konfrontation mit andersartigen Bilanzvorstellungen, besonders aus dem angloamerikanischen Bereich auch wirtschaftlich begründet: Er steht u. a. im Zusammenhang mit der unterschiedlichen Finanzierungsweise von vorwiegend mit Fremdkapital hier und mit Eigenkapital dort.[666]

#### 4.4.4.2 Das Prinzip wirtschaftlicher Betrachtungsweise

Der Begriff „wirtschaftliche Betrachtungsweise" wird in der Literatur unterschiedlich verwendet.[667] Im bilanzrechtlichen Kontext steht der Begriff zunächst als Synonym für „teleologische Auslegung"[668] des Bilanzrechts. Die Formulierung „wirtschaftliche Betrachtungsweise" drückt aus, daß das Bilanzrecht die Funktion hat, wirtschaftliche Sachverhalte mittels wirtschaftlicher Norminhalte zu erfassen; dabei sind die spezifischen Wertungen und Aufgaben des Bilanz-

---

664 Vgl. MOXTER, Adolf: Standort Deutschland: Zur Überlegenheit des deutschen Rechnungslegungsrechts, in: Standort Deutschland – Grundsatzfragen und aktuelle Perspektiven für die Besteuerung, die Prüfung und das Controlling, Festschrift für Anton Heigl, hrsg. von Volker H. Peemöller und Peter Uecker, Berlin 1995, S. 31-41, hier S. 39. MOXTER spricht insoweit sogar von einem Standortvorteil. „Der Standort Deutschland zeichnet sich auch aus ... durch ein sehr sinnvolles Recht der Rechnungslegung (...). Dem deutschen Recht liegt eine sehr konservative Wirtschaftsmentalität zugrunde: ... (der) Kern dieser Wirtschaftsmentalität ... (ist), daß Partikularinteressen gegenüber dem Bestandsschutz des Unternehmens zurücktreten." Ebenda, S. 31 (erstes Zitat) und S. 40 (zweites Zitat). Vgl. ebenso BEISSE: Gläubigerschutz...(1993), a.a.O., S. 87-88.

665 BEISSE: Gläubigerschutz...(1993), a.a.O., S. 87-88 Hervorhebungen im Original.

666 Vgl. KÜTING, Karlheinz: Europäisches Bilanzrecht und Internationalisierung der Rechnungslegung, in: BB 48. Jg. (1993), S. 30-38.

667 Vgl. BÖCKING: Verbindlichkeitsbilanzierung...(1994), a.a.O., S. 5-32 (mit umfassenden Literaturhinweisen); vgl. dazu auch GROH: Die wirtschaftliche Betrachtungsweise...(1989), a.a.O.

668 Vgl. DÖLLERER, Georg: Gedanken zur Bilanz im Rechtssinne, in: JbFfSt 1979/80, S. 195-205, hier S. 201-205.

rechts – im Rahmen der objektiv-teleologischen Auslegung[669] – bei der Bildung des GoB-Systems zu berücksichtigen und in die Entscheidung von Sachverhalten zu transformieren.[670] Somit ist die wirtschaftliche Betrachtungsweise konstitutiv für das gesamte Bilanzrecht.[671]

Das Prinzip wirtschaftlicher Betrachtungsweise, wie es sich positiv-rechtlich etwa aus den §§ 246 Abs. 1 Satz 1, 249 Abs. 1 und 2 HGB ergibt, betont den wirtschaftlichen Gehalt der Strukturprinzipien: So ist für den Vermögensansatz das Vorliegen eines Sachenrechts oder eines Rechtsanspruches weder notwendig noch hinreichend; maßgebend ist, daß ein wirtschaftlicher Vorteil gegeben ist, der zum wirtschaftlichen Eigentum des Kaufmanns gehört.[672] Auf der anderen Seite ist ebenso für den Ansatz von Schulden eine formalrechtliche Verbindlichkeit weder notwendig noch hinreichend; es werden lediglich wirtschaftliche Lasten passiviert.[673] In diesem Sinne zieht sich die Geltung des Prinzips der wirtschaftlichen Betrachtungsweise, wie hier dargestellt, nicht nur durch das Vermögensermittlungsprinzip, sondern auch durch das Gewinnermittlungsprinzip, mit seinen Ausprägungen Realisations- und Imparitätsprinzip sowie den entsprechenden Folgeprinzipien für Ansatz und Bewertung.[674]

#### 4.4.4.3 Objektivierungsprinzip

Das Vorsichtsprinzip und das Prinzip wirtschaftlicher Betrachtungsweise wird konkretisiert, ergänzt und begrenzt durch das Prinzip der Objektivierung. Es ist der Bilanz als Rechtsinstitut immanent.[675] „Rechtsklarheit und Rechtssicherheit

---

669 Vgl. dazu LARENZ: Methodenlehre...(1991), a.a.O., S. 333-339.

670 Vgl. BEISSE: Zum Verhältnis...(1984), a.a.O., S. 10-14; vgl. ders.: Grundsatzfragen der Auslegung des Bilanzrechts, in: BB, 45. Jg (1990), S. 2007-2012, hier S. 2007.

671 Vgl. EULER: Das System...(1996), a.a.O., S. 117.

672 Ständige Rechtsprechung des BFH, z. B. Urteil des Bundesfinanzhofes vom 8. April 1992 XI R 34/88, BFHE 168, S. 124-128, hier S. 126.

673 Ständige Rechtsprechung des BFH, z. B. Urteil des Bundesfinanzhofes vom 22. November 1988 VIII R 62/85, BFHE 155, S. 322-330, hier 326 f.

674 Vgl. EULER: Das System...(1996), a.a.O., S. 117-118.

675 Vgl. BEISSE: Zum neuen Bild...(1994), a.a.O., S. 16.

lassen sich anders nicht erreichen“[676]. Im weitesten Sinne bedeutet Objektivierung die Ausschaltung alles Subjektiven, aller subjektiven Willkür sowie Nachvollziehbarkeit und Kontrollierbarkeit.[677] So gesehen ist die Objektivierung der „Leitgedanke aller Rechnungslegung“.[678] Das Objektivierungsprinzip bildet das „Agens“[679] im formalen und materialen Sinne im GoB-System: In formaler Hinsicht ist es das Prinzip der Ermessensbeschränkung. Es entfaltet die Bedingungen willkürfreier Rechnungslegung, wie Klarheit und Übersichtlichkeit (§§ 243 Abs. 2, 47 Abs. 1 HGB), Vollständigkeit (§ 246 Abs. 1 HGB), Einzelbewertung (§ 252 Abs. 1 Nr. 3 HGB), Zeitnähe (§ 243 Abs. 3 HGB), Stichtags- und Jahresprinzip (§§ 240 Abs. 1 und 2, 242 Abs. 1 und 2 HGB). Modifizierend wirken die Rechtsanwendungsgrundsätze der wirtschaftlichen Betrachtungsweise, der Wesentlichkeit, Praktikabilität und Vereinfachung (vgl. § 241 HGB). In materialer Hinsicht bedeutet Objektivierung schlicht „Vergegenständlichung“. Sie fordert die Bilanz im Rechtssinn als Vermögensaufstellung (§§ 246 Abs. 1, 247 Abs. 1; vgl. § 4 Abs. 2 EstG: „Vermögensübersicht“), als „statische“ Bilanz.[680]

Schließlich ist Objektivierung ein Prinzip der Rechtsfindung. In diesem Sinne bedeutet sie „die Herausarbeitung klarer Kriterien und Maßstäbe, die praktikabel sind und einer wohlverstandenen wirtschaftlichen Betrachtungsweise entsprechen“[681]. Das Objektivierungsprinzip regelt neben der Auslegung des kodifizierten Bilanzrechts auch die Würdigung bilanzrechtlicher Sachverhalte. Im Hinblick auf den Bilanzansatz formuliert das Objektivierungsprinzip in der Wirkung einer „Objektivierungsrestriktion“[682] dogmatische Tatbestandsmerkmale, die der ermessensreduzierten Subsumtion von Sachverhalten dienen.[683] Diese

---

676 MOXTER, Adolf: Bilanzrechtsprechung, 3. vollständig umgearbeitete Auflage, Tübingen 1993, S. 7.
677 Vgl. BEISSE: Gläubigerschutz...(1993), a.a.O., S. 83.
678 Ebenda.
679 BEISSE: Zum neuen Bild...(1994), a.a.O., S. 16.
680 Vgl. ebenda.
681 BEISSE: Gläubigerschutz...(1993), a.a.O., S. 84.
682 MOXTER, Adolf: Bilanzrechtsprechung, 4., vollst. umgearbeitete Auflage, Tübingen 1996, S. 7.
683 Vgl. EULER: Das System...(1996), a.a.O., S. 121.

objektivierungsgeprägten Kriterien erfassen die Risiken der Einnahmen- (Vermögensgegenstände) und Ausgabenpotentiale (Schulden) vornehmlich nach der Maßgabe der jeweils zugrundeliegenden rechtlichen Struktur der Sachverhalte.[684]
Die Einschränkung des Ermessens folgt aus den Aufgaben handelsrechtlicher Rechnungslegung: Der Adressatenschutz bedingt, daß die Beachtung der bilanzrechtlichen Vorschriften kontrolliert werden kann, mithin, daß das GoB-System und dessen Anwendung hinreichend präzise beschrieben sind[685], zumal bei Mißachtung des GoB-Gebots strafrechtliche Sanktionen drohen.[686] Diese setzen voraus, daß die inhaltlichen Anforderungen an das Verhalten des Kaufmanns ausreichend – klar und eindeutig - bestimmt sind. Andernfalls könnte der Kaufmann entscheiden, worüber und wie zuverlässig Rechnung gelegt wird. Bilanzierungsregeln, die dem Kaufmann erhebliches Ermessen einräumen, sind strafrechtlich nicht justitiabel, mit der Folge, daß die Sanktionswahrscheinlichkeit und gleichzeitig auch die Motivation rechtstreuer Rechnungslegung abnimmt.[687]

#### 4.4.4.4 Das Abschlußstichtags- und das Vereinfachungsprinzip

Das Abschlußstichtagsprinzip hat die Aufgabe, den Zeitpunkt, auf den sich der Jahresabschluß bezieht, zu definieren. Darauf basiert daher sowohl die Vermögens- als auch die als Vermögensänderung konzipierte Gewinnermittlung.[688] Primär geht es hierbei um die Abgrenzung der zum Bilanzstichtag relevanten Informationen und damit um die Frage, unter welchen Voraussetzungen Informationen, die zwischen Bilanzstichtag und Bilanzerstellungstag erlangt werden, zu berücksichtigen sind (§ 252 Abs. 1 Nr. 4 Hs. 1 HGB).[689]

---

[684] Vgl. BEISSE: Zum Verhältnis...(1984), a.a.O., S. 2f. Beispiele hierzu finden sich bei EULER: Das System...(1996), a.a.O., S. 121-122.
[685] Vgl. MELLWIG, Winfried: Bilanzrechtsprechung und Betriebswirtschaftslehre, in: BB, 38. Jg. (1983), S. 1613-1620, hier S. 1613 und 1616 f.
[686] Insbes. §§ 283-283b StGB und §§ 331 f. HGB.
[687] Vgl. EULER: Das System...(1996), a.a.O., S. 120-121.
[688] Vgl. ebenda, S. 123.
[689] Vgl. MOXTER, Adolf: Beschränkung der gesetzlichen Verlustantizipation auf die Wertverhältnisse des Abschlußstichtages?, in: Betriebswirtschaftliche Steuerlehre und Steuer-

Die positiv-rechtliche Geltung für das Vereinfachungsprinzip ergibt sich insbesondere aus den Vorschriften zu Inventar und Inventur (§§ 240f. HGB). Das Vereinfachungsprinzip wirkt sich auf die Mengen- und Wertbasis der Bilanz aus, da der handelsrechtliche Jahresabschluß auf dem Inventar gründet. Für die handelsrechtliche Bilanzierung erlaubt das Vereinfachungsprinzip unmittelbar beobachtbare Ansatzkriterien und einfache Bewertungsmethoden anzuwenden, wenn dies keine oder allenfalls marginale Vermögens- und Gewinnverzerrungen verursacht.[690]

### 4.4.5 Struktur- und Folgeprinzipien

#### 4.4.5.1 Das Vermögensermittlungsprinzip

Objektivierung als Vergegenständlichung des Bilanzinhalts schließt aus, die Handelsbilanz als bloßes Sammelkonto für Verrechnungsposten, entsprechend dynamischer Bilanzlehre, zu verstehen. Dynamische Elemente sind in diesem Sinne systemfremd, da die Bilanz im Rechtssinne in ihrem Kern nicht „dynamisch“ ist und dementsprechend die GoB als „statisch“ zu verstehen sind. Dynamische Elemente, wie z. B. das Passivierungswahlrecht für Aufwandsrückstellungen (§ 249 Abs. 2 HGB) können daher nur durch die Gesetzgebung geschaffen werden.[691]

Gleichwohl dient die als Vermögensdarstellung (Vermögensbilanz[692]) verstandene Bilanz der Gewinnermittlung. Der Bilanzgewinn ist als erwirtschaftete, d. h. realisierte Vermögensmehrung zu definieren. Der Grundsatz der periodengerechten Gewinnermittlung hat demgegenüber keine selbständige Bedeutung. Er

---

beratung, Festschrift für Gerd Rose, hrsg. von Norbert Herzig, Wiesbaden 1991, S. 165-174, hier S. 168 f. Zur weiteren Konkretisierung vgl. EULER: Das System...(1996), S. 123-124.

690 Vgl. EULER: Das System...(1996), a.a.O., S. 124-125.

691 Vgl. BEISSE: Zum neuen Bild,...(1994), a.a.O., S. 17.

692 Vgl. MELLWIG: Bilanzrechtsprechung...(1983), a.a.O., S. 1618 f., vgl. ders.: Rechnungslegungszwecke und Kapitalkonten bei Personengesellschaften, in: BB, 34. Jg. (1979), S. 1409-1418, hier S. 1410.

ist Folge des Vermögensprinzips.[693] Durch ihn kann keine Bilanzierung gefordert werden, die nicht durch das Vermögensprinzip gedeckt ist.[694] Darin liegt offenkundig ein Hauptunterschied zur angloamerikanischen Bilanzauffassung mit ihrem vorrangigen und verselbständigten Grundsatz der periodisierten Erfolgsermittlung („matching principle"[695]).[696]
Das Vermögensermittlungsprinzip präzisiert die allgemeinen Vermögens- und Schuldenkriterien und formuliert Konzeptionen der Bewertung; es regelt neben den Einlagen - als lex generalis - den Ansatz und die Bewertung in den Folgebilanzen.[697]

Die Konzeption dieser Vermögensermittlung wird zum einen durch das Einzelbewertungsprinzip (§ 252 Abs. 1 Nr. 3 HGB) und zum anderen durch das Fortführungsprinzip (§252 Abs. 1 Nr. 2 HGB) geprägt.[698] Zum Vermögen zählen – neben den Zahlungsmitteln - die (Netto-)Einnahmepotentiale und zu den Schulden die (Netto-)Ausgabepotentiale.[699] Sowohl wegen der Interdependenz der künftigen Einnahmen mit den künftigen Ausgaben, als auch wegen der Unsicherheit der Prognose ist die Konzeption des Fortführungsvermögens verhältnismäßig vage; den konkretisierenden Folgeprinzipien kommt daher die Aufga-

---

693 Vgl. BEISSE: Zum neuen Bild...(1994), a.a.O., S. 17.

694 Vgl. MOXTER, Adolf: Periodengerechte Gewinnermittlung und Bilanz im Rechtssinne, in: Handelsrecht und Steuerrecht, Festschrift für Georg. Döllerer, hrsg. Von Brigitte Knobbe-Keuk, u. a., Düsseldorf 1988, S. 447-458, hier S. 449-450 und S. 458.

695 Vgl. BUDDE, Wolfgang Dieter/RAFF, Ingo: Teilkommentierung zu § 243 HGB, in: Beck´scher Bilanzkommentar, bearb. v. W. D. Budde u. a., 2. Aufl. München 1990, Anm. 35.

696 Vgl. BEISSE: Zum neuen Bild...(1994), a.a.O., S. 17.

697 Vgl. EULER: Das System...(1996), a.a.O., S. 112.

698 Vgl. ebenda, S. 109.

699 Vgl. ORDELHEIDE, Dieter: Kapital und Gewinn. Kaufmännische Konvention als kapitaltheoretische Konzeption?, in: Zeitaspekte in betriebswirtschaftlicher Theorie und Praxis, hrsg. von Herbert Hax u. a., Stuttgart 1989, S. 21-41, hier S. 23 und S. 25; vgl. ders.: Bilanzen in der Investitionsplanung und -kontrolle, in: Aktuelle Fragen der Finanzwirtschaft und Unternehmensbesteuerung, Festschrift für Erich Loitlsberger, hrsg. von Dieter Rückle, Wien 1991, S. 507-534, hier S. 514.

be zu, die Voraussetzungen des Ansatzes der Einnahme- und Ausgabepotentiale zu präzisieren und deren Bewertung zu regeln.[700]

Zu den Folgeprinzipien gehört zunächst das aus dem Einzelbewertungsprinzip resultierende Prinzip der Greifbarkeit.[701] Dieses hat die Funktion, ins Unbestimmte zerfließende (positive wie negative) Vermögensbeiträge von der Bilanzierung auszuschließen[702], da sich sowohl deren Ansatz als auch Bewertung einer intersubjektiven Nachprüfung entzieht.[703] Einnahmen- und Ausgabenpotentiale gelten nur dann als Vermögensgegenstände, Schulden oder Rechnungsabgrenzungsposten, wenn sie sowohl isolierbar (Greifbarkeit dem Grunde nach) als auch selbständig bewertbar (Greifbarkeit der Höhe nach) sind.[704]

Das Greifbarkeitsprinzip wird ergänzt und präzisiert vom Prinzip wirtschaftlicher Vermögensermittlung. Dieses legt fest, daß das Vorliegen einer rechtlichen Konkretisierung für den Bilanzansatz weder notwendig noch hinreichend ist (§ 246 Abs. 1 Satz 2 HGB). Voraussetzung einer Aktivierung ist das Vorliegen eines wirtschaftlichen Vorteils, der dem wirtschaftlichen Eigentum des Kaufmanns zuzurechnen ist. Folglich ist das bilanzrechtliche Vermögen weit definiert und umfaßt auch rein wirtschaftliche Güter (§ 266 Abs. 2 A. I HGB). Eine Passivierung von Schulden erfordert einen künftigen Ausgabenüberschuß, somit sind auch rein wirtschaftliche Lasten (§ 249 Abs. 1 Satz 2 Nr. 2 HGB) ansatzfähig, wohingegen kompensierte Lasten[705] mangels Ausgabenüberschusses nicht zu passivieren sind.[706]

---

700 Vgl. EULER: Das System...(1996), a.a.O., S. 109-110.

701 Vgl. MOXTER: Bilanzrechtsprechung (1996), a.a.O., S. 11-13; vgl. EULER: Das System...(1996), a.a.O., S. 110.

702 Vgl. Urteil des Reichsfinanzhofs vom 21. Oktober 1931 VI A 2002/29, RFHE 30, S. 142-148, hier S. 146.

703 Vgl. FREERICKS, Wolfgang: Bilanzierungsfähigkeit und Bilanzierungspflicht in Handels- und Steuerbilanz, Köln, Berlin, Bonn und München 1976, S. 267 f.

704 Vgl. MOXTER, Adolf: Selbständige Bewertbarkeit als Aktivierungsvoraussetzung, in: BB, 42. Jg. (1987), S. 1846-1851, hier S. 1847; vgl. auch ders.: Bilanzrechtsprechung (1996), a.a.O., S. 11-14; vgl. EULER: Das System...(1996), a.a.O., S. 110.

705 So z. B. von künftigen Gewinnen abhängige Ausgaben. Vgl. Urteil des Bundesfinanzhofes vom 18. Oktober 1989 IV B 149/88, BFHE 158, S. 426-431, hier S. 429 f. (mit weiteren Nachweisen); vgl. ebenso bereits das Urteil des Reichsgerichtes in Zivilsachen vom 26. November 1912 Rep. II 359/12, RGZ 81, S. 17-22, hier S. 22.

706 Vgl. EULER: Das System...(1996), a.a.O., S. 110-111.

Auch die Bewertungskonzeption wird durch das Vermögensermittlungsprinzip determiniert: Die durch die Vermögensgegenstände, Schulden und Rechnungsabgrenzungsposten alimentierten Einnahmen und Ausgaben sind imparitätisch zuzuordnen und vorsichtig zu prognostizieren. [707]

### 4.4.5.2 Das Gewinnermittlungsprinzip

Das Gewinnermittlungsprinzip als zweites Strukturprinzip ergänzt, präzisiert und durchbricht – als lex specialis – das Vermögensermittlungsprinzip. Seine Hauptaufgabe liegt in der Bestimmung des entziehbaren und verteilbaren Gewinns.[708] Es konkretisiert den periodengerechten Gewinn im Sinne des Realisationsprinzips und beschränkt durch Vorsichts- und Objektivierungsprinzipien den als ausschüttbar geltenden Betrag.[709]

Das aus dem Gewinnermittlungsprinzip folgende Realisationsprinzip bindet die Ertragsrealisierung - objektivierungsbedingt – an den Umsatz, durch den der Gegenwert, die „so gut wie sichere"[710] Forderung entsteht. Dieses Quasisicherheitsprinzip determiniert den Ertragsausweis insoweit, als es den Zeitpunkt präzisiert, zu dem der rechtsstrukturbedingte Risikoabbau so weit vorangeschritten ist und der Ertrag als verwirklicht gelten kann.[711] Bis dahin ist der zu verwertende Gegenstand höchstens mit den Anschaffungs- oder Herstellungskosten zu bewerten. Im Unterschied zum angloamerikanischen Recht ist eine Ertragsreali-

---

707 Vgl. ebenda, S. 112.

708 Vgl. ebenda, S. 112; vgl. dazu auch BERNDT: Grundsätze...(1998), a.a.O., S. 45.

709 Vgl. BEISSE: Zum neuen Bild...(1994), a.a.O., S. 17 f.; vgl. MOXTER: Grundsätze...(1993), a.a.O., S. 533-544; vgl. ders.: Entziehbarer Gewinn?, in: Rechnungslegung – Warum und Wie, Festschrift für Hermann Clemm, hrsg. von Wolfgang Ballwieser, Adolf Moxter und Rolf Nonnenmacher, München 1996, S. 231-241.

710 Zum Quasisicherheitsprinzip vgl. MOXTER: Bilanzrechtsprechung (1996), a.a.O., S. 46-47.

711 Vgl. WOERNER, Lothar: Die Gewinnrealisierung bei schwebenden Geschäften, in: BB, 43. Jg. (1988), S. 769-777; vgl. ders.: Grundsatzfragen zur Bilanzierung schwebender Geschäfte, in: FR, 39. (66.) Jg. (1984), S. 489-496; vgl. Beschluß des Bundesfinanzhofes vom 11. Dezember 1985 I B 49/85, BFH-NV 1./2. Jg. (1985/86), S. 595 f.; vgl. auch HOMMEL, Michael: Grundsätze ordnungsmäßiger Bilanzierung für Dauerschuldverhältnisse, Wiesbaden 1992, S. 75-80.

sierung beim ruhenden Vermögen und vor Erfüllung der eigenen Leistungspflicht ausgeschlossen.[712]

Neben der Ertragsrealisation regelt das Realisationsprinzip aber auch die umsatzgebundene Periodisierung von Aufwendungen.[713] Dem Ausgabenübertragungsprinzip folgend, können entsprechend des Vermögensermittlungsprinzips konkretisierte Einnahmepotentiale grundsätzlich nur dann aktiviert werden, wenn sie aufgrund von Ausgaben erlangt werden; bei immateriellen Vermögensgegenständen des Anlagevermögens ist sogar ein „entgeltlicher Erwerb" im Sinne des § 248 Abs. 2 HGB erforderlich.[714] Außerdem impliziert das Ausgabenübertragungsprinzip, daß Vermögensgegenstände mit ihren Anschaffungs- oder Herstellungskosten zu bewerten sind.[715] Das Realisationsprinzip reglementiert darüber hinaus die planmäßige Abschreibung der Vermögensgegenstände.[716]
Daneben regelt das Realisationsprinzip auch die Ausgabenantizipation. Künftige, dem Vermögensermittlungsprinzip entsprechend konkretisierte Ausgabenüberschüsse sind zu antizipieren, sofern diese bereits realisierten Erträgen zuzuordnen sind, im Sinne der Rechtsprechung als wirtschaftlich verursacht gelten.[717]

---

712 Vgl. BEISSE: Zum neuen Bild...(1994), a.a.O., S. 18.

713 Vgl. MOXTER, Adolf: Wirtschaftliche Gewinnermittlung und Bilanzsteuerrecht, in: StuW, 60. Jg. (1983), S. 300-307, hier S. 302 f.; vgl. EULER: Das System...(1996), a.a.O., S. 113; a. A. SIEGEL, Theodor: Metamorphosen des Realisationsprinzips?, in: Rechnungslegung, Festschrift für Karl-Heinz Forster, hrsg. Adolf Moxter u. a., Düsseldorf 1992, S. 585-605, hier S. 595 f.

714 Vgl. EULER: Das System...(1996), a.a.O., S. 113. Zum entgeltlichen Erwerb vgl. auch MOXTER: Bilanzrechtsprechung (1996), a.a.O., S. 27-35 und die dort angegebene Literatur und Rechtsprechung.

715 Vgl. MOXTER: Das Realisationsprinzip...(1984), a.a.O., S. 1783; vgl. ders.: Bilanzrechtsprechung (1996), a.a.O., S. 155 und S. 177.

716 Vgl. MOXTER: Bilanzrechtsprechung (1996), a.a.O., S. 216-217; vgl. auch BREIDERT, Ulrike: Grundsätze ordnungsmäßiger Abschreibungen auf abnutzbare Anlagegegenstände, Düsseldorf 1994, S. 9 f.

717 Vgl. MOXTER: Bilanzrechtsprechung (1996), a.a.O., S. 101-105; vgl. ders.: Rückstellungskriterien im Streit, in: ZfbF, 47. Jg. (1995), S. 311-326; vgl. GROH, Manfred: Verbindlichkeitsrückstellung und Verlustrückstellung: Gemeinsamkeiten und Unterschiede, in: BB, 43. Jg. (1988), S. 27-33, hier S. 27; vgl. auch BÖCKING: Verbindlichkeitsbilan-

Für künftige Ausgaben, die mit realisierten Erträgen zusammenhängen, stellt sich als Passivierungsfrage die Rückstellungpflicht.[718] Das Ausgabenantizipationsprinzip bestimmt auch die Bewertung der bereits realisierten Umsätzen zuzuordnenden Nachleistungen. Es sind sämtliche umsatzinduzierten Ausgaben gewinnmindernd zu erfassen, um einen erhöhten Ausweis des entziehbaren Gewinns zu verhindern, so daß derartige Schulden, dem Prinzip erfolgsneutraler Verpflichtungserfüllung folgend, zu bewerten sind; zumal künftige Perioden von realisierten Ausgaben freigestellt werden sollen.[719]

Das Vorsichtsprinzip gebietet, in der Bilanz die Anforderungen an die Aktiva strenger zu fassen als für Schulden. So sind beide Seiten der Bilanz insgesamt imparitätisch strukturiert.[720] Das Realisationsprinzip wird durch das Imparitätsprinzip ergänzt, da nur ein drohende Verluste antizipierender Gewinn als entziehbar qualifiziert werden kann.[721] Die Folgeprinzipien präzisieren die Voraussetzungen und den Umfang der Verlustantizipation.[722] Rückstellungen für drohende Verluste aus schwebenden Geschäften sind in dem Zeitpunkt zu passivieren, in dem ein Verpflichtungsüberschuß wirtschaftlich entsteht. Die Bewertung von Drohverlustrückstellungen resultiert ebenso aus dem Prinzip erfolgsneutraler, d. h. Gewinn- und Verlustrechnungsneutraler Verpflichtungserfüllung.[723] Der Ausdruck „Verlustantizipation“ meint dabei keine Vorwegnahme

---

zierung...(1994), a.a.O. sowie TISCHBIERECK, Armin: Der wirtschaftliche Verursachungszeitpunkt von Verbindlichkeitsrückstellungen, Frankfurt am Main 1994.

718 Vgl. BEISSE: Zum neuen Bild...(1994), a.a.O., S. 18.

719 Vgl. MOXTER, Adolf: Bilanzrechtliche Abzinsungsgebote und –verbote, in: Ertragsbesteuerung, Festschrift für Ludwig Schmidt, hrsg. von Arndt Raupach u.a., München 1993, S. 195-207, hier S. 197 und S. 204 f.; Vgl. zu dieser Problematik auch BÖCKING: Bilanzrechtstheorie...(1988), a.a.O.; vgl. auch EULER: Das System...(1996), a.a.O., S. 114.

720 Vgl. BEISSE: Zum neuen Bild...(1994), a.a.O., S. 18.

721 Vgl. BEISSE: Gläubigerschutzprinzip...(1993), a.a.O., S. 84.

722 Vgl. EULER: Das System...(1996), a.a.O., S. 115.

723 Vgl. MOXTER, Adolf: Saldierungs- und Abzinsungsprobleme bei Drohverlustrückstellungen, in: BB, 48. Jg. (1993), S. 2481-2485, hier S. 2483 f., vgl. Urteil des Bundesfinanzhofs vom 16. November 1982 VIII R 95/81, BFHE, 137, S. 427-433, hier S. 431 f.; vgl. auch HEDDÄUS, Birgit: Grundsätze ordnungsmäßiger Verlustantizipation, Düsseldorf 1997.

eines Verlustes, sondern die bereits eingetretene, jedoch noch nicht endgültige Vermögensminderung.[724]
Darüber hinaus präzisiert das Imparitätsprinzip die niedrigere Bewertung von Vermögensgegenständen und die höhere Bewertung von Schulden.[725] Das Prinzip des beizulegenden Wertes dient ebenfalls der verlustantizipierenden Bewertung.[726]
Aus dem Gewinnermittlungsprinzip resultiert schließlich das Stetigkeitsprinzip.[727] Es hat entsprechend seiner Kodifikation und Entstehungsgeschichte die Funktion eines Willkürverbotes, so daß einmal gewählte Methoden nur dann gewechselt werden dürfen, wenn vorrangige Prinzipien wie z. B. das Imparitätsprinzip dies erzwingen.[728]

### 4.4.6 Hierarchie der systemtragenden Prinzipien

Die Hierarchie der Bilanzaufgaben bestimmt die Hierarchie der Strukturprinzipien: Das Vermögensermittlungsprinzip bildet die Basis des GoB-Systems und konzipiert das Bilanzvermögen. Das Gewinnermittlungsprinzip dient der Ermittlung des ausschüttbaren Betrages und resultiert somit aus dem Primärzweck der Handelsbilanz; es erweitert, konkretisiert und beschränkt – als lex specialis – das Vermögensermittlungsprinzip.[729]
Die Strukturprinzipien werden von den Rahmenprinzipien überlagert. Die Rahmenprinzipien formulieren Leitlinien zur Interpretation des Bilanzrechts und zur Würdigung von Sachverhalten. Sie beinhalten die bilanzrechtlichen Wertungsgrundsätze; der Inhalt der Strukturprinzipien wird durch Abwägen der Rahmen-

---

[724] Vgl. BEISSE: Zum neuen Bild...(1994), a.a.O., S. 18-19.
[725] Vgl. EULER: Das System...(1996), a.a.O., S. 115.
[726] Vgl. KOCH, Helmut: Die Problematik des Niederstwertprinzips, in: WPg, 10. Jg. (1957), S. 1-6, S. 31-35 und S. 60-63, hier S. 5; vgl. ders.: Die Problematik des Teilwerts, in: ZfhF, NF, 12. Jg. (1957), S. 319-353, hier S. 337; vgl. dazu auch MOXTER: Bilanzrechtsprechung (1996), a.a.O., S. 236- 245, mit ausführlichen weiteren Nachweisen.
[727] Vgl. MÜLLER, Jürgen: Das Stetigkeitsprinzip im neuen Bilanzrecht, Wiesbaden 1989, S. 58 f.
[728] Vgl. EULER: Das System...(1996), a.a.O., S. 115.
[729] Vgl. ebenda, S. 125.

prinzipien hinsichtlich der zu entscheidenden Sachverhalte präzisiert. Die Rahmenprinzipien konfligieren im allgemeinen: So intendiert beispielsweise das Prinzip wirtschaftlicher Betrachtungsweise eine möglichst vollständige und risikoneutrale Erfassung aller Ausgabenpotentiale; das Vorsichtsprinzip erweitert tendenziell die Passiven bei Zurechnungs- und Prognoseproblemen, während das Objektivierungsprinzip den Passivenumfang zur Ermessensbeschränkung eher reduziert. Das Tarieren der Rahmenprinzipien bildet ein Kernproblem bei der Konkretisierung des Bilanzrechts und der Würdigung von Sachverhalten; das GoB-Sytem beschreibt, wie die Rahmenprinzipien, sich wechselseitig ergänzend und beschränkend, im Hinblick auf die Strukturprinzipien und deren Folgeprinzipien zusammenwirken.[730]

Die Beziehungen der Rahmenprinzipien zueinander sind, da sie sich wechselseitig ergänzen und beschränken, komplex und abstrakt, somit nur vage darstellbar.[731] Das Kernproblem bei der Abwägung der Rahmenprinzipien ist, das vom kodifizierten Bilanzrecht intendierte Minimum aus ermessens-, vorsichts- und objektivierungsbedingten Verzerrungen zu ermitteln.[732] Da die Handelsbilanz versucht, wirtschaftliche Sachverhalte zu erfassen, dürfte tendenziell so viel wirtschaftliche Betrachtungsweise wie möglich und nur so wenig Vorsicht und Objektivierung wie nötig als gesetzesadäquat gelten.[733]

---

730 Vgl. ebenda, S. 115-116.
731 Vgl. ebenda, S. 125.
732 Vgl. MOXTER, Adolf: Betriebswirtschaftliche Gewinnermittlung, Tübingen 1982, S. 9.
733 Vgl. EULER: Das System...(1996), a.a.O., S. 126.

# 5 Didaktische Dimension der GoB und Entwurf eines „offenen Systems“ beruflich-ökonomischer Bildung

## 5.1 Strukturierung der GoB unter wissenschaftsimmanenten Gesichtspunkten.

### 5.1.1 GoB und wissenschaftskonstitutive Prinzipien

#### 5.1.1.1 Erkenntnisobjekt

Ein fundamentales Ergebnis der Analyse von SCHNEIDER, wonach eine gegenseitige Korrelation und Determination von Erkenntnisobjekt und -methode ebenso besteht[734], wie deren Bezug respektive Abhängigkeit von den jeweiligen – historisch bedingten – Ziel- und Leitvorstellungen[735], läßt sich auch für das GoB-System nutzbringend übertragen. Diese beiden „originär-wissenschaftskonstituierenden“ Elemente lassen sich in ihrer „gegenseitigen Verwobenheit letztlich auf jene Frage zurückführen, ..., die Frage nach dem Menschen. Sowohl der Prozeß der Objektabgrenzung und –begründung als auch der Methodenbestimmung erweisen sich als unabdingbar anthropologisch fundiert“[736].

Die Bilanzlehre - innerhalb des allgemein als Bilanztheorie bezeichneten Teilgebietes der Betriebswirtschaftslehre – hat, wie bereits dargestellt, tiefgreifende Wandlungen erfahren und läßt sich im Sinne der für dieses Fach stets zentralen Gewinnermittlungslehre heute als Bilanzrechtslehre, als rechtliche Disziplin darstellen.[737] Jedoch bewirkt der zwingend interdisziplinäre Charakter der Materie,

---

[734] Vgl. SCHNEIDER: Selbstverständnis...(1984), a.a.O., S. 239. „Beide Problembereiche sind unmittelbar miteinander verbunden, stehen in einem unauflöslichen Interdependenzzusammenhang. Die Bestimmung des Wissenschaftsobjektes impliziert immer bereits die Möglichkeiten des methodischen Zugriffes, doch gilt es auch die gegenstandsbestimmende Funktion der Methode zu reflektieren.“ Ebenda.

[735] Vgl. ebenda; vgl. bereits Abschn. 2.4.1 dieser Arbeit.

[736] SCHNEIDER: Selbstverständnis...(1984), a.a.O., S. 239.

[737] Vgl. zu den verschiedenen Ansätzen der Bilanztheorie sowie deren Entwicklung und heutigen Stand MOXTER: Bilanzlehre...(1984), a.a.O.; vgl. auch ders.: Entwicklung... (1993), a.a.O., S. 62-63 und 79-84; vgl. ders.: Die Grundsätze...(1966), S. 28-36, vgl. zur

daß von einem Fakultätswechsel keine Rede sein kann. Wirtschaftliche Norminhalte, wie hier in der Bilanzrechtslehre, erfordern ein wirtschaftliches Verständnis dieser, was in einer befriedigenden Art und Weise nur durch eine Beteiligung der Betriebswirtschaftlehre, einer fächerübergreifenden Zusammenarbeit, zu erreichen ist.[738] Insoweit kann von einer „doppelten wissenschaftssystematischen Plattform“[739] der Bilanzrechtslehre gesprochen werden.

Die Normen des geltenden Bilanzrechts bilden den primären Gegenstandsbereich der Bilanzrechtslehre (Bilanzrechtstheorie).[740] Das Erkenntnisziel besteht somit vorwiegend in der Auslegung und Fortbildung des geltenden Rechts,[741] insbesondere innnerhalb des Systems der GoB als Basis der Bilanz im Rechtssinne und Kern der Bilanzrechtslehre.[742] Das Erkenntnisobjekt „Bilanzrechtslehre“ läßt sich insoweit auf die Ausschüttungsbemessungsfunktion der Bilanz im Rechtssinne (Handels- und Steuerbilanz) eingrenzen. Der Ausdruck „Bilanz-

---

Ermittlung von GoB auf Basis der verschiedenen Bilanztheorien EULER: Das System...(1996), a.a.O., S. 23-108, vgl. auch die sehr kritische Auffassung bei SCHNEIDER: Betriebswirtschaftslehre...(1994), a.a.O., S. 125-163, insbes. S. 141: „Das gängige juristische und betriebswirtschaftliche (Lehrbuch-)Schrifttum sieht die Zusammenhänge freilich anders: Der tiefe Bückling vor der Bilanz im Rechtssinne, zu dem sich die überwiegende Mehrheit anwendungsbezogen arbeitender Bilanzschriftsteller verpflichtet fühlt, hat ihr bilanztheoretisches Rückgrat gebrochen und verhindert anscheinend, daß sie ihren Kopf aus dem Stand der unternehmenskundlichen Rechtsauslegung noch zu erheben vermögen.“ Vgl. auch ders.: Bilanzen im Rechtssinne als Vorläufer dynamischer und „rein betriebswirtschaftlicher“ Bilanzen, in: Bilanzrecht und Kapitalmarkt, Festschrift für Adolf Moxter, hrsg. von Wolfgang Ballwieser, Hans-Joachim Böcking, Jochen Drukarczyk und Reinhard H. Schmidt, Düsseldorf 1994, S. 1149-1174, hier S. 1151-1153 und S. 1172-1173.

738 Vgl. MOXTER: Entwicklung...(1993), a.a.O., S. 62; vgl. auch HOMMEL: Bilanzierung...(1998), a.a.O., S. 14-17; vgl. BEISSE: Zum Verhältnis...(1984), a.a.O., S. 11; vgl. DÖLLERER: Gedanken...(1979/80), a.a.O., S. 512..

739 WURDACK: Problemgefüge...(1974), a.a.O., S. 3. Nach SCHNEIDER handelt es sich bei der Problematik der Wissenschaftssystematik bzw. –organisation um „derivativwissenschaftskonstitutuiernde Momente“. SCHNEIDER: Selbstverständnis...(1984), a.a.O., S. 241.

740 Vgl. ZACZYK: Interdisziplinarität...(1991), a.a.O., S. 99.

741 Vgl. BEISSE, Heinrich: Die wirtschaftliche Betrachtungsweise bei der Auslegung der Steuergesetze in der neueren deutschen Rechtsprechung, in: StuW, 11. (58.) Jg. (1981), 1-14, hier S. 2; vgl. ders.: Zum Verhältnis...(1984), a.a.O., S. 6 und 11.

742 Vgl. MOXTER: Entwicklung...(1993), a.a.O., S. 62 und S. 79-84; vgl. EULER: Das System...(1996), a.a.O., S. 1-4 und S. 109 f.

recht“ wird dabei in einem engeren Sinne, nur das Gewinnermittlungsrecht betreffend, gebraucht.[743] Danach läßt sich als Primärzweck der Bilanz innerhalb einer so verstandenen Bilanzrechtslehre die vorsichtige und objektivierte Ermittlung eines Gewinnes als umsatzbezogene und verlustantizipierende ausschüttbare Änderung des Fortführungsvermögens definieren.[744]

Allgemein manifestiert sich (positives) Recht in der Gestalt von Gesetzesvorschriften, die ordnend und steuernd auf die soziale Wirklichkeit („Lebensverhältnisse“[745]) einwirken, indem sie Pflichten zu einem bestimmten Verhalten konstituieren.[746] Der Inhalt der damit angesprochenen Verhaltensgebote („Sollensnormen“) wird durch einzelne Rechtssätze bzw. Rechtsnormen konkretisiert[747], die sich einerseits direkt auf das verlangte Verhalten beziehen (Imperative) und diese andererseits erläutern oder einschränken.[748] Insofern bezieht sich Recht grundsätzlich auf menschliches Handeln und dient dabei vornehmlich zur Einschränkung von Handlungsmöglichkeiten in sozialen Zusammenhängen.[749] Dies läßt sich darüber hinausgehend verdeutlichen, indem davon ausgegangen wird, daß rechtlichen Regelungen ein Zweckprogramm zugrundeliegt, welches darin besteht, daß der Gesetzgeber, ausgehend von einer Vorstellung über typische Fälle, bestimmte Bereiche der sozialen Wirklichkeit für regelungsbedürftig erkennt und im Hinblick auf beabsichtigte, d. h. für wünschenswert gehaltene Folgen normiert, insoweit eine Wertentscheidung trifft.[750] Dabei erfolgt eine Umsetzung in eine Anzahl von Rechtssätzen, ein Konditionalprogramm, welches für bestimmte Tatbestände bestimmte Rechtsfolgen anordnen, ohne das

---

743 Vgl. MOXTER: Entwicklung...(1993), a.a.O., S. 63.
744 Vgl. EULER: Das System...(1996), a.a.O., S. 238.
745 LARENZ: Methodenlehre...(1991), a.a.O., S. 14.
746 Vgl. ENGISCH, Karl: Einführung in das juristische Denken, 7. Aufl., Stuttgart, Berlin, Köln und Mainz 1977, S. 17-27.
747 Vgl. LARENZ: Methodenlehre...(1991), a.a.O., S. 240.
748 Vgl. ENGISCH: Einführung...(1977), a.a.O., S. 22-29, insbes. S. 22 mit weiteren Nachweisen.
749 Vgl. ZACZYK: Interdisziplinarität...(1991), a.a.O., S.30 (mit weiteren Nachweisen).
750 Vgl. ENGISCH: Einführung...(1977), a.a.O., S. 27; vgl. auch LARENZ: Methodenlehre...(1991), a.a.O., S. 214.

Zweckprogramm explizit festzuhalten.[751] Wichtig ist die Feststellung, daß das, hinter dem im Gesetzestext niedergelegten Konditionalprogramm stehende Zweckprogramm entscheidend auf sachlichen Annahmen über die Beschaffenheit – der „Sachstruktur"[752] - des zu regelnden Lebensbereiches beruht. Diese sachlichen Annahmen beziehen sich zum einen auf den Zustand vor bzw. nach der Normsetzung, zum anderen auf die Auswahl und konkrete Ausgestaltung der Mittel zur Herbeiführung des angestrebten Zustandes.[753]

Das Erkenntnisobjekt konkretisiert sich jedoch erst durch Anwendung des ihm eigentümlichen Auswahlprinzips, welches dadurch bestimmt ist, daß sich die Ordnung und Steuerung der Lebensverhältnisse durch das Recht vornehmlich an „den Maßstäben der Gerechtigkeit" orientiert, wie sie sich speziell in der „verfassungsrechtlichen Grundordnung"[754] niedergeschlagen haben.[755] Die spezifische Betrachtungsweise ist dahingehend zu kennzeichnen, daß die der geltenden Rechtsordnung zugrundeliegenden Wertungen und sachlichen Annahmen den grundsätzlich nicht in Frage gestellten Ausgangs- bzw. Bezugspunkt ihrer Untersuchungen bildet.[756]

#### 5.1.1.2 Erkenntnismethode

Bilanzrechtsforschung war und ist – de lege lata gesehen – stets Gesetzesauslegung.[757] Dessen ungeachtet war jedoch die Kenntnis der Auslegungsregeln solange unbedeutend, wie die GoB als „Mehrheitsübungen" sowie „fachtechnische Normen" und nicht als Rechtsnormen verstanden wurden. Spätestens mit der breiten Kodifizierung von Bilanzrechtsnormen durch das Bilanzrichtlinien-

---

[751] Vgl. ENGISCH: Einführung...(1977), a.a.O., S. 12-42.

[752] MÜLLER: Juristische Methodik (1989), a.a.O., S. 102.

[753] Vgl. ZACZYK: Interdisziplinarität...(1991), a.a.O., S. 31.

[754] LEHMANN, Ulf: Wirtschaftliche Erkenntnis und rechtliche Entscheidung. Gedanken zu Problemen der Kooperation zwischen Wirtschaftswissenschaft, Rechtswissenschaft und Rechtspraxis., Diss. Bochum 1980, S. 144, S. 145, alle Zitate.

[755] Vgl. ebenda.

[756] Vgl. LARENZ: Methodenlehre...(1991), a.a.O., S. 185 f. passim.

Gesetz 1986 ist die Betriebswirtschaftslehre zur Beachtung juristischer Methodik, zur „juristischen Arbeit im eigentlichen Sinne“[758] innerhalb dieses Teilgebietes verpflichtet.[759]

Diese Problematik verweist auf die Notwendigkeit einer tiefergehenden Auseinandersetzung mit der juristischen Arbeitsweise respektive der juristischen Methodenlehre.

Die Rechtswissenschaft kann als verstehende („hermeneutische“) Wissenschaft gekennzeichnet werden.[760] Rechtswissenschaftliche Forschung und Methodik ist insoweit in Anlehnung an „die Tradition der philosophischen Hermeneutik“, insbesondere an die Lehren SCHLEIERMACHERS, DILTHEYS sowie neueren Datums GADAMERS konzipiert.[761] Der Hermeneutik ist eine “wissenschaftstheoretische Universalität“[762] vor allem für den Bereich der Humanwissenschaften charakteristisch.[763]

„Maßgebend für die Auslegung einer Gesetzesvorschrift ist der in dieser zum Ausdruck kommende objektivierte Wille des Gesetzgebers, so wie er sich aus

---

[757] Vgl. MOXTER, Adolf: Kosten der allgemeinen Verwaltung als Bestandteil der steuerrechtlich einrechnungspflichtigen Herstellungskosten?, in: Festschrift für Dieter Schneider, S. 446-453, hier S. 447.

[758] BEISSE: Zum Verhältnis...(1984), a.a.O., S. 11.

[759] Vgl. MOXTER: Entwicklung...(1993), a.a.O., S. 79.

[760] Vgl. LARENZ: Methodenlehre...(1991), a.a.O., insbes. S. 204-214; vgl. MÜLLER: Juristische Methodik (1989), a.a.O., S. 24-25; vgl. auch GADAMER: Wahrheit...(1975), a.a.O., S. 290-323, insbes. S. 307-323.

[761] Vgl. SCHROTH, Ulrich: Philosphische und juristische Hermeneutik, in: Einführung in Rechtsphilosophie und Rechtstheorie der Gegenwart, hrsg. von Arthur Kaufmann und Winfried Hassemer, 4., völlig neu bearb. u. erw. Aufl., Heidelberg 1985, S. 276-301, hier S. 276-282. Zum Verhältnis von juristischer und philosophischer Hermeneutik vgl. auch NEUMANN, Ulfried: Zum Verhältnis von philosophischer und juristischer Hermeneutik, in: Dimensionen der Hermeneutik. Arthur Kaufmann zum 60. Geburtstag, hrsg. von Winfried Hassemer, Heidelberg 1984, S. 49-56; vgl. GADAMER: Wahrheit...(1975), a.a.O., S. 290-323; kritisch zum Verhältnis von juristischer und geisteswissenschaftlicher Hermeneutik äußert sich MÜLLER: Juristische Methodik (1989), a.a.O., S. 126. Nach MÜLLER ist die Rechtswissenschaft eine “Normativwissenschaft“ im Sinne einer “Entscheidungswissenschaft“ und keine Geisteswissenschaft. Vgl. ebenda.

[762] HASSEMER: Juristische Hermeneutik...(1986), a.a.O., S. 196.

[763] Vgl. ZACZYK: Interdisziplinarität...(1991), a.a.O., S. 68-69.

dem Wortlaut der Gesetzesbestimmung und dem Sinnzusammenhang ergibt“[764]. Das Verstehen betrifft sowohl den Gesetzestext, als auch die soziale Wirklichkeit und den betrachteten Lebenssachverhalt. Dementsprechend wird auch der für den Verstehensprozeß zentrale Begriff des „Vorverständnisses“[765], einerseits für die „Sinnerwartung“ andererseits für die aus Lernprozessen resultierenden „Erfahrungen“[766], die auch Kenntnisse aus anderen Wissenschaften umfassen können, verwendet.[767] „Es ist ein zirkelhaftes Verhältnis, das hier wie dort vorliegt. Die Antizipation von Sinn, in der das Ganze gemeint ist, kommt dadurch zu explizitem Verständnis, daß die Teile, die sich vom Ganzen her bestimmen, ihrerseits auch dieses Ganze bestimmen“[768]. Diese Erkenntnis ist ein hermeneutisches Problem, ein Erkenntnisprozeß.[769]

---

764 Urteil des Bundesverfassungsgerichts vom 21. Mai 1952 2 BvH 2/52, BVerfGE 1, S. 299-322, hier S. 312; vgl. Beschluß des Bundesverfassungsgerichts vom 17. Mai 1960 BvL 11/59, 11/60, BVerfGE 11, S. 126-136, hier S. 129 f. Zum Problem des Auslegungsziels siehe ENGISCH: Einführung...(1977), a.a.O., S. 85-105 (mit weiteren Nachweisen).

765 LARENZ: Methodenlehre...(1991), a.a.O., S. 207-211; vgl. auch MÜLLER: Juristische Methodik (1989), a.a.O., S. 163-168. GADAMER spricht hier von „Vorurteil“. Dies darf jedoch nicht im negativen Sinne als „falsches Urteil“ verstanden werden. Vgl. dazu LARENZ: Methodenlehre...(1991), a.a.O.,S. 208. „Wer einen Text verstehen will, vollzieht immer ein Entwerfen. Er wirft sich einen Sinn des Ganzen voraus, sobald sich ein erster Sinn im Text zeigt. Ein solcher zeigt sich wiederum nur, weil man den Text schon mit gewissen Erwartungen auf einen bestimmten Sinn hin liest. Im Ausarbeiten eines solchen Vorentwurfs, der freilich beständig von dem her revidiert wird, was sich bei weiterem Eindringen in den Sinn ergibt, besteht das Verstehen dessen, was dasteht.“ GADAMER: Wahrheit...(1975), a.a.O., S. 251.

766 LARENZ: Methodenlehre...(1991), a.a.O., S. 208 (beide Zitate).

767 Vgl. ebenda, S. 207-209; vgl. ZACZYK: Interdisziplinarität...(1991), S. 69; vgl. ESSER, Josef: Vorverständnis und Methodenwahl in der Rechtsfindung, Frankfurt am Main 1970, S. 10. Vgl. zur Hermeneutik als Methode der GoB-Ermittlung auch Abschn. 4.4.1 dieser Arbeit.

768 GADAMER: Wahrheit...(1975), a.a.O., S. 275.

769 Dieser Erkenntnisprozeß wird, obgleich es sich um ein Verfahren fortschreitender Erkenntnis handelt, als „hermeneutischer Zirkel“ bezeichnet. LARENZ: Methodenlehre...(1991), a.a.O., S. 197. „ Das Bild vom „Zirkel“ trifft die Sache insofern nicht genau, als die Kreisbewegung des Verstehens nicht einfach an ihren Ausgangspunkt zurückkehrt ..., sondern das Verständnis ...auf eine neue Stufe hebt. ... Die Sinnerwartung hat den Charakter einer Hypothese, die durch eine gelungene Auslegung bestätigt wird. Der Verstehensprozeß verläuft also nicht lediglich in *einer* Richtung, „linear“, wie ein mathematischer Beweis oder eine logische Schlußkette, sondern in Wechselschritten, die eine wechselseitige Erhellung des einen durch das andere ... bezwecken.“ Ebenda, S. 206-207

### 5.1.1.3 Anthropologische Grundlagen

Innerhalb des Bilanzrechts im allgemeinen, wie auch innerhalb des GoB-Systems im besonderen, gibt es keine unmittelbare Explikation der anthropologischen Grundlagen, des zugrundliegenden Menschenbildes. Jedoch hat die Frage nach dem Bild des Menschen im Recht eine lange Tradition.[770] Dabei ist zu beachten, daß das Menschenbild selbst nicht das letzte Ziel juristischer Auslegung bildet, es vielmehr dazu dient, die Antwort auf andere rechtliche Fragen mit zu begründen. Das bedeutet, daß es als Maßstab und Argument, insoweit normativ, herangezogen und verwendet wird.[771]

Das Menschenbild innerhalb der Rechtswissenschaft ist zwar mit den spezifisch juristischen Methoden und Inhalten zu erarbeiten, doch entwickelt es sich im Kraftfeld der Kooperation mit anderen Wissenschaften.[772] Während die Ermittlung bzw. Entstehung eines Menschenbildes ein interdisziplinärer Akt von Rechts- mit anderen Geistes-, Kultur- und Sozialwissenschaften ist, erfüllt das Menschenbild hier mehrere Funktionen: Allgemein haben „Bilder" eine finalistische Auslegungsaufgabe innerhalb der teleologischen Methode. Sie wollen die Auslegung auf sich hin leiten und besitzen eine konsensstiftende Funktion, indem sie der Integrierung des Neuen in die alten Bilder dienen. Dieser Prozeß setzt eine entsprechende Entwicklungsoffenheit voraus. Innerhalb der Rechtswissenschaft wird mit Bildern operiert, um die Fülle des Rechtsstoffes zu ordnen, mit Metaphern übergeordnete Grundsätze zu erarbeiten, die heuristischen Zwecken dienen, zugleich auch Vorverständnisse offenlegen und rationalisieren; insoweit Komplexität reduzieren und Orientierung bieten. Bilder steuern das

---

Hervorhebungen im Original. Zur Geltung des „hermeneutischen Zirkels" in der Bilanzrechtslehre vgl. auch MOXTER: Zum Sinn und Zweck...(1987), a.a.O., S. 363 f.

[770] Vgl. BECKER, Ulrich: Das `Menschenbild des Grundgesetzes´ in der Rechtsprechung des Bundesverfassungsgerichtes, Berlin 1996, S. 15.

[771] Vgl. BECKER: Das Menschenbild...(1996), a.a.O., S. 32-33.

[772] Vgl. HÄBERLE, Peter: Das Menschenbild im Verfassungsstaat, Berlin 1988, S. 10. Vgl. dazu auch LUYTEN, Norbert A. und SCHEFFCZYK, Leo (Hrsg.): Divergenzen im Menschenbild. Divergenzen der modernen Anthropologie, Freiburg/München 1987; vgl. WIESNER, Joachim: Das personale Menschenbild des Grundgesetzes und seine Verformung in ausgewählten Politikfeldern, in: LUYTEN, Norbert A. und SCHEFFCZYK, Leo

juristische Denken und Handeln als Vorverständnis. Insofern sind Bilder der Versuch, eine Ganzheit zu benennen, die hinter den positiven, oft diffusen und fragmentarischen Regelungen, Begriffen, Grundsätzen etc. – vielfach unbewußt – steht.[773] Die Ganzheitsvorstellung - neben der Einheits- und Systemvorstellungen – stellt ein Paradigma im Dienste des Gerechtigkeitsprinzips dar.[774]

Das GoB-System - als Teil des Bilanzrechts – basiert wie die gesamte Rechtsordnung auf dem Boden der verfassungsrechtlichen Grundordnung.[775] Daher ist zu untersuchen, inwieweit sich auf dieser Betrachtungsebene Anhaltspunkte bzw. Aussagen über entsprechende anthropologische Grundlagen ermitteln lassen, die auf das Bilanzrecht übertragbar sind sowie darüber hinausgehend eine entsprechende Ziel- und Leitvorstellung entfalten können.
Das Verfassungrecht statuiert kein einheitliches Menschenbild; als Bauelemente liegen diesem zwei konstituierende Prinzipien zugrunde: Die Menschenwürde als „anthropologische Prämisse“ und die freiheitliche Demokratie als „organisatorische Konsequenz“.[776] Menschenwürde und Demokratie setzen ein relativ „gutes“ Bild vom Menschen voraus. So verstanden ist die Menschenbild-Formel des Bundesverfassungsgerichts[777] ein „Gemeinplatz“ im guten Sinne: Sie umschreibt ein „Gemeingut, das den Menschen nicht überfordert, aber dem Verfassungsstaat auch keine unbegrenzten Kompetenzen zur Formulierung und Durchsetzung von Sozialethik einräumt.[778] Das Menschenbild des Grundgesetzes ist –

---

(Hrsg.): Divergenzen im Menschenbild. Divergenzen der modernen Anthropologie, Freiburg/München 1987, S. 81-185, insbes. S. 81-89 und S. 169-171.
[773] Vgl. HÄBERLE: Das Menschenbild...(1988), a.a.O., S. 18 Hervorhebungen im Original.
[774] Vgl. ebenda, S. 30.
[775] Vgl. LEHMANN: Wirtschaftliche Erkenntnis...(1980), a.a.O., S. 144.
[776] Vgl. HÄBERLE: Das Menschenbild...(1988), a.a.O., S. 30-35.
[777] „Das Menschenbild des Grundgesetzes ist nicht das eines isolierten souveränen Individuums; das Grundgesetz hat vielmehr die Spannung Individuum – Gemeinschaft im Sinne der Gemeinschaftsbezogenheit und Gemeinschaftsgebundenheit der Person entschieden, ohne dabei deren Eigenwert anzutasten.“ Urteil des Bundesverfassungsgerichtes vom 20. Juli 1954, BVerfGE 4, S. 7-19, hier S. 15. Diese Menschenbild-Formel ist als ständige Rechtsprechung anzusehen. Vgl. BECKER: Das Menschenbild...(1996), a.a.O., S. 17 und S. 46.
[778] Vgl. HÄBERLE: Das Menschenbild...(1988), a.a.O., S. 44.

wie viele Verfassungsprinzipien – ein generalklauselartiger „Rahmenbegriff".[779] Dieser enthält zwei Grundaussagen über das Wesen des Menschen: Zum einen zeichnet den Menschen seine Eigenständigkeit aus; gleichzeitig wird er als wesenhaft gemeinschaftsbezogen und gemeinschaftsgebunden beschrieben. Der Aspekt des „Selbstand" des Menschen und seine „Sozialbezogenheit"[780] geben demnach den Rahmen vor.[781]

Nach BECKER verweist der Ursprung dieser Menschenbild-Formel auf eine Formulierung WINTRICHS. Dessen Menschenbild ist insbesondere durch die Philosophie KANTS, die katholische Soziallehre und die Rechtsprechung des Bayerischen Verfassungsgerichtshofes beeinflußt und entscheidend geprägt.[782] Danach ist das Menschenbild zweipolig angelegt. WINTRICH unterscheidet zwischen der Individualnatur („Person"), dem „Selbstand der Person" und der Sozialnatur („Persönlichkeit"), dem „Sozialbezug" des Menschen. In Anlehnung an die Philosophie KANTS (Selbstzwecklichkeit des Menschen) kann der Mensch als ein durch sittliche Autonomie und unverlierbare Würde ausgezeichnetes Wesen begriffen werden. Dem darin gründenden Eigenwert der Person stellt WINTRICH den Eigenwert der Gemeinschaft gegenüber. Diese hat ihren Ursprung in der wesenhaften Verwiesenheit des Menschen auf das Zusammen-

---

[779] Vgl. ebenda, S. 59. Das Menschenbild des Grundgesetzes kann als ein zentraler Begriff des geltenden deutschen Rechts beschrieben werden, dem alles Recht zu- und untergeordnet ist. Dieser Begriff gilt als verbindliche Richtschnur für die Auslegung und Anwendung auch des einfachen Rechts. Es handelt sich dabei nicht um einen abstrakten Begriff, sondern um ein konkretes, bestimmtes und auch aussagekräftiges Menschenbild in dessen Licht der Gesetzgeber Gesetze zu konzipieren hat, die Gerichte und die Rechtspraxis das gesamte geltende Recht sehen und anwenden, bzw. soweit erforderlich, diese auch korrigieren. Vgl. KOPP, Ferdinand: Das Menschenbild im Recht und in der Rechtswissenschaft, in: Rechtstaat, Kirche, Sinnverantwortung, Festschrift für Klaus Obermayer zum 70. Geburtstag, hrsg. von Richard Bartelsperger u. a., München 1986, S. 53-64, hier S. 53-55.

[780] BECKER: Das Menschenbild...(1996), a.a.O., S. 34 (beide Zitate). Zu den Kriterien des Sozialbezuges vgl. ebenda, S. 41- 43. Nach Ansicht des Bundesverfassungsgerichts bedingen, bzw. machen folgende Gesichtspunkte den Eigenwert des Menschen aus. Hierzu gehört die „Sittlichkeit des Menschen", seine „Eigenständigkeit" und „Eigenverantwortlichkeit", d. h. die Fähigkeit zu freier Selbstbestimmung. Vgl. ebenda, S. 34-41.

[781] Vgl. ebenda, S. 34. Die Balance zwischen diesen beiden Aspekten kann als ein permanentes Spannungsgefüge dargestellt werden, dessen inhaltliche Ausfüllung unscharf bzw. verschwommen bleibt. Vgl. ebenda, S. 43-46.

leben mit anderen Menschen. Der Gemeinschaft kommt ein Eigenwert deshalb zu, da erst durch sie und in ihr die menschliche Natur sich voll entfalten kann.[783]

Das Menschenbild wirkt als „Konnex"-Begriff[784] auf allen Ebenen der Rechtsordnung, so auch im Handelsrecht. Der – historisch bedingte - Wandel des Menschenbildes[785], der sich auch hier konstatieren läßt, sei im folgenden kurz dargestellt. Setzte das HGB von 1897 bewußt auf den ordentlichen Kaufmann („königlichen Kaufmann"[786]), der autonom seine Angelegenheiten, Rechte und Interessen regelt, wahrnimmt und durchsetzt, so brachte die Entwicklung zum sozialen Rechtsstaat seit Weimar und dem Grundgesetz mehr als nur eine oberflächliche Korrektur des liberalen Menschenbildes. Dabei sind aber auch Wechselwirkungen charakteristisch: Einerseits strahlt das Menschenbild der Verfassung, seine im Vergleich mit dem 19. Jahrhundert stärkere soziale Bindung aus, andererseits prägt das „Proprium" des HGB mit seinen klassischen Auslegungsmethoden und Menschenbildelementen seinerseits das Menschenbild der Verfassung mit.[787]

---

782 Vgl. ebenda, S. 47-73.

783 Vgl. ebenda, S. 73. „Dieses personalistische Menschenbild Wintrichs erweist sich als in starkem Maße von der katholischen Soziallehre geprägt." Ebenda.

784 HÄBERLE: Das Menschenbild...(1988), a.a.O., S. 75.

785 Vgl. dazu die Unterscheidungen bei der Gewinung der GoB im Recht bei LEFFSON: Grundsätze...(1987), a.a.O., S. 129-135: „Der dem Kaufmann vertrauende Gesetzgeber von 1896", ebenda, S. 130, sowie „Der dem Kaufmann mißtrauende Gesetzgeber von 1931 und 1965", ebenda, S. 133.

786 Zur Herkunft und Bedeutung bzw. Inhalt des Begriffs „königlicher Kaufmann" vgl. STOLZ: Herkunft...(1980), a.a.O. S. 240-245. STOLZ stellt als Merkmale dieses „Leitbegriffes" sowohl die „Funktions-", „Status-", insbesondere aber auch die „Charakterauszeichnung" dar. Er verweist insbesondere auf die gemeinschaftsbezogene und moralische Orientierung die hinter dem Begriff des „königlichen Kaufmannes" steht. Vgl. ebenda. Zur Bedeutung des „königlichen Kaufmanns" in der Berufserziehung vgl. auch ZABECK: Vom königlichen...(1979), a.a.O. Ein hervorragendes Beispiel für das Bild eines solchen Kaufmanns zeichnet Thomas MANN in seinem Roman „Buddenbrooks" in der Figur des Konsul M. Johann Buddenbrook. Vgl. MANN, Thomas: Buddenbrooks. Verfall einer Familie, Berlin 1930 passim.

787 Vgl. HÄBERLE: Das Menschenbild...(1988), S. 50-55.

Nunmehr soll in Anlehnung an unser Ausgangspostulat der Korrelation von Erkenntnisobjekt und -methode sowie deren anthropologischen Fundierung eine Analyse entsprechender Aussagen innerhalb des GoB-Systems erfolgen. Nach BEISSE wird durch das oberste (Grund-)Prinzip, dem Gläubigerschutz und insbesondere in seiner Konkretisierung, dem Vorsichtsprinzip, ein rechtsethisches Prinzip verwirklicht, das Ausdruck einer bestimmten Wirtschaftsgesinnung, somit eines bestimmten Weltbildes ist.[788] Mit diesem Weltbild korreliert auch ein bestimmtes Menschenbild.[789] Entsprechend dem Wandel von Erkenntnisobjekt und Erkenntnismethoden bei der Ermittlung der GoB erfolgte auch ein Wandel

---

[788] Vgl. BEISSE: Gläubigerschutz...(1993), a.a.O., S. 87-88, vgl. ders.: Zum neuen Bild...(1994), a.a.O., S. 15. Hinweise auf das Menschenbild finden sich bei DÖLLERER, Georg: Gedanken...(1979/80), a.a.O., S. 195-196. „Die für die Aufstellung der Bilanz verantwortlichen Personen ... sind meistens dynamische Persönlichkeiten, deren Blick mehr in die Zukunft als in die Vergangenheit gerichtet ist. ... Diese Zukunftsbetrachtung durchdringt ihr bilanzrechtliches Denken. ... Dadurch geraten sie in Konflikt mit den Absichten, die dem Gesetz zugrunde liegen." Ebenda sowie CLEMM, Hermann: Macht, Verantwortung, Information und Kontrolle in der Wirtschaft, in: Rechnungslegung – Entwicklungen bei der Bilanzierung und Prüfung von Kapitalgesellschaften, Festschrift für Karl-Heinz Förster, hrsg. von Adolf Moxter, Hans-Peter Müller, Rolf Windmöller und Klaus v. Wysocki, Düsseldorf 1992, S. 155-171, insbes. S. 169. „Sinnvoll erschiene mir der Versuch, ein Anforderungsprofil (Leitbild) eines sowohl kompetenten, erfolgsorientierten wie verantwortungsbewußten, ..., Unternehmensleiters zu entwerfen. ... Als Orientierungshilfe wäre m. E. vor allem die alte abendländische Lehre von den sog. Kardinaltugenden der Klugheit, Gerechtigkeit, Tapferkeit und der "temperantia" (Zucht und Maß bzw. Selbstbeherrschung) besonders geeignet. Diese, von großen abendländischen Philosophen und Theologen, insbesondere Platon, Aristoteles, Cicero und Thomas von Aquin entwickelte Verhaltenslehre galt wohl von jeher besonders für Führungseliten aller Art. Ich halte sie als generelle Leitlinie unverändert für sehr aktuell und infolge ihres besonderen Bezuges auf die "jeweils vorgegebene" Realität (Sachlage) für wesentlich weniger "utopisch" oder "moralistisch" als manche später entwickelten "idealistischen" Morallehren." Ebenda, Hervorhebungen im Original.

[789] Zum Verhältnis Weltbild – Menschenbild vgl. HÄBERLE: Das Menschenbild...(1988), a.a.O., S. 13-16 und S. 19–22. Zu BEISSES Leitbild des ordentlichen und soliden Kaufmanns vgl. auch EULER, Roland: Bilanzrechtstheorie und internationale Rechnungslegung, in: Handelsbilanzen und Steuerbilanzen, Festschrift für Heinrich Beisse, hrsg. von Wolfgang Dieter Budde, Adolf Moxter und Klaus Offerhaus 1997, S. 171-188, hier S. 171: „Leitbild ist der ordentliche und solide Kaufmann, der bestrebt ist, sein Unternehmen langfristig zu erhalten, der vertrauenswürdig bleiben will, indem er seine schuldrechtlichen Zahlungsverpflichtungen gegenüber Kreditgebern, Lieferanten und Arbeitnehmern erfüllt." In der Rechtsprechung des Bundesfinanzhofes wird oftmals auch der Begriff des „gewissenhaften Kaufmanns" angeführt bzw. dem „ordentlichen Kaufmann" hinzugefügt. Vgl. STOLZ: Herkunft...(1980), a.a.O., S. 242.

bezüglich des (Wirtschafts-)Weltbildes und des damit korrespondierenden Menschenbildes.[790]

Kann in der sinngeleiteten Phase der GoB-Ermittlung von einem Menschen- und Weltbild im umfassenden Sinne, d. h. einem Menschenbild auf (rein) christlich-humanistischer Fundierung ausgegangen werden, vollzieht sich dem Objekt- und Methodenwandel entsprechend, eine Hinwendung zu einem „aufgeklärt liberalistischen“ Menschenbild in der praxisgeleiteten Phase und insbesondere in den Anfängen der theoriegeleiteten Phase. Diese These läßt sich anhand von Aussagen zum Menschenbild bzw. dessen historischer Entwicklung in der Rechtswissenschaft fundieren. So ist z. B. das HGB von 1897 von einem ausgeprägt liberalistisch-optimistischen Menschenbild geprägt, das Ähnlichkeiten mit dem Menschenbild des „homo oeconomicus“ der Wirtschaftswissenschaften aufweist.[791] Dieser optimistischen Vorstellung folgt jedoch eine Ernüchterung in den zwanziger Jahren diesen Jahrhunderts, durch die sich der Gesetzgeber ge-

---

[790] Vgl. MOXTER: Die handelsrechtlichen Grundsätze...(1980), a.a.O., S. 257 f.; vgl. auch LEFFSON: Grundsätze...(1964), a.a.O., S. 32-39.

[791] „Der Menschentyp, an dem es sich orientiert und der seinen Stil prägt, ist noch nicht das gemeinschaftsverbundene, sozial bedingte und verpflichtete Massenindividuum des 20. Jahrhunderts, sondern immer noch der in der Aufklärungszeit wurzelnde, möglichst freie und gleiche, einerseits vernünftige, andererseits eigennützige, *abstrakte Einzelmensch*, der *homo oeconomicus*, gemischt aus Bürger- und Kaufmannssinn.“ BOEHMER, Gustav: Einführung in das bürgerliche Recht, Tübingen 1954, S. 78-83, hier S. 78, Hervorhebungen im Original. „Es erweist sich, daß der 'Geist' des im 'bürgerlichen' Jahrhundert entstandenen Privatechts von der Weltanschauung eines, wenngleich durch konservativ-deutschrechtliche Züge ... gemäßigten *Liberalismus* und einer grundsätzlich *materialistisch*, ja sogar *merkantilistischen* Mentalität, die das 19. Jahrhundert beherrschten, stark beeinflußt ... war. Der Menschentyp, der diesem Zeitalter vorschwebt ... ist nicht mehr der durch Sitte und Religion pflichtgebundene Gemeinschaftsmensch des Mittelalters, sondern der in der Aufklärungszeit wurzelnde möglichst freie und gleiche, einerseits 'vernünftige', andererseits eigennützige, abstrakte Einzelmensch, der *homo oeconomicus*, gemischt aus Bürger- und Kaufmannssinn.“ Ders.: Grundlagen der Bürgerlichen Rechtsordnung – Erstes Buch, Tübingen 1950, S. 11, Hervorhebungen im Original. „Bezugsfigur ... ist der sozial und rechtlich ebenso gleich wie unabhängig gedachte Bürger, der als *homo oeconomicus* in rationaler Einschätzung seiner Bedürfnisse planmäßig am Tauschverkehr teilnimmt und in Eigenverantwortung sowohl über Gewinnchancen verfügt wie Haftungsrisiken trägt.“ ESSER, Josef/SCHMIDT, Eike: Schuldrecht Bd. I Allgemeiner Teil, 6. Aufl., Heidelberg 1984, S. 3. Das HGB „weist eine liberalistische, individualistische Grundhaltung auf. Es basiert auf dem wirtschaftlichen Liberalismus.“ BROX, Hans: Allgemeiner Teil des Bürgerlichen Gesetzbuches, 25. Aufl., München 1998, RdNr. 24.

zwungen sieht, dieses optimistisch rationale und liberalistische Menschenbild zu modifizieren.[792] Mit der Einführung des Grundgesetzes kommt es zu einer Neubestimmung respektive modifizierten Explikation des Menschenbildes im Verfassungsstaat. Danach läßt sich das Menschenbild des Grundgesetzes, welches als Generalnorm mit holistischer Funktion auch Einfluß auf die anderen Rechtsgebiete, wie z. B. das Bilanzrecht gewinnt, mit folgender Formel beschreiben: „Das Menschenbild des Grundgesetzes ist nicht das eines isolierten Individuums; das Grundgesetz hat vielmehr die Spannung Individuum – Gemeinschaft im Sinne der Gemeinschaftsbezogenheit und Gemeinschaftsgebundenheit der Person entschieden, ohne dabei deren Eigenwert anzutasten“[793].

Diese Explikation des Menschenbildes unserer Rechtsordnung ist kein reduziertes Menschenbild im Sinne eines homo oeconomicus. Vielmehr ist es Ausdruck christlich-humanistisch geprägter abendländischer Tradition. Insoweit steht es nicht im Widerspruch zu einer humanistisch zu begründenden wirtschaftlichen Bildung und kann somit als Grundlage für eine entsprechende Konzeption fungieren.

Die nachfolgende Tabelle soll die bisherigen Untersuchungsergebnisse in idealtypischer Form synoptisch darstellen (vgl. Tabelle 4):

---

[792] Vgl. MOXTER: Bilanzlehre...(1986), a.a.O., S. 8; vgl. auch LEFFSON: Grundsätze...(1964 ), a.a.O., S. 32-39.

[793] Urteil des Bundesverfassungsgerichtes vom 20.Juli 1954, BVerfGE 4, S.7-19, hier S. 15.

| | **sinngeleitete Phase** | **praxisgeleitete Phase** | **theoriegeleitete Phase** |
|---|---|---|---|
| **Inhaltlicher Aspekt, Erkenntnisbereich** | „umfassend"<br><br>Ökonomie,<br><br>Einbindung in die allgemeine Lebenswirklichkeit. Verhaltensnormen als Ausdruck allgemeiner Sinnnormen | „im weiteren Sinne"<br><br>Handelswissenschaft, Buchhaltung;<br><br>Rationalität: Praxis;<br>GoB als Anschauungen und Übungen der Kaufleute | „im engeren Sinne"<br><br>Betriebswirtschaftslehre, Bilanztheorien;<br><br>Rationalität: Bilanzzweck, GoB als Fachnormen |
| **Methodischer Aspekt** | normativ-deduktiv | induktiv-empirisch | axiomatisch-deduktiv |
| **Anthropologische Grundlegung** | gottgefälliger Christenmensch | königlicher Kaufmann | ordentlicher Kaufmann (im Sinne homo oeconomicus) |

**Tabelle 4: Strukturierung der historischen Phasen und Konzeptionen der GoB- Ermittlung.**

### 5.1.2 GoB und Handlungskonzeptionen

Die (historischen) Ermittlungskonzeptionen der GoB lassen sich entsprechend der WURDACK'schen Typisierung von Handlungskonzeptionen diesen zu- bzw. einordnen:[794] War die GoB-Ermittlung in der sinngeleiteten Phase noch eingeordnet in einen Bereich allgemeiner Normen und Werte und dementsprechend eingeordnet innerhalb einer „Handlungskonzeption im umfassenden Sinne", mit der Folge, daß eine detailierte Konkretisierung der GoB nicht erfolgte respektive aufgrund der zu dieser Zeit noch nicht entwickelten Ausdifferenzierung und Bedeutung der Wirtschaft als nicht notwendig angesehen wurde, läßt sich in der praxisgeleiteten Phase der GoB-Ermittlung eine Tendenz einer Zuordnung zu einer „Handlungskonzeption im weiteren Sinne" nachvollziehen. Als hervorstechendes Klassifikationsmerkmal läßt sich dabei die „Vernünftigkeit" der Kaufleute, d. h. die einem „königlichen Kaufmann" bzw. seinem praktischen Handeln innewohnende „Rationalität", auf die u. a. auch der Gesetzgeber bei der Konkretisierung und Ausgestaltung der GoB setzte, herausstellen. Demgegenüber läßt sich in der theoriegeleiteten Phase der GoB-Ermittlung zunächst die Tendenz der Einordnung entsprechend einer „Handlungskonzeption im engeren Sinne" konstatieren. Danach übernahm, geprägt durch SCHMALENBACH, die Betriebswirtschaftslehre die „isolierende" Ausgestaltung der GoB aus der „Natur der Sache", der Deduktion von GoB aus den (betriebswirtschaftlichen) Zwecken der Bilanz, ausgehend von und aufbauend auf einer „betriebswirtschaftlichen Betrachtungsweise" unter Ausblendung ganzheitlicher Erklärung und eines (grundsätzlichen) Verzichts auf Werturteile. In diese idealtypische Zuordnung lassen sich alle Versuche der GoB-Ermittlung einreihen, die die GoB formallogisch bzw. axiomatisch-deduktiv ermitteln wollen.[795] Mit der Erkenntnis, daß es sich bei den GoB um Rechtsnormen, nicht aber

---

[794] Vgl. WURDACK: Die ökonomische...(1984), a.a.O., S. 168-172; vgl. auch Abschn. 3.2.1 und 3.2.2 dieser Arbeit.

[795] Dementsprechend wäre die Übernahme internationaler Bilanzierungsgrundsätze, insbesondere der US-GAAP ein radikaler Rückfall in eine, durch das –derzeitige - GoB-System überwundene einengende und reduzierende Betrachtungsweise nicht nur bezüglich des Erkenntnisobjekts sowie der korrelierenden –methode, sondern hätte darüber hinaus ebensolche Folgen für die zugrundeliegenden Ziel- und Leitvorstellungen innerhalb der Ver-

um betriebswirtschaftliche Fachnormen handelt, die entsprechend mit juristischen Methoden – hermeneutisch-deduktiv – zu ermitteln sind, erfolgte insoweit eine „Ausweitung der Betrachtung ... (der) Lebenswirklichkeit und damit einhergehend eine Ausweitung der Wissenschaftsmethoden“[796] durch erweiternde, sinnerschließende (Erkenntnis-)Methoden, so daß die derzeitige Konzeption der GoB-Ermittlung, eines rechtsprechungsgeprägten und zum großen Teil kodifizierten Systems von Rechtsnormen, als einer „Handlungskonzeption in einem wieder erweiterten Sinne“[797] zugehörig klassifiziert werden kann.[798] Die „Vernünftigkeit“, die hierbei den Ausgangspunkt eines individuellen wie gemeinschaftlichen Handlungsprinzips bildet, kann als die einem Gesetz bzw. einer Rechtsnorm innewohnende bzw. vorausgesetzte Vernünftigkeit, dem „Telos“ des Gesetzes sowie der diesem entsprechende juristische Systemgedanke bestehend aus äußerem und inneren System der GoB, bezeichnet werden.[799]

Entsprechend dieser Klassifizierung des GoB-Systems unter eine „Handlungskonzeption im wieder erweiterten Sinne“ wird unter Rekurs auf das Postulat WURDACKS, wonach jede Handlungskonzeption eine entsprechende Didaktik intendiert, nunmehr versucht, eine didaktische Konzeption im wieder erweiterten Sinne zu entwerfen, die auf der WURDACK´schen Modellkonzeption einer „Didaktik der beruflich-ökomischen Bildung“[800] basiert.

---

mittlungsprozesse, der Wirtschaftserziehung. Vgl. dazu Abschn. 2.2.3, 2.3.3, 3.2.2.3 sowie 3.3.2.3 dieser Arbeit. MOXTER und BEISSSE sprechen von einem „Paradigmenwechsel“ der sich dadurch vollziehen würde. Vgl. BEISSE: Gläubigerschutz...(1993), a.a.O., S. 94; vgl. MOXTER: Entwicklung...(1993), a.a.O., S. 62; vgl. dazu auch WÜSTEMANN: US-GAAP...(1996), a.a.O., insbes. S. 430.

796 WURDACK: Zur anthropologischen...(1993), a.a.O., S. 437.

797 Ders.: Zur ethischen...(1999), a.a.O., S. 39.

798 Vgl. ders.: Die ökonomische...(1984), a.a.O., S. 172 und S. 175; vgl. ebenso ders.: Zur ethischen...(1999), a.a.O., S. 35 und S. 39-40.

799 Vgl. BEISSE: Zum neuen Bild...(1994), a.a.O., S. 9-14; vgl. EULER: Das System...(1996), a.a.O., S. 15-18.

800 WURDACK: Problemgefüge...(1974), a.a.O., S. 6; vgl. Absch. 3.3.4 dieser Arbeit.

## 5.2 Entwurf eines „offenen Systems" beruflich-ökonomischer Bildung

### 5.2.1 Anthropologische Grundlegung

Ausgehend von der Prämisse, daß das in der anthropologischen Betrachtungsweise zum Ausdruck kommende Selbstverständnis des Menschen den Ausgangspunkt wirtschaftserzieherischen Handelns und der darin implizierten wirtschaftsethischen Auffassung bildet[801], soll nachfolgend offengelegt werden, welche anthropologische Sichtweise diesem Didaktikansatz unterlegt wird und welche Folgerungen sich hieraus für die Rahmen- und Strukturprinzipien (Leitprinzipien) ergeben.[802]

Die hier präferierten wirtschaftspädagogischen Theorien und diesen entsprechende didaktische Konzeptionen liefern dazu explizite Aussagen.[803] Danach wird der Mensch in seiner personalen Einzigartigkeit betrachtet. Er verwirklicht in einem Entwicklungsprozeß – der im Sinne eines aufsteigenden Prozesses zu verstehen ist – seine personale Aufgegebenheit.[804] Dieser Prozeß erfolgt jedoch

---

801 Vgl. LASSAHN, Rudolf: Erziehung und moralisches Bewußtsein, in: Pädagogische Rundschau, 43. Jg. (1989), S. 385-391. „Verändern sich ethische Grundauffassungen, liegt dem allemal ein verändertes Selbstverständnis des Menschen zugrunde; diese anthropologische Frage gehört zur entscheidenden Basis der Ethik. ... So wie der Mensch sich sieht, so handelt er. Bildentwurf und Handlungsentwurf sind dialektisch miteinander verbunden." Ebenda S. 387.

802 Vgl. ebenso WENGER: Arbeitsmarkt...(1993), a.a.O., S. 168.

803 Vgl. dazu Abschn. 2.4 sowie 3.3.1 dieser Arbeit. Die hier zugrundegelegten anthropologischen Leitvorstellungen können allgemein, wie auch für die Konzeption wirtschaftlicher Bildung im besonderen als illusionär, idealistisch oder utopisch abgelehnt werden. Jedoch sind sie das Ergebnis einer gezielten theoretischen Auseinandersetzung mit dem philosophischen, pädagogischen und anthropologischen Gedankengut der humanistisch – abendländischen Kultur und dem entsprechenden Bildungsgedanken. Sie repräsentieren insofern mit einiger Gewißheit historisch gesicherte Erkenntnisse. Im Falle der Ablehnung dieser Tradition, respektive Leitvorstellung muß für die Konzeption von wirtschaftspädagogischen Theorien bzw. Wirtschaftsdidaktiken in diesem Zusammenhang eine Alternativbegründung mit mindestens dem gleichen wissenschaftlichen Anspruch erfolgen, sofern ein zumindest vergleichbares Ergebnis erzielt werden soll. Vgl. ebenso ASCHENBRÜCKER: Wirtschaftspädagogische Theorie...(1991), a.a.O., S. 141-142.

804 DERBOLAV, Josef: Kritische Reflexionen zum Thema „Pädagogische Anthropologie", in: Pädagogische Rundschau, 18. Jg. (1964), S. 751-767, hier S. 753. „Seine Personalität ist dem Menschen aber nicht nur g e g e b e n, sondern auch in seinem Wesen und mit seinem Wesen a u f gegeben." SCHLIEPER, Friedrich: Berufserziehung und Staat, in: Be-

nicht linear und ohne Beeinflussung, sondern in der aktiven Auseinandersetzung des Menschen mit sich selbst (dem Inneren) und der ihn umgebenen Welt (dem Äußeren).[805] Hierbei wird unterstellt, daß der Mensch denkend über seine Handlungsweisen befinden kann. Diesem Befinden folgend, das sich im „Inneren" als Empfindung widerspiegelt, ist er in der Lage, sein Handeln auszurichten, mit der Folgemöglichkeit, daß Handlungsweisen zunehmend in Einklang mit dem „Inneren", sprich seiner personalen Aufgegebenheit, stehen.[806] Aufgabe der Erziehung ist demnach, die im Menschen als „Gegebenheit und Aufgegebenheit" vorhandene „Selbstmächtigkeit im Handeln"[807] zu fördern. Dies mündet letztlich in eine Erziehung zu einer „sittlichen Persönlichkeit"[808] ein. Das pädagogische Bemühen richtet sich daher auf den einzelnen und den in ihm angelegten und durch ihn auszuformenden Handlungsrahmen, wobei die berufliche Handlungsfähigkeit nur einen Aspekt des komplexen Handlungsgefüges darstellt.[809]

Den nachfolgenden Ausführungen zu den Rahmen- und Strukturprinzipien liegt das „humanistisch-ganzheitliche" Menschenbild der „klassisch-kulturphilosophischen" Theorieansätze in der Berufs- und Wirtschaftspädagogik zugrunde,[810] wobei die Auslegung des Ganzheitspostulates im Hinblick auf die Berufserziehung in Anlehnung an den „organologischen" Ansatz erfolgt.[811]

---

rufserziehung im Handwerk, I. Folge, hrsg. von Friedrich Schlieper, Coesfeld i. Westfalen 1954, S. 41-53, hier S. 44 Hervorhebungen im Original.

805 In diesem Zusammenhang wird auf die von SCHLIEPER herausgearbeiteten drei Aspekte des Erziehungsgeschehens Bezug genommen. „...die sich im Menschen vollziehende S e l b s t e r z i e h u n g, die (funktionale) u n b e a b s i c h t i g t e  E r z i e h u n g durch die Umwelt und die (intentionale) b e a b s i c h t i g t e E r z i e h u n g als planmäßige Beeinflussung." SCHLIEPER, Friedrich: Grundbegriffe der Wirtschaftspädagogik, in: Berufserziehung im Handwerk, I. Folge, hrsg. von Friedrich Schlieper, Coesfeld i. Westfalen 1954, S. 17-40, hier S. 21 Hervorhebungen im Original.

806 Vgl. WENGER: Arbeitsmarkt...(1993), a.a.O., S. 168-169.

807 SCHLIEPER: Berufserziehung...(1954), a.a.O., S. 44.

808 „Die geistig gelenkte Strebensrichtung, orientiert nach objektiven sittlichen Normen des Handelns, macht den Menschen zu dem, was wir eine sittliche Persönlichkeit nennen." SCHLIEPER: Berufserziehung...(1954), a.a.O., S. 44.

809 Vgl. WENGER: Arbeitsmarkt...(1993), a.a.O., S. 169.

810 Vgl. zum „humanistisch-ganzheitlichen" Menschenbild des „klassisch-kulturphilosophischen" Ansatzes WURDACK: Zur anthropologischen...(1993), a.a.O., insbes. S. 438-445.

811 Vgl. WURDACK: Zur anthropologischen Grundlegung...(1988), a.a.O., S. 19-30.

Nach klassisch-kulturphilosophischer Auffassung wird der „Anthropos“, der Mensch, als ein mit spezifisch individuellen Anlagen ausgestattetes entwicklungsfähiges und entwicklungsbedürftiges Wesen angesehen.[812] Den „Kern seines (SPRANGERS, G.M.) Menschenbildes“[813] markiert dabei das Gewissen. Zur Entwicklung ist nach kulturphilosophischer Auffassung die Konfrontation mit Weltbezügen in Gestalt objektivierter Kulturinhalte unabdingbar. Diese Kulturgehalte sollen sowohl faktisches Sachwissen der einzelnen Kulturbereiche als auch Wertwissen bereitstellen. Beide Wissensbereiche, soweit überhaupt separierbar, sind historisch wandelbar und interpretationsbedürftig und haben einen spezifischen Sinn. Dieser Sinn liegt in der im Dienste der Humanität stehenden Erhaltung und Weiterentwicklung der Kultur als Ganzes. Das Ziel der allseitig entwickelten Persönlichkeit ist nur schrittweise über die systematische, zunächst angeleitete und später eigenständige Auseinandersetzung mit dem Sach- und Wertwissen der einzelnen Kulturbereiche möglich, wobei der Ausgang, nach der Auffassung von SPRANGER, in der beruflichen Bildung[814] genommen werden sollte.[815]

Die anthropologischen Grundlagen organologischer Theorien der Berufs- und Wirtschaftspädagogik werden deutlich in den philosophisch grundgelegten Aussagen zum Ganzheits-, Seins- und Sinnprinzip.[816] Der Mensch wird als eine

---

[812] Vgl.. WURDACK: Zur anthropologischen...(1993), a.a.O.; vgl. SCHNEIDER: Selbstverständnis...(1984), a.a.O., S. 19-40 und S. 245-260; vgl. ebenso ASCHENBRÜCKER: Wirtschaftspädagogische Theorie...(1991), a.a.O., S. 33-45 und S. 141.

[813] WURDACK: Zur anthropologischen...(1993), a.a.O., S. 439. „Die Spranger´sche Anthropologie führt über das Verstehen des Menschen als „Kulturmenschen“, eines Menschen, der durch Kultur geprägt wird, aber auch selbst wieder prägend auf Kultur einwirkt, ganz im Sinne eines gegenseitigen Erschließens, Erschlossenseins und Erschlossenwerdens, zu ihrer zentralen Fundierung, die als „Theorie des Gewissens“ den Kern seines Menschenbildes markiert. Diese Theorie des Gewissens bietet auch für Wirtschaftsbildung die Maximen reflektierten, verantwortungsvollen Handelns an ... .“ Ebenda, S. 438-439 Hervorhebungen im Original.

[814] Vgl. SPRANGER: Grundlegende Bildung...(1965), a.a.O., insbes. S. 10-11 und S. 24-34.

[815] Vgl. ASCHENBRÜCKER: Wirtschaftspädagogische Theorie...(1991), a.a.O., S. 141; vgl. auch. SCHNEIDER: Selbstverständnis...(1984), a.a.O.; S. 19-40 und S. 245-260 passim.

[816] Vgl. dazu WURDACK: Zur anthropologischen ...(1988), a.a.O., S. 21-24; vgl. auch SCHNEIDER: Selbstverständnis...(1984), a.a.O., S. 69-103 und S. 260-281; vgl. ebenso ASCHENBRÜCKER: Wirtschaftspädagogische Theorie...(1991), a.a.O., S. 47-69, insbes. S. 54-57.

ganzheitlich unteilbare Einheit aus Körper und Geist gesehen, die sinnzentriert auf Entwicklung angelegt ist und die Möglichkeit und Aufgabe hat, eigenständig denkend und gestaltend auf der Grundlage historischer und eigener Erfahrung, auf seine Lebenswirklichkeit Einfluß zu nehmen. Er wird darüber hinaus als körperlich und geistig ergänzungsbedürftig, d. h. als auf Gemeinschaft angewiesen, bezeichnet. Zu wahrem Menschsein, zur Entwicklung seiner Persönlichkeitsstruktur, die nach dieser Auffassung stark aristotelisch-thomistisch geprägt ist, kann er nur gelangen, wenn er – zunächst unter Anleitung – sich eigenständig darum bemüht, seine Kräfte zu einem harmonischem Ganzen nach bestimmten ethischen Prinzipien (anhand bestimmter Wertstrukturen) zu entwikkeln.[817] Diese Auffassung ist insbesondere von einer einseitigen Entwicklung bestimmter Spezialkenntnisse oder –leistungen scharf abzugrenzen.[818]

Danach ist Aufgabe von Erziehung und Bildung (und somit auch einer Didaktik), einen Beitrag zur Vervollkommnung des Menschen in seinem ganzen personalen Sein zu leisten.[819] Hierbei erscheint die Bildungsaufgabe als integraler Bestandteil des Erziehungs- und Berufserziehungsauftrages, demzufolge sie in den Gesamtkontext menschlicher Lebensgestaltung und -führung einzugliedern ist. Es wird hier dementsprechend die Ansicht vertreten, daß ein Ableitungszusammenhang zwischen Erziehung, Berufserziehung und Bildung besteht, wobei die Bildungsfrage innerhalb dieses Ableitungszusammenhangs zu diskutieren ist.[820] Dies bedeutet, daß bei der Konzeption von Bildungsmaßnahmen und hier-

---

[817] Vgl. dazu SCHLIEPER: Allgemeine Berufspädagogik...(1963), a.a.O., insbes. S. 21-35; vgl. auch ABRAHAM, Karl: Wirtschaftspädagogik. Grundfragen der wirtschaftlichen Erziehung, 2., überarbeitete und erweiterte Auflage, Heidelberg 1966, insbes. S. 26-50 und S. 76-130.

[818] Vgl. ASCHENBRÜCKER: Wirtschaftspädagogische Theorie...(1991), a.a.O., S. 141-142.

[819] „Als Sinn der Erziehung betrachten wir die Vervollkommnung des Menschen in seinem individualen, sozialen und personalen Sein, wir sehen ihn also bezogen auf das Sein und den Sinn des menschlichen Lebens." SCHLIEPER, Friedrich: Ganzheitliche Berufserziehung, in: Berufserziehung im Handwerk, VI. Folge, hrsg. von Friedrich Schlieper, Köln 1962, S. 37-54, hier S. 39.

[820] Es sei an dieser Stelle nochmals darauf hingewiesen, daß es sich bei dieser um eine aufklärerische Position handelt, der Ableitungszusammenhang demnach nicht in einem normativ-deduktiven, sondern in einem hermeneutisch-deduktiven Verhältnis steht. „Um jede Vermischung, ein Fehlverständnis des Spranger´schen Ansatzes oder seines methodischen Verfahrens auszuschließen, sei darauf hingewiesen, daß das kulturphilosophische Denken

bei primär bei der Auswahl von Inhalten, dem Ziel von Erziehung und Bildung Rechnung zu tragen ist.[821]

### 5.2.2 Äußeres System

#### 5.2.2.1 Wesen und Begriff

Dieses hier zu entwerfende „offene System“[822] wird sowohl durch die wissenschaftssystematische sowie -organisatorische Struktur und abstrakt-begriffliche Ordnung innerhalb des Problemkreises von Wirtschaftspädadogik sowie –didaktik („äußeres System“), als auch durch das dahinter stehende innere System der „Leit- und Wertungsprinzipien“[823] der „Didaktik beruflich-ökonomischer Bildung“ bestimmt. Der Systemcharakter ermöglicht grundsätzlich eine kontinuierliche, organische Fortbildung bzw. Weiterentwicklung.[824] Es handelt sich dabei um ein sogesehen „dynamisches“ System, welches zwar über (allgemeine) Prinzipien verfügt, die eine bestimmte Zeit konstant bleiben, sich aber entspre-

---

und sein hermeneutisches Verfahren sich dem Prinzip der Aufklärung verpflichtet weiß.“ WURDACK: Zur anthropologische...(1993), a.a.O., S. 442.

821 Vgl. WENGER: Arbeitsmarkt...(1993), a.a.O., S. 169.

822 Hierbei handelt es sich um ein „System“ in hermeneutischen Verständnis bzw. Sinne, das in klarer Abgrenzung zur Systemtheorie LUHMANN´s sowie entsprechenden systemtheoretischen Ansätzen bzw. zu systemtheoretischen Modellen und Konzeptionen Allgemeiner (KÖNIG/RIEDEL) wie Besonderer Didaktik (z. B. ZABECK´s „antizipierende Didaktik“, vgl. Absch. 3.3.5 dieser Arbeit) zu sehen ist. Vgl. zum Systembegriff GADAMER: Wahrheit...(1975), a.a.O., S. 164. „ Die Aufgabe des wissenschaftlichen Systems ist es, die ... als einem Sinnganzen innewohnenden Sinnzusammenhänge sichtbar zu machen und darzustellen. Dem dient die Aufdeckung der leitenden Prinzipien und ihrer Konkretisierung ... und deren Aufbereitung zum System. Vorausgesetzt wird dabei immer, daß (diese) ... untereinander in der Tat in einem derartigen Sinnzusammenhang stehen ... . Daß ... ein vernünftiger Sinn innewohnt kann zwar nicht in einem exakten Sinne „bewiesen“ werden, aber doch dadurch deutlich gemacht werden, daß man diesen Sinnzusammenhang aufdeckt.“ LARENZ: Methodenlehre...(1991), a.a.O., S. 487-488. Zum Begriff der Offenheit des Systems vgl. GADAMER: Wahrheit...(1975), a.a.O., S. 345 f.; vgl. CANARIS: Systemdenken...(1983), a.a.O., S. 61-73; vgl. auch LARENZ: Methodenlehre...(1991), a.a.O., S. 486-489.

823 Vgl. BEISSE: Zum neuen Bild...(1994), a.a.O., S. 13-16.

824 Vgl. ebenda, S. 25.

chend den gesellschaftlichen und insbesondere persönlichen Bedürfnissen als wandelbar erweisen.[825]

Während sowohl eine „normative“[826] didaktische Konzeption, als auch ein positivistisch-funktionales Didaktikverständnis die Lösung konkreter didaktischer Probleme durch normative bzw. formallogische Deduktion im äußeren System, innerhalb der wissenschaftssystematischen bzw. –organisatorischen Struktur respektive aus der abstrakt-begrifflichen Ordnung suchen könnte, bedarf ein Didaktikverständnis bzw. eine didaktische Konzeption im hier vertretenen Sinne[827] eines „inneren Systems“ mit dessen immanenten „Wertungsprinzipien“. Auf diesem Erkenntniswege wirken allgemeine Ziele von Didaktik allenfalls regulierend, aber sie erlauben selbst – pluralistisch und abstrakt, wie sie sind – keine konkrete Ableitung.[828] Jedoch läßt das äußere System aufgrund seiner Verwobenheit mitunter Einblicke in das Innere zu.[829]

### 5.2.2.2 Funktionsbestimmte Begriffe und Strukturschema

Die innerhalb der Wirtschaftspädagogik/-didaktik benutzten Begriffe definieren sich, ihrer Eigenart entsprechend, als hauptsächlich funktionsbestimmte Begriffe. Sie sind grundsätzlich nur innerhalb der wirtschaftspädagogischen Theoriebildung sowie in ihrer spezifischen Ausrichtung auf die Konzeption einer jeweiligen Didaktik zu verstehen.[830] Die Überlegungen zur Funktionsbestimmtheit der Begriffe bilden bereits den Übergang zum inneren System.

---

825 Vgl. WURDACK: Problemgefüge...(1974), a.a.O., S. 6; vgl. ders.: Zur ethischen Dimension...(1999), a.a.O., S. 37.

826 Vgl. zur Normativität didaktischer Ansätze BLANKERTZ: Theorien...(1991), a.a.O., S. 18-27.

827 Entsprechend der Klassifizierung von WURDACK wird hier eine Didaktikkonzeption eine Wirtschaftsdidaktik im weiteren bzw. im wieder erweiternden Sinne vertreten. Vgl. WURDACK: Die ökonomische Dimension...(1984), a.a.O., S. 173-174.

828 Vgl. BEISSE: Zum neuen Bild...(1994), a.a.O., S. 19-20.

829 Zum Aufbau und zur Struktur eines solchen Systems vgl. grundlegend CANARIS: Systemdenken...(1983), a.a.O.; vgl. auch LARENZ: Methodenlehre...(1991), a.a.aO., S. 437-490. Vgl. auch Abschn. 4.4.2 und 4.4.3 dieser Arbeit.

830 Zur Funktionsbestimmtheit der Begriffe bzw. der abstrakt-begrifflichen Ordnung innerhalb des äußeren Systems vgl. LARENZ: Methodenlehre...(1991), a.a.O., insbes. S. 457-

Das gilt auch für das nachstehende Strukturschema (vgl. Tabelle 5) eines Gesamtbildes der Didaktik beruflich-ökonomischer Bildung. Es zeigt einen dreischichtigen Aufbau:

| **Strukturschema des äußeren Systems** | | |
|---|---|---|
| **Schicht I**<br>**Allgemeine Didaktik** | **Schicht II**<br>**Besondere Didaktik** | **Schicht III**<br>**Fachdidaktik** |
| Das ALLGEMEINE des ALLGEMEINEN | Das ALLGEMEINE des BESONDEREN | das BESONDERE des BESONDEREN |
| Bildungsbegriff | Kategorien.<br>Das Kategoriale (die Sinngehalte) des Kulturbereichs Wirtschaft. | Exemplaria.<br>Exemplarische Inhalte des Kultur- bzw. Lebensbereichs „Wirtschaft". |

**Tabelle 5: Strukturschema des äußeren Systems der Didaktik beruflich-ökonomischer Bildung**[831]

Nach WURDACK wird die Fähigkeit einer Besonderen Didaktik, das ALLGEMEINE des BESONDEREN zu erkennen, zu systematisieren und strukturiert wie differenziert zu fixieren auf der hochschuldidaktischen Abstraktionsstufe gewonnen. Dabei muß „dieser Prozeß ... als Vorgang mit interdisziplinären Dimensionen verstanden werden, an dem sich ebenso die für diesen sektoriellen Bildungsprozeß relevanten Fachwissenschaften (hier die Betriebswirtschaftslehre und die Rechtswissenschaften) als Informationsgeber, wie die Pädagogik und die für pädagogisches Handeln unentbehrlichen Nachbarwissenschaften beteiligen"[832].

460, der dabei auf die HEGEL´sche Unterscheidung von abstrakten und konkreten Begriffen rekurriert.

[831] Vgl. WURDACK: Problemgefüge...(1974), a.a.O., S.3-7.

[832] WURDACK: Problemgefüge...(1974), a.a.O., S. 6-7. Vgl. dazu auch Abschn. 3.3.4.2 dieser Arbeit.

Eine bildliche Umsetzung (vgl. Abbildung 5 ) dieses Strukturschemas ließe sich wie folgt darstellen:

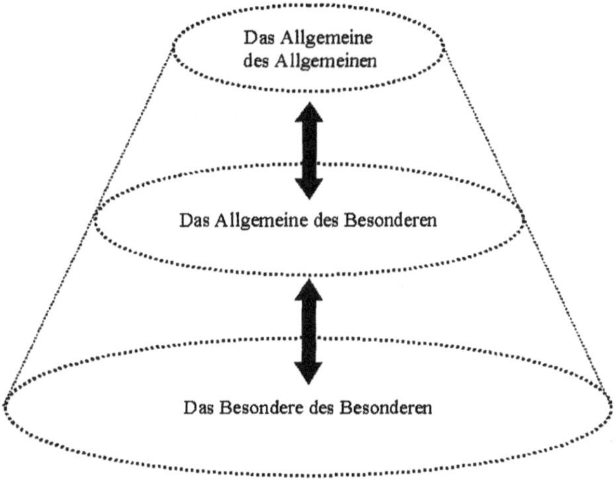


**Abbildung 5: Strukturschema des „äußeren Systems" beruflich-ökonomischer Bildung**

### 5.2.3 Inneres System

#### 5.2.3.1 Wesen und Begriff

Das innere System ist ein solches von Leit- und Wertprinzipien, eine "axiologische oder teleologische Ordnung leitender Wertgesichtspunkte"[833]. Diese Prinzipien sind keine Regeln, aus denen sich konkrete didaktische Entscheidungen unmittelbar ergeben könnten, denn das „Prinzip steht nicht am Anfang, sondern am Ende des Weges"[834]. Sie bedürfen der Konkretisierung durch Kategorien re-

[833] LARENZ: Methodenlehre...(1991), a.a.O., S. 169.
[834] ESSER, Josef: Grundsatz und Norm in der richterlichen Fortbildung des Privatrechts, Tübingen 1964, S. 325.

spektive exemplarische Inhalte.[835] Da es sich bei den Rahmen- und Strukturprinzipien vor allem um Wertungsprinzipien handelt, vermag eine Erkenntnismethode formaler Logik (induktive, empirisch-analytische Erkenntnismethode) hier wenig. Bei einem solchen System kann es sich somit nicht um ein logisch-deduktives entsprechend einer Didaktikkonzeption im engeren Sinne handeln.[836] Die Bildung des „inneren Systems erfolgt durch einen (Erkenntnis-)Prozeß wechselseitiger Erhellung des Verhältnisses der Prinzipien, wobei die innere Rangordnung der Prinzipien zur Geltung kommt. „Die Prinzipien erhalten ihren eigentlichen Sinngehalt erst in einem Zusammenspiel wechselseitiger Ergänzung und Beschränkung"[837]. „Erst aus ihrem Zusammenspiel werden Tragweite und volle Bedeutung der Prinzipien deutlich"[838].

### 5.2.3.2 Strukturgefüge

Die innere Rangordnung zeigt einen zweischichtigen Aufbau. An der Spitze stehen die Rahmenprinzipien: PÄDAGOGISCHE BETRACHTUNGSWEISE (Individualbezug) und OBJEKTIVIERUNG (Objektbezug). Ihnen folgt eine Trias von Strukturprinzipien: WIRTSCHAFT – BILDUNG – GANZHEIT.

Aufgabe eines inneren Systems ist zum einen, die Implikationen der einzelnen didaktischen Wertungen zu erforschen, und zum anderen, die Konflikte zwi-

---

[835] Vgl. WURDACK: Problemgefüge...(1974), a.a.O., S. 7. „ Auf der 2. Stufe des Entwurfs ... gilt es das Besondere ... intentionsbezogen-faktoriell auszustatten. Mit dem Begriff der (Bildungs-)Intentionen verbleiben wir auch auf dieser Stufe der inhaltlichen Ausfüllung ... durch die an ihr beteiligten Fachwissenschaften ... konsequent im Umkreis didaktischen Denkens. ... Für den Aufbau der thematischen Einzelstrukturen ... sind also die Fachwissenschaften daraufhin zu befragen, welche ihrer Inhalte der bildungstheoretischen Intention am besten entsprechen." Ebenda.

[836] Aus diesem Grunde ist auch das von ZABECK vertretene Modell einer „antizipierenden Didaktik" wegen der Anwendung empirisch-analytischer, respektive kritisch-rationalistischer Methoden insoweit ungeeignet. Vgl. dazu auch Abschn. 3.3.5 dieser Arbeit.

[837] CANARIS: Systemdenken...(1983), a.a.O., S. 55.

[838] LARENZ: Methodenlehre...(1991), a.a.O., S. 476. Vgl. dazu auch die Ausführungen in Abschn. 4.4.3 dieser Arbeit.

schen diesen Wertungen zu erkennen und zu beseitigen.[839] Aus diesem Grunde entfalten die (didaktischen) Prinzipien ihren Sinn „erst in einem Zusammenspiel wechselseitiger Ergänzung und Beschränkung“[840].

Im weiteren, differenzierenden und konkretisierenden Prozeß erschließen sich aus dem Zusammenwirken schließlich die Elemantaria bzw. Exemplaria, d. h. die exemplarischen Inhalte durch einen komplexen Entscheidungsprozeß, der sich als Konkretisierung der „oberen Grundsätze“ darstellt.

Das innere System ist, entsprechend seiner Struktur als Gefüge von Prinzipien, durch (verstehende) Auslegung zu ermitteln. Dabei basiert die Auslegung auf der „Interdependenzthese“, der Vermutung eines vernünftigen Ordnungsrahmens, einer „regulativen Idee“ bzw. eines „einheitsstiftenden Strukturprinzips“[841], wonach sich die Aufgaben wirtschaftlicher Bildung, die Kategorien und die diese konkretisierenden „Elementaria“ wechselseitig bedingen. Diese Interdependenz stellt einen - im Sinne der Hermeneutik - (vermeintlichen) Zirkel dar, der durch fortschreitende Interpretation durchbrochen werden kann.[842]

Die Bildung des inneren Systems beruflich–ökonomischer Bildung ist aufgrund der hermeneutischen Problemstruktur[843] ein Prozeß zwar subjektabhängiger, jedoch begründbarer Wertung.[844] Dies führt bei konkurrierenden Systematisierungen und Konkretisierungen zu dem Problem, wessen Wertung Vorrang gebührt und somit zur Notwendigkeit allgemein anerkannter (Bildungs-) Ziele, ausge-

---

839 Vgl. CANARIS: Systemdenken...(1983), a.a.O., S. 46.

840 Ebenda, S. 53. An dieser Stelle sei nochmals auf die von WENGER vertretene Konzeption von „“Gitterqualifikationen“ als kategoriale Qualifikations- Inhalts-Muster“ verwiesen, die sich als eine mögliche Konkretisierung ebenfalls in diesen Systementwurf überführen läßt. Vgl. WENGER: Arbeitsmarkt...(1993), a.a.O., S. 189-194.

841 SCHNEIDER: Selbstverständnis...(1984), a.a.O., S. 237.

842 Vgl. GADAMER: Wahrheit...(1975), a.a.O., S. 275; vgl. LARENZ: Methodenlehre...(1991), S. 197 und S. 206-207; vgl. auch Abschn. 5.1.1.2 dieser Arbeit.

843 Hierfür seien insbes. die „Sinnorientierung“ wirtschaftlicher Bildung sowie die „Ganzheitlichkeit“ der Persönlichkeitsentwicklung auf allen Stufen menschlichen Seins genannt. Vgl. dazu Abschn. 3.3.1 dieser Arbeit.

844 Vgl. dazu Abschn. 4.3.1. und 4.3.3 dieser Arbeit sowie die dort angegebene Literatur.

drückt „in einem zwar historisch gewordenen, aber der Gegenwart entsprechenden kulturphilosophisch begründeten Bildungsbegriff"[845].

Die Auslegung der Leitprinzipien wirtschaftlicher Bildung im Hinblick auf das innere System bereitet erhebliche Probleme. Der erste Problemkreis hängt allgemein mit der Ermittlung der Ziele wirtschaftlicher Bildung innerhalb einer wertepluralistischen Gesellschaft zusammen. Dies hat zur Folge, daß die Prinzipien bzw. Kategorien, deren Hierarchie wiederum vom Ziel von Erziehung bzw. Bildung abhängt, sich nicht unmittelbar daraus erkennen lassen. Es bedarf vielmehr einer summarischen Würdigung des AllGEMEINEN des ALLGEMEINEN („Bildungsbegriff"), des ALLGEMEINEN des BESONDEREN („Kategorien") sowie des BESONDEREN des BESONDEREN („Exemplaria"), um das Ziel wirtschaftlicher Bildung zu bestimmen.[846] Ausgangspunkt der Systembildung ist jedoch die Herleitung des ALLGEMEINEN DES ALLGEMEINEN ausgedrückt im Bildungsbegriff.[847]

Der zweite Problemkreis bei der Ermittlung eines inneren Systems steht mit der Ableitung einer zieladäquaten Struktur der Prinzipien in Zusammenhang. Die Schwierigkeiten werden dadurch verursacht, daß die Besondere Didaktik die Rangordung der Prinzipien nicht unmittelbar zu erkennen gibt. Die wechselseitigen Ergänzungen und Beschränkungen dieser Prinzipien können daher nur mittels summarischer Interpretation abgeleitet werden, wobei wiederum das Ziel

---

845 WURDACK: Zur ethischen Dimension...(1999), a.a.O., S. 39. „Enthält ein ... Bildungsbegriff explizite Aussagen über das ... Mensch-Welt-Verhältnis ... so hat „Allgemeine" wie „Besondere Didaktik" die ... gewonnenen Aussagen, konzentriert im Bildungsbegriff, auf Praxis hin zu reflektieren, auszulegen, in Systemen zu orden ... und somit rationale Entscheidungen in der pädagogischen Praxis zu ermöglichen." Ders: Problemgefüge...(1974), a.a.O., S. 5.

846 Vgl. WURDACK: Problemgefüge...(1974), a.a.O., S. 6-7. „Aus Sicht der „Allgemeinen Didaktik" hat die „Besondere Didaktik" die „Besonderheiten" ... als „Allgemeines" ihres besonderen Bereiches zu fixieren und in einer dialektischen Hinwendung zur Allgemeinen Didaktik als Allgemeines des Besonderen zur Integration bzw. Korrektur weiterzugeben, d. h. sie beteiligt sich an der inhaltlichen Ausfüllung und Kontrolle des Aussagengefüges der Allgemeinen Didaktik. ... was allerdings einen funktionierenden Rückkopplungsprozeß zwischen „Allgemeiner Didaktik" und „Besonderer Didaktik" wie „Fachdidaktik" erfordert." Ebenda, S. 6 Hervorhebungen im Original.

847 Vgl. ebenda, S. 5.

wirtschaftlicher Bildung und die adäquate Prinzipienhierarchie zu berücksichtigen sind.[848]

### 5.2.4 Rahmenprinzipien

#### 5.2.4.1 Pädagogische Betrachtungsweise

Die Rahmenprinzipien beinhalten grundsätzliche didaktische Wertungen; der Inhalt der Strukturprinzipien wird durch das Abwägen der Rahmenprinzipien präzisiert. Jedoch stehen die Rahmenprinzipien in einem antinomischen Verhältnis, sie konfligieren. So intendiert das Prinzip der PÄDAGOGISCHEN BETRACHTUNGSWEISE den Primat des Individualbezuges bei der Gestaltung von Bildungsprozessen im allgemeinen sowie bei der Auswahl und Strukturierung der Bildungsinhalte im besonderen, während das Prinzip der OBJEKTIVIERUNG diese „subjekttheoretische" bzw. anthropologische Betrachtungsweise reduziert bzw. beschränkt.[849]
Dieses Tarieren der Rahmenprinzipien bildet ein Kernproblem bei der Konkretisierung des Systems beruflich-ökonomischer Bildung. Das „innere" System beschreibt, wie die Rahmenprinzipien, sich wechselseitig ergänzend und beschränkend, im Hinblick auf die Strukturprinzipien zusammenwirken.[850]

Der als „Individualbezug" bezeichnete Sachverhalt, dem das Prinzip der PÄDAGOGISCHEN BETRACHTUNGSWEISE entspricht, hat die wirtschaftspädagogische Theorie in den Stand versetzt, nicht nur die Interessen des Individuums formal zu benennen, sondern insbesondere kritische Funktion im gesell-

---

848 Vgl. WURDACK: Problemgefüge...(1974), a.a.O., S. 6-7; vgl. dazu allgemein CANARIS: Systemdenken...(1983), a.a.O., S. 55 f.

849 WURDACK spricht von der besonderen Problematik des „Zusammenwirkens beider elementarer Konstituanten ... des Problemfeldes ... beruflicher Bildung. ... (der) pädagogischen Disziplin Berufs-/Wirtschaftspädagogik ... und die ... Fachwissenschaften", sowie davon, dieses Problemfeld „unter der Thematik „Notwendigkeit einer ... Didaktik der beruflichen Bildung" in einem gesonderten Beitrag zu versuchen". WURDACK: Reflexionen...(1972), a.a.O., S. 497.

850 Vgl. dazu bereits Abschn. 4.4.3 mit den dort angeführten Nachweisen.

schaftlichen Prozeß zu beanspruchen. Dieser Zusammenhang führt zur Freilegung der anthropologischen Dimension, die insbesondere bei den „klassisch-kulturphilosophischen" Theorien system- und theoriebildend wirkte. Diese fundamentale Fragestellung ist geeignet, eine Einheit in grundsätzlichen wissenschaftlichen Intentionen innerhalb der wirtschaftspädagogischen Theoriebildung und Didaktik herzustellen und das gemeinsame genuine pädagogische Interesse über historische Veränderungen und wissenschaftliche Standorte hinweg zu erhalten.[851] Dabei bildet „die „Anwaltschaft", die der Begriff der Bildung für das Individuum in zunehmend komplizierter zu durchschauenden Gesellschaftsprozeß übernimmt", den „Kern dieser humanen Interessen wahrenden anthropologischen Grundeinsicht"[852].
Damit ist gleichzeitig der Auftrag verbunden, die jeweiligen anthropologischen Grundlagen der didaktischen Konzeption zu explizieren, da diese nicht nur als konstitutiv und systembildend[853], sondern insbesondere zur Wahrnehmung „pädagogischer Verantwortung" für das Individuum als grundlegend anzusehen ist.[854] Denn im Rahmen von Handlungskonzeptionen respektive den diesen entsprechenden Didaktiken ist es unvertretbar, das zugrundeliegende Menschenbild und das damit korrespondierende Bildungsverständnis außer Acht zu lassen:[855] „Das ist nicht vertretbar, denn das Wissen um das, wozu der Mensch gefördert werden kann und deshalb in seinem wie im Interesse des menschlichen Zusammenlebens auch gefördert werden sollte, ist nicht allein für alle Bildungsmaßnahmen, sondern bis hin zur empfehlenswerten Staatsform von entscheidender Bedeutung"[856].

---

851 Vgl. WURDACK: Reflexionen...(1972), a.a.O., S. 496-497.
852 Ebenda.
853 Vgl. zum Zusammenhang der anthropologischen Grundlegung als „zentral-wissenschaftskonstituierendes Moment" mit den anderen wissenschaftskonstitutiven Elementen, insbes. den „originär wissenschaftskonstituierenden Momenten ... Erkenntnisobjekt und Erkenntnismethode". SCHNEIDER: Selbstverständnis...(1984), a.a.O., S. 237-243; vgl. ebenda S. 359-384.
854 Vgl. WURDACK: Reflexionen...(1972), a.a.O., S. 500.
855 Vgl. WURDACK: Zur anthropologischen Grundlegung...(1993), a.a.O., S. 437.
856 SCHMIEL, Martin: Neue Lernziele in der beruflichen Weiterbildung, in: Aschenbrücker, Karin/Pleiß, Ulrich (Hrsg.): Menschenführung und Menschenbildung, Perspektiven für Betrieb und Schule, Hohengehren 1991, S. 281-292, hier S. 282.

Das Prinzip der PÄDAGOGISCHEN BETRACHTUNGSWEISE ist im didaktischen Kontext zunächst als Synonym für eine spezifische („teleologische") Auslegung" innerhalb wirtschaftspädagogischer Theoriebildung und Didaktik zu sehen und richtet den Blick auf den Primat des Individualbezuges innerhalb der didaktischen Maßnahmen. Dieses Prinzip betont den pädagogischen Gehalt der Strukturprinzipien. Diese Formulierung soll ausdrücken, daß die Didaktik beruflich-ökonomischer Bildung die Funktion hat, kategoriale „Bildungsinhalte" (Sinngehalte) zu erfassen, die es dem Menschen ermöglichen „in all seinen persönlichen Entwicklungsstufen `zu sich selbst zu kommen´"[857]. Diese spezifischen Wertungen und Aufgaben der Didaktik sind bei der Bildung des didaktischen Systems zu berücksichtigen und in die Entscheidung bei der Ermittlung von Bildungsintentionen und Bildungsinhalten zu transformieren.[858]
Die pädagogische Betrachtungsweise ist somit konstitutiv für die gesamte Didaktik.

### 5.2.4.2 Objektivierung

Neben dem Individualbezug als „traditioneller Konstituante" ist auf jenen anderen Bezug zu rekurrieren, der in der „Lebensmacht" Wirtschaft deutlichen Ausdruck fand. Aus dem Tatbestand technisch-ökonomischer Entwicklung und Veränderung ergibt sich der Anspruch an neue Inhalte und Organisationsformen wirtschaftlicher Bildung, aber auch die Frage der diesbezüglichen Legitimation außerpädagogischer Lebensmächte.[859] Die Fachwissenschaft, als „historisch-situativer Komponente", bietet sich als „klärende Instanz und fachlicher Bezugspunkt für den Objektbezug ... an"[860].
Insoweit läßt sich dieses Prinzip als Interessenwalter des zugrundeliegenden Weltverständnisses, des Objektbezuges, hier der wirtschaftlichen Anforderungen einer beruflich-ökonomischen Bildung als Erziehung von und für den Lebens-

---

[857] WURDACK: Problemgefüge...(1974), a.a.O., S. 2. Hervorhebung im Original.
[858] Vgl. ebenda, S. 5-7 und S. 33-34; vgl. auch WENGER: Arbeitsmarkt...(1993), a.a.O., S. 189-196.
[859] Vgl. WURDACK: Reflexionen...(1972), a.a.O., S. 504.

und Kulturbereich Wirtschaft beschreiben.[861] In einer formalen Betrachtung führt dieses Rahmenprinzip zu einer Einschränkung des (subjektiven) Ermessens und folgt somit aus den Aufgaben eines Vermittlungsprozesses innerhalb demokratisch legitimierter pluralistischer Gesellschaften, in denen Handlungskonzeptionen und (Didaktiken) im weiteren, im engeren respektive im wieder erweiternden Sinne, vorherrschen. Das Objektivierungsprinzip dient insoweit der Sicherheit und Klarheit des Objektbezuges.[862] Es zielt auf die Bewährung der Prinzipien und Inhalte einer beruflich-ökonomischen Bildung ab, d. h. es dient dem Interessenausgleich der am jeweiligen Vermittlungsprozeß auf den verschiedenen Stufen beteiligten Personen und Institutionen. Dieses Prinzip ist unter der Annahme der antinomischen Struktur des Weltverständnisses[863], respektive des Spannungsgefüges von MENSCH und WELT im allgemeinen und WIRTSCHAFT und PÄDAGOGIK im besonderen, ein elementar konstitutives Prinzip des „offenen Systems" beruflich-ökonomischen Bildung.[864] In einer materialen Perspektive bedeutet und bewirkt Objektivierung somit eine „Vergegenständlichung".[865]

Exemplarisch ausgedrückt in der Fragestellung „nach dem, was Individuum ist und sein soll, und der nach dem, welches die Grundprinzipien des vergesellschaftlichten Daseins dieses Individuums sind." Historisch betrachtet entfaltet sich diese Problematik nach WURDACK „an dem gleichen kardinalen Punkt, an dem der Bildungsbegriff sich ausschließlich anthropologisch verstand und damit die Ansprüche des Individuums kritisch gegenüber den Ansprüchen des vergesellschaftlichten Daseins abzusichern versuchte"[866]. Unter dem Primat des Indi-

---

[860] Ebenda, S. 504-505.

[861] Vgl. WURDACK: Reflexionen...(1972), a.a.O., S. 500-502 und S. 504-512.

[862] Vgl. WURDACK: Reflexionen...(1972), a.a.O., S. 506-507.

[863] Zur antinomischen Struktur vgl. LITT: Das Bildungsideal...(1959), a.a.O., S. 115-130.

[864] Vgl. WURDACK: Problemgefüge...(1974), a.a.O., S. 5; vgl. ders.: Reflexionen...(1972), a.a.O., S. 495-497 und S. 504-511; vgl. ders.: Zur anthropologischen...(1993), S. 446; vgl. auch WENGER: Arbeitsmarkt...(1993), a.a.O., S. 2-6 und S. 189-194.

[865] BEISSE: Zum neuen Bild...(1994), a.a.O., S. 16.

[866] WURDACK: Reflexionen...(1972), a.a.O., S. 501-502.

vidualbezuges besteht die Möglichkeit, den „Objektbezug über dessen „Eigengesetzlichkeiten" hinaus kritisch zu prüfen"[867].

Zusammenfassend lassen sich diese beiden Rahmenprinzipien als Ausdruck für das Basisproblem wirtschaftlicher Bildung, als Spannungsgefüge von Individual- (MENSCH) und Objektbezug (WELT), somit in einem dialektischen Verhältnis (vgl. Abbildung. 6) darstellen:

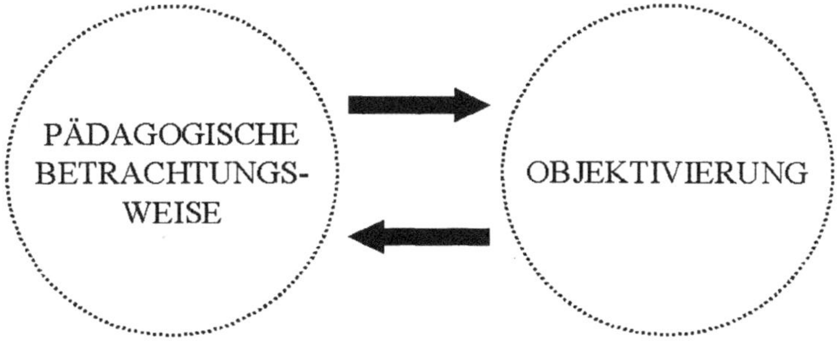


**Abbildung 6: Die Rahmenprinzipien des „Systems beruflich-ökonomischer Bildung" als spezifische Ausdrucksform des MENSCH-WELT-VERHÄLTNISSES.**

---

[867] Ebenda, S. 502. „Es darf dabei nicht übersehen werden, daß sich in der geschichtlichen Entwicklung der Objektbezug weitgehend von der Bedingung als Ermöglichung der „Existenz"-Sicherung gelöst und zu einer Eigenständigkeit entwickelt hat, die alleinbestimmend für das existentielle Gesamtverständnis des Individuums werden kann. Gerade diese Richtung der Entwicklung verlangt die Wiederaufnahme des humanen Aspektes." Ebenda. Vgl. dazu auch Abschn. 3.3.1 dieser Arbeit.

## 5.2.5 Strukturprinzipien

### 5.2.5.1 Wirtschaft

Wirtschaft als „Sachgebiet der Kultur“ wurde insbesondere von SPRANGER herausgestellt, womit er Wirtschaft einen wertbildenden, sittlichen Bezug und zugleich Dignität verlieh.[868] Die somit erfolgte Aufwertung der Wirtschaft zu einem „Bereich des objektivierten Geistes“, der eine „überindividuelle Geistesmacht“ darstellt, beinhaltet, daß innerhalb der „Aufbaugesetzlichkeit“ und der „spezifische(n) Wirkungsweise“ dieses Sachgebietes der Kultur „Sinngebilde“ zutage treten, an deren Verwirklichung dem einzelnen gelegen ist.[869] So ist nach SPRANGER „die Idee, die alles *wirtschaftliche* Verhalten des Einzelnen wie der Gesamtheit beherrscht, das *Maximum* der *Nützlichkeit* ... oder die Norm: mit möglichst geringem Nutzentgang den möglichst großen Nutzerfolg zu erzielen“[870], aus der sich die anderen wirtschaftlichen Grundgesetzlichkeiten formulieren lassen.[871] Durch die Herausarbeitung der unterschiedlichen sinngebenden Akte aller Grundformen, wobei der wirtschaftliche Akt einen von sechs Grundformen darstellt, gelingt es SPRANGER, den Komplex eines „sinngebenden Gesamtaktes“ aufzuschlüsseln.[872] Dabei wird in diesem Zusammenhang unterstellt, daß sich in jedem „geistigen Akt“ alle sechs Grundformen wiederfinden, sich aber in jedem einzelnen Menschen, so auch innerhalb einer Kulturgemeinschaft,

---

868 „Dabei denken wir zunächst an die Sachgebiete der Kultur wie Wirtschaft, Wissenschaft ...; Im Umgang mit ihnen leuchten sittliche Forderungen auf, deren Rückstöße den schaffenden Menschen in sein Inneres zurücktreiben“ SPRANGER, Eduard: Die Wirtschaft unter kulturphilosophischem Aspekt. Unveröffentlichtes Manuskript eines im Jahr 1954 im Rahmen der Baden-Badener Unternehmergespräche gehaltenen Vortrages, in: Spranger, Eduard: Gesammelte Schriften, Bd. V, Kulturphilosophie und Kulturkritik, hrsg. von Hans Wenke, Tübingen 1969, S. 348-381, hier S. 353.

869 Vgl.ebenda, S. 363 alle Zitate.

870 SPRANGER, Eduard: Lebensformen. Geisteswissenschaftliche Psychologie und Ethik der Persönlichkeit (1925), 8. Aufl., Tübingen 1950, S. 73 Hervorhebungen gegenüber dem Original verändert.

871 Vgl. ebenda, S. 73-74.

872 Vgl. WENGER: Arbeitsmarkt...(1993), a.a.O., S. 171.

jeweils eine bestimmte Sinn- und Wertrichtung als herrschend herausbilden kann.[873]

Dieser kurze Exkurs zu den SPRANGER'schen „Sachgebieten der Kultur" und den „Lebensformen" führt zur Problematik, inwieweit bilanzrechtstheoretische Überlegungen zur Natur, Ermittlung und System der GoB den Ausgangspunkt für eine didaktische Konzeption darstellen können, zurück. Folgt man dem von SPRANGER aufgezeigten Relief der Geiststruktur, so stehen letztlich die in den unterschiedlichen Kulturgebieten sich repräsentierenden „Werte" unter dem übergreifenden Anspruch der Sittlichkeit, womit die Frage der wirtschaftlichen Bildung nicht unter den Bedingungen rein wirtschaftlicher Überlegungen (des Objektbezuges), sondern unter dem Gebot der Sittlichkeit zu stellen ist.[874] Insoweit war die sich aus der Handelsschulpädagogik entwickelnde Wirtschaftspädagogik, welche sich im Sinne FELDS als „eine auf kulturphilosophischer Basis ruhende erziehungswissenschaftliche Disziplin"[875] verstand, durch den Rekurs auf SPRANGERS wert- und kulturphilosophische Grundlegung „immun gegen die Faszinationskraft des homo oeconomicus". [876] Dasselbe trifft auch für die nach dem Zweiten Weltkrieg dominierende Richtung des „organologischen" Ansatzes zu, wobei dieses Testat für die Berufs- und Wirtschaftspädagogik, die sich seit Mitte der sechziger Jahre in ihrem Selbstverständnis als eine systematisch begründete Teildisziplin im Rahmen der Erziehungswissenschaft entwikkelte,[877] zumindest anzweifelbar erscheint.[878]

---

873 Wo der rein ökonomische Gesichtspunkt herrscht, sinkt der Mensch notwendig und naturgemäß immer zu einem Mittel herab, das nach seiner Arbeitskraft ... gewertet wird." SPRANGER: Lebensformen...(1950), a.a.O., S. 153. „Der Arbeiter ..., der bloß ökonomisch angesprochen worden war, antwortet auch nur als homo oeconomicus. Nicht die Leistung, sondern die Lohnforderung erfüllt den ganzen Raum seines Bewußtseins. Man verkehrt miteinander nur auf der Ebene des Arbeitsmarktes". Spranger: Die Wirtschaft...(1954), a.a.O., S. 372.

874 „Mag das Ökonomische auch eine unerläßliche Vorbedingung für den bloßen Tatbestand des Lebens sein, so erschöpft es doch nicht seinen Gehalt." SPRANGER: Lebensformen...(1950), a.a.O., S. 56.

875 FELD: Grundfragen...(1928), a.a.O., S. 53.

876 ZABECK: Ethische Dimensionen...(1991), a.a.O., S. 545.

877 Vgl. ZABECK, Jürgen: Berufs- und Wirtschaftspädagogik. Die Wirtschaftspädagogik als wissenschaftliche Disziplin in ihrem Selbstverständnis, in: Handbuch pädagogischer

Insbesondere auch ZABECK kritisierte die Begründung der Wirtschaftspädagogik als Kulturpädagogik aufs schärfste und hielt der „kulturpädagogisch verklärten“ eine “realistische“ Sichtweise entgegen.[879] Demnach orientierte sich die Berufs- und Wirtschaftspädagogik im Zuge der „realistischenWende“ beim Auffinden von Ausbildungsinhalten – den von ROBINSOHN eingeführten Prinzipien zur Curriculumkonstruktion folgend – an den durch die Praxis vorgegebenen Qualifikationsanforderungen[880] und verwies die pädagogische Zielfrage auf einen meta-theoretischen Reflexionsbereich.[881] Diese „Differenzierung bzw. Ausgliederung der erkenntnis- und wissenschaftstheoretisch unterschiedlich strukturierten Aussagekomplexe und die dadurch ermöglichte Konstitution einer *empirischen* Erziehungswissenschaft als *wissenschaftlicher* Theorie und einer *normativen* Pädagogik als praktischer Theorie von der Erziehung“[882] gestattet es, Fragen der „Lebenspraxis“ empirisch zu erforschen und deren Anforderungen in Ausbildungs- bzw. Qualifikationserfordernisse zu übersetzen, ohne dabei eine Reflexion über die „Sinnhaftigkeit“ jener Praxis vornehmen zu müssen.[883] Die sich vor diesem Hintergrund ergebende Abstinenz der Berufs- und Wirtschaftspädagogik gegenüber ethischen Fragestellungen, welche sich zudem unter dem forschungsmethodischen Paradigma des „Kritischen Rationalismus“ jeglicher „Wertentscheidungen“ enthielt, geriet in der Folge zunehmend in einen „Praxissog“.[884]

---

Grundbegriffe, hrsg. von Josef Speck und Gerhard Wehle, Bd. 1., München 1970, S. 113-123.

878 Vgl. WENGER: Arbeitsmarkt...(1993), a.a.O., S. 172.

879 Vgl. ZABECK: Zur Grundlegung...(1968), a.a.O., S. 119-126.

880 Vgl. ZABECK: Entwurf...(1973), a.a.O., S. 22.

881 Vgl. WENGER: Arbeitsmarkt...(1993), a.a.O., S. 172.

882 BLAß, Josef Leonard: Modelle pädagogischer Theoriebildung, Bd. II, Pädagogik zwischen Ideologie und Wissenschaft, Stuttgart u. a. 1978, S. 102 Hervorhebungen im Original.

883 Vgl. WENGER: Arbeitsmarkt...(1993), a.a.O., S. 172.

884 Diese Problematik nahm ZABECK zum Anlaß, von einer „Krise der berufspädagogischen Sinnorientierung“ (ZABECK: Wissenschaftstheoretische...(1984), a.a.O., S. 2.) zu sprechen, er sich jedoch selbst innerhalb seines Modells einer „antizipierenden Didaktik“ unter Verwendung der „Theorie der semantischen Stufen“ für eine sprachlich notwendige Ausdifferenzierung und Trennung von Objekt- und Metasprachen(n) einsetzt. Vgl WENGER: Arbeitsmarkt...(1993), a.a.O., S. 173. Vgl. auch Abschn. 3.3.5 dieser Arbeit.

Die Renaissance der ethischen Fragestellung in der Berufs- und Wirtschaftspädagogik führt deutlich vor Augen, daß Erziehung und Wirtschaftserziehung bei Zurückweisung der ethischen bzw. der Außerachtlassung einer sittlichen Verankerung, ihren „Strukturkern“[885] preisgibt.[886]
Für einen wirtschaftspädagogisch orientierte Didaktikkonzeption bedeutet dies, grundsätzlich zu klären, inwieweit das Leitbild des „homo oeconomicus“ als tragende Säule wirtschaftstheoretischer Überlegungen[887] mit dem Leitbild des in seinem ganzen personalen Sein zu fördernden Menschen kongruent ist. Diese, in das Zentrum wirtschaftspädagogischer Überlegungen zielende anthropologische Fragestellung bedarf darüber hinaus der Klärung, inwieweit wirtschaftliches Handeln im Sinne des „homo oeconomicus“ grundsätzlich als Basis für erzieherische Bemühungen gesehen werden kann, oder anders formuliert: Entspringt die im „homo oeconomicus“ unterstellte Rationalitätsform dem Postulat einer hierfür zu fordernden „Selbstmächtigkeit im Handeln“?[888]
BAUMGARDT hat innerhalb einer kritischen Auseinandersetzung über den Beitrag der Wirtschaftswissenschaften zum Menschenbild der Gegenwart und Zukunft verdeutlicht, „daß alles Handeln – auch das Wirtschaften – ethischen Normen unterworfen ist. Der wirtschaftende Mensch kann und darf sich der

---

885 STEGMÜLLER, Wolfgang: Hauptströmungen der Gegenwartsphilosophie. Eine kritische Einführung, Bd. II, 6. erw. Aufl., Stuttgart 1979. „Worauf wir hinaus wollen, ist die Einführung eines Begriffs des Verfügens über eine Theorie ..., der es gestattet, zu sagen, *daß die Theorie im Wandel der Überzeugungen gleichbleibt*. Was aber in logischer Hinsicht gleichbleibt, ist der Strukturkern, also das Fundamentalgesetz. Was sich wandelt, sind die Kernerweiterungen.“ Ebenda, S. 757 Hervorhebungen im Original.

886 Vgl. WENGER: Arbeitsmarkt...(1993), a.a.O., S. 173 (FN 663). „In dem hier vertretenen Sinne erscheint für die Theoriebildung in der Berufs- und Wirtschaftspädagogik der „Sollens-Aspekt“, also die Beantwortung der Frage des „gesollten Handelns“, als jener gleichbleibende „Strukturkern““. Ebenda.

887 Eine allgemeine Darstellung über die Anwendungsmöglichkeiten der „modernen Version des homo oeconomicus“ findet sich bei KIRCHGÄSSNER, Gebhard: Homo oeconomicus. Das ökonomische Modell individuellen Verhaltens in den Wirtschafts- und Sozialwissenschaften, Tübingen 1991. Vgl. zu den Menschenbildern innerhalb der Betriebswirtschaftslehre die kritische Darstellung bei MATTHIESEN, Kai H.: Kritik des Menschenbildes in der Betriebswirtschaftslehre. Auf dem Weg zu einer sozialökonomischen Betriebswirtschaftslehre, Bern; Stuttgart; Wien 1995, insbes. S. 35-44 und S. 77-171.

888 Vgl. WENGER: Arbeitsmarkt...(1993), a.a.O., S. 173.

Verantwortung für die Folgen seines Wirtschaftens nicht entziehen"[889]. Hierdurch wird deutlich, daß das reduzierte Bild des „homo oeconomicus" im Sinne eines „rationell profitmaximierende(n) Individualwirtschafter(s)"[890], der sich aufgrund monetärer Bewertungsgrundlagen entscheidet, zu kurz greift, um jene ethische Dimension angemessen wiederzugeben. Die Reduktion der Bildungsfrage auf das „Nützliche als das Gewinnbringende" im ultitaristischen Sinne verkürzt die Bildungssentscheidung auf das (monetär) Meßbare.[891] Wirtschaftliche Bildung gewinnt ihre Berechtigung somit im Sinne des zertifizierten Verwertungscharakters „einseitig in Richtung einer „Anpassung"[892] und nicht unter der personalen Sicht als Beitrag zur Entwicklung einer sittlichen Persönlichkeit.[893] Bezogen auf die Ebene der Rahmenprinzipien entspräche dies einer einseitigen Überobjektivierung.

Zum Begriff des homo oeconomicus ist mit KERBER zu sagen, daß es einen „einheitlich definierten homo oeconomicus" gar nicht gibt, „sondern nur eine

---

[889] BAUMGART, Johannes: Der Mensch als Homo Oeconomicus – gilt das noch heute?, in: Der Beitrag der Wirtschaftswissenschaften zum gegenwärtigen und zukünftigen Menschenbild. Vorträge beim Symposion der Gemeinschaft der Fakultätentage in Frankfurt am Main am 12./13. Oktober 1990, hrsg. von Gert Hummel, Deutscher Hochschulverband, Bonn 1990, S. 97-120, hier S. 108.

[890] BAUMGARDT: Der Mensch...(1990), a.a.O., S. 102.

[891] Vgl. WENGER: Arbeitsmarkt...(1993), a.a.O., S. 174.

[892] WURDACK, Reflexionen...(1972), a.a.O., S. 495 Hervorhebung im Original.

[893] Vgl. WENGER: Arbeitsmarkt...(1993), a.a.O., S. 174. „Demzufolge werden Bildungsmaßnahmen, die sich einer (monetären) Bewertungsgrundlage entziehen (zu denken wäre in diesem Zusammenhang insbesondere an Maßnahmen zur Förderung des sozialen, politischen, religiösen Engagements), in eine Randstellung verwiesen und als Ausdruck individueller Präferenz verstanden. Die Wirkungen des ökonomistischen Menschenbildes in der Wirtschaftspraxis lassen zunehmend erkennen, daß die Fiktion des „homo oeconomicus" auch in der wirtschaftswissenschaftlichen Theoriebildung wechselnder und auch wachsender Kritik ausgesetzt ist". Ebenda. Vgl. dazu auch BAUMGARDT: Der Mensch...(1990), a.a.O., S. 103. „In der Praxis kommt es bald zu einer Skrupellosigkeit von Privat-Kapitalisten, denen am allgemeinen Glück nichts liegt, deren Gewinn zu Lasten anderer geht und die aus der Not anderer noch ein gewinnbringendes Geschäft machen." Ebenda.

Vielzahl von mehr oder weniger ähnlichen Auffassungen darüber“[894]. Die eingeschränkte Betrachtung wirtschaftlichen Handelns, das

„- sich nur an *egoistischen* Zielen orientiert

- oder nur *materielle* Güter für erstrebenswert hält (Maximierung des in Geld ausdrückbaren Profits)
- oder sich ausschließlich auf ‚*subjektiv bedeutsame Werte*‘ ... richtet
- oder keine anderen Strebungen kennt als die Befriedigung subjektiver ‚*Bedürfnisse*‘“[895]

wird dem Denkmodell des „homo oeconomicus“ nicht gerecht. Vielmehr zeichnet sich der „homo oeconomicus“, wenn er nicht näher definiert wird, dadurch aus, daß er „einseitige egoistische und materialistische Werturteile (nahelegt), ... aber immer wieder auch auf seinen werturteilsfreien Kerngehalt zurückgenommen werden (kann), der besagt: Ein rational handelnder Mensch, der selbstgewählte, inhaltlich nicht näher bestimmte Ziele konsequent verfolgt“[896].

Diese idealtypische Definition des „homo oeconomicus“ läßt sich in formalisierter Form in die Theoriebildung einbringen, wobei keine Aussagen über das Zustandekommen der durch das wirtschaftliche Subjekt gesetzten Handlungsziele bzw. dessen Nutzenvorstellungen getroffen werden. Als notwendig erscheint dafür, daß das Wirtschaftssubjekt in der Lage ist, Aussagen über den subjektiven Nutzen treffen zu können und die Mittel zur Erreichung des Handlungsziels „rational“, im Sinne eines Einklangs mit der Zielverfolgung, sind. Die hier beschriebene Interpretation des „homo oeconomicus“ erlaubt dem handelnden Wirtschaftssubjekt durchaus, Handlungsziele zu verfolgen, die nicht ausschließlich der Steigerung der materiellen Wohlfahrt bzw. der Maximierung des monetären Nutzens dienen. Eine solche Sicht des „homo oeconomicus“, reduziert auf seine Rationalität, kann aber dann ins Wanken geraten, wenn die Be-

---

[894] KERBER, Walter: Homo oeconomicus. Zur Rechtfertigung eines umstrittenen Begriffs, in: Das Menschenbild der ökonomischen Theorie. Zur Natur des Menschen, hrsg. von Bernd Bievert und Martin Held, Frankfurt am Main /New York 1991, S. 56-75, hier S. 58.

[895] KERBER: Homo oeconomicus...(1991), a.a.O., S. 60-61 Hervorhebungen im Original.

[896] Ebenda, S.65.

wertung des Nutzens durch (Geld-)einheiten erfolgt.[897] Die in diesem Zusammenhang getroffene Annahme, daß sich jegliche Handlung mit Kosten verbindet,[898] führt notwendigerweise dazu, daß sich auch ein denkbares „ethisches Sollensziel" in ein erstrebenswertes (materielles) wirtschaftliches Gut überführen läßt.[899] Dementsprechend versucht GÜMBEL anhand der Eigenschaftsarten wirtschaftlicher Güter (Tauglichkeit, Begehrtheit, Verfügbarkeit und relative Knappheit) nachzuweisen, daß „Kultur auch als prägende Moral Eigenschaften eines wirtschaftlichen Gutes als Normgut hat und sowohl Züge eines Kollektiv- als auch eines Individualgutes aufweist"[900]. Moral als Normenkonsens einer Gesellschaft integriert in eine Ökonomie, nicht als ethischer „Sollensruf" im Sinne eines normativen Überbaus, sondern aus der Ökonomie selbst – über das „Marktprinzip" – regelbar, erscheint als ein denkbarer Weg, sich dem Problemgefüge ETHIK und ÖKONOMIE zu stellen.[901] Eine so verstandene „Endogenisierung der Ethik"[902] führt aber letztlich dazu, „daß ethische Fragen sozusagen als modisches Accessoire getragen werden könnten oder daß ‚Wirtschaftsethik' sogar zu einem neuen Produktionsfaktor funktionalisiert wird"[903]. Eine derartige Adaption des Ethischen in das wirtschaftliche Handeln entspricht nicht der hier vertretenen Auffassung, wirtschaftliches Handeln unter das „Gebot der Sittlichkeit" zu stellen.[904] Der „Wirtschaftsethik als `Wissenschaft von der Wirtschaftssittlichkeit´"[905] kommt vielmehr die Aufgabe zu, jene Prinzipien zu formulieren,

---

897 Vgl. WENGER: Arbeitsmarkt...(1993), a.a.O., S. 175.

898 Die radikale Umsetzung des Gedankens, daß alle Handlungen mit Kosten verbunden sind vollzogen MC KENZIE/TULLOCK: „Deshalb hat auch jede Handlung ihre Kosten, und es sind diese Kosten, die bestimmen, ob und gegebenenfalls wieviel getan wird. Kosten sind in anderen Worten die Bedingungen der Handlungen." MC KENZIE, Richard B./ TULLOCK, Gordon: Homo oeconomicus. Ökonomische Dimensionen des Alltags, Frankfurt am Main 1984, S. 31.

899 Vgl. WENGER: Arbeitsmarkt...(1993), a.a.O., S. 175.

900 GÜMBEL: Ethik...(1991), a.a.O., S. 109.

901 Vgl. WENGER: Arbeitsmarkt...(1993), a.a.O., S. 176.

902 GÜMBEL: Ethik...(1991),a.a.O., S. 109.

903 BAUMGARDT, Johannes: Über den Zusammenhang von Wirtschaftsethik und Wirtschaftspädagogik, Karl Abraham zu seinem 85. Geburtstag, in: Wirtschaft und Erziehung, 41. Jg. (1989), S. 225-230, hier S. 225.

904 Vgl. WENGER: Arbeitsmarkt...(1993), a.a.O., S. 176.

905 BAUMGARDT: Über den Zusammenhang...(1989), a.a.O., S. 225.

nach denen sich wirtschaftliches Handeln zu richten hat. Dieser normative Charakter des Wirtschaftlich-Sittlichen steht grundsätzlich auch nicht im Widerspruch zu der eingangs als „wertneutral“ definierten wirtschaftlichen Rationalität. Da das Rationalprinzip keine Aussage über die Ziele wirtschaftlichen Handelns trifft, sondern nur den Weg der Zielverfolgung beschreibt, ist es für sich genommen inhaltslos.[906] Seine Zielbestimmung erfährt das wirtschaftliche Handeln erst durch die ethische Ausrichtung, welche sich in der Verfolgung materieller, individueller oder kollektiver Ziele zeigen kann.[907] Für wirtschaftliche Bildung wird in Anlehnung an BAUMGARDT eine „personalistische Wirtschaftsethik“ gefordert, die sich auf folgende Postulate stützt:

„- Wirtschaften soll Menschen so versorgen, daß ihnen (und künftigen Generationen) durch wohlabgewogenes Gestalten und Erfüllen der aus einer Ganzheit erwachsenen Palette ihrer Bedürfnisse eine möglichst sinnvolle und zweckmäßige Lebensführung möglich ist.
- Wirtschaften soll den Menschen als personales, kulturelles und situatives Wesen so einbeziehen, daß die verschiedenen Polaritäten seines Wesens auf immer höherem Anspruchsniveau zum Einsatz gebracht werden.
- Wirtschaften soll möglichst ziel-, personen-, sach- und situationsgemäß erfolgen und den Wirtschaftsbetroffenen ein möglichst ziel-, sach- und situationsgemäßes Versorgtsein ermöglichen“[908].

---

[906] So sieht NELL-BREUNING die Wirtschaftsgesetze „in dem Imperativ: ‚Wirtschafte wirtschaftlich!“ gipfeln. NELL-BREUNING, Oswald von: Wirtschaftsethik, in: Zur Wirtschaftsordnung, hrsg. von Oswald von Nell-Breuning und Hermann Sacher, 3. Aufl., Freiburg i. Brsg. 1958, Sp. 271-280, hier Sp. 273. „Als ‚wirtschaftlich‘ bezeichnen wir ein Verhalten oder Verfahren, das dem sog. ökonomischen Rationalprinzip gehorcht. Dieses ökonomische Rationalprinzip besagt oder stellt die Forderung, zur Erreichung eines bestimmten Zieles oder Erfolges nicht mehr Mittel aufzuweden, als zu seiner Erreichung erforderlich sind, umgekehrt aber aus einem bestimmten Mitteleinsatz den größtmöglichen Erfolg herauszuholen. ... Diese Verfahrensweise, keinen Mitteleinsatz zu verschwenden, ist ‚rational‘.“ NELL-BREUNING: Wirtschaft...(1958), a.a.O., Sp. 6.

[907] So unterscheidet BAUMGARDT zwischen einer formalistischen, materialistischen, heteronomistischen, autonomistischen, individualistischen, kollektivistischen, aktivistischen, passivistischen, idealistischen und utilitaristischen wirtschaftsethischen Auffassung. Vgl. BAUMGARDT: Über den Zusammenhang...(1989), a.a.O., S. 229.

[908] Ebenda, S. 229.

Konklusierend bedeutet dies, daß, entsprechend des Rahmenprinzips der PÄDAGOGISCHEN BETRACHTUNGSWEISE, als Grundlage für ein wirtschaftspädagogisch orientiertes Bildungskonzept die Reduktion des Menschen auf die Fiktion eines „homo oeconomicus" im Sinne eines „Geldwertmaximierers" unzureichend ist. Vielmehr muß darauf hingewirkt werden, „daß im Rahmen der wirtschaftswissenschaftlichen Theoriebildung ... die eindimensionale Betrachtungsweise des Menschen - im Sinne des monetären Nutzenmaximierers - zugunsten einer dynamischen Ganzheitlichkeit des wirtschaftenden Menschen aufgehoben wird"[909].

Die zuvor gestellte Frage, inwieweit der „homo oeconomicus" eine Grundlage zur Formulierung respektive Konzeption wirtschaftserzieherischer Maßnahmen darstellt, läßt sich nunmehr dahingehend beantworten, daß eine rein auf monetäre Nutzenmaximierung ausgerichtete Interpretation einer Ausweitung auf die ethische Dimension bedarf, um aus wirtschaftspädagogischer Sicht haltbar zu sein.[910] In diesem Kontext offenbart sich ebenso die Bezogenheit wirtschaftlichen Handelns auf die menschliche Existenz und deren Wirkung auf die Lebenswirklichkeit.[911] Auf der Grundlage der pädagogischen (anthropologischen) Betrachtungsweise ist zu thematisieren, welchen Beitrag der Lebens- und Kulturbereich „Wirtschaft" zur „personalen Entfaltung" leistet und inwiefern insbesondere wirtschaftsethische Auffassungen des ökonomischen Bereiches der hier vertretenen „personalistischen Wirtschaftsethik" entsprechen.[912] Dies erscheint

---

909 WENGER: Arbeitsmarkt...(1993), a.a.O., S. 177.

910 So sieht auch BLANKERTZ als eine entscheidende Voraussetzung für die Möglichkeit, Ökonomie als Bildungsangebot zu begreifen, „daß die Reduktion des Menschen auf den homo oeconomicus als Herausforderung erkannt wird, auf die pädagogisch zu antworten ist, durch ökonomisch-sozialethische Bildung". BLANKERTZ, Herwig: Bildungstheorie und Ökonomie, in: Pädagogische Provokationen I, Texte zur Schulreform, hrsg. von Karlheinz Rebel, Weinheim/Berlin 1966, S. 80.

911 Vgl. WENGER: Arbeitsmarkt...(1993), a.a.O., S. 178. „Demnach muß untersucht werden, welche Auswirkungen sich – durch eine dynamisch wachsende und verändernde Wirtschaft- für die Lebensgestaltung, die sozialen Bedingungsfelder (Sozialräume) und die sich daraus entwickelnden Lebensentwürfe (Individualräume) ergeben". Ebenda. Vgl. auch die Aufgabe der „sozialwissenschaftliche(n) Komponente" innerhalb des Strukturgefüges beruflich-ökonomischer Bildung bei WURDACK: Problemgefüge...(1974), a.a.O., S. 33-34; vgl. ebenso Abschn. 3.3.4.2 dieser Arbeit.

912 WENGER: Arbeitsmarkt...(1993), a.a.O., S. 178 (alle Zitate).

dann als gewährleistet, wenn neben (reine) Wirtschaftsgesetzlichkeiten eine „personalistische Wirtschaftsethik“[913] tritt, die als Regulativ in die Zielfindung wirtschaftlichen Handelns eingreift.[914] Wirtschaftserziehung – und dementsprechend Wirtschaftsdidaktik – bedarf deshalb der Versicherung, daß „Wirtschaft“ einen Lebensbereich darstellt, innerhalb dessen es dem einzelnen möglich sein sollte, sich in seinem ganzen personalen Sein zu verwirklichen mit der Konsequenz, daß Wirtschaft nicht nur zur „physischen“, sondern auch zur „psychisch-geistigen Existenzsicherung“[915] beiträgt[916] und sich insoweit das Spannungsgefüge der Rahmenprinzipien aufheben läßt.

#### 5.2.5.2 Bildung

Bildung bezeichnet nach MENZE „den Entfaltungsprozeß, in dem sich ein Inneres veräußerlicht“[917]. Diese, den Wesenskern des Bildungsgedankens enthaltende Fassung, entfaltet bei der Frage, was denn das Innere sei (Gegebenes, Vorgegebenes oder Aufgegebenes), in welcher Weise das ICH dem DU, der MENSCH der WELT gegenübertritt, und wie dieser Prozeß vonstatten geht und beschrieben werden kann (dialektisch-reflexiv, geschichtsphilosophisch-hermeneutisch), aspektreich das Spektrum bildungstheoretischer Ansätze.[918] Für den Bildungsbegriff erscheint die „Urrelation“ des „Verhältnis(ses) des Menschen zur Welt“[919] konstitutiv. Die Art, wie dieses Verhältnis beschrieben wird, gibt Auskunft, „wie und ob“ dem Menschen bei seiner Menschwerdung geholfen werden „kann“ und

---

913 „Sittlich einwandfreies ökonomisches Handeln ist infrage gestellt durch unverantwortbare Ziele und Mittel.“ BAUMGART: Über den Zusammenhang...(1989), a.a.O., S. 239.

914 Vgl WENGER: Arbeitsmarkt...(1993), a.a.O., S. 178.; vgl. dazu die entsprechende Funktion der 3. Stufe wirtschaftspädagogischen Denkens bei WURDACK: Die gegenwärtige...(1974), a.a.O., S. 354 und S. 360. „Konkret: Die nachweisliche und nachdrückliche Befestigung pädagogischer Prinzipien in den sozialen Beziehungen ökonomischen Handelns:“ Ebenda, S. 354.

915 WURDACK: Problemgefüge...(1974), a.a.O., S. 1-2.

916 Vgl. WENGER: Arbeitsmarkt...(1993), a.a.O., S. 178.

917 MENZE, Clemens: Bildung, in: Handbuch pädagogischer Grundbegriffe, Bd. I, hrsg. von Josef Speck und Gerhard Wehle, München 1970, S. 134-184, hier S. 158.

918 Vgl. WENGER: Arbeitsmarkt...(1993), a.a.O., S. 179.

919 MENZE: Bildung (1970), a.a.O., S. 159.

in welcher Weise erzieherisch auf ihn eingewirkt werden „soll".[920] Jedoch ist der Begriff „Bildung" *schillernd*; sowohl die Fülle der Deutungsmöglichkeiten, welche durch den Bildungbegriff inauguriert werden, als auch die Feststellung, daß es im allgemeinen und im wissenschaftlichen Sprachgebrauch keinen anerkannten Konsens darüber gibt, was darunter zu verstehen sei[921], entbindet bei der Konzeption einer Didaktik nicht davon, erneut darüber Rechenschaft abzulegen.[922]

Ausgehend von unserem Postulat, daß eine Didaktik in wissenschaftstheoretischer Begründung einer fest umrissenen Bildungstheorie als „richtungsweisenden Instruments"[923] bedarf, hat „Allgemeine" wie „Besondere Didaktik" die in einem strukturierten Bildungsbegriff enthaltenen, auf höchster pädagogischer Abstraktionsstufe gewonnenen expliziten Aussagen über das, für den Einzelmenschen wie für die Gesamtgesellschaft wichtige MENSCH – WELT – VERHÄLTNIS, auf Praxis hin zu reflektieren, auszulegen, in Systemen oder Model-

---

[920] Exemplarisch zur Beschreibung dieses Verhältnisses seien genannt DERBOLAV: „Bildung ist die Vermittlung des „Selbst" im oder über das „Andere", wobei das Selbst dem Erzieher als das je bestimmte Du und Individuum, das Andere als die je bestimmten geistigen Objektivationen, Wissens- und Kulturbereiche gegeben bzw. aufgegeben sind" DERBOLAV, Josef: Problem und Aufgabe einer Pädagogischen Anthropologie im Rahmen der Erziehungswissenschaft, in: Psychologie und Pädagogik. Neue Forschungen und Ergebnisse, hrsg. von Josef Derbolav und Heinrich Roth. Heidelberg 1959, S. 7-48, hier S. 20 und KLAFKI: „Bildung ist der Begriff von Vorgängen, in denen sich die Inhalte einer bestimmten geistigen und dinglichen Wirklichkeit „erschließen", und dieser Vorgang ist – von der anderen Seite her gesehen - nichts anderes als das Sich-Erschließen bzw. Erschlossen-Werden des Menschen für jene Inhalte und ihren Zusammenhang als Wirklichkeit." KLAFKI: Das pädagogische Problem...(1964), a.a.O., S. 298.

[921] „Der Begriff "Bildung" ist heute einer der unklarsten und verschwommensten Grundbegriffe der deutschen Pädagogik." DOHMEN, Günther: Bildung und Schule. Die Entstehung des deutschen Bildungsbegriffes und die Entwicklung seines Verhältnisses zu Schule, Bd. 1, Weinheim 1964, S. 15. „Die komplexe Genesis des deutschen Bildungsbegriffes mit dem Ineinander mannigfacher Motive führt aufgrund der damit in ihm aufgehobenen Fülle der Elemente zu einem kaum noch überschaubaren Bedeutungsreichtum, der einen sinnvollen Gebrauch sehr erschwert." MENZE: Bildung (1970), a.a.O., S. 157.

[922] Vgl. WENGER: Arbeitsmarkt...(1993), a.a.O., S. 180. Es ist an dieser Stelle weder beabsichtigt, in eine begriffsgeschichtliche Untersuchung des Bildungsbegriffs einzutreten, noch die theoriegeschichtlichen Zusammenhänge offenzulegen, die zur Entwicklung des Bildungsbegriffs führten, stattdessen wird der Frage nachgegangen, in welchem inhaltlichen und strukturellen Bezug der Bildungsbegriff zu einer Wirtschaftsdidaktik, hier der Didaktik beruflich-ökonomischer Bildung, steht.

[923] WURDACK: Problemgefüge...(1974), a.a.O., S. 5.

len zu ordnen und somit rationale Entscheidungen in der pädagogischen Praxis zu ermöglichen.[924] Angemessene Antworten auf die sich daraus ergebenden Fragen kann man innerhalb einer wirtschaftspädagogisch fundierten didaktischen Konzeption nur finden, wenn sie die didaktische Fragestellung zeitgemäß und problembewußt formuliert: „Was muß eine Erziehung für die Wirtschaft dem Menschen in einer Zeit mit auf den Weg geben, in der das Ökonomische undurchschaubar, wenn nicht sogar übermächtig zu werden droht und mithin geradezu als Kulminationspunkt einer immer wieder beklagten Wertkrise fungiert?“[925]

Um diesem Anspruch gerecht zu werden, bedarf die Wirtschaftspädagogik und mit ihr die didaktische Theorie gemäß des aristotelischen Prinzips, wonach es eines festen Punktes bedarf, um die Welt aus den Angeln zu heben, zunächst einer deutlichen Formulierung, in welchem Interesse sie theoretisch wie praktisch agiert. Entsprechend ihres traditionsreichen pädagogischen Anspruchs, der in dem Prinzip der PÄDAGOGISCHEN BETRACHTUNGSWEISE zum Ausdruck kommt, kann dies nur lauten: Wirtschaftspädagogisches Denken und Handeln wird getragen von der pädagogischen Verantwortung für den Menschen; in Anlehnung an DERBOLAV anders formuliert: Erst aus der Verankerung in einem letztlich anthropologisch vermittelten Gewissen heraus, vermag die Wirtschaftspädagogik den Umschlag von fachwissenschaftlich fundiertem Wissen in verantwortliches wirtschaftserzieherisches Handeln zu leisten.[926]

Entsprechend dieser Standortbestimmung kann die didaktische Fragestellung in der Wirtschaftspädagogik unseres Erachtens nur noch im Sinne einer bewußten Wiederbelebung des Bildungsbegriffes, in deutlicher Anlehnung an KLAFKIS „kategoriale Bildung“[927], beantwortet werden.[928] Die Besinnung auf einen kate-

---

[924] Vgl. ebenda.

[925] HERBST: Zum Arbeitsauftrag...(1991), a.a.O., S. 156.

[926] Vgl. HERBST: Zum Arbeitsauftrag...(1991), a.a.O., S. 156. Zum Umschlag von Wissen ins Handeln vgl. DERBOLAV: Versuch...(1971), a.a.O.

[927] Vgl. KLAFKI: Das pädagogische Problem...(1964), a.a.O.

[928] Vgl. HERBST: Zum Arbeitsauftrag...(1991), a.a.O., S. 157; vgl. ebenso KRUBER, Klaus-Peter: Stoffstrukturen und didaktische Kategorien zur Gegenstandsbestimmung ökonomi-

gorialen Bildungsbegriff darf jedoch nicht als eine nostalgische und insoweit anachronistische inhaltliche Rückbesinnung verstanden werden, zumal sich der Bildungsbegriff wie kein zweiter in seiner inhaltlichen Ausgestaltung unerschütterlich auf die Dimension der Geschichtlichkeit gründet.[929] Vielmehr geht es insbesondere auf dieser Grundlage um eine zeitgemäße inhaltliche Neubestimmung, ohne aber den Zugriff auf langfristigere, wenn nicht sogar überzeitliche Wert- und Sinnprinzipien zu verlieren, die alle Inhaltlichkeit vor der Orientierungslosigkeit bewahrt. So verstanden ist Bildung kein statisches Konzept, sondern ein dynamischer Prozeß, mit einem Auftrag für die Zukunft, dessen Erfüllung eine unbedingte Offenheit für die Entwicklungen und Herausforderungen unserer Zeit, insbesondere die theoretischen wie praktischen der modernen Wirtschaft, voraussetzt.[930] Dementsprechend darf die Wirtschaftspädagogik respektive wirtschaftliche Bildung nicht bei einer bloßen Wirtschaftsqualifikation verbleiben, sondern muß zugleich kategorial darüber hinausweisen.[931]
Herauszuarbeiten ist ein realitätsbezogener Bildungsbegriff, „der ... die bereits von W. v. Humboldt elementar eingebrachte anthropologische Basis und deren Systemfunktion freisetzt, um neuere sozial-anthropologische Erkenntnisse erweitertert und von einer expliziten Anthropologie aus neu strukturiert wird“[932]. Für eine „Besondere Didaktik“ der „beruflich-ökonomischen Bildung“ bedeutet dies, die differenzierte Strukturierung einer Anthropologie beruflich-ökonomischer Existenz zu leisten, „die für die gegenwärtige Aufklärung des MENSCH – WELT – VERHÄLTNISSES von fundamentaler Bedeutung ist, da sie Sein und

---

scher Bildung, in: Konzeptionelle Ansätze ökonomischer Bildung, hrsg. von Klaus-Peter Kruber, Bergisch Gladbach 1997, S. 55-74, insbes. S. 56-59 und S. 64-66.

929 Vgl. zu den bildungstheoretischen Didaktiken und insbesondere zur Betonung der Geschichtlichkeit des Bildungsbegriffes statt vieler BLANKERTZ: Theorien...(1991), a.a.O., S. 28-50, insbes. S. 31-36

930 Vgl. HERBST: Zum Arbeitsauftrag...(1991), a.a.O., S. 157.

931 Vgl. ebenda, S. 158. BAUMGARDT unterscheidet diesbezüglich in die Begriffe „Wirtschaftstüchtigkeit“ und „Wirtschaftshumanität“. BAUMGARDT, Johannes: Die Bedeutung des Ideellen und Pragmatischen in Wirtschaft und Erziehung für die Wirtschaftserziehung, in: Erziehung in einer ökonomisch-technischen Welt, hrsg. von Johannes Baumgardt, Freiburg i. Br. 1967, S. 25-50, hier S. 50; vgl. zum allgemeinen Zusammenhang von Wirtschaftsethik und Wirtschaftspädagogik ders.: Über den Zusammenhang...(1989), a.a.O., S. 225-230.

Sollen, Faktizität und Normativität in einen engen Bezug zueinander und zur praktischen Reflektion zu bringen vermag."[933]

Wird insbesondere im Rahmen sich kritisch verstehender pädagogischer Theorien und Modelle zwar bewußt auf den Bildungsbegriff verzichtet, so zeigt sich jedoch, daß dies „aber nicht im Sinne einer gleichsam „ersatzlosen Streichung" (geschieht), sondern ..., daß an seine Stelle, aber in analoger Funktion, andere Zentralbegriffe treten"[934]. Wird daher z. B der Qualifikationsbegriff[935] als ein solcher Zentralbegriff verstanden, erscheint es legitim zu fordern, daß dessen Leistungsfähigkeit nicht hinter das zurückfällt, was durch den Bildungsbegriff erreicht wurde.[936] Der Begriff der Qualifikation benötigt, um sich inhaltlich entfalten zu können, ein übergeordnetes Orientierungs- und Beurteilungskriterium.[937] Diese Erkenntnis basiert auf der Analyse WENGERS, der bei der Übertragung des WURDACK´schen Schemas idealtypischer Handlungskonzeptionen auf Qualifizierungsstrategien herausstellt, daß es ein auf seinen Kerngehalt (Qualifikationen im „engeren Sinne") reduzierter Qualifikationsbegriff nur erlaubt, Handlungskonzeptionen im „engeren Sinne" zu formulieren.[938] Für das Verhältnis von Bildungs- und Qualifikationsbegriff ergibt sich, daß der Qualifikationsbegriff und darauf bezogene Qualifizierungsansätze auf Handlungskonzeptionen im „engeren Sinne" abzielen, diese lehnen transzendente oder trans-

---

932 WURDACK: Problemgefüge...(1974), a.a.O., S. 5.

933 Ebenda alle Zitate.

934 KLAFKI, Wolfgang: Grundzüge eines neuen Allgemeinbildungskonzepts. Im Zentrum: Epochaltypische Schlüsselprobleme, in: Klafki, Wolfgang: Neue Studien zur Bildungstheorie und Didaktik, 2. erw.. Aufl., Weinheim/Basel 1991, S. 43-81, hier S. 44 Hervorhebung im Original.

935 So z. B. innerhalb der „antizipierenden Didaktik" ZABECKS. Vgl. .ZABECK: Entwurf...(1973), a.a.O., S. 22; vgl. auch WENGER: Arbeitsmarkt...(1993), a.a.O., S. 116-130; vgl. dazu auch Abschn. 5.2 dieser Arbeit.

936 Vgl. WENGER: Arbeitsmarkt...(1993), a.a.O., S. 180-181.

937 Nach WENGER stellt dies der Bildungsbegriff dar. Vgl. ebenda, S. 181-182. „Qualifikationen erscheinen in der Diskussion primär als Beschreibungen von Kenntnissen, Fertigkeiten und Fähigkeiten, die durch Analyse von Arbeitsprozessesn (Objektseite) gewonnen werden. Durch die Anwendung respektive Umsetzung dieser durch den Menschen (Subjektseite) entledigen sie sich jedoch ihres primär deskriptiven Charakters und erfahren im Handeln – durch Anwendung jener Qualifikationen durch den Menschen auf die zu bewältigende Situation – die Aufladung mit Werthaltungen." Ebenda, S. 181.

938 Vgl. WENGER: Arbeitsmarkt...(1993), a.a.O., S. 181.

zendental gewonnene Handlungsprinzipien radikal ab und beschränken ihren Gehalt auf in der Realität empirisch nachprüfbare Erkenntnisse, wobei durch die Ausweitung des Qualifikationsbegriffes (Orientierungen, Schlüsselqualifikationen) die Schwelle zu Handlungskonzeptionen im „weiteren Sinne" beschritten bzw. überschritten werden kann.[939] Die rein immanente Begründung von Handlungskonzeptionen im „engeren Sinne" wird – in Anlehnung an DIENELT/ FRANKL - mit dem Hinweis abgelehnt, „daß eine rein immanente Perspektive von vornherein eine verzerrende Perspektive ist"[940]. Dem Bildungsbegriff hingegen ist es eigen, daß er auf eine im Menschen angelegte und in ihm begründete „Sinnhaftigkeit" („Telos") abzielt und somit den erkenntnistheoretischen Bereich der Immanenz verläßt. Die Auslegung dieser „Sinnhaftigkeit" als Vernünftigkeit und der im Zuge des aufklärerischen Denkens entwickelten Rationalitätsformen erschwert es jedoch, eine allgemeingültige Handlungskonzeption unter Rekurs auf den Bildungsbegriff zu formulieren.[941] Demgegenüber erscheint dies in der letzten Stufe der Konzeptionen im „umfassenden Sinne" dann als möglich, wenn die „Sinnhaftigkeit" im Bildungsbegriff aus dem metaphysischen Erkenntnisbereich abgeleitet wird und als allgemeine und unbedingt gültige Handlungskonzeption postuliert wird.[942]

#### 5.2.5.3 Ganzheit

Der Begriff der „Ganzheit" wird dieser didaktischen Konzeption als weiteres Strukturprinzip zugrundegelegt und auf die Trias Erziehung, Berufserziehung und (wirtschaftliche) Bildung bezogen.[943]

---

939 Vgl. ebenda, S. 182-183.

940 FRANKL, zitiert nach DIENELT, Karl: „Sinn" und „Wert" in der Pädagogik. Eine Studie zum „Normenproblem" in der Pädagogik, in: Vierteljahresschrift für wissenschaftliche Pädagogik, 68 Jg. (1992), S. 79-112, hier S. 106-10)

941 Vgl. WURDACK: Die ökonomische...(1984), a.a.O., S. 171.

942 Vgl. WENGER: Arbeitsmarkt...(1993), a.a.O., S. 183.

943 Vgl. ebenda. Der Bezug auf diese Begriffstrias erfolgt in Anlehnung an SCHLIEPER: Allgemeine...(1963), a.a.O., S. 21-35: „Sinn des menschlichen Seins" – „Sinn der Erziehung" – „Sinn der Berufserziehung".

Ganzheit bedeutet in diesem Zusammenhang, wirtschaftliche Bildung als Teil der Berufserziehungsaufgabe und diese wiederum im Kontext des Erziehungsauftrages zu reflektieren. Diesem Prinzip folgend, muß (wirtschaftliche) Bildung darauf gerichtet sein, es dem zu Bildenden zu ermöglichen, sich den „Sinnhorizont“ zu erschließen, auf den die Bemühungen gerichtet sind, um letztlich im Prozeß der „Selbsterziehung“[944] zu einer sittlichen Persönlichkeit zu reifen, „die all ihr Handeln nach letzten objektiven, sittlichen Normen ausrichtet, die dem Sinn des Lebens entsprechen“[945]. Die Auslegung des Ganzheitspostulates erfolgt in Anlehnung an den „organologischen“[946] Ansatz (SCHLIEPER, ABRAHAM, BAUMGARDT) in der wirtschaftspädagogischen Theoriebildung.[947] Hierdurch werden die in den bereits aufgeführten Rahmen und Strukturbegriffen erhobenen Aussagen und Forderungen, verdeutlicht und ergänzt.

Die Auseinandersetzung des Menschen mit dem „Wert-“ und „Sinnhorizont“ des Wirtschaftens ist erforderlich, um sich diesen Bereich der Lebenswirklichkeit für seine Person und in seiner Ganzheit zu erschließen.[948] Für den dafür notwendigen „Erwerb eines Gesamtwertordnungszusammenhanges wird Berufserziehung als Bildung erkennbar“[949]. Dadurch soll nochmals zum Ausdruck gebracht werden, daß im Prozeß der Inhalts-Vermittlung auch der ethische Anspruch reflektiert werden muß. Diese Reflexion erscheint grundsätzlich durch die Anbindung der Inhalte an den Bildungsbegriff gewährleistet. Erst die Beantwortung der Frage nach den „Bildungskategorien“[950] – als den Sinnorientierungen erzieherischer Praxis - stellt sicher, daß wirtschaftliche Bildung einen Beitrag zur Entfaltung des Menschen in seiner „Ganzheit“ leistet. Dies bedeutet,

---

944 „Selbsterziehung ist das bewußte Bemühen des Menschen um die Gestaltung der eigenen Person zur Persönlichkeit.“ SCHLIEPER: Ganzheitliche...(1962), a.a.O, S. 49.

945 SCHLIEPER: Ganzheitliche...(1962), a.a.O., S. 41.

946 Vgl. WURDACK: Wirtschaftspädagogik (1982), a.a.O., S. 161-163; vgl. auch SCHNEIDER: Selbstverständnis...(1984), a.a.O., S. 69-125 und S. 260-280; vgl. auch ASCHENBRÜCKER: Wirtschaftspädagogische Theorie...(1991), a.a.O., S. 46-77.

947 Vgl. ebenso WENGER: Arbeitsmarkt...(1993), a.a.O., S. 184.

948 Zum Zusammenhang von „SINN“ und „WERT“ bei der Behandlung des Normenproblems innerhalb der Pädagogik vgl. DIENELT: „Sinn“ und „Wert“...(1992), a.a.O.

949 SCHLIEPER: Ganzheitliche...(1962), a.a.O., S. 51.

950 Vgl. dazu DERBOLAV: Versuch...(1971), a.a.O., S. 77-88, vgl. auch KLAFKI: Das pädagogische Problem...(1964), a.a.O., insbes. S. 441-457.

daß Inhalte in Hinblick auf ihren Sinnhorizont befragt werden müssen, und sich innerhalb dieses Prozesses einer bildungstheoretischen Legitimation und Begründung zu unterziehen haben. Somit ist den Inhalten letztlich eine bildende Seite abzuverlangen. Die didaktische Aufgabe besteht darin, Inhaltsstrukturen (Kategorien) zu entwickeln, welche die angesprochene Bildungsbewegung ermöglichen.[951] In der didaktischen Diskussion wird versucht, sich dieser zentralen Frage – der Auswahl der Inhalte - unter dem Begriff des „Elementaren“[952] zu nähern.[953] KLAFKI unterscheidet für seine „Theorie der kategorialen Bildung“ dementsprechend drei Problemebenen des „Elementaren“.[954] So spaltet sich der „ umfassende, ganz allgemein gebrauchte Begriff des Elementaren ... in die drei Begriffe des Fundamentalen, der kategorialen Voraussetzungen geistiger Aneignung und Bewältigung und des Geschichtlich-Elementaren“[955]. Darüber hinaus stellt er - aufgrund der Unterschiedlichkeit der Bildungsinhalte verschiedener Bereiche und Problemebenen - sieben Grundformen (Erscheinungsformen) des Elementaren dar.[956] Bei den hieraus abgeleiteten didaktischen Wegen und Prinzipien, die unter den Namen des „Fundamentalen“ „Repräsentativen“, „Typischen“, „Kategorialen“ usw.[957] auftreten, scheint für DERBOLAV „das Exemplarische eine besondere Stellung einzunehmen, da es auf ursprüngliche didaktische Erfahrungen des Erziehungsumgangs (Expemplum) und der alten Bildungstradition (Exemplaria) zurückgreift und die Aufgabe, den Bildungssinn des Unterrichtswissens freizulegen, deutlicher anspricht“[958].

---

951 Vgl. WENGER: Arbeitsmarkt...(1993), a.a.O., S. 189-194.
952 Vgl. grundlegend KLAFKI: Das pädagogische Problem...(1964), a.a.O., S. 441-457.
953 Vgl. WENGER: Arbeitsmarkt...(1993), a.a.O., S. 185.
954 Vgl. KLAFKI: Das pädagogische Problem...(1964), a.a.O., S. 323-390, insbes. 326-352.
955 Ebenda, S. 327.
956 Vgl. ebenda, S. 441.
957 Vgl. ebenda, S. 441-457.
958 DERBOLAV: Das Exemplarische...(1974), a.a.O., S. 151. „Das Exemplum hat – sofern es angenommen wird – eine aufschließende und erhellende Funktion. Es schließt eine Handlungssituation nach ihren Realbedingungen auf (man erfährt hier, was geschieht, wie es geschieht, und unter welchen Umständen es geschieht); in ihm kommt aber zugleich auch etwas Gesolltes, d. h. ein bestimmter, von einer allgemeinen Norm her getragener Beweggrund für die sittliche Bewältigung dieser Situation zur Erhellung.“ Ebenda, S. 152.

Die Bildungsauffassung von KLAFKI, die in der „kategorialen Bildung" – mit dem Bemühen, die Scheidung von materialer und formaler Bildung zu überwinden - zum Ausdruck kommt, wird grundsätzlich auch für den hier vorgelegten Entwurf beruflich-ökonomischer Bildung übernommen. Seine Position, die Frage der Vermittlungsstruktur des pädagogischen Aktes und der Sinndimension dieser Vermittlung offenzuhalten[959], wird in Anlehnung an DERBOLAV aufgrund der daraus resultierenden Unverbindlichkeit jedoch abgelehnt.[960]
Ganzheit als Strukturprinzip bedeutet demnach, daß im Bildungsprozeß die Einheit des formalen und materialen Moments der Bildung unmittelbar erfahrbar sein soll.[961]

Nachfolgend soll das Gesamtgefüge des „inneren Systems" (vgl. Abbildung 7) schematisch veranschaulicht werden:

---

[959] „Unser Begriff „kategoriale Bildung" sagt noch nichts Bestimmtes über den konkreten Sinn der Kategorialität von Bildung, also jenes „doppelseitigen Erschlossenseins"; ...In entsprechender Weise hält unser Begriff auch die Frage nach der Struktur des Prozesses der Erschließung zunächst offen." KLAFKI: Das pädagogische Problem...(1964), a.a.O., S. 299.

[960] Vgl. DERBOLAV, Josef: Kritik und Metakritik der kategorialen Didaktik, in: Ders.: Systematische Perspektiven der Pädagogik, Heidelberg 1971, S. 93-123, hier S. 106.

[961] „Das Sichtbarwerden von „allgemeinen" Inhalten auf der Seite der „Welt" ist nichts anderes als das Gewinnen von „K a t e g o r i e n" auf der Seite des Subjekts. Jeder erkannte oder erlebte Sachverhalt auf der objektiven Seite löst nicht eine subjektive, „formale" Kraft aus oder ist Übungsmaterial solcher subjektiven Kräfte, sondern er ist selbst „Kraft" (in einem übertragenen Sinne) insofern – und nur insofern – er ein Stück Welt erschließt und verfügbar macht." KLAFKI: Das pädagogische Problem...(1964), a.a.O., S. 298 Hervorhebungen im Original.

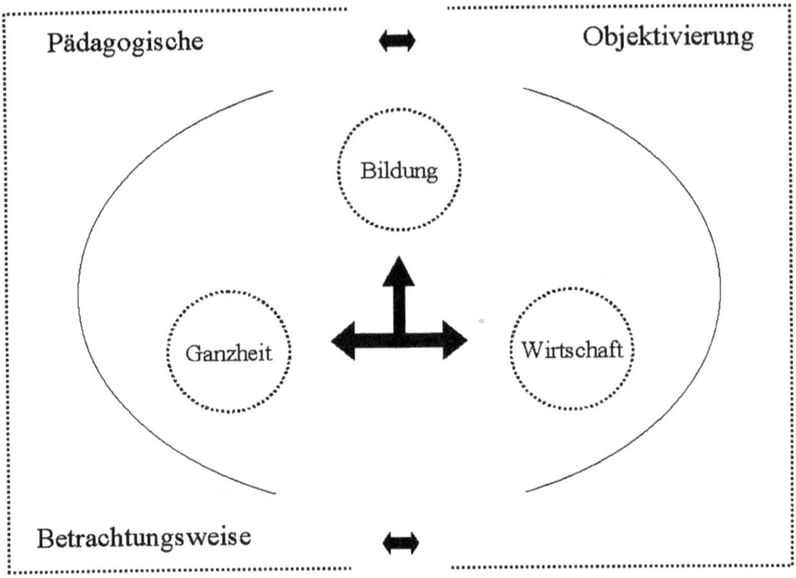


**Abbildung 7: Gesamtbild des „inneren Systems" beruflich ökonomischer Bildung.**

## 5.3 Das „System beruflich-ökonomischer Bildung" und die kategorialen Dimensionen der GoB

### 5.3.1 Systemkonkretisierung und Ermittlung von „Exemplaria"

Es soll nun der Versuch unternommen werden, die in den Rahmen- und Strukturprinzipien getroffenen Aussagen zu dem Entwurf eines „offenen Systems" beruflich-ökonomischen Bildung, bezogen auf die GoB, zu konkretisieren. In den Strukturprinzipien wurden die zentralen Zielvorstellungen, die diesem Modell zugrundeliegen, herausgearbeitet. Bezogen auf die spezifische Auslegung von WIRTSCHAFT, BILDUNG, GANZHEIT sollen nunmehr elementare Inhaltsstrukturen (Exemplaria) der GoB ermittelt werden, deren Vermittlung im Bildungsprozeß gewährleisten soll, daß sich insbesondere die unter dem Strukturprinzip BILDUNG formulierte Intention umsetzen läßt. Im Mittelpunkt steht der Mensch in seiner ganzen „Personhaftigkeit", wobei die Überlegungen von dem Bemühen geleitet sind, die „Selbstmächtigkeit im Handeln" zu fördern.[962] Eine elementare Inhaltsstruktur als integrativer Bestandteil von Bildung „muß daher als Vermittlung eines tragfähigen Weltverständnisses begriffen werden, in welchem der Educandus auch „zu sich selber", d. h. zu einer verantwortlichen Auslegung seines Selbstverständnisses gelangen kann"[963]. Um diesem Anspruch gerecht zu werden, ist daher erforderlich, im Vermittlungsprozeß Inhalte zu vermitteln, die diesen Vorgang unterstützen. Bei deren Auswahl und deren Struktur ist auf den Bildungsbegriff als „erkenntnisleitendes Interesse" zu reflektieren.[964] Im Rahmen dieser Reflexion ist es notwendig, den Bezug zum Menschen durch Berücksichtigung seiner personalen Ansprüche herzustellen.[965] Um diese positive Wendung zum Menschen voranzutreiben, sind die Inhalte nach ihrem Bildungssinn (dem Exemplarischen) zu befragen. Dementsprechend werden die Inhalte mit ihren bildungstheoretischen Anforderungen konfrontiert. In diesem Zusammenhang ist die Beantwortung der Frage nach dem Bildungsgehalt und die Offenlegung des Sinn- und Werthorizontes des Inhalts.[966] Oder entsprechend der äußeren Systemstruktur formuliert: Es wird nach dem ALLGEMEINEN des BESONDEREN dieser Inhalte gefragt. Das Problem der Konkretisierung des ALLGEMEINEN des BESONDEREN erfordert zuallererst die Beantwortung der Frage, „welches die Grundstrukturen, die wichtigen Grundeinsichten und Grundkenntnisse beruflich-ökonomischer Bildung sind bzw. sein sollen, welches ihre Eigentümlichkeiten, besonderen Bedingungen und besonderen Modi sind."[967] Aus diesem Prozeß des „Auffindens" des ALLGEMEINEN des BESONDEREN können die exemplarischen Inhalte gewonnen werden. Zur

---

962 Vgl. WENGER: Arbeitsmarkt...(1993), a.a.O., S. 186.
963 DERBOLAV: Das Exemplarische...(1974), a.a.O., S. 152.
964 Vgl. WENGER: Arbeitsmarkt...(1993), a.a.O., S. 187.
965 Vgl. DERBOLAV: Das Exemplarische...(1974), a.a.O., S. 151.
966 Vgl. WENGER: Arbeitsmarkt...(1993), a.a.O., S. 187-189.
967 WURDACK: Problemgefüge...(1974), a.a.O., S. 7.

Beantwortung der Frage nach dem bildenden „Wert“[968] der ermittelten Inhalte bzw. deren Inhaltsstruktur bedarf es einer Reflexion auf den zugrundeliegenden Bildungsbegriff, der eine sinnerschließende, dem Vorhaben adäquat erscheinende, Wissenschaftsmethode in Anwendung zu bringen erfordert.[969]

Wirtschaftliche Bildung muß grundsätzlich darauf gerichtet sein, es dem zu Bildenden zu ermöglichen, den Sinn des Wirtschaftens zu erfahren. Das Hauptcharakteristikum der Exemplaria liegt somit darin, dem Educandus zu ermöglichen, das hinter dem zu vermittelnden Inhalt stehende ALLGEMEINE zu erkennen, zu erfassen und in seinen Handlungsrahmen mit einzubeziehen. Dies bedeutet, die inhaltliche Komponente von Bildungsmaßnahmen soll der oben ausgeführten bildungstheoretischen Intention entsprechen, wobei sich die Inhalte in einer „didaktischen Brechung“[970] dem Bildungsbegriff als kritischer Instanz zu stellen haben.[971]

### 5.3.2 Primat kategorialer Fundierung

Die Inhaltsauswahl stellt naturgemäß das schwierigste Problem des hier vorgetragenen Entwurfes dar. Bezogen auf die in den Strukturprinzipien getroffenen Aussagen, entspricht das von ZABECK vorgestellte Modell einer „antizipieren-

---

968 Eine kritische Auseinandersetzung zu (historischen) Bildungswertanalysen bzw. zum Bildungswert des Rechnungswesens im allgemeinen liefert REINISCH. Vgl. REINISCH: Didaktik...(1983), a.a.O., insbes. S. 111-115. REINISCH plädiert ebenfalls für eine didaktische Analyse des Problemfeldes „auf Basis eines kritischen Bildungsbegriffs“. Ebenda, S. 118, vgl. auch ders.. „Leitbilder“...(1996), a.a.O., S. 54-60. In diesem Beitrag bemängelt REINISCH abermals insbesondere die „weitgehende Ausblendung formaler und ethischer Bildungswerte in der didaktisch-curricularen Diskussion“ seit Anfang der siebziger Jahre. Ebenda, S. 60.

969 Vgl. WURDACK: Zur ethischen...(1999), a.a.O., S. 39-40; vgl. ders.: Die ökonomische Dimension...(1984), a.a.O., S. 175; vgl. ders.: Problemgefüge...(1974), a.a.O., S. 5; vgl. ders.: Reflexionen...(1972), a.a.O., S. 504; vgl. WENGER: Arbeitsmarkt...(1993), a.a.O., S. 193; vgl. auch HERBST: Zum Arbeitsauftrag...(1991), a.a.O., S. 156-157; vgl. ASCHENBRÜCKER: Wirtschaftliche Bildung...(1991), a.a.O., S. 144.

970 WURDACK: Problemgefüge...(1974), a.a.O., S. 7.

971 Vgl. WENGER: Arbeitsmarkt...(1993), a.a.O., S. 189.

den Didaktik“ nicht der hier zu verfolgenden Absicht.[972] Die (ausschließliche) Antizipation zukünftiger Anforderungen, beladen mit transfergerechten Inhalten, befragt die Inhalte nur im Hinblick auf ihre „Transferleistung“ und nicht in bezug auf die der Qualifizierung zugrundeliegenden „Bildungskategorien“.[973] Die damit einhergehende Fundierung des Bildungssinns und die in diesem Sinne zu gestaltende Bildungsbewegung haben DERBOLAV und FISCHER kategorial zu begründen versucht. Der von FISCHER verfolgte Weg, die spezifischen „Motivationshorizonte der Wissensgebiete“[974] zu erschließen, wird von DERBOLAV ersetzt „durch eine radikale Gegenüberstellung von Wissen auf der einen und Gewissen auf der anderen Seite“.[975] Hierdurch werden die nach Meinung BENNERS systemimmanenten Schwierigkeiten des FISCHER´schen Ansatzes durch ein „Reflexionsstufenmodell, das beim Umgang und der in ihm gegebenen Einheit von Wissen und Gewissen beginnt, in einem zweiten Schritt sich dem von der Erfahrung des Umgangs abstrahierenden einzelwissenschaftlichen Sachwissen zuwendet und dann in einem weiteren Schritt eine `periagoge´ von Wissen und Gewissen, von bildungsneutralen Kenntnissen in Verantwortungs-

---

972 Vgl. ZABECK, Jürgen: Entwurf...(1973), a.a.O.; vgl. auch Abschn. 3.3.5.2 und 3.3.5.4 dieser Arbeit.

973 „Bildungskategorien sind ... jene Sinnverhältnisse, gemäß denen die Reflexion empirischer Sinngehalte des „Stoffes“ zum „Bildungsgut“ dadurch vermittelt, daß sie den Sinn ihres Sinnes und damit ihren Gewissenssinn als die Möglichkeit, sich aus diesen Gehalten zu bestimmen, erschließt."“ FISCHER, Franz: Darstellung der Bildungskategorien im System der Wissenschaften. Aus dem Nachlaß herausgegeben, eingeleitet und mit Nachworten versehen von Dietrich Benner und Wolfdietrich Schmied-Kowarzik, Ratingen 1975, S. 33.

974 „Wissenschaften sind Ableitungen der Gewißheit. Als solche sind sie bildungsneutral, sie vermitteln dem einzelnen keine Sinngebung seines Verhaltens. Die Reflexion auf den unmittelbaren Sinn der abgeleiteten Sinngehalte erschließt deren Sinnverständnis zur Situation des einzelnen und die in ihnen enthaltene Sinngebung – also den spezifischen Motivationshorizont des jeweiligen Wissensgebietes.“ FISCHER: Darstellung...(1975), a.a.O., S. 67.

975 BENNER, Dietrich: Bildungstheorie und Curriculum. Zur Bedeutung der Bildungskategorien Franz Fischers für Didaktik und Curriculumforschung, in: Fischer, Franz. Darstellung der Bildungskategorien im System der Wissenschaften. Aus dem Nachlaß herausgegeben, eingeleitet und mit Nachworten versehen von Dietrich Benner und Wolfdietrich Schmied-Kowarzik, Ratingen 1975, S. 189-217, hier S. 209.

horizonte ansetzt, die im Sinne einer Dialektik von Selbst und Anderem vorgestellt wird“[976], aufgelöst.[977]
Dieser dialektische Prozeß wird auch für den vorliegenden Ansatz in Anspruch genommen, wobei die auf der Stufe des Umgangs enthaltenen Handlungsansprüche nicht reflexiv durch Entfrachtung des Sinnhorizontes und dem daraus resultierenden Sachwissen auf der ersten Stufe eine Ergänzung hinsichtlich ihres Verantwortungshorizontes in einer zweiten Reflexionsstufe erfahren, sondern in einer reflexiv-proflexiven Bewegung ihres Sinngehaltes bereits auf der Stufe des Umgangs offenzulegen versucht werden. Die hieraus resultierende Bildungsbewegung ist demnach nicht aufsteigend – im Verständnis vom WISSEN zum GEWISSEN – über den Wissensbereich, sondern kreisförmig, respektive zirkelhaft („hermeneutischer Zirkel“) im Sinne des Offenlegens des Sinnhaltigen bereits auf der Stufe des Umgangs.[978] Die darin „enthaltenen Sinnprinzipien sind ... jene Kategorien, die es aufzuzeigen gilt“[979]. Problematisch hierbei ist, daß die Stufe des „Umgangs“ durch immer komplexer werdende Formen der Arbeits- und Wirtschaftswelt und sich immer „verstrickter“ zeigende Formen sozialer Interaktionen – bedingt durch das über das Sachwissen bereitgestellte Instrumentarium – mittlerweise durchdrungen ist von Rationalitätsformen, die sich zum Teil konkurrierend gegenüberstehen. Dieser Verlust des „Umgangs“ und der darin enthaltenen Sinnprinzipien – in Form von Sitte und Tradition – zugunsten eines als rational verstandenen, den Sachrationalitäten gehorchenden Verkehrs erschwert grundsätzlich das zu verfolgende Ziel, über elementare Inhaltsstrukturen dem einzelnen jene Sinnstruktur zu erschließen, die als notwendig für die „personale Entfaltung“ erachtet wird.[980]
Demnach ist zu konstatieren, daß es bei diesem Ansatz auf keinen Fall darum geht, die funktional-technische Seite von (Berufs-)Ausbildung mit „einem Schuß Berufsgesinnung oder Berufsmoral versetzen zu wollen“, vielmehr erfor-

---

[976] Ebenda, S. 209-210.
[977] Vgl. WENGER: Arbeitsmarkt...(1993), a.a.O., S. 190.
[978] Vgl. ebenda.
[979] Ebenda, S. 190-191.
[980] Vgl. ebenda.

dert der Anspruch verantwortlichen wirtschaftlichen Handelns die notwendige „Einsicht in die kategoriale Bedeutung des Wirtschaftens für den Menschen“[981]. Die Beantwortung der Frage nach dem Kategorialen des Wirtschaftens, ob dies aus einem metaphysischen Ganzen des Seins (normativ) deduziert oder aus dem Prinzip der im einzelnen Menschen angelegten und in ihm begründeten Vernünftigkeit (induktiv-sinnerschließend) ermittelt werden kann, zielt wiederum auf die von WURDACK idealtypisch charakterisierten Handlungskonzeptionen und nötigt, bei der Konzeption einer Didaktik zur entsprechenden Positionierung. Für den hier zu vertretenden Entwurf beruflich-ökonomischer Bildung ist festzuhalten, daß sich dieser „Sinn des Wirtschaftens“ nicht durch Reduktion auf das Jetzt und Heute, sondern nur in der Anerkennung einer geschichtlich gewordenen Welt, mit dem Versuch, das Kategoriale des Wirtschaftens einer historischen Betrachtung zu unterziehen, erschließen läßt.[982] Dies bedeutet konkret, daß die derzeit vorfindbare Wirtschaftsverfassung ihre Legitimation nicht per se aus der Funktionalität im Sinne einer Optimierung des Wirtschaftsprozesses gewinnt, sondern die Frage zu stellen ist, in welcher Weise diese Form des Wirtschaftens dem Menschen in seiner personalen Entwicklung dienlich ist. Zur Beantwortung dieses Fragenkomplexes als Voraussetzung zur Ermittlung von Exemplaria ist daher notwendig, die Struktur wirtschaftlichen Handelns zu analysieren und sie mit der unter dem Strukturprinzip Wirtschaft herausgearbeiteten ethischen Dimension des Wirtschaftens zu konfrontieren.[983]

Bei der Inhaltsauswahl ist jedoch immer darauf zu achten, „daß sie repräsentativ sind für grundlegende Sachverhalte, ein Gesamtverständnis der Welt eröffnen

---

[981] Ebenda, beide Zitate.

[982] Vgl. WENGER: Arbeitsmarkt...(1993), a.a.O., S. 191-192. „In dieser Erweiterung des geschichtlichen und gesellschaftlichen Horizonts versteht das Einzelwesen erst sich selbst mit all seinen geistigen Wurzeln und Verzweigungen.“ SPRANGER: Lebensformen..(1950), a.a.O., S. 445.

[983] Vgl. WENGER: Arbeitsmarkt...(1993), a.a.O., S. 192. Ein alternativer Weg bestünde darin, auf die von KLAFKI herausgearbeiteten „epochaltypischen Schlüsselprobleme“ Bezug zu nehmen. Vgl. dazu KLAFKI: Grundzüge einer...(1991), a.a.O., S. 44.

und sowohl in ihrer traditionsstiftenden als auch in ihrer zukunftsweisenden Funktion erfahrbare Sinnhaftigkeit zulassen"[984].

Die Lebenswirklichkeit, verstanden als Lebenswirklichkeit innerhalb einer Kulturgemeinschaft, wird in Anlehnung an SPRANGER untergliedert in Kulturbereiche, wobei die Wirtschaft einen dieser Bereiche darstellt.[985] Innerhalb des „Sinnbezirkes Wirtschaft" gilt es, jene Inhalts-Muster herauszufiltern, die dem einzelnen den „Sinn" des Wirtschaftens kategorial erschließen und ihm darüber hinaus einen Zugang zu den anderen Sinngebieten eröffnen.[986] Demzufolge muß der „Sinn des Wirtschaftens" radikal hinterfragt werden, was gleichzeitig erfordert, den Blick bei Bildungssmaßnahmen von einer rein betriebswirtschaftlichen, zumindest auf eine volkswirtschaftliche und darüber hinaus auf eine anthropologische Ebene (PÄDAGOGISCHE BETRACHTUNGSWEISE) zu weiten und zwar alles unter der Prämisse, daß innerhalb des Kulturbereiches Wirtschaft neben den Sachgesetzlichkeiten jenes sittliche Moment auffindbar ist.[987]

---

[984] BLANKERTZ: Theorien ...(1991), a.a.O., S. 45.

[985] Die hierbei getroffene Darstellung berücksichtigt – aus Gründen der Überschaubarkeit – nicht die Komplexität des von Spranger gewählten Kulturbegriffes und die Interdependenz von Kulturbereichen mit den Geistformen (subjektiver, objektiver, normativer und Gemeingeist) und den korrespondierenden Lebensformen. Es wird jedoch darauf hingewiesen, daß die hier skizzierten sechs Kulturgebiete, abgeleitet aus den Lebensformen, in einer hierarchisch interdependenten Struktur zueinander stehen und sich untergliedern lassen in: „*Sachgebiete* der Kultur sind Wirtschaft (nebst Technik), Wissenschaft, Kunst. *Sozialformen* sind Gesellschaftsschichtung und Staat. *Normative Ordnungen* sind Sitte, Moral und Recht (samt dem Staatsrecht). *Inspirationsbereiche* nenne ich die persönliche Sittlichkeit und die Religion." SPRANGER, Eduard: Kulturbegegnungen als philosophisches Problem, in: Eduard Spranger: gesammelte Schriften, Bd. V, Kulturphilosophie und Kulturkritik, hrsg. von Hans Wenke, Tübingen 1969, S. 290-308, hier S. 296. Hervorhebungen im Original. Zur Interdependenz der Geistformen mit den Sinngebieten der Kultur, hier als Kulturgebiet bezeichnet vgl. SPRANGER: Probleme der Kulturmorphologie (1969), a.a.O., insbes. S. 144-156.

[986] Vgl. WENGER: Arbeitsmarkt...(1993), a.a.O., S. 193.

[987] Vgl. WENGER: Arbeitsmarkt...(1993), a.a.O., S. 196. In Anlehnung an KLAFKI spricht sich KRUBER für eine Ausweitung auf die rechtliche, soziale, politische und ethische Dimension aus. Vgl. KRUBER: Stoffstrukturen...(1997), a.a.O., S. 64-67 und S. 71-73. „ Es gilt also, die bildenden Grundstrukturen zur Orientierung und Urteilsbildung in ökonomisch geprägten Lebensbereichen zu finden." Ebenda, S. 71. „Als Leitfragen ... lenken die didaktischen Kategorien den Blick immer wieder auf grundlegende Prinzipien des Wirtschaftens und seine politische und ethische Dimension." ebenda, S. 73. „Bildung ist auf Normen bezogen und reflektiert Handeln mit Blick auf seine Folgen; Bildung – also auch ökonomische Bildung – hat stets eine ethische Dimension." Ebenda, S. 66.

Dieser Entwurf verdeutlicht, daß sich die Spannung wirtschaftlicher Rationalität (OBJEKTIVIERUNG) und pädagogischer Verantwortung (PÄDAGOGISCHE BETRACHTUNGSWEISE) aus der hier vertretenen Sicht nur auflösen läßt, wenn wirtschaftliches Handeln in den Gesamtkontext der Lebenswirklichkeit eingebunden wird und hieraus seine ethische Dimension gewinnt. Die Notwendigkeit der ethischen Absicherung des Wirtschaftens ist das zentrale Moment, durch das es erst ermöglicht wird, im Rahmen beruflich-ökonomischer Bildung wirtschaftliches Handeln auf Sinngehalte hin zu entwerfen, um letztendlich eine „Bildungsbewegung“ auszulösen. Die hierbei zugrundegelegten Strukturprinzipien WIRTSCHAFT, BILDUNG und GANZHEIT, die ihre spezifische Auslegung aus der PÄDAGOGISCHEN BETRACHTUNGSWEISE gewinnen, verweisen abermals auf die bildungstheoretisch-kategoriale Fundierung dieses Ansatzes.

### 5.3.3 Kategoriale Dimensionen der GoB

Bereits in historischer Perspektive kommt zum Ausdruck, daß die GoB Verhaltensnormen (ein „Sollen“) eines Kaufmanns darstellen, d. h. ein bestimmtes „gewolltes“ oder „gesolltes“ Verhalten und Handeln intendieren. Während in der sinngeleiteten Phase aufgrund des Einbezugs in allgemeingültige Sinn- und Verhaltensnormen eine Konkretisierung von GoB nicht notwendig war, wurden die GoB in der praxisgeleiteten Phase insbesondere als Verhaltensnormen im Sinne bestimmter Arbeitstugenden („Berufsethos“) angesehen. In dieser Phase wurde unterstellt, daß der Kaufmann, sich aufgrund seines „Ethos“ als „königlicher Kaufmann“, ordentlich und gewissenhaft verhalten werde. Entsprechend galten die GoB als „Anschauungen“ und „Mehrheitsübungen“ der Kaufleute, die als „Sitte“ und „Tradition“ an die „Auszubildenden“ weitergegeben bzw. von diesen durch Nachahmung nachvollzogen und übernommen wurden. In der theoriegeleiteten Phase erfolgte zunächst eine Ausblendung von übergeordneten Sinnvorstellungen durch eine isolierende und reduzierende Betrachtung der GoB. Sie wurden aus dem (betriebswirtschaftlichen) Zweck (der „Natur der Sache“) der Bilanz heraus betrachtet und definiert. Jedoch folgte insbesondere aus der praktischen Erfahrung kaufmännischen Verhaltens, die Einsicht, es müsse sich bei den GoB um Gebote (Verhaltensnormen) handeln und insoweit eine (wieder) erweiternde Betrachtung. Diese gipfelte in der Feststellung, daß es sich tatsächlich um Gebote und zwar um Rechtsnormen handelt, die ein bestimmtes Verhalten der Kaufleute, im strengsten Fall über strafrechtliche Sanktionen, reglementiert.[988]

Dieser (historische) Normenbezug der GoB, der entsprechend das kaufmännische Handeln, d. h. insbesondere das wirtschaftliche Handeln von Kaufleuten reglementiert, ist für das Erschließen der exemplarischen Inhalte wie auch der kategorialen Dimensionen der GoB zu reflektieren. Denn „die Frage, welche Handlungen legitim, moralisch oder sittlich sind, verweist auf entsprechende Verhaltensnormen“[989]. Daher sollen die GoB im folgenden unter den in den Rahmen- und insbesondere den Strukturprinzipien zum Ausdruck kommenden Aussagen und Ansprüchen untersucht und sowohl entsprechende elementare Inhalte („Exemplaria“) ermittelt wie auch der in den GoB enthaltene „sinngeladene Kern“[990], d. h. die jeweilige „Bildungskategorie“ aufgeschlossen respektive erschlossen werden.

Im „Gläubigerschutzprinzip“, dem „Focus“ des GoB-Systems kommt eine bestimmte Sicht von „Wirtschaft“ und „wirtschaftlichem Handeln“, eine bestimmte „Wirtschaftsgesinnung“ zum Ausdruck, die gleichzeitig eine bestimmte ethische Dimension (Sittlichkeit) intendiert.[991] Gegenstand dieser Wirtschaftsgesinnung ist das Verständnis von „Wirtschaft“ bzw. „Wirtschaften“ als langfristig angelegtes, solides und gewissenhaftes Handeln. Dieses Leitbild, diese Leit- und Sinnvorstellung von wirtschaftlichem Handeln bringen die GoB respektive das

---

[988] Vgl. dazu ausführlich Abschn. 4.1 bis 4.3 dieser Arbeit sowie die dort angegebene Literatur.

[989] ALBERS: Ethik...(1996), a.a.O., S. 2.

[990] WENGER: Arbeitsmarkt...(1993), a.a.O., S. 184.

[991] Vgl. BEISSE: Gläubigerschutzprinzip...(1993), a.a.O., S. S. 87; vgl. bereits Abschn. 4.4.4.1 dieser Arbeit.

GoB-System in ihrer Gesamtheit zum Ausdruck, da sie sämtlich Konkretisierungen des „Gläubigerschutzprinzips“ darstellen.

Das Vorsichtsprinzip als besondere Konkretisierung des „Gläubigerschutzprinzips“ innerhalb der Rahmenprinzipien ist wohlverstanden ebenso langfristig, solide und gewissenhaft angelegt. Denn es bedeutet nicht „Vorsicht über alles“ mit einer möglichen Folge pessimistischen oder gar fatalistischen Verhaltens, entsprechend dem Motto: „Nach mir die Sintflut“, sondern vielmehr optimistisch, auf einen langfristigen Bestand der Unternehmenstätigkeit, auf Fortführung (Fortführungsprinzip[992] § 252 Abs. 1 Nr. 3 HGB) angelegt. Das Unternehmen erlangt auch dadurch einen Wert an sich.[993]

Der (imparitätische) Grundsatz „der Kaufmann darf sich nicht reich rechnen“ ist ebenso Zeugnis dieser Wirtschaftsgesinnung. Leitbild ist hier das Prinzip bescheidener Geschäftsführung und Verhaltens, die Tugend der Bescheidenheit oder pointierter formuliert das „Gentlemen-Prinzip“ des „Understatement“. Gleichzeitig intendiert dies das Verbot der Übervorteilung oder gar des Betrugs der von der Unternehmung abhängigen Personen, d. h. sowohl der Gläubiger, der Anteilseigner, des Fiskus als auch der Beschäftigten sowie der Gesamtgesellschaft.

Das geltende Recht formuliert zwar keinen expliziten Bilanzzweck, jedoch läßt sich unter Berücksichtigung der Einbindung in die Gesamtrechtsordnung und der daraus ableitbaren übergeordneten Schutzfunktionen sowie unter Einbezug des GoB-Systems konstatieren, daß die Bilanz im Rechtssinne der vorsichtigen, periodengerechten und objektivierten Ermittlung des Gewinnes als entziehbarem Betrag dient.[994] Die besondere gläubigerschützende Wirkung der Gewinner-

---

[992] Vgl. dazu statt vieler MOXTER: Bilanzlehre (1986), a.a.O., S. 34.
[993] Vgl. ebenda.
[994] Vgl. statt vieler MOXTER: Zur wirtschaftlichen...(1989), a.a.O., S. 236-237.

mittlungsprinzipien drückt sich durch das besondere systematische Zusammenwirken von Vorsichts- und Objektivierungsprinzipien aus.[995]

Als in den GoB enthaltene Sinngehalte lassen sich, im Sinne DERBOLAVS und KLAFKIS gesprochen, elementare, exemplarische (Bildungs-)Kategorien neben dem Gerechtigkeitsgebot (Kategorie der Gerechtigkeit) und seiner Konkretisierung ausgedrückt im Gleichheitssatz als obersten Rechtsgrundsätzen auf dem das Systemdenken (der GoB-Ermittlung) resultiert sowie die ethischen Prinzipien der Verantwortung (gegenüber anderen Menschen und der Welt als Umwelt), des Vertrauens, der getreuen Verwaltung und des Schutzes insbesondere von Minderheiten oder (abermals) der Gesellschaft, respektive der Umwelt, aufschließen.[996]

Als (weitere) Besonderheit ist zu erwähnen, daß innerhalb der Thematik der GoB die Problematik begleitender Anreiz- bzw. Sanktionsmechanismen[997] grundsätzlich als gelöst angesehen werden kann, da diese Implikationen den GoB als Rechtsnormen grundsätzlich immanent sind. So intendieren (erhebliche) Verstöße gegen die GoB strafrechtliche („Betrug") bzw. über die Maßgeblichkeit der GoB für die Besteuerung auch steuerstrafrechtliche („Steuerhinterziehung") Sanktionen.[998]

In der nachstehend abgebildeten Tabelle wird die Ermittlung der kategorialen Dimensionen nunmehr synoptisch dargestellt (vgl. Tabelle 6):

---

995 Vgl. BEISSE: Zum neuen Bild...(1994), a.aO., S. 15-16; vgl. ebenso BERNDT: Grundsätze...(1997), a.a.O., S. 41 mit weiteren Nachweisen.

996 Vgl. dementsprechend auch das von ZABECK angeführte Beispiel von Kreditverhältnissen im allgemeinen. ZABECK: Ethische Dimensionen...(1991), a.a.O., S. 558-559. „Das Thema Kredit darf nicht nur im Kontext betriebswirtschaftlicher und wirtschaftrechtlicher Bezüge behandelt werden, sondern impliziert die Thematisierung der ethischen Kategorien des Vertrauens und der Verantwortung. So veranschaulicht das Kreditgeschäft zwischen den Industrienationen und der Dritten Welt am negativen Fall, daß jeder Gläubiger für seinen Schuldner Verantwortung übernimmt, daß er seine Kreditentscheidungen im Bewußtsein dieser Tatsache zu treffen hat." Ebenda.

997 Vgl. ASCHENBRÜCKER: Wirtschaftliche Bildung...(1991), a.a.O., S. 149.

998 Vgl. bereits Abschn. 4.4.4.3 dieser Arbeit.

| Strukturprinzipien beruflich-ökonomischer Bildung und GoB | | |
|---|---|---|
| **BILDUNG** | **WIRTSCHAFT** | **GANZHEIT** |
| Bildungskategorien (Sinngehalte) | Wirtschaftsethik | Bildungs-, Erziehungsziel (Menschenbild)) |
| Gerechtigkeit,<br><br><br>Verantwortung,<br><br><br><br><br>Vertrauen; | „Wirtschaftsgesinnung"<br><br><br>Gläubigerschutz als Ausdruck einer bestimmten Wirtschafts- und Rechtskultur;<br>Unternehmen als „Wert an sich",<br>solides, langfristig angelegtes sowie gewissenhaftes verantwortungsvolles wirtschaftliches Handeln. | „Persönlichkeitsentwicklung":<br>sittliche Persönlichkeit,<br><br><br><br><br>(ordentlicher, gewissenhafter und gemeinschaftsgebundener Kaufmann, bzw. Wirtschaftsbürger) |

**Tabelle 6: Kategoriale Dimensionen der GoB und Strukturprinzipien des inneren Systems beruflich-ökonomischer Bildung**

Übertragen auf die Thematik dieser Arbeit bedeutet dies konkret, daß die Anwendung der Grundsätze ordnungsmäßiger Bilanzierung strukturiertes und logisches Denken für die Anwendung und Umsetzung des „Sach-" bzw. „Funktionswissens" voraussetzen. Jedoch entwickelt sich erst unter bezug dieses „Sachwissens" auf den durch die Inhalte verwiesenen „sinngeladenen Kern"[999], in diesem Falle der „Gerechtigkeit", des „Vertrauens" sowie der „Verantwortung" als Kategorien, eine Inhaltsstruktur, die es dem einzelnen ermöglicht, den Gesamtwertzusammenhang zu erkennen, sich das für die Erreichung des Bildungsziels notwendige „Wertwissen" zu erschließen.

---

999 WENGER: Arbeitsmarkt...(1993), a.a.O., S. 184.

Konklusierend gesprochen machen daher nicht die Kenntnis und Beherrschung der funktional-technischen Abläufe der Bilanzierung wirtschaftliche Bildung aus, sondern erst die damit verbundene und im (verantwortungsvollen) Handeln zum Ausdruck kommende Einsicht, daß es sich auch jenseits materieller Erfolge lohnt, den in den GoB zum Ausdruck kommenden Sinn- und Wertprinzipien wie z. B. der Gerechtigkeit, des Vertrauens sowie der Verantwortung zu entsprechen.[1000]

Auf den Gesamtkontext wirtschaftlicher Bildung bezogen, zeigt dieses Beispiel, daß im Vermittlungsprozeß der Wertehorizont, auf den sich die Inhalte beziehen, grundsätzlich mitzudenken, offenzulegen und bei der Auswahl der Inhalte zu reflektieren ist, soll das Erziehungs- bzw. Bildungsziel erreicht werden, es dem einzelnen zu ermöglichen „in all seinen persönlichen Entwicklungsstufen, `zu sich selbst zu kommen´"[1001].

---

1000 Vgl. WENGER: Arbeitsmarkt...(1993), a.a.O., S. 184.
1001 WURDACK: Problemgefüge...(1974), a.a.O., S. 2 Hervorhebungen im Original.

# 6 Resümee

Die Erkenntnis wandelbarer Leit- und Sinnprinzipien, d. h. deren Geschichtlichkeit zeigt sich exemplarisch in der Ökonomie bzw. im Bereich wirtschaftlichen Handelns. Jedoch ist gerade dieses aufgrund seiner Ziel- und Zweckgerichtetheit durch die jeweiligen Sinn und Leitvorstellungen determiniert.[1002] Der Bereich des Ökonomischen erlangt darüber hinaus zunehmend an Bedeutung, bzw. kann in der Gegenwart als nahezu übermächtig angesehen werden. Die Wirtschaftspädagogik als die wissenschaftliche Disziplin, die sich mit der Problematik der Erziehung in und für diesen Bereich der Lebenswirklichkeit beschäftigt und sich gemäß ihres Selbstverständnisses als „angewandte Wissenschaft" daher insbesondere mit dem Problem der Vermittlung von Kenntnissen und Fähigkeiten sowohl zur „Wirtschaftstüchtigkeit" als auch zur „Wirtschaftshumanität"[1003] auseinanderzusetzen hat, muß sich der Analyse der zugrundeliegenden Sinn- und Leitvorstellungen stellen. Denn es ist gemäß ihres Selbstverständnisses der Auftrag von Wirtschaftspädagogik, „eine Leitfunktion für die wirtschaftserzieherische Praxis zu übernehmen"[1004]. Will sie nicht zu einer funktionalen Erziehung für die Wirtschaft im Sinne einer Anpassung an die reinen Wirtschaftserfordernisse entarten, hat sie insbesondere dem zweiten Aspekt, der Berücksichtigung humaner Interessen, besondere Geltung zu verschaffen.[1005] Denn letztlich steht im Zentrum wirtschaftswissenschaftlicher und wirtschaftspädagogischer Überlegungen der wirtschaftlich handelnde Mensch. Dieser wiederum läßt sich nicht einseitig auf einen (rein) rational handelnden Menschen reduzieren, sondern bedarf einer ganzheitlichen Betrachtung, was notwendig zur Beantwortung der „Sinnfrage" führt, die sich letztlich in der anthropologischen Fragestellung expliziert. An dieser Stelle schließt sich der Kreis.[1006]

---

1002 Vgl. WURDACK et al: Zum Selbstverständnis...(1980), a.a.O., S. 4-45; vgl. Abschn. 2 dieser Arbeit.

1003 BAUMGARDT: Die Bedeutung...(1967), a.a.O, S. 50.

1004 SCHNEIDER: Selbstverständnis...(1984), a.a.O., S. 399.

1005 Vgl. WURDACK: Reflexion...(1972), a.a.O., S. 495-496 und S. 512 passim; vgl. ders.: Zur anthropologischen Grundlegung...(1988), a.a.O., S. 19-20.

1006 Vgl. ebenso WENGER: Arbeitsmarkt..., a.a.O., S. 198-199.

Der Vermittlungsaspekt focussiert dabei auf das Problem der Auswahl und Struktur der Inhalte, da diesen eine elementare Bedeutung im Prozeß der Orientierung des Individuums innerhalb einer sich verändernden Umwelt zukommt.[1007] Dies verweist direkt auf den Bereich der Didaktik. Die Verwirklichung der humanen Interessen, ausgedrückt in dem Ziel von Erziehung zu ganzheitlicher Persönlichkeitsentwicklung, kann „ohne erkenntnistheoretische, ethische und geschichtsphilosophische Reflexion"[1008] über die zugrundeliegenden Bedingungen und insbesondere der Inhalte nicht erfolgen. Eine besondere „Anwaltschaft" hierfür kann der „Bildungsbegriff" übernehmen, der wie kein zweiter geeignet ist, diese Dimensionen zu vereinen.

Die im ersten Teil der Arbeit erfolgte Analyse wirtschaftlichen Handelns mit den unterschiedlichen Phasen und Möglichkeiten der Erklärung der Lebenswirklichkeit sowie der Tendenz des zunehmenden Verlustes von Sinn- und Wertorientierung durch isolierende und reduzierende Interpretationen der Lebenswirklichkeit in diesem Bereich, zeigt sich exemplarisch, historisch gleichlaufend, bei den GoB. Jedoch ist gegenüber anderen Teilbereichen der Betriebswirtschaftslehre hierbei eine Besonderheit festzustellen. Durch die Erkenntnis, daß es sich bei den GoB um Rechtsnormen handelt, die gemäß juristischer Methodik zu ermitteln sind, ergibt sich eine (interdisziplinäre) Ausweitung des Erkenntnisbereichs durch die (notwendige) Hereinnahme hermeneutisch-deduktiver, d. h. sinnerschließender Verfahren.[1009] Mit dieser Ausweitung respektive diesem Wechsel der Erkenntnismethode wie auch des –objektes, ist entsprechend eine Ausweitung des gesamten Erkenntnisbereiches nicht nur intendiert, sondern auch verbunden.

---

1007 Vgl. WURDACK: Reflexion...(1972), a.a.O., S. 495; vgl. ders.: Problemgefüge...(1974), a.a.O., S. 1-3.

1008 LASSAHN, Rudolf: Anthropologie und Berufspädagogik, in: Arbeits-, Berufs- und Wirtschaftspädagogik im Übergang, Festschrift zum 60. Geburtstag von Gerhard P. Bunk, hrsg. von Rudolf Lassahn und Birgit Ofenbach, Frankfurt am Main; Bern; New York, 1986, S. 145-162, hier S. 151

1009 Vgl. dazu Abschn. 4 dieser Arbeit sowie die dort angegebene Literatur.

Waren die GoB schon von jeher Verhaltensnormen mit wirtschaftsethischer Dimension von und für Kaufleute, und ist diese Erkenntnis im Laufe der Zeit zunehmend wegen einer reduzierenden und isolierenden, weil (scheinbar) „wertfreien“ Betrachtungsweise in den Hintergrund geraten, ermöglicht das (derzeitige) GoB-Verständnis eine wieder erweiternde Betrachtung mit der Möglichkeit des Aufschließens des in diesen Inhalten wirtschaftlichen Handelns enthaltenen „sinngeladenen Kerns“[1010], d. h. deren kategoriale Dimension, die über eine rein funktionale Ebene von Inhalten und deren Vermittlung hinausweist. Entsprechend der korrelativen Festlegung von Erkenntnisobjekt und –methode sowie deren notwendige Fundierung auf bestimmten Sinn- und Leitvorstellungen, des zugrundeliegenden Menschen- und Weltbildes, kann eine Didaktik entworfen werden, die es ermöglicht, diese „Sinngehalte“ zu erschließen. Bei dieser Didaktik handelt es sich um eine Konzeption im Sinne einer „humanistisch begründeten Wirtschaftsbildung“, da sie, fußend auf der „abendländischen, kulturphilosophisch-humanistischen Denktradition“ mit einem, den GoB bzw. GoB-System kongruenten Methodenverständnis in einem „wieder erweiternden Sinne“[1011] agiert, welches geeignet ist, die Problematik sowohl der Erschließung und Begründung als auch der Vermittlung von „Normen“ für verantwortungsvolles wirtschaftliches Handeln zu lösen und damit dem Menschen in seiner Ganzheit gerecht zu werden.

---

1010 WENGER: Arbeitsmarkt...(1993), a.a.O., S. 184.
1011 WURDACK: Zur ethischen...(1999), a.a.O., S. 40.

## Literaturverzeichnis

ABRAHAM, Karl: Wirtschaftspädagogik. Grundfragen der wirtschaftlichen Erziehung, 2., überarbeitete und erweiterte Auflage, Heidelberg 1966.

ACHTENHAGEN, Frank: Didaktik des Wirtschaftslehreunterrichts, Heidelberg 1984.

ADORNO, Theodor W.: Theorie der Halbbildung, in: Tiedemann, Rolf (Hrsg.), Theodor W. Adorno. Eine Auswahl, Frankfurt am Main 1971, S. 292-321.

ALBERS, Hans-Jürgen: Ethik und ökonomische Bildung, in: Ethik und ökonomische Bildung, hrsg. von Hans-Jürgen Albers, Bergisch Gladbach 1996, S. 1-19.

ARISTOTELES: Aufzeichnungen zur Staatstheorie (Politik), übersetzt von Walter Siegfried, Köln 1967.

ARISTOTELES: Über Hauswirtschaft, übersetzt und erläutert von Paul Gohlke, Paderborn 1947.

ARISTOTELES: Aufzeichnungen zur Staatstheorie, übersetzt von Walter Siegfried, Köln 1967.

ARISTOTELES: Die Nikomachische Ethik, übersetzt und herausgegeben von Olof Gigon, 4., Aufl., München 1981.

ASCHENBRÜCKER, Karin: Wirtschaftspädagogische Theorie und Personalentwicklung: Strukturen ganzheitlicher Persönlichkeitsbildung, Wiesbaden 1991.

ASCHENBRÜCKER, Karin: Wirtschaftliche Bildung und Persönlichkeitsentwicklung. Überlegungen zu einer Forschungskonzeption, in: Menschenführung und Menschenbildung. Perspektiven für Betrieb und Schule, Festschrift für Ernst Wurdack zum 65. Geburtstag, hrsg. von Karin Aschenbrücker und Ulrich Pleiß, Hohengehren 1991, S. 135- 149.

BALLWIESER, Wolfgang: Grundsätze ordnungsmäßiger Bilanzierung, in: Beck´sches Handbuch der Rechnungslegung, hrsg. von E. Castan u.a., München 1986, Abschn. B 105, Rdnr. 30-40.

BALLWIESER, Wolfgang: Zur Frage der Rechtsform-, Konzern- und Branchenunabhängigkeit der Grundsätze ordnungsmäßiger Buchführung, in: Bilanzrecht und Kapitalmarkt, Festschrift für Adolf Moxter, hrsg. von Wolfgang Ballwieser, Hans-Joachim Böcking, Jochen Drukarczyk und Reinhard H. Schmidt, Düsseldorf 1994, S. 43-66.

BAUMGARDT, Johannes: Die Bedeutung des Ideellen und Pragmatischen in Wirtschaft und Erziehung für die Wirtschaftserziehung, in: Erziehung in einer ökonomisch-technischen Welt, hrsg. von Johannes Baumgardt, Freiburg i.Br. 1967, S. 25-50.

BAUMGARDT, Johannes: Über den Zusammenhang von Wirtschaftsethik und Wirtschaftspädagogik, Karl Abraham zu seinem 85. Geburtstag, in: Wirtschaft und Erziehung, 41. Jg. (1989), S. 225-230.

BAUMGARDT, Johannes: Der Mensch als „Homo Oeconomicus" – gilt das noch heute ?, in: Der Beitrag der Wirtschaftswissenschaften zum gegenwärtigen und zukünftigen Menschenbild. Vorträge beim Symposion der Gemeinschaft der Fakultätentage in Frankfurt am Main am 12./13. Oktober 1990, hrsg. von Gert Hummel, Deutscher Hochschulverband, Bonn 1990, S. 97-120.

BECKER, Enno: Grundfragen aus den neuen Steuergesetzen, in: StuW 6. Jg. (1927), Sp. 959-972.

BECKER, Enno: Handkommentar der Reichssteuergesetze, Bd. 2, Das Einkommensteuergesetz, Stuttgart 1928.

BECKER, Ulrich: Das `Menschenbild des Grundgesetzes´ in der Rechtsprechung des Bundesverfassungsgerichtes, Berlin 1996.

BEISSE, Heinrich: Die wirtschaftliche Betrachtungsweise bei der Auslegung der Steuergesetze in der neueren deutschen Rechtsprechung, in: StuW, 11. (58.) Jg. (1981), 1-14.

BEISSE, Heinrich: Zum Verhältnis von Bilanzrecht und Betriebswirtschaftslehre, in: StuW, 14. (61.) Jg. (1984), S. 1-14.

BEISSE, Heinrich: Die Generalnorm des neuen Bilanzrechts, in: Handelsbilanzrecht und Steuerrecht, Festschrift für Georg Döllerer, hrsg. von Brigitte Knobbe-Keuk u.a., Düsseldorf 1988, S. 25-44.

BEISSE, Heinrich: Rechtsfragen der Gewinnung von GoB, in: BFuP, 42. Jg. (1990), S. 499-512.

BEISSE, Heinrich: Grundsatzfragen der Auslegung des Bilanzrechts, in: BB, 45. Jg (1990), S. 2007-2012.

BEISSE, Heinrich: Gläubigerschutz – Grundprinzip des deutschen Bilanzrechts, in: Festschrift für Karl Beusch zum 68. Geburtstag am 31. Oktober 1993, hrsg. von Heinrich Beisse, Marcus Lutter und Heribald Närger, Berlin, New York 1993, S. 77-97.

BEISSE, Heinrich: Zum neuen Bild des Bilanzrechtssystems, in: Bilanzrecht und Kapitalmarkt, Festschrift für Adolf Moxter, hrsg. von Wolfgang Ballwieser, Hans-Joachim Böcking, Jochen Drukarczyk und Reinhard H. Schmidt, Düsseldorf 1994, S. 3-31.

BENNER, Dietrich: Bildungstheorie und Curriculum. Zur Bedeutung der Bildungskategorien Franz Fischers für Didaktik und Curriculumforschung, in: Fischer, Franz. Darstellung der Bildungskategorien im System der Wissenschaften. Aus dem Nachlaß herausgegeben, eingeleitet und mit Nachworten versehen von Dietrich Benner und Wolfdietrich Schmied-Kowarzik, Ratingen 1975, S. 189-217.

BERNDT, Thomas: Grundsätze ordnungsmäßiger Passivenabgrenzung, Wiesbaden 1997.

BIEVERT, Bernd/HELD, Martin: Ökonomische Theorie und Ethik, Frankfurt am Main/New York 1987.

BLANKERTZ, Herwig: Bildungstheorie und Ökonomie, in: Pädagogische Provokationen I, Texte zur Schulreform, hrsg. von Karlheinz Rebel, Weinheim und Berlin 1966.

BLANKERTZ, Herwig: Theorien und Modelle der Didaktik, 13. Auflage München 1991 (unveränderter Nachdruck der neubearbeiteten und erweiterten 9. Auflage 1975).

BLAß, Josef Leonard: Modelle pädagogischer Theoriebildung, Bd. II, Pädagogik zwischen Ideologie und Wissenschaft, Stuttgart u.a. 1978.

BÖCKING, Hans-Joachim: Bilanzrechtstheorie und Verzinslichkeit, Wiesbaden 1988.

BÖCKING, Hans-Joachim: Verbindlichkeitsbilanzierung – Wirtschaftliche versus formalrechtliche Betrachtungsweise, Wiesbaden 1994.

BÖCKING, Hans-Joachim: Betriebswirtschaftslehre und wirtschaftliche Betrachtungsweise im Bilanzrecht, in: Handelsbilanzen und Steuerbilanzen, Festschrift für Heinrich Beisse, hrsg. Wolfgang Dieter Budde, Adolf Moxter und Klaus Offerhaus, Düsseldorf 1997, S. 85-103.

BOEHMER, Gustav: Grundlagen der Bürgerlichen Rechtsordnung, Tübingen 1950.

BOEHMER, Gustav: Einführung in das bürgerliche Recht, Tübingen 1954.

BREIDERT, Ulrike: Grundsätze ordnungsmäßiger Abschreibungen auf abnutzbare Anlagegegenstände, Düsseldorf 1994.

BROX, Hans: Allgemeiner Teil des Bürgerlichen Gesetzbuches, 25. Aufl. München 1998.

BRUCHHÄUSER, Hans-Peter: Kaufmannsbildung im Mittelalter: Determinanten des Curriculums deutscher Kaufleute im Spiegel von Qualifizierungsprozessen, Köln; Wien; Böhlau 1989.

BRUCHHÄUSER, Hans-Peter: Die Berufsbildung deutscher Kaufleute im Mittelalter und der frühen Neuzeit. In: Quellen und Dokumente zur Geschichte der Berufsbildung in Deutschland, hrsg. von Karlwilhelm Stratmann Reihe C Band 4., Köln, Weimar, Wien 1992.

BRUNNER, Otto: Neue Wege der Sozialgeschichte, Göttingen 1956.

BUDDE, Wolfgang Dieter/RAFF, Ingo: Teilkommentierung zu § 243 HGB, in: Beck´scher Bilanzkommentar, bearb. v. W. D. Budde u. a., 2. Aufl. München 1990.

BÜSER, Tobias: Wirtschaftspädagogik und Unternehmenskultur: auf der Grundlage eines interaktionistischen Theorieansatzes, Markt Schwaben 1999.

CANARIS, Claus-Wilhelm: Die Feststellung von Lücken im Gesetz, 2., Aufl., Berlin 1983.

CANARIS, Claus-Wilhelm: Systemdenken und Systembegriff in der Jurisprudenz, 2. Aufl., Berlin 1983.

CASSIRER, Ernst: Die Philosophie der Aufklärung, Tübingen 1932.

CHMIELEWICZ, Klaus: Forschungskonzeptionen der Wirtschaftswissenschaft, 2. überarbeitete und erweiterte Auflage, Stuttgart 1979.

CLEMM, Hermann: Macht, Verantwortung, Information und Kontrolle in der Wirtschaft, in: Rechnungslegung – Entwicklungen bei der Bilanzierung und Prüfung von Kapitalgesellschaften, Festschrift für Karl-Heinz Förster, hrsg. von Adolf Moxter, Hans-Peter Müller, Rolf Windmöller und Klaus v. Wysocki, Düsseldorf 1992, S. 155-171.

COMENIUS, Johann Amos: Große Didaktik, in neuer Übersetzung hrsg. v. Andreas Flitner, Düsseldorf und München 1954.

Denkschrift zu dem Entwurf eines Handelsgesetzbuches und eines Einführungsgesetzes, in: Stenographische Berichte über die Verhandlungen des Reichstages, 9. Legislaturperiode, IV. Session 1895/97, 6. Anlageband, S. 3141-3298.

DERBOLAV, Josef: Problem und Aufgabe einer Pädagogischen Anthropologie im Rahmen der Erziehungswissenschaft, in: Psychologie und Pädagogik. Neue Forschungen und Ergebnisse, hrsg. von Josef Derbolav und Heinrich Roth. Heidelberg 1959, S. 7-48.

DERBOLAV, Josef: Kritische Reflexionen zum Thema „Pädagogische Anthropologie“, in: Pädagogische Rundschau , 18. Jg. (1964), S. 751-767.

DERBOLAV, Josef: Versuch einer wissenschaftstheoretischen Grundlegung der Didaktik, in: ders: Systematische Perspektiven der Pädagogik, Heidelberg 1971, S. 66-93.

DERBOLAV, Josef: Kritik und Metakritik der kategorialen Didaktik, in: Ders.: Systematische Perspektiven der Pädagogik, Heidelberg 1971, S. 93-123.

DERBOLAV, Josef: Das Exemplarische als didaktisches Prinzip, in: Didaktik, hrsg. von Hermann Röhrs, 2., unveränderte Auflage, Frankfurt am Main 1974, S. 151-154.

DIENELT, Karl: Von der Metatheorie der Erziehung zur „sinn“-orientierten Pädagogik. Rechtfertigung und Aufgabe der Pädagogischen Anthropologie in unserer Zeit, Frankfurt am Main u. a. 1984.

DIENELT, Karl: „Sinn“ und „Wert“ in der Pädagogik. Eine Studie zum „Normenproblem“ in der Pädagogik, in: Vierteljahresschrift für wissenschaftliche Pädagogik, 68 Jg. (1992), S. 79-112.

DILTHEY, Wilhelm: Die geistige Welt. Einleitung in die Philosophie des Lebens, 2., unveränderte Aufl., Stuttgart 1957.

DILTHEY, Wilhelm: Versuch einer Analyse des moralischen Bewußtseins, in: Ders., Gesammelte Schriften, VI. Band, Die geistige Welt. Einleitung in die Philosophie des Lebens, zweiter Teil: Abhandlungen zur Poetik, Ethik und Pädagogik, 3., unveränderte Auflage, Stuttgart 1958, S. 1-65.

DILTHEY, Wilhelm: Der Aufbau der geschichtlichen Welt in den Geisteswissenschaften, in: Ders.: Gesammelte Schriften, Bd. 7, hrsg. von Bernhard Groethuysen, 2. unveränd. Aufl., Stuttgart 1958, S. 79-188.

DILTHEY, Wilhelm: Ideen über eine beschreibende und zergliedernde Psychologie, Viertes Kapitel, Die beschreibende und zergliedernde Psychologie, in: Ders.: Schriften zur Pädagogik, besorgt von Groothoff und Ulrich Herrmann, Paderborn 1971.

DILTHEY, Wilhelm: Die Wissenschaft vom Menschen, der Gesellschaft und der Geschichte, Gesammelte Schriften, XVIII. Band, hrsg. von Helmut Jonach und Frithjof Rodi, Göttingen 1977.

DÖLLERER, Georg: Grundsätze ordnungsmäßiger Bilanzierung, deren Entstehung und Ermittlung, in: BB, 14. Jg. (1959), S. 1217-1221.

DÖLLERER, Georg: Gedanken zur „Bilanz im Rechtsinne“, in: JbFfSt 1979/80, S. 195-205.

DOHMEN, Günther: Bildung und Schule. Die Entstehung des deutschen Bildungsbegriffes und die Entwicklung seines Verhältnisses zu Schule, Bd. 1, Weinheim 1964.

EICHHORN, Wolfgang: Die Begriffe Modell und Theorie in der Wirtschaftswissenschaft, in RAFFEE, Hans/ABEL, Bodo (Hrsg.): Wissenschaftstheoretische Grundfragen der Wirtschaftswissenschaften, München 1979, S. 60-104.

ENGISCH, Karl: Einführung in das juristische Denken, 7. Aufl., Stuttgart, Berlin, Köln und Mainz 1977.

ESSER, Josef: Grundsatz und Norm in der richterlichen Fortbildung des Privatrechts, Tübingen 1964.

ESSER, Josef: Vorverständnis und Methodenwahl in der Rechtsfindung, Frankfurt am Main 1970.

ESSER, Josef/SCHMIDT, Eike: Schuldrecht Bd. I Allgemeiner Teil, 6. Aufl., Heidelberg 1984.

EULER, Roland: Grundsätze ordnungsmäßiger Gewinnrealisierung, Wiesbaden 1988.

EULER, Roland: Das System der Grundsätze ordnungsmäßiger Bilanzierung, Stuttgart 1996.

EULER, Roland: Bilanzrechtstheorie und internationale Rechnungslegung, in: Handelsbilanzen und Steuerbilanzen, Festschrift für Heinrich Beisse, hrsg. von Wolfgang Dieter Budde, Adolf Moxter und Klaus Offerhaus 1997, S. 171-188.

FELD, Friedrich: Grundfragen der Berufsschul- und Wirtschaftspädagogik. Versuch einer Systematik der berufspädagogischen Theorie, Langensalza 1928.

FETTEL, Johannes: Die Grundsätze ordentlicher Buchführung (und Bilanzierung), in: WT, 8. Jg. (1959), S. 125-126.

FINKENTSCHER, Wolfgang: Methoden des Rechts in vergleichender Darstellung, Bd. 3, Mitteleuropäischer Rechtskreis, Tübingen 1976.

FISCHER, Franz: Darstellung der Bildungskategorien im System der Wissenschaften. Aus dem Nachlaß herausgegeben, eingeleitet und mit Nachworten versehen von Dietrich Benner und Wolfdietrich Schmied-Kowarzik, Ratingen 1975.

FISCHER-WINKELMANN, Wolf F.: Methodologie der Betriebswirtschaftslehre, München 1971.

FREERICKS, Wolfgang: Bilanzierungsfähigkeit und Bilanzierungspflicht in Handels- und Steuerbilanz, Köln, Berlin, Bonn und München 1976.

FUSFELD, Daniel R.: Geschichte und Aktualität ökonomischer Theorien. Vom Merkantilismus bis zur Gegenwart., Frankfurt und New York 1975.

GADAMER, Hans-Georg: Wahrheit und Methode. Grundzüge einer philosophischen Hermeneutik, 4., Auflage. Unveränderter Nachdruck der 3., erweiterten Auflage, Tübingen 1975.

GÖTSCHL, Johann: Theorie, in: Handbuch wissenschaftstheoretischer Begriffe, Bd. 3, hrsg. von Josef Speck, Göttingen 1980, S. 636-646.

GOLAS, Heinz: Didaktisch-historische Analyse des Betriebswirtschaftskundeunterrichts, Wiso-Diss., Berlin 1966.

GOLAS, Heinz (Hrsg.): Didaktik der Wirtschaftslehre, Situation, Diskussion, Revision, München 1973.

GROH, Manfred: Verbindlichkeitsrückstellung und Verlustrückstellung: Gemeinsamkeiten und Unterschiede, in: BB, 43. Jg. (1988), S. 27-33.

GROH, Manfred: Die wirtschaftliche Betrachtungsweise im rechtlichen Sinne, in: StuW, 19. (66.) Jg. (1989), S. 227-231.

GÜMBEL, Rudolf: Ethik und Ökonomik, in: Menschenführung und Menschenbildung: Perspektiven für Betrieb und Schule; Festschrift für Ernst Wurdack zum 65. Geburtstag, hrsg. von Karin Aschenbrücker und Ulrich Pleiß, Baltmansweiler 1991, S. 95-111.

GÜMBEL, Rudolf: Bilanz und Doppik als mikroökonomische Formalstruktur, in: Bilanzrecht und Kapitalmarkt, Festschrift für Adolf Moxter, hrsg. von Wolfgang Ballwieser, Hans-Joachim Böcking, Jochen Drukarczyk und Reinhard H. Schmidt, Düsseldorf 1994, S. 1129-1147.

GUTENBERG, Erich: Einführung in die Betriebswirtschaftslehre, Wiesbaden 1958.

HÄBERLE, Peter: Das Menschenbild im Verfassungsstaat, Berlin 1988.

HASSEMER, Winfried: Juristische Hermeneutik, in: ARSP, 72. Jg. (1986), S. 195-212.

HEINEN, Edmund: Einführung in die Betriebswirtschaftslehre, Wiesbaden 1968.

HERBST, Gabriele: Zum Arbeitsauftrag einer zeitgemäßen Wirtschaftspädagogik in Theorie und Praxis, in: Aschenbrücker, Karin/Pleiß, Ulrich (Hrsg.) Menschenführung und Menschenbildung. Perspektiven für Betrieb und Schule. Hohengehren 1991, S. 151-163.

HERRMANN, Theo: Ganzheit, in: Historisches Wörterbuch der Philosophie, hrsg. von Joachim Ritter, Bd. 3, Basel 1974, Sp. 20.

HESSE, H. (Hrsg.): Wirtschaftswissenschaft und Ethik, Berlin 1988.

HIRSCHBERGER, Johannes: Geschichte der Philosophie, Band 1, Altertum und Mittelalter, 14. Aufl., Freiburg 1991.

HÖLTERSHINKEN, Dieter (Hrsg.): Das Problem der Pädagogischen Anthropologie im deutschsprachigen Raum, Darmstadt 1976.

HOMANN, Karl (Hrsg.): Aktuelle Probleme der Wirtschaftethik, Schriften des Vereins für Socialpolitik, NF Bd. 211, Berlin 1992.

HOMMEL, Michael: Grundsätze ordnungsmäßiger Bilanzierung für Dauerschuldverhältnisse, Wiesbaden 1992.

HOMMEL, Michael: Bilanzierung immaterieller Anlagewerte, Stuttgart 1998.

HORLEBEIN, Manfred: Die berufsbegleitenden kaufmännischen Schulen in Deutschland (1800-1945), Eine Studie zur Genese der kaufmännischen Berufsschule, Frankfurt/M.; Bern 1976.

HORLEBEIN, Manfred (Hrsg.): Quellen und Dokumente zur Geschichte der kaufmännischen Berufsbildung 1818-1984, Köln; Wien 1989.

HORLEBEIN, Manfred: Didaktik der Moralerziehung – eine Fundierung durch Pädagogische Anthropologie und praktische Philosophie, Markt Schwaben 1998.

HUFNAGEL, Erwin: Einführung in die Hermeneutik, Stuttgart 1976.

JOCHIMSEN, Reimut und KNOBEL, Helmut (Hrsg.): Gegenstand und Methoden der Nationalökonomie, Köln 1971.

KERBER, Walter: Homo oeconomicus. Zur Rechtfertigung eines umstrittenen Begriffs, in: Das Menschenbild der ökonomischen Theorie. Zur Natur des Menschen, hrsg. von Bernd Bievert und Martin Held, Frankfurt am Main /New York 1991, S. 56-75.

KERSCHENSTEINER, Georg: Produktive Arbeit und ihr Erziehungswert (1906), in: Georg Kerschensteiner: Texte zum pädagogischen Begriff der Arbeit und zur Arbeitsschule, ausgewählte pädagogische Schriften, Bd. II, besorgt von Gerhard Wehle, Paderborn 1968.

KERSCHENSTEINER, Georg: Berufs- oder Allgemeinbildung?, in: ders.: Grundfragen der Schulorganisation, Leipzig 1907, S. 23-45.

KERSCHENSTEINER, Georg: Der pädagogische Begriff der Arbeit, in: Georg Kerschensteiner: Texte zum pädagogischen Begriff der Arbeit und zur Arbeitsschule, ausgewählte pädagogische Schriften, Bd. II, besorgt von Gerhard Wehle, Paderborn 1968.

KERSCHENSTEINER, Georg: Die geistige Arbeit als Bildungsverfahren, in: Georg Kerschensteiner: Texte zum pädagogischen Begriff der Arbeit und zur Arbeitsschule, ausgewählte pädagogische Schriften, Bd. II, besorgt von Gerhard Wehle, Paderborn 1968.

KERSCHENSTEINER, Georg: Theorie der Bildung, Leipzig 1926.

KIEHN, Ludwig: Wirtschaft und Schule - Dargestellt im Hinblick auf die grundlegende Bildungsarbeit der Volksschule, in: Jahrbuch für Wirtschafts- und Sozialpädagogik, hrsg. von der Dr.–Kurt-Herberts-Stiftung, Heidelberg 1984, S. 151-182.

KIRCHGÄSSNER, Gebhard: Homo oeconomicus. Das ökonomische Modell individuellen Verhaltens in den Wirtschafts- und Sozialwissenschaften, Tübingen 1991.

KLAFKI, Wolfgang: Das pädagogische Problem des Elementaren und die Theorie der kategorialen Bildung, 3./4., durchgesehene und ergänzte Auflage, Weinheim 1964.

KLAFKI, Wolfgang: Erziehungswissenschaft als kritisch-konstruktive Theorie, Hermeneutik – Empirie – Ideologiekritik, in: Zeitschrift für Pädagogik, 17. Jg. (1971), S. 351-385.

KLAFKI, Wolfgang: Didaktik und Methodik, in: Didaktik, hrsg. von Hermann Röhrs, 2., unveränderte Auflage, Frankfurt a. M. 1974, S. 1-16.

KLAFKI, Wolfgang: Zur Entwicklung einer kritisch-konstruktiven Didaktik, in: Die Deutsche Schule, 69. Jg. (1977), S. 703-715.

KLAFKI, Wolfgang: Grundzüge eines neuen Allgemeinbildungskonzepts. Im Zentrum: Epochaltypische Schlüsselprobleme, in: Klafki, Wolfgang: Neue Studien zur Bildungstheorie und Didaktik, 2., erw. Aufl., Weinheim/Basel 1991, S. 43-81.

KOCH, Helmut: Die Problematik des Niederstwertprinzips, in: WPg, 10. Jg. (1957), S. 1-6, S. 31-35 und S. 60-63.

KOCH, Helmut: Die Problematik des Teilwerts, in: ZfhF, NF, 12. Jg. (1957), S. 319-353.

KOPP, Ferdinand: Das Menschenbild im Recht und in der Rechtswissenschaft, in: Rechtsstaat, Kirche, Sinnverantwortung, Festschrift für Klaus Obermayer zum 70. Geburtstag, hrsg. von Richard Bartelsperger u. a., München 1986, S. 53-64.

KORFF, Wilhelm: Norm und Sittlichkeit. Untersuchungen zur Logik der normativen Vernunft, 2. Aufl., Freiburg i.Br. et al. 1985.

KOSLOWSKI, Peter: Prinzipien der Ethischen Ökonomie. Grundlegung einer Wirtschaftsethik und der auf die Ökonomie bezogenen Ethik, Tübingen 1988.

KOSLOWSKI, Peter: Gesellschaftliche Koordination. Eine ontologische und kulturwissenschaftliche Theorie der Marktwirtschaft, Tübingen 1991

KREIKEBAUM, Hartmut: Humanität in der Arbeitswelt. Eine kritische Betrachtung, in: ZfB, 47. Jg. (1977), S. 481-508.

KREIKEBAUM, Hartmut: Dokumentation, in: Handwörterbuch der Wirtschaftswissenschaften (HdWW), hrsg. von Willi Albers u. a., Band 2, Stuttgart/Tübingen/Göttingen 1980, S. 168-174.

KRINGS, Hermann: „Der Ansatz von Krings“. Protokoll der Diskussion vom 3.6.1977“, in: Normenbegründung, Normendurchsetzung, hrsg. von Willi Oelmüller, Paderborn 1978, S. 217-249.

KRINGS, Hermann: Reale Freiheit, Praktische Freiheit, Transzendentale Freiheit, in: Normenbegründung, Normendurchsetzung, hrsg. von Willi Oelmüller, Paderborn 1978, S. 59-77.

KRUBER, Klaus-Peter: Stoffstrukturen und didaktische Kategorien zur Gegenstandsbestimmung ökonomischer Bildung, in: Konzeptionelle Ansätze ökonomischer Bildung, hrsg. von Klaus-Peter Kruber, Bergisch Gladbach 1997, S. 55-74.

KRUSE, Heinrich Wilhelm: Grundsätze ordnungsmäßiger Buchführung, 1970.

KÜPPER, Hans-Ulrich: Unternehmenstheorie und Ethik – Separation oder Synergie?, in: Unternehmenstheorie und Besteuerung, Dieter Schneider zum 60. Geburtstag, hrsg. von Rainer Elschen u. a., Wiesbaden 1995, S. 396-399.

KÜPPER, Hans-Ulrich: Normenanalyse – eine betriebswirtschaftliche Aufgabe, in: Unternehmensführung, Ethik und Umwelt, Hartmut Kreikebaum zum 65. Geburtstag, hrsg. von Gerd Rainer Wagner, Wiesbaden 1999, S. 55-73.

KÜTING, Karlheinz: Europäisches Bilanzrecht und Internationalisierung der Rechnungslegung, in: BB 48. Jg. (1993), S. 30-38.

LAMSZUS, Hellmut: Die Wirtschaftsdidaktik zwischen Tradition und Neuorientierung. Beiträge zur Theorie und Praxis beruflicher Bildungsprozesse in der Gegenwart, hrsg. von Willi Brand und Dörte Brinkmann, Hamburg 1978, S. 62-88.

LARENZ, Karl: Methodenlehre der Rechtswissenschaft, 6., neubearb. Aufl., Berlin; Heidelberg; New York u. a. 1991.

LASSAHN, Rudolf: Einführung in die Pädagogik, 4., durchges. Aufl., Heidelberg 1982.

LASSAHN, Rudolf: Pädagogische Anthropologie. Eine historische Einführung, Heidelberg 1983.

LASSAHN, Rudolf: Anthropologie und Berufspädagogik, in: Arbeits-, Berufs- und Wirtschaftspädagogik im Übergang, Festschrift zum 60. Geburtstag von Gerhard P. Bunk, hrsg. von Rudolf Lassahn und Birgit Ofenbach, Frankfurt am Main; Bern; New York, 1986, S. 145-162.

LASSAHN, Rudolf: Erziehung und moralisches Bewußtsein, in: Pädagogische Rundschau, 43. Jg. (1989), S. 385-391.

LAY, Rupert: Grundzüge einer komplexen Wissenschaftstheorie, Bd. 1, Grundlagen und Wissenschaftslogik, Frankfurt am Main 1971.

LEFFSON, Ulrich: Die Grundsätze ordnungsmäßiger Buchführung, Düsseldorf 1964.

LEFFSON, Ulrich: Grundsätze ordnungsmäßiger Bilanzierung, 7. revidierte und erweiterte Auflage, Düsseldorf 1987.

LE GOFF, Jacques: Wucherzins und Höllenqualen. Ökonomie und Religion im Mittelalter, Stuttgart 1988.

LEHMANN, Ulf: Wirtschaftliche Erkenntnis und rechtliche Entscheidung. Gedanken zu Problemen der Kooperation zwischen Wirtschaftswissenschaft, Rechtswissenschaft und Rechtspraxis., Diss. Bochum 1980.

LION, Max: Der Reichsfinanzhof und das Bilanzsteuerrecht, in: StuW, 7. Jg. (1928), Sp. 1033-1094.

LITT, Theodor: Das Bildungsideal der deutschen Klassik und die moderne Arbeitswelt, 6., verb. u. erw. Aufl., Bonn 1959

LOCKE, John: Gedanken über die Erziehung, übersetzt und herausgegeben von Heinz Wolters, 2. Aufl., Bad Heilbrunn, 1966.

LUYTEN, Norbert A. und SCHEFFCZYK, Leo (Hrsg.): Divergenzen im Menschenbild. Divergenzen der modernen Anthropologie, Freiburg/München 1987.

MANN, Thomas: Buddenbrooks. Verfall einer Familie, Berlin 1930.

MARX, Karl: Auszüge aus der „Deutschen Ideologie", in: Fromm, Erich: Das Menschenbild bei Marx, Frankfurt am Main/Berlin/Wien 1982, S. 169-185.

MARX, Karl und ENGELS, Friedrich: Manuskripte, Die heilige Familie und andere Frühschriften, Berlin 1953.

MATTHIESEN, Kai H.: Kritik des Menschenbildes in der Betriebswirtschaftslehre. Auf dem Weg zu einer sozialökonomischen Betriebswirtschaftslehre, Bern; Stuttgart; Wien 1995.

MC KENZIE, Richard B./ TULLOCK, Gordon: Homo oeconomicus. Ökonomische Dimensionen des Alltags, Frankfurt am Main 1984

MEINBERG, Eckard: Zur Entwicklung anthropologischer Konzepte in der Pädagogik nach dem 2. Weltkrieg. Eine Zwischenbilanz, in: Pädagogische Rundschau, 32. Jg. (1978), S. 695-712.

MELLWIG, Winfried: Rechnungslegungszwecke und Kapitalkonten bei Personengesellschaften, in: BB, 34. Jg. (1979), S. 1409-1418.

MELLWIG, Winfried: Bilanzrechtsprechung und Betriebswirtschaftslehre, in: BB, 38. Jg. (1983), S. 1613-1620.

MENZE, Clemens: Bildung, in: Handbuch pädagogischer Grundbegriffe, Bd. I, hrsg. von Josef Speck und Gerhard Wehle, München 1970, S. 134-184.

MÖLLER, Hans: Volkswirtschaftslehre, in: Handwörterbuch der Wirtschaftswissenschaften, hrsg. von Willi Albers u.a., Bd. 9, Stuttgart 1982, S. 872-888.

MOLLENHAUER, Klaus: Pädagogik und Rationalität, in: Ders.: Erziehung und Emanzipation, 3. Auflage, München 1970.

MOXTER, Adolf: Methodologische Grundfragen der Betriebswirtschaftslehre, Opladen 1957.

MOXTER, Adolf: Die Grundsätze ordnungsmäßiger Bilanzierung und der Stand der Bilanztheorie, in: ZfbF, 18. Jg. (1966), S. 28-59.

MOXTER, Adolf: Die handelsrechtlichen Grundsätze ordnungsmäßiger Buchführung und das neue Bilanzrecht, in: ZGR, 9. Jg. (1980), S. 254-276.

MOXTER, Adolf: Betriebswirtschaftliche Gewinnermittlung, Tübingen 1982.

MOXTER, Adolf: Wirtschaftliche Gewinnermittlung und Bilanzsteuerrecht, in: StuW, 60. Jg. (1983), S. 300-307.

MOXTER, Adolf: Bilanzlehre, Bd. 1, Einführung in die Bilanztheorie, 3., vollst. umgearb. Aufl., Wiesbaden 1984.

MOXTER, Adolf: Das Realisationsprinzip – 1884 und heute, in: BB, 39. Jg. (1984), S. 1780-1786.

MOXTER, Adolf: Zwölf Thesen zum Stand der Bilanzrechtstheorie, Frankfurt am Main 1985, nicht veröffentlicht.

MOXTER, Adolf: Das System der handelsrechtlichen Grundsätze ordnungsmäßiger Bilanzierung, in: Der Wirtschaftsprüfer im Schnittpunkt nationaler und internationaler Entwicklungen, Festschrift für Klaus v. Wysocki, hrsg. von Gerhard Gross, Düsseldorf 1985, S. 17-28.

MOXTER, Adolf: Bilanzlehre. Band II: Einführung in das neue Bilanzrecht, 3. vollständig umgearbeitete Auflage, Wiesbaden 1986.

MOXTER, Adolf: Zum Sinn und Zweck des handelsrechtlichen Jahresabschlusses nach neuem Recht, in: Bilanz- und Konzernrecht, Festschrift für Reinhard Goerdeler, hrsg. von Hans Havermann, Düsseldorf 1987, S. 361-374.

MOXTER, Adolf: Selbständige Bewertbarkeit als Aktivierungsvoraussetzung, in: BB, 42. Jg. (1987), S. 1846-1851.

MOXTER, Adolf: Periodengerechte Gewinnermittlung und Bilanz im Rechtssinne, in: Handelsrecht und Steuerrecht, Festschrift für Georg Döllerer, hrsg. von Brigitte Knobbe-Keuk, u. a., Düsseldorf 1988, S. 447-458.

MOXTER, Adolf: Beschränkung der gesetzlichen Verlustantizipation auf die Wertverhältnisse des Abschlußstichtages?, in: Betriebswirtschaftliche Steuerlehre und Steuerberatung, Festschrift für Gerd Rose, hrsg. von Norbert Herzig, Wiesbaden 1991, S. 165-174.

MOXTER, Adolf: Entwicklung der Theorie der handels- und steuerrechtlichen Gewinnermittlung, in: Ökonomische Analyse des Bilanzrechts – Entwicklungslinien und Perspektiven - , ZfbF, Sonderheft 32, 45. Jg. (1993), S. 61-84.

MOXTER, Adolf: Bilanzrechtsprechung, 3. vollständig umgearbeitete Auflage, Tübingen 1993.

MOXTER, Adolf: Grundsätze ordnungsmäßiger Buchführung – ein handelsrechtliches Faktum, von der Rechtsprechung festgestellt, in: Festschrift 75 Jahre Reichsfinanzhof – Bundesfinanzhof, hrsg. von dem Präsidenten des Bundesfinanzhofs, Bonn 1993, S. 533-544.

MOXTER, Adolf: Bilanzrechtliche Abzinsungsgebote und –verbote, in: Ertragsbesteuerung, Festschrift für Ludwig Schmidt, hrsg. von Arndt Raupach u.a., München 1993, S. 195-207.

MOXTER, Adolf: Saldierungs- und Abzinsungsprobleme bei Drohverlustrückstellungen, in: BB, 48. Jg. (1993), S. 2481-2485.

MOXTER, Adolf: Standort Deutschland: Zur Überlegenheit des deutschen Rechnungslegungsrechts, in: Standort Deutschland – Grundsatzfragen und aktuelle Perspektiven für die Besteuerung, die Prüfung und das Controlling, Festschrift für Anton Heigl, hrsg. von Volker H. Peemöller und Peter Uecker, Berlin 1995, S. 31-41.

MOXTER, Adolf: Rückstellungskriterien im Streit, in: ZfbF, 47. Jg. (1995), S. 311-326.

MOXTER, Adolf: Kosten der allgemeinen Verwaltung als Bestandteil der steuerrechtlich einrechnungspflichtigen Herstellungskosten?, in: Unternehmenstheorie und Besteuerung, Dieter Schneider zum 60. Geburtstag, hrsg. von Rainer Elschen u. a., Wiesbaden 1995, S. 445-459.

MOXTER, Adolf: Bilanzrechtsprechung, 4., vollst. umgearbeitete Auflage, Tübingen 1996.

MOXTER, Adolf: Entziehbarer Gewinn?, in: Rechnungslegung – Warum und Wie, Festschrift für Hermann Clemm, hrsg. von Wolfgang Ballwieser, Adolf Moxter und Rolf Nonnenmacher, München 1996.

MOXTER, Adolf: Grundwertungen in Bilanzrechtsordnungen – ein Vergleich von überkommenem deutschen Bilanzrecht und Jahresabschlußrichtlinie, in: Handelsbilanzen und Steuerbilanzen, Festschrift für Heinrich Beisse, hrsg. von Wolfgang Dieter Budde, Adolf Moxter und Klaus Offerhaus, Düsseldorf 1997, S. 347-361.

MÜLLER, Friedrich: Juristische Methodik, 3., völlig neu bearbeitete und erweiterte Auflage, Berlin 1989.

MÜLLER, Jürgen: Das Stetigkeitsprinzip im neuen Bilanzrecht, Wiesbaden 1989.

MÜLLGES, Udo: Geschichtliche Tatbestände und Zusammenhänge der Berufserziehung, in: ders. (Hrsg.): Handbuch der Berufs- und Wirtschaftspädagogik, Bd. 1, 1. Aufl., Düsseldorf 1979.

NELL-BREUNING, Oswald von: Wirtschaftsethik, in: Zur Wirtschaftsordnung, hrsg. von Oswald von Nell-Breuning und Hermann Sacher, 3. Aufl., Freiburg i. Brsg. 1958, Sp. 271-280.

ORDELHEIDE, Dieter: Kapital und Gewinn. Kaufmännische Konvention als kapitaltheoretische Konzeption?, in: Zeitaspekte in betriebswirtschaftlicher Theorie und Praxis, hrsg. von Herbert Hax u. a., Stuttgart 1989, S. 21-41.

ORDELHEIDE, Dieter: Externes Rechnungswesen, in: Vahlens Kompendium der Betriebswirtschaftslehre, hrsg. von Michael Bitz, Klaus Dellmann, Michael Domsch und Henning Egner, 2., überarbeitete und erweiterte Aufl., Bd. 2, München 1990, S. 209-304.

ORDELHEIDE, Dieter: Bilanzen in der Investitionsplanung und -kontrolle, in: Aktuelle Fragen der Finanzwirtschaft und Unternehmensbesteuerung, Festschrift für Erich Loitlsberger, hrsg. von Dieter Rückle, Wien 1991, S. 507-534.

PACIOLI, Luca: Abhandlung über die Buchhaltung 1494. Nach dem italienischen Original von 1494 ins Deutsche übersetzt und mit einer Einleitung über die italienische Buchhaltung im 14. und 15. Jahrhundert und Paciolis Leben und Werk versehen von Balduin Penndorf. Quellen und Studien zur Geschichte der Betriebswirtschaftslehre, hrsg. von R. Seyfert, Band II. Stuttgart 1933.

PEKARY, Thomas: Die Wirtschaft der griechisch-römischen Antike, 2. Aufl., Wiesbaden 1979.

PENNDORF, Balduin: Geschichte der Buchhaltung in Deutschland, Leipzig 1913, (Reprint: Frankfurt am Main 1966).

PESTALOZZI, Johann Heinrich: Die Abendstunde eines Einsiedlers, bearbeitet und mit Erläuterungen versehen von Karl Richter, Leipzig 1885.

PLATON: Der Staat, Buch I-V, übersetzt von Wilhelm Siegmund Teuffel, Buch VI-X übersetzt von Wilhelm Wiegand, in: Platon: Sämtliche Werke, Bd. 2, Heidelberg o.J.

PLEIß, Ulrich: Friedrich Feld und die Begründung der Wirtschaftspädagogik, in: Die Deutsche Berufs- und Fachschule, 67 Jg. (1971), S. 1-13.

PLEIß, Ulrich: Wirtschaftslehrerbildung und Wirtschaftspädagogik. Die wirtschaftspädagogische Disziplinbildung an deutschsprachigen wissenschaftlichen Hochschulen, Göttingen 1973.

PLEIß, Ulrich: Entwicklungslinien der Wirtschaftserziehung und Wirtschaftspädagogik von 1800-1945, in: ders. Wirtschaftspädagogik, Bildungsforschung, Arbeitslehre, Heidelberg 1982, S. 191-193.

POPP, Walter: Die Funktion von Modellen in der didaktischen Theorie, in DOHMEN, Günther/MAURER, Friedemann/POPP, Walter (Hrsg.): Unterrichtsforschung und didaktische Theorie, München 1970, S. 49-60.

POPPER, Karl R.: Logik der Forschung, 4. verb. Aufl. Tübingen 1971.

POPPER, Karl R.: Objektive Erkenntnis, Ein evolutionärer Entwurf, 4. verb. u. erg. Aufl., Hamburg 1984.

PREISS, Peter/TRAMM, Tade (Hrsg.): Rechnungswesenunterricht und ökonomisches Denken. Didaktische Innovationen für die kaufmännische Ausbildung, Wiesbaden 1996.

PUCHTA, Georg Friedrich: Das Gewohnheitsrecht, Bd. 2, Erlangen 1837.

RAFFEE, Hans und ABEL, Bodo (Hrsg.): Wissenschaftstheoretische Grundfragen der Wirtschaftswissenschaften, München 1979.

REEMTSMA-THEIS, Monika: Moralisches Urteilen und Handeln. Eine wirtschaftspädagogische Studie. Markt Schwaben 1998.

REETZ, Lothar: Wirtschaftsdidaktik. Eine Einführung in Theorie und Praxis wirtschaftsberuflicher Curriculumentwicklung und Unterrichtsgestaltung, Bad Heilbrunn/Obb. 1984.

REHM, Hermann: Die Bilanzen der Aktiengesellschaften, 1. Aufl. München 1903.

REINER, Hans: Die philosophische Ethik, Heidelberg 1964.

REINISCH, Holger: Didaktik des Rechnungswesenunterrichts. Eine Bestandsaufnahme, in: Zeitschrift für Berufs- und Wirtschaftspädagogik, 79. Jg. (1983), S. 110-121.

REINISCH, Holger: 500 Jahre Traktat über die doppelte Buchführung von Luca PACIOLI, in: Wirtschaft und Erziehung, 46. Jg. (1994), S. 287-292.

REINISCH, Holger: „Leitbilder“, Argumentationsmuster und curriculare Konstruktionen in der Didaktik des Rechnungswesenunterrichtes – eine historisch-systematische Analyse, in: Preiß, Peter/Tramm, Tade (Hrsg.), Rechnungswesenunterricht und ökonomisches Denken: didaktische Innovationen für die kaufmännische Ausbildung, Wiesbaden 1996, S. 45-84.

RIEDEL, Manfred: Verstehen oder Erklären? Zur Theorie und Geschichte der hermeneutischen Wissenschaften, 1. Aufl. Stuttgart 1978.

RIEGER, Wilhelm: Einführung in die Privatwirtschaftslehre, 3., unveränderte Auflage, Erlangen 1964.

RITTER, Joachim/GRÜNDER, Karlfried (Hrsg.): Historisches Wörterbuch der Philosophie, Bd. 2, Basel 1972.

RÖHRS, Hermann (Hrsg.): Preisschriften und Erziehungsplan von Jean-Jacques Rousseau, Bad Heilbrunn 1967.

RÖHRS, Hermann: Die Erziehungswissenschaft und die Pluralität ihrer Konzepte, in: Die Erziehungswissenschaft und die Pluralität ihrer Konzepte, hrsg. von Hermann Röhrs, Wiesbaden 1979, S. 79-97.

RÖHRS, Hermann: Grundlagen der Geisteswissenschaften. Eine Erörterung der gesammelten Schriften von Eduard Spranger, in: Pädagogische Rundschau, 36. Jg. (1982), S. 221-231.

ROTH, Heinrich: Pädagogische Anthropologie, Bd. I – Bildsamkeit und Bestimmung, Hannover 1966.

ROUSSEAU, Jean-Jacques: Emil oder über die Erziehung, in neuer deutscher Fassung besorgt von Josef Esterhues, Paderborn 1958.

RUTT, Theodor (Hrsg.): ARISTOTELES und die Paideia. Besorgt und übersetzt von Edmund Braun, Paderborn 1974.

SALIN, Edgar: Politische Ökonomie. Geschichte der wirtschaftspolitischen Ideen von Platon bis zur Gegenwart, 5., erw. Aufl., Tübingen 1967.

SCHACHTSCHNABEL, Hans G.: Geschichte der volkswirtschaftlichen Lehrmeinungen, Stuttgart 1971.

SCHANZ, Günther: Methodologie für Betriebswirte, 2. überarb u. erw. Aufl. Stuttgart 1988.

SCHEFOLD, Bertram: Platon und Aristoteles, in: Starbatty, Joachim (Hrsg.): Klassiker des ökonomischen Denkens, Bd. I, München 1989, S. 19-55.

SCHEFOLD, Bertram: Was die Antike der Wissenschaft und was sie für das Leben bedeutet, in: Menschenführung und Menschenbildung. Perspektiven für Betrieb und Schule, Festschrift für Ernst Wurdack zum 65. Geburtstag, hrsg. von Karin Aschenbrücker und Ulrich Pleiß, Hohengehren 1991, S. 123-132.

SCHELER, Max: Die Wissensformen und die Gesellschaft, Gesammelte Werke, Band 8, Bern 1960.

SCHEUERL, Hans: Pädagogische Anthropologie. Eine historische Einführung, Stuttgart u. a. 1982.

SCHLIEPER, Friedrich: Grundbegriffe der Wirtschaftspädagogik, in: Berufserziehung im Handwerk, I. Folge, hrsg. von Friedrich Schlieper, Coesfeld i. Westfalen 1954, S. 17-40.

SCHLIEPER, Friedrich: Berufserziehung und Staat, in: Berufserziehung im Handwerk, I. Folge, hrsg. von Friedrich Schlieper, Coesfeld i. Westfalen 1954, S. 41-53.

SCHLIEPER, Friedrich: Ganzheitliche Berufserziehung, in: Berufserziehung im Handwerk, VI. Folge, hrsg. von Friedrich Schlieper, Köln 1962, S. 37-54.

SCHLIEPER, Friedrich: Wirtschaftspädagogik, in: Handwörterbuch der Betriebswirtschaft, hrsg. von Hans Seischab und Karl Schwantag, 3. Auflage, Band 4, Stuttgart 1962, Sp. 6435-6442.

SCHLIEPER, Friedrich: Allgemeine Berufspädagogik, Freiburg i. Br. 1963

SCHLIEPER, Friedrich: Allgemeine Unterrichtslehre für Wirtschaftsschulen, 3., geänderte Aufl., Freiburg i. Br. 1964.

SCHMALENBACH, Eugen: Grundsätze ordnungsmäßiger Bilanzierung, in: ZfhF, 27. Jg. (1933), S. 225-233.

SCHMALENBACH, Eugen: Dynamische Bilanz, 13. Aufl., Köln und Opladen 1962.

SCHMIDT, Reinhard H.: Einige Überlegungen über die Schwierigkeiten, heute eine „Methodologie der Betriebswirtschaftslehre" zu schreiben, in: ZfbF, 24. Jg. (1972), S. 393-410.

SCHMIEL, Martin: Neue Lernziele in der beruflichen Weiterbildung, in: Aschenbrücker, Karin/Pleiß, Ulrich (Hrsg.): Menschenführung und Menschenbildung, Perspektiven für Betrieb und Schule, Hohengehren 1991, S. 281-292.

SCHMOLLER, Gustav: Die Gerechtigkeit in der Volkswirtschaft, in: Ders., Über einige Grundfragen der Sozialpolitik und der Volkswirtschaftslehre, Leipzig 1904.

SCHNEIDER, Dieter: Geschichte betriebswirtschaftlicher Theorie, München 1981.

SCHNEIDER, Dieter: Rechtsfindung durch Deduktion von Grundsätzen ordnungsmäßiger Buchführung aus gesetzlichen Jahresabschlußzwecken?, in: StuW, 13. (60.) Jg. (1983), S. 141-160.

SCHNEIDER, Dieter: Der Einkommensbegriff und die Einkommensteuerrechtsprechung, in: FA, Bd. 42 (1984), S. 407-432.

SCHNEIDER, Dieter: Allgemeine Betriebswirtschaftslehre, 3., neu bearbeitete und erweiterte Auflage, München, Wien 1985.

SCHNEIDER, Dieter: Betriebswirtschaftslehre, Band 1: Grundlagen, München; Wien; 1993.

SCHNEIDER, Dieter: Betriebswirtschaftslehre, Bd. 2: Rechnungswesen, München; Wien 1994.

SCHNEIDER, Dieter: Bilanzen im Rechtssinne als Vorläufer dynamischer und „rein betriebswirtschaftlicher" Bilanzen, in: Bilanzrecht und Kapitalmarkt, Festschrift für Adolf Moxter, hrsg. von Wolfgang Ballwieser, Hans-Joachim Böcking, Jochen Drukarczyk und Reinhard H. Schmidt, Düsseldorf 1994, S. 1149-1174.

SCHNEIDER, Gabriele: Selbstverständnis und Strukturen der Wirtschaftspädagogik, Frankfurt am Main, Bern, New York, Nancy 1984.

SCHROTH, Ulrich: Philosophische und juristische Hermeneutik, in: Einführung in Rechtsphilosohie und Rechtstheorie der Gegenwart, hrsg. von Arthur Kaufmann und Winfried Hassemer, 4., völlig neu bearb. u. erw. Aufl., Heidelberg 1985.

SCHUMPETER, Joseph A.: Geschichte der ökonomischen Analyse, Band 1, Göttingen 1965.

SCHUMPETER, Joseph A.: Geschichte der ökonomischen Analyse, Band 2, Göttingen 1965.

SEIFFERT, Helmut: Theorie, in SEIFFERT, Helmut/RADNITZKY, Gerard (Hrsg.): Handlexikon zur Wissenschaftstheorie, München 1989, S. 368-369.

SIEGEL, Theodor: Metamorphosen des Realisationsprinzips?, in: Rechnungslegung, Festschrift für Karl-Heinz Forster, hrsg. von Adolf Moxter u. a., Düsseldorf 1992, S. 585-605.

SIMON, Hermann Veit: Die Bilanzen der Aktiengesellschaften und der Kommanditgesellschaften auf Aktien, 3. Aufl., Berlin 1899.

SLOANE, Peter F. E.: Didaktik des Rechnungswesens, Pfaffenweiler 1996.

SOMBART, Werner: Die drei Nationalökonomien, München und Leipzig 1930.

SPANN, Othmar: Die Haupttheorien der Volkswirtschaftslehre, 4. Aufl. Leipzig 1918.

SPITALER, Armin: Die Bedeutung der Grundsätze ordnungsmäßiger Buchführung für die Besteuerung, in: StuW, 36. Jg. (1959), S. 633-639.

SPRANGER, Eduard: Lebensformen. Geisteswissenschaftliche Psychologie und Ethik der Persönlichkeit (1925), 8. Aufl., Tübingen 1950.

SPRANGER, Eduard: Grundlegende Bildung, Berufsbildung, Allgemeinbildung, in: Ders.: Gesammelte Schriften, Bd. 1, Geist der Erziehung, hrsg. von Gottfried Bräuer und Andreas Flitner, Heidelberg 1969.

SPRANGER, Eduard: Probleme der Kulturmorphologie (1936), in: Spranger, Eduard: Gesammelte Schriften, Band V, Kulturphilosophie und Kulturkritik, hrsg. von Hans Wenke Tübingen 1969, S. 129-172.

SPRANGER, Eduard: Kulturbegegnungen als philosophisches Problem, in: Eduard Spranger: gesammelte Schriften, Bd. V, Kulturphilosophie und Kulturkritik, hrsg. von Hans Wenke, Tübingen 1969, S. 290-308

SPRANGER, Eduard: Die Wirtschaft unter kulturphilosophischem Aspekt. Unveröffentlichtes Manuskript eines im Jahr 1954 im Rahmen der Baden-Badener Unternehmergespräche gehaltenen Vortrages, in:
Spranger, Eduard: Gesammelte Schriften, Bd. V, Kulturphilosophie und Kulturkritik, hrsg. von Hans Wenke, Tübingen 1969, S. 348-381.

STAVENHAGEN, Gerhard: Geschichte der Wirtschaftstheorie, 4. durchgesehene und erweiterte Auflage, Göttingen 1969.

STEGMÜLLER, Wolfgang: Hauptströmungen der Gegenwartsphilosophie. Eine kritische Einführung, Bd. II, 6. erw. Aufl., Stuttgart 1979.

STOLZ, Walter: Herkunft und Bedeutung des Begriffs „Königlicher Kaufmann“, in: Wirtschaft und Erziehung, 32. Jg. (1980), S. 240-245.

STRATMANN, Karlwilhelm/HARNEY, Klaus: Wissenschaftstheoretische Probleme der Berufsbildung, in: Berufspädagogische Grundprobleme, hrsg. von Heinrich Schanz, Stuttgart 1982, S. 7-20.

THOMAS VON AQUIN: Summa Theologiae, Übersetzt von Dominikanern und Benediktinern Deutschlands und Österreichs, Hauptschriftleiter *Heinrich Maria Christmann*, Walderberg bei Bonn/Salzberg/Leipzig 1933 ff. (Nachdruck Heidelberg 1941, Heidelberg/Graz 1950).

TISCHBIERECK, Armin: Der wirtschaftliche Verursachungszeitpunkt von Verbindlichkeitsrückstellungen, Frankfurt am Main 1994.

TRUMPLER, Hans: Die Bilanz der Aktiengesellschaft nach neuem Aktien- und Steuerrecht, Berlin und Leipzig 1937.

TSCHAMLER, Herbert: Wissenschaftstheorie. Eine Einführung für Pädagogen, 2. überarb. u. erw. Aufl., Bad Heilbrunn 1983.

VON DEN DRIESCH, Johannes und ESTERHUES, Josef: Geschichte der Erziehung und Bildung, Bd. II. Von der Humanität bis zur Gegenwart, 6. Auflage, Paderborn 1964.

WAGNER, Gerd Rainer: Unternehmensführung, Ethik und Umwelt, Hartmut Kreikebaum zum 65. Geburtstag, Wiesbaden 1999.

WEBER, Max: Die „Objektivität“ sozialwissenschaftlicher und sozialpolitischer Erkenntnis, in: Ders.: Gesammelte Aufsätze zur Wissenschaftslehre, 4. erneut durchgesehene Aufl. Tübingen 1973, S. 146-214.

WEBER, Max: Der Sinn der „Wertfreiheit“ der soziologischen und ökonomischen Wissenschaften, in: Ders.: Gesammelte Aufsätze zur Wissenschaftslehre, 4. erneut durchgesehene Aufl. Tübingen 1973, S. 489-540.

WEINBERGER, Otto: Grundriß der allgemeinen Wirtschaftsphilosophie, Berlin 1958.

WENGER, Ludwig: Arbeitsmarkt und Qualifikation. Qualifizierung im Spannungsfeld wirtschaftlicher Rationalität und pädagogischer Verantwortung, Baltmannsweiler 1993.

WENIGER, Erich: Didaktik als Bildungslehre, Teil 1, Theorie der Bildungsinhalte und des Lehrplans, 4. Auflage Weinheim 1962.

WIESNER, Joachim: Das personale Menschenbild des Grundgesetzes und seine Verformung in ausgewählten Politikfeldern, in: LUYTEN, Norbert A. und SCHEFFCZYK, Leo (Hrsg.): Divergenzen im Menschenbild. Divergenzen der modernen Anthropologie, Freiburg/München 1987, S. 81-185.

WILLEKE, Rudolf: Kollegstufe NW – Versuch einer Ideologiekritik, in: Wirtschaft und Erziehung, 24. Jg. (1972), S. 224-233.

WITTMANN, Waldemar: Betriebswirtschaftslehre, in: Handwörterbuch der Wirtschaftswissenschaft, Band 1, hrsg. von Willi Albers u. a., Stuttgart/Tübingen/Göttingen 1977, S. 585-609.

WÖHE, Günter: Einführung in die allgemeine Betriebswirtschaftslehre, 16., überarb. Aufl. 1986

WOERNER, Lothar: Die Gewinnrealisierung bei schwebenden Geschäften, in: BB, 43. Jg. (1988), S. 769-777.

WOERNER, Lothar: Grundsatzfragen zur Bilanzierung schwebender Geschäfte, in: FR, 39. (66.) Jg. (1984), S. 489-496.

WÜSTEMANN, Jens: US-GAAP: Modell für das deutsche Bilanzrecht?, in: WPg, 49. Jg. (1996), S. 421-431.

WURDACK, Ernst: Die Bedeutung der anthropologischen Fragestellung für die Berufs- und Wirtschaftspädagogik. Versuch einer Einführung, in: Die berufsbildende Schule, 24. Jg. (1972), S. 237-245.

WURDACK, Ernst: Reflexionen zur Beziehung von Berufs-/Wirtschaftspädagogik und Fachwissenschaften, in: Die Deutsche Berufs- und Fachschule, 68. Jg. (1972), S. 495-512.

WURDACK, Ernst: Problemgefüge einer Didaktik der Wirtschaftswissenschaft, in: Wirtschaft und Erziehung, 26. Jg. (1974), S. 1-9 und S. 31-38.

WURDACK, Ernst: Die gegenwärtige Problematik von Arbeit und Beruf als Grundfrage der Berufs-/Wirtschaftspädagogik, in: Die berufsbildende Schule, 26. Jg. (1974), S. 347-360.

WURDACK, Ernst: Zur Frage der „Verantwortung" der Wirtschafts-/Berufspädagogik, in: Erziehung zum Handeln, Festschrift für Martin Schmiel, hrsg. von Johannes Baumgardt und Helmut Heid, Trier 1978, S. 328-337.

WURDACK, Ernst: Wirtschaftspädagogik, in: Handwörterbuch der Wirtschaftswissenschaft, Bd. 9, hrsg. von Willi Albers u.a., Stuttgart 1982, S. 155-178.

WURDACK, Ernst: Die ökonomische Dimension des Handelns als Grundlage einer Wirtschaftsdidaktik, in: Beruflliche Schulen – äußere Differenzierung – didaktische Strukturen, hrsg. von Hans J. Ruhland u.a., Krefeld 1984, S. 168-176.

WURDACK, Ernst: Zur anthropologischen Grundlegung in der berufs- und wirtschaftspädagogischen Theoriebildung, in: Wirtschaftspädagogik im Spektrum ihrer Problemstellung, Festschrift zum 65. Geburtstag von Joachim Peege, hrsg. von Manfred Becker und Ulrich Pleiß, Baltmannsweiler 1988, S. 19-30.

WURDACK, Ernst: Zur anthropologischen Grundlegung der klassisch-kulturphilosophischen Ansätze in der berufs- und wirtschaftspädagogischen Theoriebildung, in: Berufliches Handeln, gesellschaftlicher Wandel, pädagogische Prinzipien, Festschrift für Martin Schmiel zur Vollendung des 80. Lebensjahres, hrsg. von Karl-Heinz Sommer und Martin Twardy, Esslingen 1993, S. 437-449.

WURDACK, Ernst: Zur ethischen Dimension von Handlungskonzeptionen als Grundlage einer Wirtschafts- und Berufsbildung, in: Unternehmensführung, Ethik und Umwelt, Hartmut Kreikebaum zum 65. Geburtstag, hrsg. von Gerd Rainer Wagner, Wiesbaden 1999, S. 29-44.

WURDACK, Ernst/AßHAUER, Rolf/BALL, Helmut/SCHNEIDER, Gabriele/ WAGNER, Gerd Rainer: Zum Selbstverständnis der Wirtschaftswissenschaften. Prinzipien einer Studienstruktur der Wirtschaftswissenschaften, Frankfurt am Main 1980, auch veröffentlicht in: Wirtschaft und Erziehung, 33. Jg. (1981), S. 39-46, S. 71-75, S. 105-111.

XENOPHON: Oikonomikos, übersetzt und kommentiert von Klaus Meyr, Marburg 1975.

ZABECK, Jürgen: Die realistische Aufgabe der kaufmännischen Berufsschule unter dem Aspekt eines pädagogischen Berufsbegriffs, in: Die Deutsche Berufs- und Fachschule, 57. Jg. (1961), S. 901-916.

ZABECK, Jürgen: Zur Stellung der Berufs- und Wirtschaftspädagogik in der Erziehungswissenschaft, in: Die Deutsche Berufs- und Fachschule, 61. Jg. (1965), S. 801-827.

ZABECK, Jürgen: Zur Grundlegung und Konzeption einer Didaktik der kaufmännischen Berufserziehung, in: Jahrbuch für Wirtschafts- und Sozialpädagogik, hrsg. von Dr.-Kurt-Herberts-Stiftung, Heidelberg 1968, S. 87-141.

ZABECK, Jürgen: Berufs- und Wirtschaftspädagogik. Die Wirtschaftspädagogik als wissenschaftliche Disziplin in ihrem Selbstverständnis, in: Handbuch pädagogischer Grundbegriffe, hrsg. von Josef Speck und Gerhard Wehle, Bd. 1., München 1970, S. 113-123.

ZABECK, Jürgen: Das Theorie-Praxis-Verhältnis in der Wirtschaftspädagogik, in: Die Deutsche Berufs- und Fachschule, 68. Jg. (1972), S. 577-599.

ZABECK, Jürgen: Wissenschaftsorientiertheit als bildungstheoretische und bildungspolitische Kategorie. – Zum Problem der Integration von Allgemeinbildung und Berufsbildung, in: Die Deutsche Berufs- und Fachschule, 69.Jg. (1973) S. 563-577.

ZABECK, Jürgen: Entwurf eines didaktischen Systems als Voraussetzung für die Entwicklung eines Programms der Curriculumforschung im Bereich der kaufmännischen Berufsausbildung, in: Ders. et al.: Ziele, Fragestellungen und methodische Ansätze der Curriculumforschung für den Bereich der kaufmännischen Berufsausbildung, Berlin 1973, S. 9-29.

ZABECK, Jürgen: Vom königlichen Kaufmann zum kaufmännischen Angestellten – Die Idee der kaufmännischen Berufsbildung im Wandel der Zeit, in: Wirtschaft und Erziehung, 31. Jg. (1979), S. 273- 280.

ZABECK, Jürgen: Zur Kritik des didaktischen Illusionismus in der Berufs- und Wirtschaftspädagogik (1982), in: Didaktik der Berufserziehung, hrsg. von Jürgen Zabeck, Heidelberg 1984, S. 197-228.

ZABECK, Jürgen: Wissenschaftstheoretische Dimensionen einer normativen berufspädagogischen Handlungsorientierung, in: Zabeck, Jürgen: Didaktik der Berufserziehung, Heidelberg 1984, S. 1-25.

ZABECK, Jürgen: Grundzüge einer normativen Handlungsorientierung in der Berufs- und Wirtschaftspädagogik, in: Arbeits-, Berufs- und Wirtschaftspädagogik im Übergang, Festschrift zum 60. Geburtstag von Gerhard P. Bunk, hrsg. von Rudolf Lassahn und Birgit Ofenbach, Frankfurt am Main 1986, S. 163-182.

ZABECK, Jürgen: „Alltagswirklichkeit“ als berufspädagogische Gegebenheit und Aufgegebenheit, in: Zeitschrift für Berufs- und Wirtschaftspädagogik, 82. Jg. (1986), S. 3-17.

ZABECK, Jürgen: Zum technologischen Verständnis von Didaktik. Kritische Anmerkungen zur wissenschaftstheoretischen Basis von Achtenhagens „Didaktik des Wirtschaftslehreunterrichts“, in Zeitschrift für Berufs- und Wirtschaftspädagogik, 82. Jg. (1986). S. 170-180.

ZABECK, Jürgen: „Schlüsselqualifikationen“ – Zur Aufklärung eines Sachverhaltes, in: Die Realschule, 96. Jg. (1988), S. 328-332.

ZABECK, Jürgen: „Schlüsselqualifikationen“ – Zur Kritik einer didaktischen Zielformel, in: Wirtschaft und Erziehung, 41. Jg. (1989), S. 77-86.

ZABECK, Jürgen: Ethische Dimensionen der „Wirtschaftserziehung“, in: Zeitschrift für Berufs- und Wirtschaftspädagogik, 87. Jg. (1991), S. 533-562.

ZABECK, Jürgen: Die „Theorie didaktischen Handelns“ als Inbegriff eines „besonnenen Bewußtseins in der Praxis. – Zur Bedeutung des geisteswissenschaftlichen Paradigmas für die Lehrerbildung, insbesondere für die Ausbildung von Lehrern an beruflichen Schulen, in: Berufliches Handeln, gesellschaftlicher Wandel, pädagogische Prinzipien, Festschrift für Martin Schmiel zur Vollendung des 80. Geburtstages, hrsg. von Karl-Heinz Sommer und Martin Twardy, Esslingen 1993, S. 451-468.

ZACZYK, Rüdiger: Interdisziplinarität im Bilanzrecht: Rechtsfindung im Spannungsfeld zwischen Betriebswirtschaftlehre und dogmatischer Rechtswissenschaft, Frankfurt am Main; Bern; New York; Paris, 1991.

## Rechtsprechungsverzeichnis

Urteil des Reichsgerichts in Zivilsachen vom 26. November 1912 Rep. II 359/12, RGZ 81, S. 17-22.

Urteil des Reichsfinanzhofes vom 21. Oktober 1931 VI A 2002/29, RFHE 30, S. 142-148.

Urteil des Bundesverfassungsgerichts vom 21. Mai 1952 2 BvH 2/52, BVerfGE 1, S. 299-322.

Urteil des Bundesgerichtshofes in Strafsachen vom 25. März 1954 3 StR 232/53, BB, 9. Jg. (1954), S. 455.

Urteil des Bundesverfassungsgerichtes vom 20. Juli 1954, BVerfGE 4, S.7-19.

Beschluß des Bundesverfassungsgerichtes vom 17. Mai 1960 2 BvL 11/59, 11/60, BVerfGE 11, S. 126-136.

Urteil des Bundesgerichtshofes in Zivilsachen vom 27. Februar 1961 II ZR 292/59, BGHZ 34, S. 324-337.

Beschluß des Bundesverfassungsgerichtes vom 11. November 1964 1 BvR 488/62, 1 BvR 562/63, 1 BvR 216/64, BVerfGE 18, S. 224-241.

Urteil des Bundesfinanzhofes vom 12. Mai 1966 IV 472/60, BFHE 86, S. 118-123.

Urteil des Bundesfinanzhofes vom 31. Mai 1967 I 208/63, BFHE 89, S. 191-194.

Urteil des Bundesfinanzhofes vom 16. November 1982 VIII R 95/81, BFHE, 137, S. 427-433.

Beschluß des Bundesfinanzhofes vom 11. Dezember 1985 I B 49/85, BFH-NV 1./2. Jg. (1985/86), S. 595 f.

Urteil des Bundesfinanzhofes vom 22. November 1988 VIII R 62/85, BFHE 155, S. 322-330.

Urteil des Bundesfinanzhofes vom 18. Oktober 1989 IV B 149/88, BFHE 158, S. 426-431.

Urteil des Bundesfinanzhofes vom 8. April 1992 XI R 34/88, BFHE 168, S. 124-128.

Heinz Bolsenkötter

# Rechnungslegung nach der Elektrizitätsbinnenmarkt-Richtlinie und nach § 9 EnWG

**Unter Mitarbeit von Torsten Hauert, Michael Poullie und Klaus Windloff**
**2. Auflage**

Frankfurt/M., Berlin, Bern, Bruxelles, New York, Wien, 2000. 92 S.
Kommunalwirtschaftliche Forschung und Praxis.
Herausgegeben von Prof. Dr. Wolf Gottschalk. Bd. 2
ISBN 3-631-36347-8 · br. DM 34.–*

Europäisches Recht zwingt in der Elektrizitätswirtschaft zur Segmentrechnungslegung für Erzeugung, Übertragung, Verteilung und sonstige Aktivitäten. Die Segmentabschlüsse sind prüfungspflichtig und publizitätspflichtig. Die Schrift stellt die rechtlichen Anforderungen, das Vorgehen der Segmentierung – insbesondere die Abgrenzung der Aktivitäten, die Anforderungen an das Rechnungswesen sowie wesentliche Einzelfragen dar; sie ist zugleich systematischer Grundriß und Leitfaden für die Praxis.

*Aus dem Inhalt*: Rechtliche Anforderungen · Verfahren der Segmentierung · Abgrenzung der Aktivitäten · Möglichkeiten der Zuordnung · Anforderungen an das Rechnungswesen · Behandlung von Eigen- und Fremdkapital · Steuern

FSC
www.fsc.org
MIX
Papier | Fördert
gute Waldnutzung
FSC® C083411

Kolibri 360 GmbH
Ferdinand-Jühlke-Straße 7
99095 Erfurt, Deutschland
produktsicherheit@kolibri360.de

Druck:
CPI Druckdienstleistungen GmbH
im Auftrag der
Kolibri 360 GmbH
Ferdinand-Jühlke-Str. 7
99095 Erfurt